ADMINISTRATION AND MAMAGEMENT FOR EARLY CHILDHOOD PROGRAMS

| 제4판 |

유아교육기관 운영관리

이인원 · 김호년 · 전정희 · 김의석 · 김영애 공저

양 성 원

Preface

유아교육의 실천은 유아와 그 가족에 대하여 질 높은 서비스를 제공하여 유아의 건전한 성장을 돕고, 유아와 가족이 행복할 수 있도록 지원하는 것이다. 유아교육 서비스 제공의 주체는 유아교육기관이며, 양질의 서비스를 담보하는 것은 유아교육기관의 건전성이라고 할 수 있다. 운영관리는 유아교육기관이 가지고 있는 목적을 성실히 수행할 수 있는 건전성을 유지하고, 새로운 변화의 시대에 부응하는 유아교육기관의 역할을 개발할 수 있는 역량을 키우기 위한 일련의 활동이다.

유아교육기관은 비영리단체로서 영리를 추구하는 기업의 운영과도 차이가 있으며, 공적 서비스를 제공하는 공공기관 운영과도 차이가 있다. 유아교육기관은 시장의 원리에 따라 수요자에게 선택을 받아야 하며, 국 · 공립 유아교육기관을 제외하고 대부분의 유아교육기관은 수요자가 부담하는 교육비를 근거로 운영 재정이 마련된다. 그러니까 재정 확보는 시장의 원리를 따르지만 그 재정을 사용하는 것은 공익성을 따라 영리를 추구할 수 없는 특수한 구조인 것이다. 따라서 유아교육기관의 운영은 기업이나 공공기관의 운영 또는 타급학교의 운영과는 상당한 차이가 있고, 그만큼 어려운 문제를 가지고 있다고 볼 수 있다. 이와 같이 태생적으로 운영의 어려운 문제를 안고 있는 기관을 운영할 때는 특별한 운영철학과 관리의 기법이 필요하다고 할 수 있다.

더구나 서비스 대상인 주요 고객이 특별한 보호와 세심한 배려가 필요한 아주 어린 영유아들이라는 점을 고려하면 유아교육기관 운영관리는 섬세하고도 부드러워야 하며, 인본주의적 관리가 선행되어야 한다.

이 책은 유아교육기관 운영에 필요한 제반 사항을 찾아서 그에 대한 원리와 이론을 밝혀 유아교육기관 운영의 실제에 적용할 수 있도록 하였다.

제1장은 유아교육기관과 운영관리의 개념에 대하여 정의하였으며, 운영관리의

영역 및 운영관리의 과정에 대하여 설명함으로써 운영관리 업무의 체제를 이해할 수 있도록 하였다. 제2장에서는 유아교육기관의 발전과정과 현황을 조명해 봄으로써 우리나라 유아교육기관의 현주소를 파악하고 향후 발전방향을 예측할 수 있도록 하였다. 제3장에서는 운영관리를 위한 철학적, 심리학적, 사회학적 기초가 무엇인지 제시하여 유아교육기관 운영의 기본적 관점과 이념의 형성을 돕고, 교육행정 및 교육경영 이론을 제시하여 기관을 경영할 수 있는 마인드를 가질 수 있게 하였다. 제4장부터는 유아교육기관 운영관리의 영역 하나하나에 대하여 법적인 근거와 행정적 절차를 제시하였고, 실제 기관을 운영하는 데 필요한 지식과 적용 가능한 예시를 보여주었다.

본 교재는 유아교사가 되려는 사람들에게는 유아교육기관의 전체 직무를 이해하고, 교사로서 직무수행에 필요한 지식을 가질 수 있게 돕는 것이 목표이다. 또한 유아교육기관을 설립하거나 운영하는 원장님이나 장차 원장이 되고자 하는 사람에게는 기관을 운영하는 데 있어서 필요한 지식과 경영자로서의 자세를 가질 수 있도록 돕는 것이 목표다.

이 책의 집필진은 대학에서 교육과 연구뿐만 아니라 유아교육 현장에서 다년간 경험한 바를 반영하기 위해 노력하였다. 이 책은 대학에서 유아교육을 전공하는 학생들을 위한 교재로서 그리고 현장의 교사와 원장님들의 참고서로서 사용할 수 있도록 하였으나 아직 미비한 점이 있다고 본다. 이에 대해서는 독자 여러분께서 지도편달해 주시기를 부탁드리며, 추후 계속 보완해 나갈 것을 약속드립니다.

유아교육의 발전을 위해서 개정판(제4판)이 출판될 수 있도록 도와주신 양성원 강철원 대표님과 그 외 직원 여러분께 감사드립니다.

2019년 1월

저자 일동

Contents

Chapter 1

유아교육기관과 운영관리의 개념

유아교육기관의 개념 및 특성
유아교육기관의 설립 유형
운영관리의 개념
운영관리의 원리
운영관리의 영역
운영관리의 과정

1. 유아교육기관의 개념 및 특성

일반적으로 유아교육기관이라 함은 유아들의 교육에 관한 일을 맡아 보는 곳을 의미하는데, 대표적인 교육기관은 어린이집과 유치원을 꼽을 수 있다. 어린이집과 유치원은 유아들에게 가르치고자 하는 목적과 가르치는 내용, 그리고 아이들의 수준과 상태에 따라 적합하게 가르치는 방법을 체계화하여 일정한 속도와 단계에 따라 가르치는 체제를 가지고 있다. 물론 가르치는 일에는 지식, 기술, 태도와 같은 장래를 준비하기 위한 것에 국한하는 것이 아니라 유아들의 심리적 안정과 신체적 안전까지 고려하는 소위 전인적 인간 형성을 위한 모든 노력이 포함된다. 미래의 주역이 될 어린 세대들을 가르치는 일은 국가의 미래가 보장되고, 개인의 행복한 삶이 지속되도록 국가적 차원에서 제도화되어야 한다. 가르치는 목적, 내용, 방법이 체계화되어 있고, 국가의 제도로 장려하고, 운영되는 교육기관이라면 이는 일정한 틀을 갖춘 형식적인 교육이라고 할 수 있다. 이와 같은 점을 고려해 볼 때 현대사회에서 유아교육기관의 개념은 0세에서부터 초등학교 입학 전 5, 6세까지 아동들의 전인적 발달을 위하여 의도적인 계획을 가지고 형식적 교육서비스를 제공하는 기관이라고 할 수 있다.

유아교육은 무엇보다도 가정에서 부모에 의한 교육이 먼저 이루어지고, 최초의 교육은 인간으로서 갖추어야 할 기본적인 내용들을 포함하고 있어야 한다. 그러나 사회적인 환경과 시대적인 변화 또는 가정의 사정에 따라 가정이 아닌 기관에서 아이들을 보호하고 가정이 담당하던 기본 교육을 기관이 담당하게 되었다. 유아교육기관은 역사적으로 크게 복지적 차원과 교육적 차원으로 발전되어 왔다. 복지적 차원에서는 1770년 오베르랑(Oberlin)이 프랑스에 세운 편물학교(Ecole a Tricoter)와 영국에서 1816년 오웬(Owen)이 세운 유아학교(Infant School)가 있고, 교육적 차원에서는 프뢰벨이 1837년 독일에 세운 유치원(Kindergarten)이 있다. 그러나 이러한 기관들이 복지와 교육을 분리하여 전적으로 하나에만 초점을 맞추지는 않았다. 복지적 차원에서 설립된 기관이라도 유아들의 발달을 도모하는 노력을 하였으며, 교육적 차원에서 설립되었더라도 유아와 가정의 복지에 힘을 기울여 왔다.

사회의 변천에 따라 어머니들이 가정에서 역할이 변화되고, 육아에 대한 국가와 사회의 관심에 따라 유아교육기관의 성격이 변해 왔다. 21세기 정보화 사회에서 유아교육기관은 다음과 같은 특성을 지닌다.

첫째, 유아교육기관에서 서비스 대상 연령이 낮아져 0세부터 시작된다. 이는 어머니들의 사회참여가 늘어나고, 점차 전문직으로 진출하는 기회가 많아져 출산과 육아를 위해 퇴직하는 여성이 줄어들기 때문이다.

둘째, 유아교육의 대상이 점차 다양한 유아들에 대한 요구를 수용하므로 특수아동에 대한 교육과 특수아동과 일반아동의 혼합 학급을 구성하는 통합교육이 활성화된다.

셋째, 부모들의 요구가 다양해짐에 따라 다양한 유아교육 프로그램이 실시된다.

넷째, 부모들의 직업이 다양해지고 근무시간이 다양해짐에 따라 서비스 시간을 탄력적으로 운영하게 되었다. 하루 4시간을 운영하는 반일제부터 시간연장제, 8시간 이상 운영하는 종일반, 그리고 야간보육, 휴일보육 등 부모들의 요구에 따라 다양한 형태로 운영된다.

다섯째, 유아에 대한 교육 이외에 부모를 포함한 가족들에 대한 서비스까지 확대되는 추세에 있다.

여섯째, 유아교육기관 현장에서는 보육과 교육을 분리하여 접근하기보다는 점차 통합적으로 운영하고 있다. 과거에는 보호(care)와 교육(education)의 기능을 구별하는 경향이 있었으나 최근에는 이 두 개념을 분리할 수 없는 통합된 개념으로 이해된다.

이상과 같이 21세기 정보화 사회의 유아교육은 그 기능과 역할이 다양해지고, 사회적으로 중요성이 증대되고 있다. 현대를 살아가는 사람들이 개성을 추구하고, 자신만의 독특한 삶을 지향하면서 유아교육도 다양한 형태로 발전하고 있다.

2. 유아교육기관의 설립 유형

유아교육은 어린아이들을 대상으로 한다는 특성으로 인하여 사랑으로 보살펴야 하는 일과 아이들의 정상적인 발달을 도모해야 한다는 일이 모두 중요한 과제로 인식되고 있다. 유아교육이 태동되던 과거에도 이 두 가지 과업은 중요하게 인식되었으며, 현재에도 마찬가지이다. 그러나 시기에 따라서 이 두 가지 과업 중 더 시급한 문제로 인식됨에 따라 보호라는 측면 또는 교육이라는 측면이 강조되기도 하였다.

국가에 따라서 유아에 대한 정책을 주관하는 행정부서가 어디인가에 따라 보육 기능과 교육 기능이 이원화되기도 하고 일원화되기도 한다. 일원화 체제를 유지하는 국가에서 유아교육은 보호와 교육이 따로 분리될 수 없음을 인식하여 두 기능을 하나로 통합하여 행정서비스를 제공한다. 일원화 체제를 가지고 있는 국가로는 영국, 스웨덴, 독일, 러시아, 북한 등이 있다. 이원화 체제는 보호 기능을 강조하는 행정부서에서 관할하는 보육기관과 교육 기능을 강조하는 행정부서에서 관할하는 유치원으로 이원화하여 행정서비스를 제공한다. 이원화 체제를 가지고 있는 국가로는 한국, 일본, 프랑스, 미국 등이 있다. 이원화 체제를 가지고 있으면서 유아의 연령에 따라 역할을 분담하는 경우는 만 3세 미만의 어린 연령의 유아는 보육기관이 담당하고, 3~5세의 나이 많은 유아는 유치원이 담당하는 경우가 있다.

각국의 유아교육체제를 정리하면 표 1-1과 같다.

표 1-1 각국의 유아교육체제

국가 \ 항목	유아교육기관	대상 연령	담당부서	교원자격	양성기관
한 국	유치원	3~5세	교육부	유치원 1 · 2급 정교사	2, 3, 4년제 대학
	어린이집	0~6세	보건복지부	보육교사 1 · 2 · 3급	1년과정 보육교사교육원 2, 3, 4년제 대학
일 본	유치원	3~5세	문부성	교육 1급 교육 2급	4년제 대학 2년제 단기대학
	보육소	3~5세	후생성	보모	2년제 단기대학 보모양성학교
미 국	유치원 (kindergarten) 유아원(nursery school)	5세 3~4세	교육, 보건복지부	유치원교사자격증 유치원 및 초등학교 저학년 교사자격증	4년제 대학
	탁아소 (day care center)	4월~5세		자격 기준 없음 (16개 주)	
영 국	유아학교 (infant school) 유아원(nursery center)	5세 2~4세	교육부	정교사	3년제 사범대학 졸업 후 1년간 수습 교사 4년제 일반대학 졸업 후 1년 교원자격과정 이수

국가 \ 항목	유아교육기관	대상 연령	담당부서	교원자격	양성기관
프랑스	유치원(ecole matemelle)	3~6세	교육부	정교사	4년제 교원 양성 대학 학사취득 후 현장 실습
	탁아소(creches collectives)	3세 미만	사회부	준육아전문가	특수전문대학
스웨덴	유아학교 (pre-school)	7세 미만	국립보건복지국	유아교사	2년제 반 이상의 전문학교

출처: 이영 외 역(1995).

유아교육기관의 유형은 국가마다 행정체제에 따라 다르고, 설립목적에 따라 명칭이 조금씩 다르다. 유아교육기관 유형의 분류는 설립 주체에 따라 공립과 사립으로 나눌 수 있고, 설립목적에 따라 보육기관(어린이집)과 교육기관(유치원)으로 분류할 수 있다. 우리나라의 경우 교육부에서 관할하는 유치원과 보건복지부에서 관할하는 어린이집이 있다.

1) 유치원

유치원은 만 3세부터 초등학교 취학 전까지 유아들을 대상으로 교육하는 학교를 말한다. 우리나라 유치원은 유아교육법에 근거하여 설치 · 운영되고 있으며 교육부가 관할하고 있다. 유치원의 유형은 설립 주체에 따라 국가가 설립하여 운영하는 국립유치원, 지방자치단체에서 설립하고 운영하는 공립유치원과 개인 또는 법인에서 설립하고 운영하는 사립유치원이 있다. 공립유치원은 대부분 초등학교 병설유치원인 경우가 대부분이고 최근에는 병설이 아닌 5학급 이상의 단설 유치원이 설립되고 있다. 초등학교 병설유치원의 경우는 초등학교에 통합되어 운영되며 학교장이 원장을 겸직한다. 그러나 단설 유치원은 독립된 원사가 있고, 독립된 하나의 기관으로서 운영된다. 법인에서 설립한 유치원의 경우 종교법인에서 설립한 경우와 학교법인에서 설립한 경우 등이 있는데 종교법인인 경우 교회나 절에서 운영하며, 학교법인인 경우 대학의 부속 유치원으로서 대학에서 운영하는 경우가 있다.

유치원의 연간 교육일수는 180일 이상으로 하며, 누리과정은 1일 최소 4~5시간을 운영해야 하고, 방과후 과정반은 8시간 이상 운영한다.

2) 어린이집

어린이집은 영유아를 건강하고 안전하게 보호 · 양육하고 영유아의 발달 특성에 맞는 교육을 제공하는 사회복지시설을 말한다. 우리나라의 어린이집은 영유아보육법에 근거하여 설치 · 운영되며, 보건복지부가 관할하고 있다. 어린이집의 유형은 설립 주체와 규모에 따라 6개 유형이 있다. 운영의 형태에서 장애아를 일반 유아들과 함께 보육하는 장애아 통합 어린이집이 있고, 2세 미만의 영아들을 보육하는 영아전담 어린이집이 있다. 명칭은 모두 '어린이집'으로 통일하여 사용한다. 또한 보육 수요자의 다양한 요구에 부응하기 위해 보육시간을 탄력적으로 운영하는 맞춤형 어린이집이 있는데 여기에는 장애아 통합 어린이집, 시간연장제 및 24시간 어린이집, 시간제 어린이집, 방과 후 어린이집, 영아전담어린이집 등이 있다(보건복지부, 2010).

(1) 국 · 공립어린이집

국 · 공립어린이집은 국가나 지방자치단체가 설치 · 운영하는 어린이집을 말한다. 규모는 상시 영유아 11인 이상을 보육한다. 설치 절차는 국가 및 지방자치단체의 장이 신고 절차 없이 직접 설치하되, 어린이집 수급계획 등을 포함한 보육계획을 사전에 수립하고, 지방자치단체 외의 정부기관은 지방자치단체의 수급계획이 반영될 수 있도록 관할 시 · 군 · 구청장과 협의하여야 한다. 국 · 공립어린이집의 배치 기준은 영유아보육법 제12조에 따라 저소득층 밀집지역 및 농어촌지역 등 취약지역과 어린이집이 부족한 지역에 우선적으로 설치하는 등 지역별로 균형 있게 배치하여야 한다. 국 · 공립어린이집을 운영하는 각급 기관의 장은 어린이집의 직원을 공무원 등으로 채용하여 직접 운영하거나, 법인, 단체 또는 개인에게 위탁운영 가능하다. 위탁운영 시에는 비영리법인, 비영리단체 또는 개인을 수탁기관으로 선정해야 하고, 명의 대여 등 형식적인 위탁운영은 금지된다. 신규 위탁은 공개경쟁의 방법에 의한다. 위탁운영 시에는 시설운영 평가결과를 참고하고, 보육의 전문성 및 정치 · 종교적 중립성을 유지하도록 해야 한다.

(2) 사회복지법인어린이집

법인어린이집은 사회복지사업법에 의한 사회복지법인이 설치 · 운영하는 시설을 말한다. 법인어린이집의 규모는 상시 영유아 21인 이상을 보육할 수 있는 시설을 갖추어야 한다. 설치 절차는 관할 시장, 군수 또는 구청장에게 사전에 인가 신청해야 하며, 지역 보육 수요와 어린이집의 공급 현황 등을 감안하여 지역별로 균형 있게 배치되도록 해야 한다.

(3) 법인 · 단체등어린이집

법인 · 단체등어린이집은 각종 법인(사회복지법인을 제외한 비영리법인)이나 단체 등이 설치 · 운영하는 어린이집으로서 대통령령으로 정하는 어린이집을 말한다. 법인 · 단체등어린이집에는 ① 「유아교육법」, 「초 · 중등교육법」 및 「고등교육법」에 따른 법인 또는 학교법인이 설치 · 운영하는 어린이집, ② 종교단체가 설치 · 운영하는 어린이집, ③ 「산업재해보상보험법」에 따른 근로복지공단이 설치 · 운영하는 어린이집, ④ 교육훈련시설이 설치 · 운영하는 어린이집, ⑤ 제1호부터 제4호까지에서 규정한 어린이집에 준하는 어린이집으로서 보건복지부장관이 정하는 어린이집이 있다.

(4) 직장어린이집

직장어린이집은 사업주가 사업장의 근로자를 위하여 단독 또는 공동으로 사업장 내 또는 그에 준하는 인근 지역과 사원주택 등 사업장 근로자 밀집 거주 지역에 설치 · 운영하는 시설을 말하는데, 국가 또는 지방자치단체의 장이 소속 공무원을 위하여 설치 · 운영하는 시설을 포함한다. 규모는 상시 영유아 5인 이상을 보육해야 하고, 보육정원의 1/3 이상이 사업장의 근로자 자녀여야 함을 원칙으로 한다. 상시 여성 근로자 300인 이상 또는 근로자 500인 이상을 고용하고 있는 사업장의 사업주는 직장어린이집을 설치할 의무가 있다. 의무사업장의 사업주가 직장어린이집을 단독으로 설치하기 어려울 경우는 사업주 공동으로 설치 · 운영하거나, 지역의 어린이집과 위탁계약을 체결하여 근로자 자녀 보육을 지원하거나, 근로자에게 보육수당을 정부보육료지원단가의 1/2 이상을 지급하여야 한다. 사업주는 직장어린이집의 운영 및 수탁 보육 중인 영유아의 보육에 필요한 비용의 1/2 이상을 보조하여야 한다.

(5) 가정어린이집

가정어린이집은 개인이 가정이나 그에 준하는 곳에 설치 · 운영하는 어린이집으로서 영유아 5인 이상 20인 이하를 보육할 수 있고, 명칭은 '○○ 어린이집'으로 하는데, '○○ 유치원 부설' 혹은 '○○ 학원 부설'과 같은 명칭은 사용할 수 없다. 가정어린이집을 설치하고자 하는 자는 관할 시장 · 군수 · 구청장의 인가를 받아야 한다.

(6) 부모협동어린이집

부모협동어린이집은 보호자들이 조합을 결성하여 설치 · 운영하는 어린이집으로서 보호아동을 둔 보호자 15인 이상이 상호 출자하여 공동으로 어린이집을 설치 · 운영할 것을 약정함으로써 그 효력이 발생하며, 상시 영유아 11인 이상을 보육할 수 있다. 상시 영유아 20인 이하를 보육하는 부모협동어린이집은 가정어린이집을 설치할 수 있는 곳에도 설치할 수 있다.

조합의 업무집행자는 조합계약 또는 조합원의 2/3 이상의 찬성으로 업무집행자를 선임하며, 되도록 조합의 업무집행자가 원장을 겸직하도록 한다. 업무집행자는 조합원이 최대한 보육과정 및 의사결정에 참여하여 소기의 설립 목적을 달성하도록 노력해야 한다.

(7) 민간어린이집

민간어린이집은 위에서 언급한 여섯 가지 어린이집이 아닌 어린이집을 말하는데 개인이 설치할 수 있다. 민간어린이집은 영유아 21인 이상을 보육할 수 있으며 명칭은 '○○ 어린이집'으로 한다.

(8) 특수 어린이집

보육 수요자의 요구를 충족시켜 주기 위해 어린이집의 운영을 다양하게 할 필요가 있다. 맞춤형 어린이집은 특수한 요구를 가진 영유아나 부모들의 취업 형태에 따라 보육서비스를 제공하기 위해서 시행되고 있다.

① 장애아 통합 어린이집

장애아 통합 어린이집은 일반 어린이집에 장애아 통합보육을 위한 환경을 조성하여 장애 유형, 장애 정도 등에 따른 다양한 보육 수요에 적합한 서비스를 제공하기 위해 장애아 통합보육을 활성화하고자 적당한 시설을 갖춘 어린이집에 지정하는데, 국 · 공립시설 및 법인시설을 우선적으로 지정하고 민간시설도 지정할 수 있다.

장애아 통합 어린이집으로 지정받고자 하는 원장은 운영계획서 등 구비서류를 갖추어 관할 구청장에게 특수어린이집 지정신청서를 제출하고, 구청장은 현지 확인 후 시설 현황 및 운영 여건 등을 종합 검토하여 지정하고 지정서를 교부하여야 한다.

② 장애아 전담 어린이집

장애아 전담 어린이집은 미취학 장애아만을 20명 이상 보육하기 위하여 영유아보육법 시행규칙에 따른 시설 및 설비를 갖추고, 상시 18명 이상의 미취학 장애아를 보육하는 시설 중 시 · 도지사 또는 시장 · 군수 · 구청장이 장애아 전담 어린이집으로 지정한 시설을 말한다.

③ 시간 연장 및 24시간 어린이집

시간 연장 및 24시간 어린이집은 영유아의 건전한 보육과 보호자의 경제 · 사회적 활동의 지원을 통하여 가정 복지 증진을 도모하고, 특히 기준 보육시간 내 귀가할 수 없는 아동을 위한 시설이다. 보육시간을 야간까지 연장 또는 24시간 보육을 할 수 있도록 지원함으로써 여성들이 안정적으로 사회활동을 할 수 있도록 한다.

이 시설은 맞벌이 가정 및 저소득층 아동을 우선 입소시켜야 하고, 시간 연장 보육은 아동을 24시 이전까지 보육하는 것을 원칙으로 한다. 24시간 보육은 부모가 야간에 경제활동에 종사하는 가정, 한부모 또는 조손가정으로 야간보육이 불가피하다고 판단되는 아동에 한한다.

24시간 동안 아동이 방치되지 않도록 부모와의 연락체계를 유지하여야 하며, 시장 · 군수 · 구청장은 아동 입소관리 등을 통해 아동이 장기간 방치되는 사례가 없도록 지도하여야 한다. 보호자가 정당한 사유 없이 아동을 장기간(1월 이상) 어린이집에 방치시켜 놓았을 경우 어린이집의 장은 시장 · 군수 · 구청장에게 통보하여 아동의 계속 보육 여부 및 아동복지법에 의한 아동보호에 필요한 조치를 판단하도록 조치하여야 한다.

시간연장시설의 지정은 인가된 모든 어린이집이 대상이며, 24시간 어린이집은 2008년부터 국 · 공립어린이집을 대상으로 신규 지정하고 있다.

시간 연장 및 24시간 어린이집으로 지정된 시설은 조 · 석식을 포함한 급 · 간식을 제공해야 하고 자체 야간 보육프로그램을 구비하여야 한다. 보육교사 배치 기준은 시간연장어린이집(19:30~24:00)은 영유아 5명당 보육교사 1인, 24시간 어린이집은 영유아 5명당 보육교사 1인이 필요하다. 시간연장 및 24시간 어린이집을 지정받고자 하는 원장은 운영계획서 등 구비서류를 갖추어 관할 시장 · 군수 · 구청장에게 특수어린이집 지정신청서를 제출하고, 시장 · 군수 · 구청장은 현지 확인 후 배정된 수량 범위 내에서 지원기준 및 지원조건을 충족할 수 있는 시설에 대해 시설 현황 및 운영 여건 등을 종합 검토하여 지정하고 지정서를 교부하여야 한다.

④ 시간제 어린이집

이 시설의 목적은 여성의 사회경제활동 증가 및 근로시간 다양화로 시간제 보육 수요가 많아짐에 따라 재가아동을 위한 시간제 어린이집을 지원함으로써 활성화를 도모하고 영유아의 건전한 보육과 보호자의 경제 · 사회적 활동에 기여하고자 하는 것이다.

시간제 어린이집 지정은 구청장이 보육포털시스템 등재 및 시간제 어린이집으로 명단이 제출된 시설 중에서 하되 자치구별로 2개소 이내로 조정하여 별도 보육실 마련 등 현지 확인 후 지정서를 교부한다.

⑤ 방과 후 어린이집

방과 후 어린이집의 목적은 맞벌이 부부의 자녀 등 방과 후 보호가 필요한 초등학교 저학년(1~3학년) 아동을 중심으로 보육서비스를 제공하여, 여성의 사회참여를 지원하고자 함이다. 보육 대상은 초등학교 1~3학년 아동(단, 지역 · 시설 여건에 따라 정원 범위 내에서 4~6학년도 가능)이고, 보육내용은 학습지도, 인성교육, 특기교육 등을 할 수 있다. 운영시간은 6시간 기준을 원칙으로 하되 보육서비스 제공은 4시간 이상이어야 한다. 복지관, 종교시설, 공공기관 등에 설치한 부설 방과 후 전담어린이집은 영유아보육법령에서 정한 원장을 별도로 채용해야 한다.

⑥ 영아전담어린이집

만 2세 이하의 영아를 둔 직장 여성들이 안심하고 사회 · 경제적 활동을 할 수 있도록 적절한 보육환경을 조성하고자 영아전담어린이집을 지원하여 운영한다. 영아전담어린이집은 만 3세 미만의 영아만을 20인 이상 보육할 수 있다.

영아전담어린이집 원장이 되기 위해서는 일반 기준에서 정한 자격을 갖춘 자와 간호사 자격증을 취득한 후 5년 이상의 아동간호업무 경력이 있는 자여야 한다. 영아전담어린이집의 2007년도 지원기준을 보면 원장 및 소요현원에 대한 보육교사 월 지급액의 80%를 지원한다. 또한 취사부 1명에 대하여 월 지급액의 100%를 지원하며 농어촌 시설인 경우 차량운영비 월 20만 원도 함께 지원한다.

3. 운영관리의 개념

운영이라 함은 어떤 조직이나 기구, 사업체 따위를 운용하고 경영한다는 의미와 어떤 대상을 관리해 나가는 것을 의미한다. 또한 관리라 함은 어떤 일의 사무를 맡아 처리하거나, 시설이나 물건을 유지하거나 개량하는 일, 그리고 사람을 통제하고 지휘 · 감독하는 것을 의미한다. 그러니까 어떤 조직이나 사업체를 운영한다고 할 때는 운영의 대상을 구성하는 모든 요소를 관리하는 일이 포함된다.

유아교육기관은 인적 요소와 물적 요소로 구성되며 유아교육기관이 가지고 있는 고유한 목적에 따라 인적 요소인 조직이 활동하며, 물적 요소들이 제각기 기능을 해야 하는 것이다. 유아교육기관의 인적 요소는 교육서비스를 제공하는 기관의 원장을 비롯한 교원과 직원이 있고, 서비스를 제공받는 유아와 그 학부모가 있고, 직접적으로 서비스를 제공받지는 않지만 여러 가지 방법으로 유아교육기관의 목적을 달성하는 데 영향을 미치는 지역사회 구성원이 있다. 물적 요소는 구체적인 형체를 가지고 있는 원지와 원사, 시설과 설비, 교재 · 교구, 돈과 같은 하드웨어가 있는가 하면, 형체를 띠고 있지는 않지만 유아교육기관의 존재 이유가 되는 목적과 그것의 성취를 위해 핵심적인 역할을 하는 교육프로그램과 같은 소프트웨어가 있다. 또한 이들 요소들이 배치되는 공간이 있어야 하며, 활동이 이루어지는 틀인 시간이 관계되어야 한다. 그러니까 유아교육기관의 운영관리에서는 이들 요소들이 잘 기능할 수 있도록 구성요소들을 계획하고, 조직하고, 시행하고, 평가하는 일이 포함되며, 이 과정이 반복적으로 순환이 이루어져야 한다.

따라서 유아교육기관의 운영관리란 유아교육기관의 존재 이유를 명확히 밝혀 지향하는 방향을 정하는 합당한 목적을 설정하고, 그 목적을 달성하기 위해 필요한 요소, 즉 사람, 교육프로그램, 사물, 돈, 공간, 시간 등을 효율적으로 기능하도록 계획하고, 조직하고, 실행하고, 평가하는 일을 말한다.

4. 운영관리의 원리

유아교육기관은 정부로부터 인가받은 합법적인 기관이며, 담당하는 업무는 사회에서 인정하는 공식적인 업무를 수행하는 조직이다. 이러한 조직의 운영은 일정한 체계와 원칙을 가지고 있어야 한다.

1) 전문성의 원리

유아교육기관의 운영관리가 합리적으로 이루어지기 위해서는 전문적인 관리 이론과 관련 지식이 바탕이 되어야 한다. 운영관리가 효율적으로 이루어지기 위해서는 관리 영역에 있어서 필요한 이론들을 알아야 하고, 주어진 상황에서 어떤 이론들이 더 적합한지 찾아내는 지혜가 필요하다. 전문적 지식과 경험이 없는 사람이 운영관리 업무를 담당한다면 기관의 운명은 시행착오와 잘못된 진로 설정으로 유아교육기관이 본래 목적하는 바를 성취할 수 없음은 물론 나아가서는 기관의 존립이 위태롭게 될 것이다.

2) 합법성의 원리

유아교육기관은 법의 근거에 의하여 모든 행정이 이루어지는 합법적 기관이다. 따라서 기관에서 이루어지는 모든 행정행위는 법에 위배되는 일이 없어야 한다. 법에 배치되는 행위는 운영관리 행위로서 정당성을 가질 수 없으며, 노력이 낭비되는 결과를 초래한다. 기관의 활동은 합법적으로 제정된 법령, 규칙, 조례 등에 따라 집행을 해야 하는데, 유치원은 유아교육법, 유아교육법 시행령과 시행규칙 등이 정해 놓은 규정에 따라야 하며, 어린이집은 영유아보육법, 영유아보육법 시행령과 시행규칙에서 정해 놓은 규정에 따라야 한다. 그 밖에도 많은 법률이 운영관리의 행위와 관련되어 있다.

3) 합리성의 원리

운영관리의 활동은 궁극적으로 기관이 목적하는 바를 최대한 성취하고자 하는 데 있다. 목적을 잘 이루기 위해서는 행위 하나하나를 관련된 이치에 맞게 해야 하는 것이고, 과학적 과정을 통하여 문제를 해결해야 하는 것이다. 과학적 과정에 따른 문제해결은 문제를 인식하였다면 그 문제의 해답을 추론하여 가설을 세우고, 가설의 진위 여부를 검증하기 위한 실험과 관찰을 하여 문제를 해결하는 것을 말한다. 운영관리를 위한 모든 활동은 논리적 절차를 가져야 하는데, 어떤 일을 먼저 하며, 어떤 일을 나중에 하는지 기준이 있어야 하고, 왜 그런 활동을 하는지 분명한 이유가 있어야 한다.

4) 타당성의 원리

운영관리의 활동은 합목적성이 있어야 한다. 활동이 목적에 비추어 보았을 때 목적을 이루는 데 적당한 것이어야 한다는 말이다. 목적과 수단 사이에 괴리가 없어야 하는 것이다. 타당성이 없는 활동은 노력의 낭비를 초래하고, 교육기관으로서 적합하지 않은 활동을 하게 된다.

5) 민주성의 원리

운영관리에는 사람과 사람의 관계에서 일어나는 일들을 조율할 때 의사결정과 의사전달 과정이 필수적이다. 활동의 주체들은 자유가 보장되어야 하고, 누구에게나 공평한 기회가 보장되어야 한다. 구성원은 기관의 의사결정에 참여하여 자유롭게 자신의 의사를 개진할 수 있어야 한다. 또한 구성원은 자신이 맡은 업무에 대하여 권한을 가질 수 있어야 하는 동시에 그 업무에 대한 책임도 져야 한다. 구성원은 인간으로서 존중되어야 하는 것도 매우 중요하다. 모든 업무는 인간을 위한 것이 되어야지 인간이 목적을 위한 수단적 존재로 전락되는 일이 없어야 한다.

6) 효율성의 원리

운영관리가 필요한 궁극적인 이유는 활동의 효율성을 제고하기 위함이다. 효율성이란 투입한 노력 대비 얼마나 많은 효과를 내느냐의 문제이다. 유아교육기관은 운영에 있어서 투입되는 재원과 노력은 한정될 수밖에 없다. 무한정 돈과 노력을 들일 수 없다는 말이다. 그럼에도 불구하고 목적한 바를 성취해야 한다. 따라서 모든 활동은 효율성이 고려되어야 한다. 그러나 효율성을 높이기 위해서 투입되는 돈과 노력을 인위적으로 줄일 수는 없는 문제이다. 기업을 운영한다면 가장 적은 투자로 가장 많은 성과를 내는 것이 효율성 면에서 좋겠지만 유아들을 교육하는 입장에서는 교육하는 과정이 결과 못지않게 중요한 문제로 대두된다.

7) 안정성의 원리

교육정책이나 프로그램은 장기적인 안목에서 계속성과 일관성이 유지되어야 한다. 계획의 빈번한 개편이나 방침의 변경은 혼란을 야기시키고, 활동의 효율성을 떨어뜨린다. 교육의 방침은 외부의 환경 변화에도 흔들리지 않아야 한다.

8) 현실성의 원리

유아교육기관의 활동목표는 실현 가능한 것이어야 한다. 목표를 너무 높이 설정하면 좌절을 초래하고, 행정의 낭비를 가져온다. 목표를 위한 활동의 선택에서도 가능한 활동을 채택해야지 현실적으로 불가능한 활동을 선택해서 또 다른 문제를 만들지 말아야 한다.

9) 적응성의 원리

유아교육기관은 사회의 변화에 따라 역할에 있어서, 운영 형태에 있어서 많은 변화를 해왔다. 유아교육기관이 외부의 변화를 수용하지 못한다면 환경에 적응하지 못하고 도태되거나 소비자로부터 외면당할 것이다. 언제든지 변화에 적합하게 대응할 수 있는 유연함을 가지고 있어야 한다.

5. 운영관리의 영역

유아교육기관이 잘 운영되기 위해서는 기관을 구성하는 주체와 기관의 목적을 달성하기 위해 필요한 요소와 자원들이 적합하게 배치되고, 이들 각 요소들이 최대한의 기능을 발휘할 수 있는 상태가 유지되어야 한다. 운영관리의 영역은 표 1-2와 같이 기관에서 이루어지는 모든 측면이 포함되어야 한다.

표 1-2 유아교육기관 운영관리의 영역별 주요 내용

영 역	주 요 내 용
교직원 관리	채용 및 퇴직, 담임 배정, 업무분담, 원무담당, 교사연수, 직원회의, 근무평가, 장학지도 등
유아 관리	입소 및 퇴소, 반 및 집단 편성, 출 · 결석, 가정환경 조사, 원아관찰기록, 생활습관지도 · 안전지도, 건강지도, 영양(급식, 간식)지도, 청결지도 등
교육과정 관리	교육과정 내용의 계획수립 및 관리, 일과계획 및 운영, 행사계획 및 운영, 현장견학, 원외활동 지도, 외부 전문가 또는 기타 인적 자원 활용 등
시설 · 설비 관리	건물, 교실, 유희실, 실외놀이시설 · 설비, 생활시설 · 설비의 관리, 안전시설관리, 주변 환경관리, 시설 · 설비의 구입, 수리, 유지, 관리 등
교재 · 교구 관리	교재 · 교구의 구입, 보수 및 관리, 시청각 교재 구입 및 관리 등
재정 관리	예산 편성, 교(보)육비의 수납, 운영비의 지출, 회계장부 기록, 결산서 작성, 기부금 및 보조금 관리, 감사 등
안전 관리	안전교육, 안전점검
건강 및 영양 관리	건강검진, 전염병 예방, 영양교육, 급식관리
문서 관리	문서의 작성, 발송, 접수

영 역	주 요 내 용
부모와의 협력	가정통신, PTA, 부모회 조직 및 운영, 부모교육, 부모 및 가족상담, 부모참여, 부모훈련, 가정교육 등
지역사회와의 협력	지역환경관리, 지역사회 기관과의 협력, 관련 행정기관의 협력, 연구소 및 TV · 라디오 등 대중매체기관과의 협력, 견학기관과의 협력, 자원봉사자 모집 · 운영관리 등
평가 관리	평가계획, 평가내용, 평가방법, 평가도구 마련, 평가결과 활용
기관평가	어린이집 평가인증, 유치원평가

1) 교직원 관리

교직원은 유아들에게 교육서비스를 제공하는 기관의 모든 직원들을 말한다. 교직원 관리는 이들이 가지고 있는 전문성을 최대한 발휘할 수 있도록 하는 일이다. 이 영역에서 해야 하는 구체적인 일은 교직원 선발, 임용을 비롯하여 승급, 퇴직, 상벌, 연수훈련, 근무평정, 보수, 복지에 관련한 사항들이다.

2) 원아관리

원아는 유아교육기관이 존재하는 가장 핵심적인 요소로서 원아가 없으면 기관의 존립에 문제가 생기게 된다. 유아교육기관의 서비스 제공 대상이기 때문에 가장 중요한 요소라고 보아야 된다. 원아관리는 유아교육기관에서 유아들이 가장 행복한 상태로 생활할 수 있도록 돕는 일이다. 이 영역에서 해야 할 구체적인 일은 우선 유아를 선발하는 모집과정이 있어야 하고, 선발된 유아들의 반편성을 비롯하여 출결, 유아상담, 유아평가, 생활기록부 작성, 가정환경조사, 원아관찰기록, 생활습관지도, 청결지도 등이 있다.

3) 교육과정 관리

교육과정은 유아들에 대한 교육목적을 달성하기 위해 직접 투입되는 경험의 내용과 방법, 평가 등의 체제이다. 이 영역에서의 관리는 이 체제가 유아들의 성장에 가장 적합하도록 계획하고, 실행하고, 평가하는 일이다. 이와 관련하여 유아교육기관에서 하는 업무는 교육계획안(연간, 월간, 주간, 일일교육계획안) 짜기, 단위 활동계획안 짜기, 각종 행사계획안 짜기와 구체적인 실행, 그리고 실행의 성과 평가이다.

4) 시설 · 설비 관리

시설 · 설비는 유아들의 교육활동에 직접 사용되지는 않지만 유아들이 쾌적하고 편안하게 생활할 수 있는 교실, 강당, 유원장, 화장실, 조리실과 같은 공간과 냉 · 난방 시설, 놀이시설, 조명시설, 안전시설, 상하수도, 운동시설 등이다. 시설 · 설비의 관리는 구입, 유지, 보수는 물론 각 시설들이 교육활동에 적합하게 지원되고, 활용될 수 있도록 해야 한다.

5) 교재 · 교구 관리

교재 · 교구는 유아들의 교육활동에 직접 사용되는 자원을 말한다. 교재 · 교구 관리는 이들이 가지고 있는 각각의 기능들이 적합하게 사용될 수 있도록 하는 일이다. 이 영역에서 해야 할 구체적인 일은 각종 교재 · 교구의 구입 및 제작에서부터 활용, 보관은 물론 유아교육기관에서 이들을 배치하는 일까지 해당된다.

6) 재정 관리

재정이란 공공단체가 공공의 욕구를 충족하기 위하여 필요한 자원을 조달하고 관리하는 경제활동. 즉 돈과 관련한 문제를 다루는 것이다. 교육재정 관리 영역에는 예산편성, 교육비 수납, 운영비의 지출, 회계장부 기록, 결산서 작성, 기부금 및 보조금 관리, 감사 등이 해당된다.

7) 문서 관리

문서란 문자, 기호, 도표 등을 사용하여 의사를 전달하기 위하여 기록해 놓은 것을 말한다. 유아교육기관의 문서는 공문서를 의미하는데, 기관의 내부 문제를 다루거나 또는 타 기관과 상호 의사를 공식적으로 전달하기 위하여 사용된다. 문서에는 법규문서, 지시문서, 공고문서, 비치문서, 민원문서, 일반문서로 구분된다.

8) 지역사회 및 학부모 관리

유아교육기관은 지역사회의 일원으로서 지역의 문제를 함께 고민하고, 지역사회의 요구에 부응하여야 한다. 또한 유아교육기관으로서 역할을 충분히 하기 위해서는 유아교육기관의 입장을 지역사회 구성원에게 이해시켜야 하며, 지역사회의 협조를 이끌어 낼 수 있어야 한다. 학부모는 유아교육기관의 구성원으로서 교육의 계획과 결과를 기관과 함께 공유해야 한다. 유아교육기관이 학부모의 협조와 도움을 이끌어 내지 못한다면 교육의 성과를 담보할 수 없게 된다.

9) 기관평가 관리

공적 서비스의 제공자로서 유아교육기관은 질 좋은 서비스를 제공할 의무가 있다. 기관평가는 교육서비스의 질 관리를 위해서 필요한 절차로서 대외적으로 기관의 질적 수준을 검증받아 유아교육기관으로서 자격을 인정받는다고 할 수 있다. 이는 유아교육기관을 이용하는 유아와 학부모에게 기관 선택을 위한 정확한 정보를 제공해 줄 수 있다.

6. 운영관리의 과정

유아교육기관이 합리적이고 효율적으로 운영되기 위해서는 논리적인 절차가 필요하다. 논리적 절차는 계획-조직-실행-평가가 유기적인 순환과정이 되도록 각 단계는 이전 단계로 돌아가도록 송환과정(feedback)이 있어야 한다.

1) 계획

계획 단계에서는 유아교육기관이 지향하는 바와 실제 활동과정, 그리고 평가까지 기관이 해야 할 모든 과정을 설계한다. 이 단계에서는 교육목표와 방침을 설정하고, 기관의 조직을 편성하며, 연간 · 월간 계획서가 작성되며, 어떻게 평가할 것인지 평가 계획이 마련된다.

(1) 문제의 규명

운영 계획을 세우는 기저로서 먼저 유아교육의 요구가 무엇이며, 현재 기관의 여건에서 교육의 문제는 무엇인지 유아교육기관의 상위 목표, 지역의 실정, 해당 기관의 여건을 고려하여 분석한다. ① 헌법, 유아교육법, 영유아보육법 등 상위 목표와 교육부 및 보건복지부의 정책목표를 근거로 국가, 사회의 유아교육 요구를 분석한다. ② 지역사회의 환경, 학부모의 사회 · 경제적 배경을 중심으로 지역사회의 유아교육 요구를 분석한다. ③ 영유아의 실태, 교사의 실태, 기관의 물리적 환경 등을 중심으로 유아교육의 문제점을 분석하고, 전년도 실적도 분석한다. 이러한 자료를 바탕으로 기관의 목표가 설정된다.

(2) 목표 설정

유아교육기관의 목표는 장기적인 안목에서 영유아들이 궁극적으로 도달해야 할 인간상을 제시한 것이거나 행동 특성들을 종합적으로 명시한 것이어야 한다. 교육목표는 ① 각 기관의 실정에 맞게 주체적으로 설정되어야 하며, ② 국가적 당면 과제나 지역사회의 요청을 고려하고, ③ 구체적이면서도 포괄성 있게 행동적 용어로 진술되어 보육내용에 대한 예측이 가능하도록 명료화되어야 한다. ④ 영유아의 발달단계에 따라 목표가 세분화되어야 한다.

2) 조직

교육기관의 목표가 결정되면 목표달성을 위해 인적 · 물적 요소를 적절하게 배정하고, 각 요소들이 서로 유기적인 관련을 가지고 충분히 기능하도록 기관을 구성한다. 즉, 실천 단계에서 각종 활동이나 과업을 수행할 부서를 마련하고 담당자를 정하고, 운영협의 조직, 지역인사 조직 등을 만들고 서로 유기적인 협력체계를 만든다.

3) 실행

유아교육기관의 목표를 달성하기 위해 필요한 활동내용, 구체적 과업을 실행한다. 활동내용은 영유아와 함께하는 활동으로는 유치원 교육과정과 표준보육과정에 따른 각 영역 활동과 특별활동, 생활지도가 있고, 부모를 대상으로 자녀양육에 대한 유익한 정보나 생활에 필요한 정보를 제공하는 부모교육, 직원을 대상으로 하는 직원의 연수, 연구활동 등이 있다.

4) 평가

유아교육기관의 목표가 효율적으로 달성되기 위해서는 목표와 목표달성을 위한 활동내용과 방법이 적합해야 한다. 투입되는 모든 노력들이 제대로 된 것인지 평가를 거치지 않고는 알 수 없다. 투입 효과의 검증은 유아교육기관이 얼마만큼 잘 운영되었는지 판정하며, 새로운 계획의 근거가 된다. 이러한 평가를 위해서는 평가 영역, 평가내용, 방법, 평가도구 등이 마련되어야 한다.

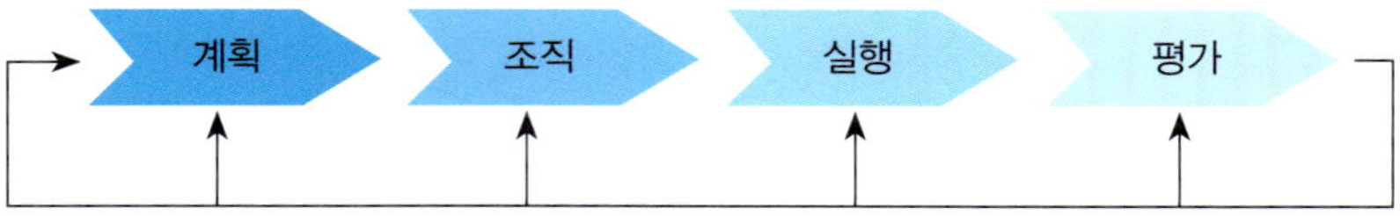

그림 1-1 운영관리의 과정

참고문헌

보건복지가족부(2010). **보육사업안내**.

이영 외(1995). **세계의 영유아보육**. 이화여자대학교출판부.

Chapter 2

유아교육기관의 발전과정

유치원의 발전과정 및 현황

어린이집의 발전과정 및 현황

1. 유치원의 발전과정 및 현황

우리나라 유치원 발전과정은 대한민국 정부수립 이전(1908~1946년)과 이후(1948~2008년)로 나누어, 법령과 정책의 변천과정을 살펴본다.

1) 대한민국 정부수립 이전

우리나라에서 가정 이외의 장소에서 유아교육을 담당한 역사는 고려시대의 서당에서부터 시작되었다고 볼 수 있다. 서당에서는 주로 5세에서 15세까지 아동들을 대상으로 문자교육과 인성교육을 가르쳤다. 이후 1800년대에 들어와 외국의 선교사들이 들어오면서 개신교 교회에 매일학교와 주일학교에서 아동들이 교육을 받을 수 있었다.

우리나라에 유치원이란 명칭으로 처음 세워진 것은 강화도조약(1876년) 이후 일본인들이 다수가 국내에 거주하면서 그들의 자녀교육을 위해 1897년 부산에 설립된 부산유치원이다. 일본은 이미 1876년 동경여자사범학교 부설유치원을 창설하여 프뢰벨식 유아교육을 실시하고 있었기에 부산유치원의 설립은 우리 정부와는 상관없이 일본인에 의해 일본 유치원 교육을 모델로 설립하였다고 볼 수 있다. 우리나라 정부에 의해 시작된 유아교육은 한성고등여학교 설립에서 시작되었다. 대한제국은 1908년 4월 2일에 칙령 제22호로 조선여학교령을 제정 · 공포하였으며, 제1조에 고등여학교에 부속유치원을 설립할 수 있는 법적 근거를 마련하였다. 한성고등여학교의 학칙에 유치원 운영에 관한 사항이 있는데, 유치원은 4세부터 보통학교 입학 전으로 하고, 유아의 정원은 80명, 보육과목은 유희, 창가, 담화, 수기, 보육시간은 일일 5시간 이내, 교사 1인당 40명의 유아 담당, 보육료는 무료로 한다는 내용이 있어 유아교육에 관한 규정을 나름대로 가지고 있었음을 알 수 있다.

그 후 1909년 함경북도 나남읍에 불교의 정토종 포교위원회에 의해 나남유치원이 설립되었다. 나남유치원에서는 일본인 교사가 한국인을 가르쳤다. 한국인 자녀를 가르치기 위해 한국인에 의해 설립된 유치원은 1913년 백인기가 경성부 인사동에 3학급 120명 규모로 설립한 경성유치원이다. 경성유치원은 월 수업료가 2원 50전이었으며, 특수계층이 그들의 자녀를 일본인으로 동화시키는 목적으로 이용되었다.

1914년에는 미국인 선교사 브라운리(Brownlee)가 선교의 목적과 한국인의 민족교육을 위해 이화학당부설 이화유치원을 설립하였다. 1915년에는 유아교사 양성기관인 이화유치원 사범과가 설립되었다. 1916년에는 3 · 1독립운동의 민족대표 33인 중 한 사람인 박희도에 의해 중앙유치원이 설립되었다. 중앙유치원은 우리나라 아동들에게 애국심과 독립정신을 심어 주는 역할을 하였다. 이후 유치원은 민족정신을 가르치기 위해서 설립된 경우가 많았으며, 1921년까지 전국에 47개 유치원이 설립되었다.

우리나라 유치원에 관한 최초의 법적 근거는 1922년 제3차 「조선교육령」에 기초한 「유치원 규정」이다. 이 규정은 유치원 인허가 관계에 관한 조항과 교육내용에 관한 사항을 다루고 있으며, 유치원 교육내용으로는 유희, 창가, 수기, 담화가 포함되었으며, 해방 후 1949년 법률 제86호로 공포된 「교육법」 중에 유치원 관계조항이 만들어지기까지 유치원교육에 관한 유일한 법적 근거이다(강문희 외, 1999).

1929년까지 한국인에 의해 70개 유치원이 설립되었고, 일본인에 의해 42개의 유치원이 설립되었다. 일본인들이 유치원 수를 늘린 것은 한국인의 일본인화 교육정책에 따른 것이었다.

1930년부터 1945년까지는 일제가 만주사변(1931년), 중일전쟁(1937년), 태평양전쟁(1941년)을 치르면서 한국을 대륙침략을 위한 병참기지화함으로써 식민지 수탈이 극에 달하고 유아교육은 침체되었다. 1940년에는 창씨개명 등 유치원은 한국인을 일본인화하는데 이용되었고, 유치원 교육의 내용은 집단생활의 질서, 규율훈련, 생활훈련에 치중되었다.

1945년 일제가 패망하면서 한국은 독립국이 되었지만 국가를 통치할 정부도 없고, 능력도 없어 미군정이 실시되었다. 미군정령 64호에 의해 1946년 10월 16일부터 유치원교육에 관한 업무를 문교부 보통교육국 초등교육과에서 담당하게 되었다.

2) 대한민국 정부수립 이후

1948년 대한민국 정부가 수립된 이후 유아교육의 발전과정은 법령의 제정과 정책의 변화에 근거하여 4가지 시기로 나누어 고찰할 수 있다(이대균, 송정원, 2004).

(1) 제1기(1948~1961년): 유아교육정책 등한기

해방 후 대한민국이 수립되고 1949년 12월 31일 교육법이 공포되었다. 이 교육법 제5장 제10절 제146조, 제148조에 유치원에 관한 조항을 삽입함으로써 유치원이 교육법에 근거를 가지게 되었다. 1950년에 백낙준 문교부 장관이 국립유치원 설치계획을 발표했으나 6·25전쟁으로 무산되었다. 1952년 공포된 교육법 시행령에는 유치원 설립인가, 원아 수, 교육과목, 교육일수 등에 관한 규정을 두어 유치원의 운영에 관한 세부 지침이 마련되었다.

또한 유치원 교원자격에 대한 규정이 처음으로 제정되었으며 유치원의 교육환경을 개선하기 위한 시설 기준령 등 유치원 관계규정이 만들어졌다.

전쟁 후 사회의 혼란과 경제적 어려움으로 유아교육에 대한 정부의 정책은 거의 없었고, 유치원 수는 오히려 감소되었다. 1955년에는 이승만 대통령이 유치원 사친회비 동결 지시를 내림으로써 사립유치원이 경영난으로 문을 닫는 사례가 나타났다.

(2) 제2기(1962~1975년): 유아교육체제 정비기

1963년에 들어서 「유치원 시설 기준령」이 공포·시행되어 유치원교육에 필요한 최소한의 시설 기준을 정함으로써 유치원의 교육적 환경을 개선할 수 있었다. 1967년에는 유치원 외곽시설 기준령이 공포되어 유치원 외곽시설을 정비하려 하였으나 현실과 너무 거리가 멀어 제대로 시행되지 못하였다. 1968년 2월 8일 유치원 수업료 및 입학금 정액표가 문교부령으로 발표되었다. 그러나 1급지인 서울의 수업료가 월 790원으로 책정되어 당시의 물가로 볼 때 비현실적이어서 도저히 유치원을 운영할 수 없는 수준이었다. 1969년에는 우리나라 최초의 교육과정인 「제1차 유치원 교육과정」이 제정되면서 유아교육 발전의 토대를 마련하였다. 제1차 유치원 교육과정 내용체계는 건강, 사회, 자연, 언어, 예능 5개의 생활영역으로 구분되어 목표와 연계되었고, 생활중심, 놀이중심, 경험중심 교육을 강조하였다.

(3) 제3기(1976~1987년): 유아교육 공교육 확대기

1970년대 중반부터 국가의 정책의지와 국민의 생활이 안정되면서 유아교육에 대한 정부와 국민의 관심이 커지게 되었으며, 1976년에는 우리나라 최초의 공립유치원이 국민학교 병설유치원 형태로 서울 4개소, 부산 1개소가 설립되었고, 그 후 한국행동과학연구소(KIRBS)에서 정부의 지원과 국제연합아동기금(UNICEF)의 재정적 지원을 받아 1981년까지 전국 69개 초등학교에 시범 병설유치원을 설치한다는 계획을 수립했으나 1978년 18개의 시범유치원을 설치하는 데 그치고 말았다(임재택, 1999).

1980년 제5 공화국이 출범하면서 유아교육이 정부의 주요 시책 중 하나로 결정되면서 1982년 3월 26일 「유아교육진흥종합계획」이 발표되고, 전국에 공 · 사립유치원 확충을 위한 노력으로 1980년에 59개이던 공립유치원 학급 수는 1987년에 5,831학급으로 약 100배가 증가하였다. 사립유치원은 1980년에 1,847개이던 것이 1987년에는 6,853학급으로, 새마을유아원의 학급 수는 1982년에 3,212개이던 것이 5,327개로 증가하였다.

1980년대 유아교육은 산업화로 인한 기혼여성의 사회참여 증가, 가족구조의 변화 등으로 저연령 유아들에 대한 보육 요구가 증대되었다. 1982년에 제정 · 공포된 「유아교육진흥법」에 의해 정부는 새마을협동유아원, 어린이집, 농번기탁아소 등으로 분산되어 있는 유아교육체제를 내무부 산하의 새마을유아원으로 통합하였다(김경철, 1991). 이로써 우리나라 유아교육기관은 교육부의 유치원과 내무부의 새마을유아원의 이원화 체제로 양분되었다. 정부의 유아교육진흥정책은 유아교육을 전담하는 부서를 신설하여 유아교육은 보통교육국 의무교육과에서 유아교육담당관으로 이관되고, 각 시 · 도 교육청에는 유아교육담당 장학사가 배치되었다.

시대의 변화에 따라 유아교육과정도 개정이 필요하였다. 1979년 제2차 유치원 교육과정이 개정 · 공포되었으며, 제1차 유치원 교육과정이 5개 생활 영역으로 편성되어 있던 것과는 달리 2차 유치원 교육과정은 사회 · 정서 발달 영역, 인지발달 영역, 언어발달 영역, 신체 발달 영역 및 건강 영역으로 발달 영역별로 구분하였다. 1970년대부터 인지발달을 강조하는 추세에 발맞추어 정서 발달과 인지발달이 강조되었다.

1981년에는 제3차 유치원 교육과정이 개정 공포되었는데 처음으로 유치원 교육과정을 초 · 중등학교 교육과정과 연계하였다. 제3차 유치원 교육과정은 제2차 유치원 교육과정의 사회 · 정서 발달 영역을 사회성 발달과 정서 발달 영역으로 나누고, 신체 발달과 건강 영역은 신체 발달 영역으로 바꾸어 신체, 정서, 언어, 인지, 사회성 발달의

5개 발달 영역으로 편성되었다. 연간 교육일수는 180일 이상으로 규정하여 제 1, 2차 유치원 교육과정에 비해 20일 단축한 것인데 이는 유아의 발달단계에 비추어 무리하지 않도록 융통성을 주기 위한 것이다.

1987년에는 제4차 유치원 교육과정이 개정 · 공포되었다. 제4차 유치원 교육과정은 제3차 유치원 교육과정과 같이 신체, 언어, 인지, 정서, 사회성의 5개 발달 영역 그대로 편성되었다. 이 교육과정의 특징은 교육목표를 지침으로 교사들이 자율적으로 내용을 선정하게 함으로써 다양성을 보장한 것이다.

(4) 제4기(1988~2009년): 유아교육 질적 고양기

1990년대 들어와 유아교육기관의 질적인 향상과 사회적 요구를 충족시켜 주기 위해 새로운 유아교육체제가 나타났다. 1991년 영유아보육법이 제정되어 내무부 산하에 있던 새마을유아원은 교육부 산하의 유치원이나 보건사회부 산하의 어린이집으로 전환되었다. 또한 1992년부터는 만 3세 유아가 유치원에 입학할 수 있게 되었고, 1995년도부터는 유치원에 종일반을 운영할 수 있게 되었다.

1998년에는 제6차 유치원 교육과정이 개정되었다. 이 교육과정에서는 수준별 교육내용, 교육시간 운영의 다양화, 기본생활습관 및 협동적인 생활태도, 감성교육, 창의성 교육, 세계화에 대비한 전통문화교육 충실 등을 강조하였다.

유아교육의 중요성이 인식되고, 미래사회를 대비하기 위해서 유아교육 무상교육화를 추진하여, 1999년 3월 1일부터 시행된 「유아교육진흥법」의 개정안에서는 만 5세 아동의 무상교육의 근거를 마련하였다. 2000년대에 들어와서 출산율이 저하되고, 여성의 취업과 사회참여 증가로 인해 유아교육이 국가의 책무라는 인식이 증대되었다. 저소득층 자녀와 농어촌지역 유아들부터 유아교육비가 지원되었으며, 점차 그 규모를 확대해 나가게 되었다.

유아교육계에서는 유아교육의 질을 높이고 공교육체제를 마련하기 위해 초 · 중등교육법 내에 유아교육 조항이 있던 것을 독립법인 유아교육법 제정을 요구하였다. 마침내 2004년에는 1997년부터 국회 상정과 폐기를 거듭해 오던 유아교육법이 제정되었다. 유아교육법이 제정됨으로써 초 · 중등교육법, 유아교육진흥법에 산재되어 있는 유아교육관련 조항을 정비하여 유아교육이 하나의 독립된 교육 분야로 인정되었다. 유아교육법 제정으로 유아교육이 공교육체제를 갖추고, 무상교육의 확대로 유아교육의 기회균등과 질적 발전을 가져오게 되었다.

사회의 변화를 수용하고 미래사회에 적극적으로 대처하기 위해 2007년에는 제6차 유치원 교육과정을 개정하게 되었다. 2007년에 새로 개정한 교육과정에 차수를 붙이면 7차가 되겠으나 더 이상 차수를 붙이지 않고 개정한 연도를 붙여 '2007년 개정 유치원 교육과정'이라고 명명하게 되었다. 이 교육과정의 특징은 제6차 유치원 교육과정의 5개 생활 영역인 건강, 사회, 언어, 표현, 탐구 영역을 그대로 두고, 종일제 유치원을 위한 교육시간의 탄력적 적용, 문자교육 강화, 초등학교와의 연계 강화, 창의성을 탐구 영역에 두지 않고 전 영역에서 교육하도록 체제를 개선하였다.

최근에는 대한민국 모든 영유아에게 동등한 질적 수준의 교육과 보육서비스를 보장하기 위해 누리과정을 만들어 시행하고 있다. 이전에는 유치원에서 유치원교육과정, 어린이집에서는 표준보육과정으로 이원화되어 시행하였지만, 2012년 5세 누리과정을 시작으로 2013년에는 3, 4세에게도 '누리과정'을 확대해 시행하였다. 유치원 · 어린이집의 구분 없이 동일한 내용을 배우는 것은 물론 부모의 소득 수준에 관계없이 모든 계층의 유아에게 유아학비와 보육료를 지원하게 되었다. 또한 누리과정을 가르치는 유치원과 어린이집 교사들에게는 정부에서 누리과정 수당을 지급하고 있다.

3) 유아교육 현황 및 전망

우리나라 유아교육의 현황은 취원율과 유치원 수, 교사 수 변화 추이를 가지고 살펴볼 수 있다.

(1) 취원율

연도별 우리나라 유치원 취원율 추이를 보면 1965년에 1.0%에서 꾸준히 증가하여 2017년에는 50.7%로 증가하였다.

표 2-1 연도별 유치원 취원율

연도	취원율(%)	연도	취원율(%)
1965	1.0	2007	36.2
1975	1.7	2008	38.0
1985	18.9	2009	39.5
1990	31.6	2010	39.9
1995	26.0	2011	40.9
2000	26.2	2012	44
2002	28.4	2013	47.4
2003	29.1	2014	47.3
2004	29.6	2015	49.4
2005	31.4	2016	49.8
2006	33.9	2017	50.7

주: 1990년 이전은 만 4~5세, 1995년 이후는 3~5세 대상임.
출처: 교육인적자원부 · 한국교육개발원 교육통계연보, 교육부 교육통계자료(2017).

(2) 유치원 수

표 2-2에 나타난 바와 같이 2018년 현재 지역별 공 · 사립유치원 수는 9,021개소이며, 이 중 국 · 공립이 4,801개소로 사립 4,220개소보다 더 많다. 1976년에 최초로 공립유치원이 설립된 이래 짧은 기간 동안에 공립유치원 수가 확대되었음을 알 수 있다. 지역별로 비교해 볼 때 국 · 공립유치원의 비율은 대도시로 갈수록 적으며 중 · 소도시와 농어촌으로 갈수록 많아짐을 알 수 있다. 이는 대도시에서는 상대적으로 사립유치원의 수가 많기 때문에 나타난 현상이다.

표 2-2 지역별 · 설립별 유치원 수(2018년)

구분	계		국립		공 립		사 립	
	유치원수	원아수	유치원수	원아수	유치원수	원아수	유치원수	원아수
서울	876	85,213	–	–	226	15,366	650	69,847
부산	413	44,361	–	–	99	6,990	314	37,371
대구	369	38,475	–	–	105	6,720	264	31,755
인천	423	42,324	–	–	167	9,980	256	32,344

구분	계		국립		공 립		사 립	
	유치원수	원아수	유치원수	원아수	유치원수	원아수	유치원수	원아수
광주	314	24,609	–	–	129	4,495	185	20,114
대전	269	24,012	–	–	98	4,519	171	19,493
울산	197	18,545	–	–	80	3,886	117	14,659
세종	59	6,393	–	–	56	6,147	3	246
경기	2,275	189,645	–	–	1,179	46,182	1,096	143,463
강원	373	16,561	1	59	262	6,223	110	10,279
충북	341	17,568	1	81	245	8,154	95	9,323
충남	511	27,991	1	109	373	9,768	137	18,114
전북	531	19,670	–	–	365	7,887	166	16,410
전남	551	19,670	–	–	434	10,277	117	9,393
경남	691	51,276	–	–	418	11,589	273	39,687
경북	709	38,961	–	–	465	10,940	244	28,021
제주	119	6,097	–	–	97	2,998	22	3,099
계	9,021	675,998	3	249	4,798	172,121	4,220	503,628

출처: e-나라지표 2018

(3) 원아 수

표 2-2와 같이 유치원의 수는 국 · 공립이 사립보다 많으나 유아를 담당하는 것은 표 2-3과 같이 사립유치원이 국 · 공립유치원보다 약 3.5배 가량 많다. 이는 공립유치원이 대부분 초등학교 병설 형태로 1~2학급의 소규모인 반면 사립유치원의 학급 수는 일반적으로 4~5학급 또는 그 이상이 많기 때문이다. 또한 공립유치원 원아수 증가율보다 사립유치원 원아수 증가율이 높은 것을 알 수 있다.

표 2-3 유치원 원아 수 추이

연도	전체	국 · 공립	사립
1990	414,532	127,144	287,388
1995	529,265	114,380	414,885
2000	545,263	122,208	423,055

연도	전체	국 · 공립	사립
2005	541,603	124,283	417,320
2010	538,587	126,377	412,010
2012	613,749	127,347	486,402
2014	652,546	148,269	504,277
2015	682,553	161,339	521,214
2017	694,631	172,521	522,110
2018	675,998	172,370	503,628

출처: e-나라지표(2018). 교육통계연보, 교육통계서비스(http://std.kedi.re.kr)

(4) 교원 현황

유아교육이 확대되면서 유치원교사와 어린이집 교사의 수도 급증하였다. 유치원 교원 수는 1990년에 18,511명이던 것이 2018년에는 54,892명으로 약 3배 증가하였는데, 어린이집 교사 수는 약 5.3배 정도 증가하였다. 교사 수의 증가는 취원율의 증가와 교사 1인당 담당하는 유아의 수가 감소하기 때문이며, 출산율 저하에도 불구하고 교사 1인당 담당하는 유아의 수가 점차 적어지는 추세이므로 앞으로 유아교사 수는 더 증가할 것으로 보인다.

표 2-4 연도별 유치원, 어린이집 교원 현황

연도	유치원			어린이집					
	계	국·공립	사립	계	국·공립	민간/법인	직장	가정	부모협동
1990	18,511	4,736	13,775	–	–	–	–	–	미분류
1995	25,576	5,564	20012	–	–	–	–	–	미분류
2000	28,012	6,145	21,867	62,495	–	–	–	–	미분류
2005	31,033	6,946	24,087	109,205	10,340	72,793	1,517	24,451	104
2010	36,461	8,827	27,634	206,912	19,397	120,698	3,606	62,863	348
2015	50,998	12,619	38,379	311,817	28,977	169,771	9,266	102,947	856
2018	54,892	15,847	39,023	330,217	36,098	155,170	14,858	104,176	1,066

출처: 교육과학기술부 · 한국교육개발원(2008). 교육정책분야별 통계자료집, 2008, 2009, 2010, 2015, 2017, 2018보육통계, 교육통계서비스(http://std.kedi.re.kr)

(5) 교사 대 원아 수 및 학급당 원아 수

교육의 질을 좌우하는 교사 1인당 담당 원아 수는 1980년에 38.4명이었던 것이 2017년에는 12.9명으로 줄어들었다. 감소율은 1990년도를 기점으로 했을 때 무려 57%에 달한다. 이는 최근 들어서 유아교육의 환경이 급속도로 양호해졌음을 나타내는 것이다. 또한 학급당 유아 수도 1990년대 28.6명이었던 것이 2017년에는 19.0명으로 감소율이 66%에 달해 다인수 학급의 문제점이 완화되고 있음을 알 수 있다. 최근 들어서 출산율이 저하되고, 교육환경이 개선되기 때문에 교사 1인당 원아 수와 학급당 원아 수 감소 현상은 지속될 것으로 보인다.

표 2-5 교사 1인당 원아 수와 학급당 원아 수

연도	학급당 원아 수	교사 1인당 원아 수		
		계	국·공립	사립
1980	38.4	–	–	–
1885	34.5	–	–	–
1990	28.6	22.4	26.8	20.9
1995	28.5	20.7	20.7	20.7
2000	26.3	19.5	19.9	19.3
2005	24.2	17.5	17.9	17.3
2011	20.9	14.6	13.6	14.9
2015	20.0	13.4	12.8	13.6
2017	19.0	12.9	12.2	13.2

출처: 한국교육개발원(2017). 교육통계분석자료집.

그림 2-1에서 보는바와 같이 유치원 수와 유아 수는 1990년부터 2000년도까지 급격히 증가되었으나 2000년 이후 더 이상 증가하지 않고 수평을 유지하고 있는데 비하여 교원 수는 1990년도부터 2000년도까지 급격히 증가를 하고, 계속 꾸준한 증가 추세를 유지하고 있다. 이는 향후 교원 양성정책에 참고가 될 수 있다. 출산율이 저하된다고 해서 선불리 교원양성 인원을 줄이면 안 된다는 것을 암시한다.

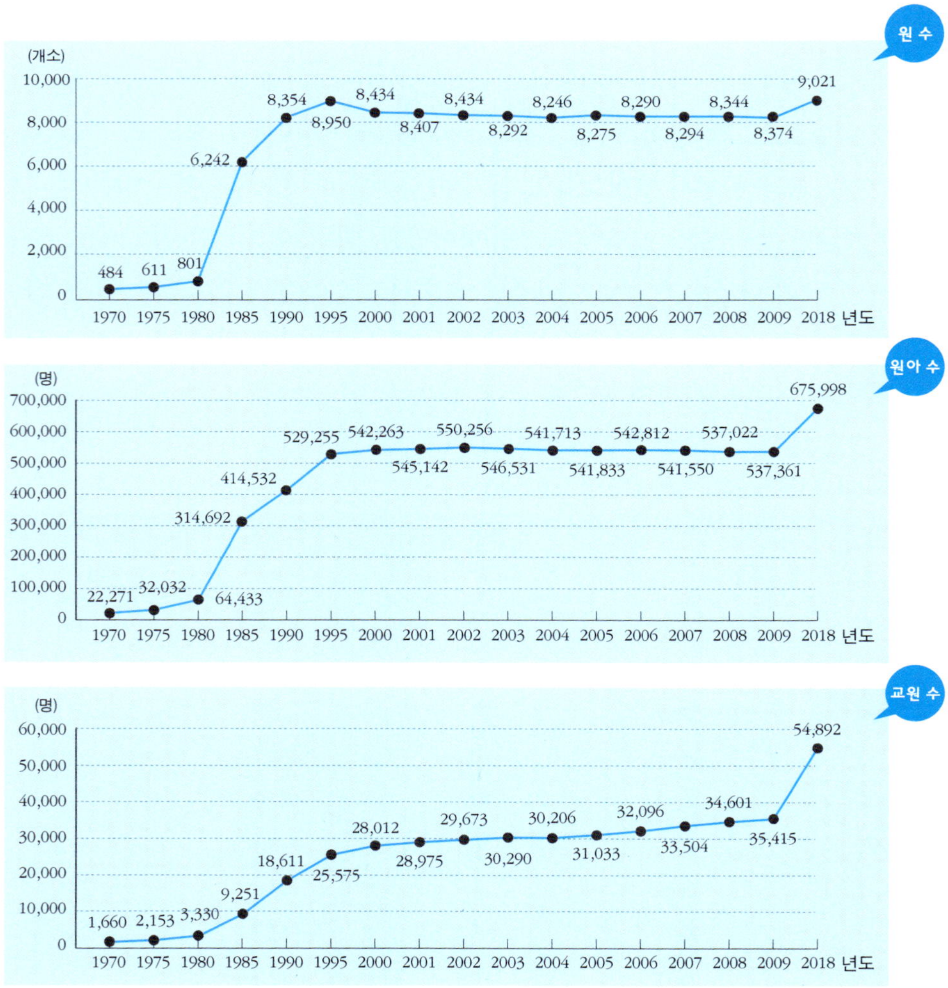

그림 2–1 유치원 수, 원아 수, 교원 수 추이

(6) 유아교육 예산

표 2–6에서 보는 바와 같이 2004년에 교육예산 대비 유아교육 예산이 0.13%이었던 것이 2007년에는 0.7%로 급격히 증가하였다. 그러나 교육예산 전체에서 차지하는 비중은 아직 미약한 편이다. 유아교육 예산 증가에서 보듯이 우리나라에서 유치원교육이 시작된 이래 양적인 성장과 질적인 발전을 거듭해 왔으나 앞으로 더욱 질적인 발전을 이루어야 할 많은 과제를 안고 있다. 이는 다른 나라들의 유아교육 현황과 비교해 보면 우리가 안고 있는 과제가 무엇이며, 얼마나 많은 노력을 해야 하는지 확실히

알 수 있다.

표 2-6 연도별 교육예산 대비 유아교육 예산 (단위: 억원)

연도	교육예산	유아교육예산	비율(%)
2004	264,000	345	0.13
2005	279,820	891	0.32
2006	291,273	2,056	0.71
2007	310,417	2,171	0.70

우리나라에서 유아교육에 대한 관심이 높아지면서 이에 대한 많은 정책이 수립되고 예산도 확대되었다. 그러나 표 2-7에서 보는 바와 같이 주요 국가들의 수준과 비교하면 취원율에서부터 교사 대 유아 비율, 유아 1인당 교육비, GDP대비 유아교육에 대한 지출, 공교육 비율 등이 여전히 미흡한 실정이다. 교육재정은 교육의 질을 결정짓는 중요한 요인이다. 유아 1인당 교육비 수준은 주요 국가 평균과 비교해서 91% 수준이다. GDP대비 유아교육비 지출도 0.3% 수준으로 OECD 평균(0.5%)에 비하면 부족한 실정이다. 앞으로 유아교육비를 OECD 국가 수준으로 확충하기 위해서는 현재보다 약 2배 정도 늘려야 하며, 유아교육을 공교육화하려면 공적재원을 더 늘려야 할 것이다.

표 2-7 주요국가 유아교육 현황 비교

	취원율(2010년)			교사 대 유아 비율 (2005년)	유아 1인당 교육비	정부재원 (%)	민간 재원(%)	GDP대비 공교육비 비율(%)
	3세	4세	5세					
한국	78	82	88	22.5	6,047	42.6	57.4	0.3
덴마크	87	98	98	6.9	8,785	87.6	12.4	1.0
스웨덴	90	94	95	13.5	6,549	100	0	0.7
프랑스	100	100	100	19.3	6,185	94.1	5.9	0.7
독일	89	96	96	13.9	7,862	70.2	29.8	0.6
일본	75	97	99	17.4	5,103	45.0	55.0	0.2
미국	51	69	74	14.5	8,396	80.9	19.1	0.4
영국	83	97	100	16.3	6,493	89.9	10.1	0.3
OECD 평균	66	81	93	15.3	6,670	81.7	18.3	0.5

최근 들어 유치원과 어린이집에 누리과정이 도입되면서 유아학비지원의 교육예산으로 일원화되었다. 그러나 중앙정부와 지방정부 간의 누리과정 재정 부담을 두고 갈등을 빚고 있어 일부 지방자치단체에서 누리과정 예산을 편성하지 않아 유아학비 지원이 중단될 위험에 노출되어 있다. 이에 따라 유아교육기관의 학부모들의 불안이 가중되고 있다. 연도별 연령에 따른 누리과정 예산은 보면 2013년에 3조 4천억 정도에서 2015년에는 3조 9천억 정도로 증가되었다. 2015년도부터는 지방교육재정교부금으로 충당하고 있다.

표 2-8 연도별 누리과정 예산

	연령별 지원율(%)				예산(단위: 억원)			
	만3세	만4세	만5세	전체	전체	복지부	지자체	지방 교육재정 교부금
2013	86.4	89.6	90.7	89.4	34,239	3,872	3,920	26,492
2014	88.5	94.9	94.1	92.4	38,676	2,948	1,562	34,166
2015	93.3	91.4	95	93.2	39,407	0	0	39,407

2. 어린이집의 발전과정 및 현황

어린이집의 발달은 아동복지의 발달과 맥을 같이 한다. 초기 아동복지사업은 구빈적 차원에서 시작되어 장애아동은 물론 모든 아동을 대상으로 발전하게 되었다. 우리나라 어린이집의 발전과정은 법과 제도의 발전에 따라 5기로 나누어 볼 수 있다.

1) 제1기(1921 ~1960년): 태동기

이 시기는 보육에 대한 법과 제도가 마련되지 않은 시기이다. 우리나라의 보육사업은 1921년 서양 감리교 선교사들이 개관한 서울의 태화기독교사회관에서 빈민아동을 위한 구제사업의 일환으로 보육프로그램을 개설한 것으로부터 시작되었다. 또 다른 복지시설로는 박영효가 1922년 교북동 4번지 1호에 세운 보육원이다. 1941년 조선사회사업협회의 기록에 의하면 1926년에 부산 공생탁아소와 대구 탁아소 등의 2개 시설이 설치 · 운영된 것을 계기로 1939년에는 전국에 11개소의 공 · 사립 보육시설에서 435명의 아동을 보육한 것으로 기록되어 있다. 그 당시 11개 탁아소는 관립 1개소, 공립 2개소, 재단 설립 3개소, 종교단체 설립 1개소, 사립 1개소, 기타 3개소가 운영되었다.

1945년 해방 이후 정국의 불안정으로 인하여 1947년 9월 당시 전국에 공익보육시설은 서울과 대전 2개소에 불과하였다. 해방 후부터 1960년대까지는 6 · 25전쟁을 전후한 정치 · 사회적 혼란기로서 정부가 보육사업에 대한 정책을 세우지 못한 시기였고, 당시 고아나 빈민아동과 같은 요보호아동에 대한 각종 수용보호시설이 주로 외국의 원조에 의하여 여러 곳에 설립되었다. 1953년 부산에 시립탁아소가 만들어지고 사회단체에서도 탁아소를 운영하였지만 주로 빈민층 가정의 자녀를 단순히 보호해 주는 구호적 성격을 강하게 띠고 있어 탁아 기능을 제대로 수행하지 못했다(강윤구, 1994).

민간단체들에 의한 탁아시설이 증가되면서 이를 합리적으로 지도 · 감독할 필요에 따라 1952년 10월 '후생시설 운영요령'이 마련되었다. 당시 후생시설은 직장을 가진 부모의 자녀를 일시 또는 일정기간 동안 위탁 · 보호할 수 있다고 정의됨에 따라 24시간 보육이 이루어졌음을 알 수 있다. 6 · 25전쟁 이후에는 빈민아동의 탁아나 고아들의 구호를 위한 규정을 마련한 '후생시설요강'이 만들어졌다. 이것은 1961년 제정된 '아동복리법'과 1962년 제정된 '아동복리시설기준령'의 효시가 되었다(신현식, 1999).

2) 제2기(1961~1980년): 전환기

1950년대까지 구빈적 성격을 가졌던 보육시설은 1961년 '아동복리법' 제정을 계기로 제도권 시설로 정부의 지도 · 감독을 받게 되었다. 아동복리법에서는 탁아시설의 설치기준, 직원배치 기준, 탁아기간, 보호내용 등을 구체적으로 규정하였으며 1962년 '아동복리시설기준령'에서는 아동복리 증진과 보장을 위한 내용이 명시되어 있다.

1960년대 후반에 들어서 국가의 경제개발정책에 따라 산업화가 추진되고 취업모가 증가하게 되었다. 취업모의 증가는 보육이라는 문제를 사회문제로 이슈화시켰으며, 보건사회부는 1968년 3월에 아동복리법 시행령 제2조 9항에 근거한 '미인가 탁아시설

임시조치령'을 공포하여 민간 탁아시설 설립을 적극 권장하였다. 그에 따라 1960년에 24개소였던 시설이 1970년대에는 600여 개에 달하는 양적 확충을 가져왔다. 또한 '탁아소'라는 명칭을 '어린이집'으로 변경하고 운영비, 인건비 등을 지원하여 양적 발전을 꾀하였다.

1970년에는 「한국어린이집협회」가 조직되어 원장들 간의 상호 친목은 물론 자질 향상을 꾀하는 세미나 등이 빈번하게 열리고, 협회가 「어린이집」이라는 기관지를 발행하여 회원을 계몽하자, 어린이집은 과거의 단순한 보호 차원을 넘어서서 교육도 할 수 있는 곳이라는 인식이 일기 시작하여 취업모이건 아니건 자녀를 그곳에 보내고자 하는 가정이 늘어나게 되었다(주정일, 1990).

이 과정에서 어린이집은 1971년 464개소, 1976년 607개소로 급격한 양적 증가를 보였으나, 질적 측면에서의 향상은 양적 증가에 미치지 못하고 매우 미흡한 상태에 있었다. 이에 보건사회부는 이런 문제를 개선하기 위해 1977년 2월 24일 기존의 「미인가탁아시설 임시조치령」을 폐지하는 동시에 사회복지사업법 시행규칙 제6조 2항을 개정하여 보육시설의 사회복지법인 설립에 대한 편익을 도모하여 모든 시설의 법인화를 촉구하여 보육시설의 질적 수준 향상을 위해 노력하였다. 이에 따라 보육시설의 양적 성장은 둔화되기 시작하였다. 그러나 기혼여성의 취업이 증가되었고 이와 함께 보육의 수요가 증대되자 보건사회부는 1978년 4월 23일 보육료를 받고 일반보육시설의 아동에게도 어린이집을 개방하여 수익자 부담원칙에 따라 받도록 하는 「탁아시설의 개선방안」을 시작하게 되었다. 그러나 이로 인해 보육사업은 법인화 요구에 따른 원장의 기피, 정부의 재정지원 부족, 보육시설 본래 목적의 퇴색 등으로 인해 양적인 측면에서나 기능적인 측면에서 위축 · 변질되게 되었다(임재택, 1997). 이러한 결과는 아동복리법이 명시하는 본래 취지와는 성격이 다른 시설로서 공공연하게 수익자 부담원칙에 입각하여 어린이집을 중산층 위주의 시설로 탈바꿈하여 마치 또 다른 형태의 유치원처럼 운영되기에 이르렀다(김광웅 외, 1997).

3) 제3기(1981~1989년): 정비기

1980년 제5공화국이 들어서면서 복지국가 건설이라는 국정 이념을 세우고 추진하였다. 그 일환으로 유아교육과 아동복지 문제가 정부의 주요 개혁시책 중의 하나로 채택되었다. 그 해 11월 5일 「취학전 아동교육시설의 운영모델」을 수립하게 되어 이 운영모델에 따라 1981년 3월 전국 263개소의 「새마을협동유아원」을 운영하게 되었다. 그리고 그 해 4월 31일에는 「아동복리법」을 「아동복지법」(법률 제3438호)으로 개정하게 되었다. 또한 1982년 2월 8일 「유아교육진흥계획」을 수립하여 유아교육기관을 통합 · 정비하였으며, 그 과정에서 「아동복지법 시행령」을 개정하여 어린이집의 설치근거를 삭제하고, 「유아교육진흥종합계획」을 확정함으로써 보건사회부(어린이집 691개소), 내무부(새마을협동유아원 263개소), 농업진흥청(농번기탁아소 382개소) 등에서 관장하던 유아교육기관은 새마을유아원으로 통합하고 내무부에서 주관하도록 하였다. 이로써 유아교육기관은 교육부 관할의 유치원과 내무부 관할의 새마을유아원으로 정비되었다. 이를 뒷받침할 수 있는 제도적 장치로서 1982년 12월 31일에 「유아교육진흥법」이 공포되었다. 통합된 새마을유아원과 관련하여 법제정 및 장학지도는 교육부에서, 시설운영 및 행정지도는 내무부에서, 보건의료는 보건사회부에서 담당하게 되었다. 이러한 유아교육진흥계획으로 말미암아 5세 취원율은 1980년 7.5%에서 1986년 57%로 획기적인 양적 증가를 보였다. 그러나 새마을유아원은 설립취지에서 벗어나 실제 운영 면에서 유치원과 유사한 기능을 함으로써 증가하는 보육수요를 충족시키지 못하는 정책적 오류를 범하게 되었다(임재택, 1999).

1980년대 중반 이후 보육문제를 개인의 문제가 아닌 국가나 사회 전체가 공동으로 책임져야 할 사회문제라는 인식이 고조되었다(임재택, 1999). 이러한 상황에서 1987년 12월 4일 「남녀고용평등법」이 제정 · 공포됨으로써 '직장탁아제'가 도입되었다. 이러한 조치는 기혼여성의 취업률을 증가시켰으며 취업모들의 요구와 농촌지역의 아동방치 문제가 심각하게 대두되어 보육시설 부활의 필요성을 느꼈다.

1989년 9월 19일 보건사회부에서는 「아동복지법 시행령」을 개정하여 1982년 삭제되었던 보육시설의 설치 · 운영근거를 부활시켰으며, 1990년 1월 15일 그 세부지침으로 「탁아시설의 설치 · 운영규정」(보건사회부 훈령 제586호)을 마련하였다. 이러한 정부의 적극적인 움직임은 각계 계층의 강력한 요구와 맞물려져서 보다 효율적인 보육사업의 추진을 위한 독립법인 「영유아보육법」을 1991년 1월 14일에 제정 · 공포하였다. 이 조치는 관계부처인 내무부, 교육부, 보건복지부 3부 장관의 합의에 의해 새마을유아원을

1993년까지 교육법에 의한 유치원이나 영유아보육법에 의한 보육시설로 전환하도록 하여 이원화 체계로 고착되었다.

4) 제4기(1990~2004년): 확대기

1990년대 들어와 기혼 여성의 취업률이 급격히 증가하고 보육 수요가 크게 증가하였다. 이에 정부는 증가하는 보육 수요에 대처하고 건전한 맞벌이 가정의 경제적 활동을 지원하기 위해 보육시설 확충을 서둘렀다. 1990년 영유아보육법안이 국회에서 통과되고 1991년 1월 영유아보육법이 제정 · 공포됨으로써 보육사업 발전의 발판이 마련되었다. 영유아보육법의 목적은 보호자가 근로 및 질병, 기타 사정으로 인하여 보호하기 어려운 영아 및 유아를 대상으로 하되, 영유아의 심신의 보호와 교육 그리고 보호자의 사회 · 경제적 활동을 돕는 것이라고 함으로써 유치원과의 차별을 명확히 하려고 하였다. 그러나 실질적으로는 어린이집과 유치원의 기능이 겹치는 부분이 많아 유아들을 유치하기 위한 경쟁이 점점 심화되어 갔다.

정부의 보육시설 확대정책에 따라 1994~1995년 국민연금융자제도를 마련하여 토지나 재산을 소유한 어린이집 설립 희망자들에게 보육시설 설치비를 저리로 대여해 주어 시설을 설립하게 하고 무자격자에게는 단기 보육원장 양성과정을 수료하게 하여 원장 자격을 주었다. 1990년 1,010개이던 어린이집 수가 2002년 22,147개에 이르고 어린이집을 이용하는 아동의 수도 1990년에 48,000명에서 2002년에는 800,991명으로 증가하였다(보건복지부, 2003). 만 5세 어린이 무상보육 대상이 2001년 5만 명에서 2002년 8만 7000명(전액 무상)으로 대폭 증가되며 이후 단계적으로 대상이 더욱더 확대되고, 보육시설 확대정책은 양적 증가의 목적은 이루었으나 질 관리는 이루어지지 않아 보육의 질적 향상은 이루어지지 않았다.

2000년대에 들어와서 보육시설이 양적으로 확대되어 보육 수요를 충당할 수 있게 되었으나 질적인 면에서는 아직도 보육 수요자들의 요구에 부응하지 못하는 수준이었다. 2002년 보육사업활성화방안에 '보육시설 평가인증제도'의 실시를 제시하였고, 2003년 1월 '보육시설 평가인증제도 준비기본계획'을 발표하였다. 보육시설 평가인증제도는 보육시설의 질적 수준을 향상시키기 위하여 국가가 제시하는 평가지표를 기준으로 보육시설의 현재 운영 상황 및 보육서비스의 수준을 점검하고 진단하는 질적 수준 관리시스템이다.

5) 제5기(2004년~현재): 정착기

2004년 1월 영유아보육법이 개정되면서 보육서비스의 다양화와 질적 수준 향상, 그리고 보육에 대한 공적 책임의 강화를 통해 보육사업이 더욱 발전할 수 있는 계기를 마련하였다. 영유아보육법 제30조에 '보육시설 평가인증제도'의 실시를 명시하여 법적 근거를 마련하였다.

2004년 6월 12일부터 영유아 보육사무가 보건복지부에서 여성부로 이관되었으며, 2004년 10월에는 보육시설 평가인증 시범운영을 위하여 한국여성개발원에 '보육시설 평가인증사무국'을 설치하였고, 2006년 1월에는 평가인증 업무를 육아정책개발센터로 이관하였다.

당시 보육사업을 관장하던 여성부는 보육서비스의 질적 수준을 높이고 학부모들이 합리적으로 보육시설을 선택할 수 있도록 정보를 제공하기 위하여 2005년부터 보육시설 평가인증제도를 시범운영하였고, 2006년부터 단계적으로 확대하여 모든 보육시설을 대상으로 평가인증을 실시하기로 하였다. 인증을 받은 지 3년이 지나면 인증 유효기간이 만료되어 다시 인증을 받아야 하는 관계로 2006년에 인증을 처음 받은 기관들은 2009년 12월 31일자로 만료되기 때문에 2010년부터는 새로운 운영체계와 지표로 제2차 주기 평가인증을 받아야 한다(보건복지가족부, 2009).

보육의 질을 제고하기 위하여 평가인증제도와 함께 2006년 11월 30일 영유아보육법 시행규칙을 개정하여 '표준보육과정'을 마련함으로써 영유아의 전인적 발달과 건전한 사회구성원으로 성장할 수 있도록 보육환경의 질을 높였다.

2005년 12월 영유아보육법과 동법 시행규칙의 일부 개정으로 원장의 국가자격증제 도입과 보육시설운영위원회 설치 의무화로 보육시설운영의 책임성과 투명성을 강화하게 되었고, 보육시설 설치 사전상담제를 실시하여 시설 설치에 따른 민원불편을 해소하였다. 한편 보육의 공적 기능이 강화함에 따라 정부의 보조금이 확대되었고, 이를 투명하게 사용할 수 있도록 하기 위해 2007년 개정된 영유아보육법에서는 거짓이나 부정한 방법으로 보조금을 받거나 보조금을 유용한 경우 보육원장의 자격 정지 및 자격 취소가 가능하도록 규정하였다.

2008년에는 새 정부가 들어서면서 정부 조직이 개편됨에 따라 보육업무가 여성가족부에서 보건복지가족부로 이관되었고, 보육정책의 방향을 영유아 중심 보육, 국가책임보육, 수요자 욕구에 맞는 보육서비스 제공, 보육서비스의 질적 제고, 국·공립보육시설 확충 등으로 확정하여 국가와 보육시설, 부모 간의 신뢰 회복을 도모하고자 하였다.

6) 보육사업 현황 및 전망

표 2-9와 같이 2014년 현재 어린이집의 현황을 살펴보면 전국의 어린이집 수는 40,238개소이고, 이 중 가정어린이집이 19,656개로 가장 많으며, 민간어린이집이 14,045개이고, 국·공립은 3,157개로 보육사업이 민간에 의해 주도된다는 것을 알 수 있다. 어린이집의 정원대비 이용률은 82.6%에 그치고 있어 어린이집의 수가 포화상태에 있음을 알 수 있다. 보육교직원 1인당 아동 수는 평균 4.4명으로 과거에 비하여 상당히 개선되었음을 알 수 있다.

표 2-9 어린이집 일반현황(2017) (단위 : 개소, 명, %)

구 분			계	국·공립 어린이집	사회복지 법인 어린이집	법인·단체등 어린이집	민간 어린이집	가정 어린이집	협동 어린이집	직장 어린이집
어린이집 수	개소(A)		40,238	3,157	1,392	771	14,045	19,656	164	1,053
	(비중)		100.0	7.8	3.5	1.9	34.9	48.8	0.4	2.6
아동수	정원(B)		1,756,603	209,727	131,820	56,514	915,855	360,397	5,506	76,784
	(비중)		100.0	11.9	7.5	3.2	52.1	20.5	0.3	4.4
	현원(C)	계	1,450,243	186,916	96,794	43,404	738,559	321,608	4,508	58,454
		남	749,266	96,611	50,741	22,625	381,384	165,414	2,308	30,183
		녀	700,977	90,305	46,053	20,779	357,175	156,194	2,200	28,271
	(비중)		100.0	12.9	6.7	3.0	50.9	22.2	0.3	4.0
	이용률		82.6	89.1	73.4	76.8	80.6	89.2	81.9	76.1

구 분			계	국·공립 어린이집	사회복지법인 어린이집	법인·단체등 어린이집	민간 어린이집	가정 어린이집	협동 어린이집	직장 어린이집
보육교직원수	인원(D)	계	330,217	36,098	18,845	8,254	146,920	104,176	1,066	14,858
		남	13,648	954	1,895	691	8,644	1,260	28	176
		녀	316,569	35,144	16,950	7,563	138,276	102,916	1,038	14,682
	(비중)		100.0	10.9	5.7	2.5	44.5	31.5	0.3	4.5
어린이집1개당 아동수(C/A)			36.0	59.2	69.5	56.3	52.6	16.4	27.5	55.5
보육교직원1인당 아동수(C/D)			4.4	5.2	5.1	5.3	5.0	3.1	4.2	3.9

* 아동수 : 현원(종일, 맞춤, 야간, 24시간, 방과후) 기준

출처 : 2017년 보육통계

보육사업이 시작된 이래 어린이집을 이용하는 아동 수는 꾸준히 늘어나 1990년에 48,000명이던 것이 2017년에는 약 31배 늘어난 1,450,243명이 이용하고 있다. 설립 주체별로 이용아동 수는 민간어린이집이 738,559명으로 가장 많으며, 국·공립은 186,916명에 그치고 있다.

표 2-10 연도별 어린이집 보육아동 수

연도	계	국·공립	법인	법인 단체	민간	직장	가정	부모 협동
1990	48,000	25,000	미분류	미분류	미분류	1,500	20,000	미분류
1995	293,747	78,831	77,187	92,634	591	2,386	42,116	미분류
2000	686,000	99,666	157,993	336,625	15,949	7,807	67,960	미분류
2005	989,390	111,911	125,820	552,360	56,374	12,985	129,007	미분류
2008	1,091,691	122,919	114,629	53,282	597,992	16,479	184,598	1,389
2009	1,175,049	129,656	112,338	52,718	622,996	18,794	236,892	1,655
2010	1,279,910	137,604	114,054	51,126	671,891	21,901	281,436	1,898
2011	1,348,729	143,035	112,688	50,676	706,647	24,987	24,987	2,286
2014	1,496,671	159,241	104,552	49,175	775,414	39,265	365,250	3,774
2017	1,450,243	186,916	96,794	43,404	738,559	58,454	321,608	4,508

출처 : 보육통계 2017

2017년 어린이집을 이용하는 아동 총수는 1,450,243명인데 연령별로는 2세가 391,715명으로 가장 많고, 다음으로 1세가 330,868명이다. 3세, 4세, 5세로 갈수록 이용 아동수가 적은 것은 3세부터는 유치원을 이용하기 때문으로 나타나는 현상이다.

표 2-11 연령별 어린이집 보육아동(2017년)

(단위: 명)

구 분			설립주체별							
			계	국·공립 어린이집	사회복지법인 어린이집	법인·단체등 어린이집	민간 어린이집	가정 어린이집	협동 어린이집	직장 어린이집
전국	계	계	1,450,243	186,916	96,794	43,404	738,559	321,608	4,508	58,454
		남	749,266	96,611	50,741	22,625	381,384	165,414	2,308	30,183
		녀	700,977	90,305	46,053	20,779	357,175	156,194	2,200	28,271
	만 0세	계	139,654	5,968	3,073	1,214	42,252	84,664	152	2,331
		남	73,026	3,060	1,614	648	22,098	44,346	78	1,182
		녀	66,628	2,908	1,459	566	20,154	40,318	74	1,149
	만 1세	계	330,868	27,814	14,254	5,676	140,233	130,827	622	11,442
		남	170,512	14,316	7,377	2,945	72,550	67,131	309	5,884
		녀	160,356	13,498	6,877	2,731	67,683	63,696	313	5,558
	만 2세	계	391,715	41,767	22,399	9,068	200,083	103,592	1,085	13,721
		남	200,713	21,458	11,533	4,733	102,783	52,609	547	7,050
		녀	191,002	20,309	10,866	4,335	97,300	50,983	538	6,671
	만 3세	계	236,665	39,442	20,994	9,623	151,221	1,596	946	12,843
		남	122,538	20,337	10,934	5,048	78,250	830	465	6,674
		녀	114,127	19,105	10,060	4,575	72,971	766	481	6,169
	만 4세	계	188,540	37,308	18,403	8,833	112,184	503	945	10,364
		남	97,831	19,309	9,811	4,564	58,031	263	507	5,346
		녀	90,709	17,999	8,592	4,269	54,153	240	438	5,018
	만 5세	계	156,093	33,114	15,623	7,838	90,766	387	722	7,643
		남	80,717	17,206	8,110	4,105	46,705	216	382	3,993
		녀	75,376	15,908	7,513	3,733	44,061	171	340	3,650
	만 6세 이상	계	6,708	1,503	2,048	1,152	1,820	39	36	110
		남	3,929	925	1,362	582	967	19	20	54
		녀	2,779	578	686	570	853	20	16	56

출처 : 보육통계 2015

출산율이 저하되고, 여성인력의 경제활동 참여가 국가경쟁력을 높인다고 인식됨에 따라 보육문제가 더 이상 개인의 책임이라는 시각에서 벗어나 국가사회의 책임이라는 의식이 점차 강화되기에 이르렀다. 그에 따라 보육예산이 증가되었는데, 2010년 보육예산이 2조 천억 정도였던 것이 2018년에는 5조 5천억 정도가 되었다.

앞으로 영유아 보육은 국가의 책무성이 더욱 강조되어 완전 무상보육이 실현될 것으로 기대되는 바이다.

표 2-12 연도별 보육예산 (단위: 백만원)

2010	2011	2012	2013	2014	2015	2018
2,127,510	2,478,380	3,028,567	4,146,625	5,273,819	4,943,994	5,505,231

출처 : 보육통계 2018

출산율이 저하되어 전체 영유아의 수가 감소되고는 있지만 생산 가능 인구 부족으로 인해 여성 경제활동의 필요성이 증가되어 보육에 대한 수요는 영유아의 수가 감소하는 것과 달리 그림 2-2에서 보는 바와 같이 점차 증가되는 추세에 있다.

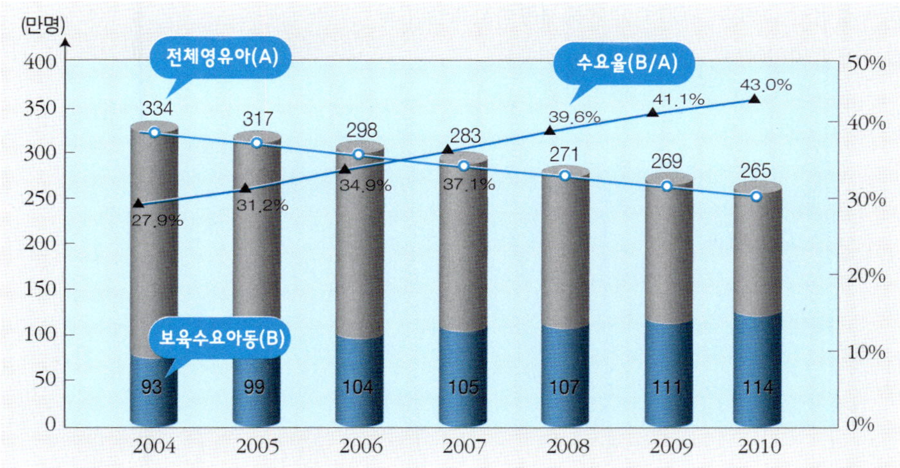

출처: 보건복지가족부 홈페이지(http://www.mw.go.kr), 2009.

그림 2-2 영유아의 수 변화와 보육수요율 추이

참고문헌

강문희 외(1999). 유아교육기관 운영관리. 학지사.

강윤규(1994). 영유아보육사업론. 해화당.

교육과학기술부 · 한국교육개발원(2008). 2008. 교육정책분야별 통계자료집.

교육인적자원부 · 한국교육개발원(2005). 2005. 간추린교육통계.

김경철(1991). 교육의 기회균등 측면에서 본 한국의 유아교육정책. 효성여자대학교 대학원 박사학위논문.

김광웅, 박인전, 방은령(1997). 영유아보육론. 중앙적성출판사.

보건복지가족부(2009). 2009년도 보육사업 안내.

보건복지가족부(2009). 보복지가족부 홈페이지(http://www.mw.go.kr), 2009년.

보건복지부(2003). 2003년도 보육사업 안내.

신현식(1999). 유아교육관련법의 현황과 과제. 한국전문대학 유아교육과교수협의회 제22회 학술대회 자료집.

이대균, 송정원(1998). 유아교육기관의 운영관리. 양서원.

임재택(1999). 유아교육기관 운영관리. 양서원.

주정일(1990). 한국탁아사업의 어제 · 오늘 · 내일. 보건사회부, 한국행동과학연구소 주최, 전국탁아세미나 자료. 5-14.

한국교육개발원(2009). 2009. 교육통계분석자료집.

한국교육개발원(2009). 교육통계연보.

Chapter 3

유아교육기관 운영관리의 기초

철학적 기초
심리적 기초
사회적 기초
교육행정 및 교육경영 이론

1. 철학적 기초

철학은 인간과 세계에 대한 본질을 규명하여 일관된 가치나 사상을 갖게 하는 역할을 한다. 사람은 무엇을 위해 사는가? 무엇이 가장 바람직한 생활인가? 인생의 목적은 무엇인가? 인간은 어떤 존재인가? 등에 대한 질문에 대한 답을 구하여 사람으로서 당연한 모습과 행위의 표준, 이상을 제시하여 생활의 의의를 가져다 준다. 여러 가지 선택 가능한 방법 중 어느 것을 선택하는 것은 그 사람이 가지고 있는 가치관이나 사상에 근거한다. 유아교육기관을 운영할 때 사람에 대한 관점과 세계에 대한 관점을 어떻게 취하느냐에 따라 일의 처리 방향과 방법이 달라질 수 있다. 따라서 철학은 교육행사의 밑받침이 된다.

1) 이상주의

이상(idea)이라는 말은 그리스어인데 가장 완전한 모습을 본다는 뜻이다. 즉, 현실을 초월한 완전성으로서 현실세계는 이상에 가까워질수록 선해지고 완전해진다. 현실세계에서 살아가는 인간은 인격적으로 완전하기를 바라고, 완전한 선을 추구하지만 실제는 그렇지 못할 수밖에 없다. 그러나 인간이기에 완전성을 추구하며 살아야 가장 인간다워질 수 있다. 교육은 완전한 인격을 형성하는 것이 목적이기 때문에 완전성을 추구하는 이상주의적 관점에서 논할 수 있다.

이상주의는 물질적인 것보다는 정신을 강조하는데, 감각을 통해 지각하는 현실의 세계보다도 정신을 통해 지각하는 영원한 이데아의 세계가 참된 진리라고 간주한다. 이상세계의 완전성은 현실세계에서 살아가는 인간이 추구해야 할 최고의 가치이고 궁극적인 목적이다. 이상주의에서는 인간은 노력 여하에 따라 이상적인 완전한 인간으로 될 수 있고, 사회 또한 이상적인 완전한 사회로 만들 수 있다고 믿는다. 그러므로 교육이 해야 할 일은 어느 누구도 포기하지 않고 이상적인 인간을 만들기 위하여 꾸준히 노력해야 하는 것이다.

이상주의는 혼란과 갈등이 만연한 사회에서 한 줄기 빛이 되어 인간이 지향해야 할 지침을 주고 완전한 진리에 도달할 수 있도록 길을 인도해 주는 역할을 한다. Platon

은 완전한 진리를 이데아(idea)로 보았고, 공자나 맹자는 완전한 진리에 도달하는 사람을 성인(聖人)에 비유하였다. 이상주의적 교육은 인간이 갖출 수 있는 인격 중 가장 선한 것과 국가사회에서 추구하는 것 중 가장 정의롭고, 아름다운 제도와 미풍양속만을 골라서 교육과정에 반영한다. 이상주의 교육 실천 과제를 요약하면 다음과 같다(김정환, 강선보, 1998).

첫째, 교육은 자연적 생활의 필요에 의해서 뿐만이 아니고, 정신적 필요에 의해서 이루어진다. 따라서 문화 속에서 가장 아름다운 것만 골라서 교육시켜야 하며, 가장 아름다운 환경에서 교육시켜야 한다. 그렇게 함으로써 유아교육기관은 지역사회의 모범이 되며, 미래의 꿈을 키우는 곳이 되어야 한다.

둘째, 유아는 각자 귀한 가치와 개성을 지닌 존재로 존중되어야 한다.

셋째, 교사는 도덕적 · 문화적 가치의 모델이 되어야 한다. 교사의 삶은 유아들이 본받을 수 있는 모범으로서 귀감이 되어야 한다.

넷째, 교육의 목표는 개성을 완성함과 동시에 사회를 혁신하는 데 두어야 한다. 개인의 인격을 완성하고, 밝고 깨끗한 사회가 될 수 있도록 교육이 제 역할을 해야 하는 것이다.

2) 진보주의

진보주의란 20세기 초 실용주의(pragmatism)의 영향을 받아 미국에서 Dewey에 의해 전개된 교육개혁운동이다. 진보주의는 전통적인 형식주의 교육에 반기를 들고 민주주의적인 교육이념에 의한 아동중심교육, 경험중심교육을 표방한다. 즉, 교육은 아동의 흥미와 요구를 존중하고, 실생활에서 필요한 것들을 교육내용으로 하며, 아동들은 생활에서 겪는 경험을 재구성하여 지식을 획득한다. 진보주의 교육개혁운동은 1918년에 결성된 진보주의교육협회를 중심으로 이루어졌다. 이 협회는 7개 조항에 이르는 다음과 같은 강령을 채택하였다(Meyer, 1949).

첫째, 아동은 외적 권위에 의하지 않고 자신의 필요에 의하여 자연스럽게 발달할 자유를 누려야 한다.

둘째, 모든 학습과 활동의 동기는 아동의 흥미와 욕구를 바탕으로 이루어져야 한다.

셋째, 교사는 아동의 활동을 지지하고 적절한 정보를 제공하는 안내자가 되어야 한다.

넷째, 아동의 평가는 지식에 대한 평가뿐만이 아니라 아동의 신체, 덕성, 사회성을 포함하고, 아동의 발달과 지도에 도움이 되어야 한다.

다섯째, 아동의 건강을 위해 기관의 시설, 환경이 밝고, 건전해야 한다.

여섯째, 학부모와 긴밀한 협조관계를 유지해야 한다.

일곱째, 진보주의 학교는 좋은 전통 위에다 새 것을 담고, 교육개혁의 중심이 되어야 한다.

이 7개 조항의 강령은 진보주의 교육의 원리가 되어 새로운 교육풍토를 형성하였다. 유아교육기관은 경쟁을 시키는 곳이 아니라 동료를 배려하고, 공동의 목적을 위하여 함께 노력하는 협동을 장려해야 한다. 유아들은 민주시민 의식을 키울 수 있도록 민주적인 절차, 방식으로 학습해야 한다.

진보주의 교육의 핵심은 아동중심교육이라고 볼 수 있다. 아동중심교육에서는 학습이 아동의 개인적 필요와 발달에 맞아야 한다고 본다. 이에 따라 개별화된 학습법인 Kilpatrick의 구안법(project method)이 등장하게 되었다. 이는 형식적인 교수로부터 벗어나 아동의 자발적이고 협동적인 탐구가 중심이 되도록 하였다. Kilpatrick은 아동의 생활 속에서 직면하는 문제를 중심으로 학습하는 Dewey의 문제해결법을 계승하면서 아동이 목적 있는 활동을 통해 학습할 때 효과적이라고 보았다. 따라서 아동이 Project 주제의 결정이나 실행수단을 계획하고 실천하는 자유를 학습과정에서 강조한다.

3) 실존주의

실존주의는 제1, 2차 세계대전을 겪으면서 대두되었고, 현대의 과학문명이 초래한 비인간화 현상에 반발하여 인간의 주체성을 회복하려는 운동이다. 실존이란 현실존재 또는 참된 본래적 자기를 의미한다. 인간의 보편적 · 추상적 본질이나 본성보다는 각 개인의 참된 실존을 중요시한다. 그러므로 개인은 오직 자기 자신의 자유로운 선택과 주체적인 결단에 의해 나 자신을 만들어 간다. 조직과 규칙에 얽매이는 것을 거부하고 개성적인 자기 자신의 삶을 추구한다. 어떠한 진리라도 나에게 의미 있는 것이어야 한다. Satre의 "실존은 본질에 앞선다"는 명제는 인간은 신이나 절대자 등에 의해 미리 정해지는 것이 아니라 자신의 자유의사에 의해 그 본질을 창조해 가는 존재라는 것으로 해석할 수 있다.

실존주의 교육은 인간의 내면에 있는 감정들에 관심을 갖는다. Jaspers는 실존적 교육을 "자기 존재를 각성시키고자 하는 노력이며 실존적 교제를 통해서 가능하다"고 주장했다. 실존주의 교육의 특징은 첫째, 주체성 교육이다. 주체성 교육이란 대중 속에 묻힌 삶으로부터 자기 자신을 찾는 교육이다. 이는 획일화된 교육을 거부하고 유아의 개성과 흥미를 존중하여 자신의 세계를 형성해 가는 교육이라 할 수 있다. 둘째, 각성 교육이다. 각성은 잠자는 상태에서의 깨어남을 의미하는데 교육에서 각성은 비본래적인 상태에서 본래적인 상태로 있게 하는 것이다. 셋째, 선택과 책임을 강조하는 교육이다. 인간은 자기의 본질을 찾기 위해 선택에 참여하는 것이다. 여기서 선택은 자유를 전제하며, 선택한 것에 대하여는 책임을 전제한다. 이와 같이 실존주의에서 교육이란 개인의 자유의사에 의한 선택과 판단에 의해 자신의 생활과 운명을 결정하고 그에 대하여 책임지는 자아실현을 도모하는 것이다.

Bollnow는 "만남은 교육에 선행한다"라고 하여 진정한 교육이 되기 위해서는 교사와 유아가 마음과 마음으로 통하는 인격적인 만남이 중요하고, 교육은 상대방의 입장에서 생각하는 우정 형식의 대화, 즉 만남을 통해서 이루어져야 한다고 주장하였다.

4) 포스트모더니즘

포스트모더니즘(postmodernism)은 post와 modernism의 합성어로서 모더니즘 다음에 오는 현상을 나타내는 시간적 경과의 개념을 지니고 있다. 18세기 이후 서구사회를 지배해 온 계몽주의 사상에 기초한 모더니즘은 이성의 기능적 특성인 합리성을 존중하며, 과학적 지식을 신뢰하는 특성을 지닌다. 그러나 모더니즘의 이념은 20세기 후반에 와서 그 한계가 드러나고 위기를 맞게 되었다. 포스트모더니즘의 본격적인 거론은 2차 세계대전 후 권위주의 모더니즘에 대한 반발로 나타나기 시작했다.

포스트모더니즘은 20세기 후반에 문화, 예술, 사회현상에서 나타난 시대정신으로서 주관성, 상대성, 다원성을 인정하는 사상적 특징이 있다. 진리와 가치는 객관적, 절대적인 것이 아니라 개인의 관심과 의도에 따라 성립하는 우연적이고 임의적인 것이라고 주장한다.

포스트모더니즘 교육철학은 다원화된 인간관에 바탕을 둔 교육적 인간상을 제시한다. 전통적 교육철학이 인간의 본질을 이성으로 규정하는데 반해 포스트모더니즘 교육철학은 이성 이외에 감성, 직관, 영성 등 인간의 다양한 특성을 존중함으로써 다원화된 교육적 인간상을 제시한다. 인간중심, 서구중심, 남성중심의 근대교육에서 벗어나 생태교육, 다문화교육, 양성평등교육 등 다원적인 교육 가치관으로의 변화를 촉구한다.

모더니즘 사회에서 교육이 절대적 진리관을 추구하고 정형화된 인간을 형성하였다면, 포스트모더니즘 사회에서 교육은 타인의 가치와 존재를 존중하며, 각각의 교육 주체들의 경험에 의해 다양한 교육을 추구한다. 교육의 목적은 학습자가 주어진 문제를 해결하도록 하는 데 있기보다는 스스로 문제를 발견하고, 자신의 맥락에서 그 문제를 해결해 나가는 데 초점을 둔다. 개인에게 필요한 지식은 미리 만들어 놓은 것을 무조건 수용하는 것이 아니라 개개인이 사회적 관계 속에서 직접 구성하도록 해서 자신의 삶에서 이용할 수 있어야 한다.

포스트모더니즘 사회는 삶의 다양성을 인정하고, 개성을 존중하기 때문에 교육내용도 다양할 필요가 있다. 획일적인 교재의 사용이나 일방적인 설명을 통해 전개되는 집단수업보다는 개개인의 학습자를 독립된 학습활동의 주체로 보고 이들의 개성과 다양성을 존중하는 방향으로 교육내용이 구성되어야 한다. 따라서 미리 정해진 교육계획, 표준에 근거한 학습활동, 일방적인 평가는 의미가 없다.

포스트모더니즘 교육에서는 주체적인 자아를 형성하기 위해 보편적 지식의 추구가 아니라 차이를 인정하고 각자의 흥미와 지적 수준에 따라 학습 선택이 이루어질 수 있도록 풍부한 학습환경을 제공해 준다. 포스트모더니즘 관점에서 교육방법은 다음과 같은 특징이 있다(정진곤, 1999).

첫째, 학습 선택의 자유다. 이는 하나의 교실 공간에 여러 가지 다양한 활동을 할 수 있도록 준비해 준 후, 각 유아들이 각자의 능력, 흥미, 요구 등에 따라 선택할 수 있어야 한다.

둘째, 교육적으로 의미 있는 풍부한 학습환경의 제공이다. 유아들이 필요에 따라 학습을 선택하고, 다양한 경험을 갖게 하여 지식을 구성하도록 한다.

셋째, 개별학습이다. 유아들이 각자 가지고 있는 관심과 수준은 같지 않다. 이들은 모두가 학습의 주체자이며, 발달 정도, 흥미와 요구, 학습동기, 학습능력, 출발점이 다르기 때문에 자신에게 맞는 학습을 선택할 수 있어야 한다.

5) 구성주의

사회의 변화에 따라 인간의 삶의 방식이 변하고, 교육과 사회는 서로 영향을 주고받으며 이어져 왔다. 각 시대마다 그 시대를 대표하는 교육철학이 형성되어 교육방향과 형태에 영향을 미쳐 왔다. 우리는 산업화 시대를 지나 현재 정보화 시대에 살고 있다. 1980년대 이후 정보화가 급속히 진행되면서 산업화를 주도했던 객관주의 교육패러다임이 쇠퇴하고 새로운 시대에 어울리는 구성주의 교육패러다임이 싹트게 되었다.

구성주의는 전통적인 지식관, 학습관, 평가관의 문제점을 지적하면서 제기된 대안적 지식관, 학습관, 평가관을 하나로 묶어 설명하는 새로운 교육패러다임이다. 구성주의는 지식이 주관적 사유를 통해 구성된다는 것에 기초한다. 즉, 지식은 우리가 학습과정을 통해 도달해야 할 목적인 절대적 진리인 경험과 독립되어 있는 세계에 대한 객관적인 실재를 부정한다. 객관주의는 이 세상에는 시 · 공간적 차이를 초월하여 보편적으로 적용할 수 있는 진리와 법칙이 존재하고 있다는 절대적 인식론을 신봉한다. 이에 반해 구성주의는 상대주의적 인식론에 기반을 둔다. 따라서 구성주의에서는 보편적 진리와 법칙을 부정한다. 객관적인 진리와 법칙을 아무리 잘 전달하더라도 그것은 개인의 인지구조에 의해 여과되어 자신에게 의미 있는 것만이 선택적으로 받아들이게 된다. 그렇게 구성된 지식이 사회의 구성원으로 생활하고 의사소통하는 데 지장이 없으면 그 자체로서 가치 있는 진리라고 본다.

구성주의에서 지식은 사회적 참여를 하고 있는 개인의 인지적 작용의 결과이므로 수업은 학습자의 흥미와 관심에 초점을 맞추는 것이지 교사에 의해 미리 결정되어지는 것을 거부한다. 교사는 수업의 전체적인 목표만 제시하고 구체적인 학습목표는 학습자가 스스로 활동을 진행해 나가면서 자신의 흥미와 관심, 수준 등을 고려해서 결정해

나가게 된다. 평가에 있어서도 과정이 끝난 후 결과를 평가하는 것이 아니고, 수업 과정 전체를 통해 과정을 평가하는 것이다. 평가를 위한 자료도 한 가지에 의존하는 것이 아니라 포트폴리오와 같은 다양한 자료를 활용한다. 교육활동에 있어서 유아들에게 자율권이 주어지므로 책임감도 그만큼 부가된다(강인애, 2000).

구성주의 학습관은 Piaget의 인지적 구성주의와 Vygotsky의 사회적 구성주의 이론에 의해 확립되었다. Piaget는 학습을 경험에 의해서 촉진되는 인지발달의 한 부분이라고 보는데, 학습은 학습자가 가지고 있는 인지구조가 결정하게 되므로 학습자의 적극적인 활동으로 스스로 구성해야 한다. 즉, 인지적 불일치를 극복하기 위해 반성적 추상으로 인지구조의 재평형 상태를 찾아가는 것이 학습이라고 본다.

Vygotsky는 인간의 사회적 경험이 개인의 사고방식을 구성하며, 개인의 인지는 사회적 상황 속에서 발생한다고 본다. 개인은 주체적으로 지식을 구성하지만 학습은 그것이 발생되는 사회적 환경에 의해 사회문화적으로 형성된다고 본다.

구성주의에서 교육은 학습자의 능동적 지식 구성활동을 조성하고, 도와주고, 촉진하는 일이지, 지식을 학습자의 머릿속에 집어넣는 일이라고 간주하지 않는다. 구성주의 패러다임에 의한 유아교육기관 운영은 학습자 중심, 상호작용 중시, 개인의 사고과정 중시, 실제 경험을 중시하는 교육이 되도록 하는 것이다.

6) 홀리스틱 교육

holistic의 어원은 그리스어 'halon'에서 유래되었는데, 이는 완전한(complete) 그리고 통합적(integral)이라는 의미를 갖는다. holism은 모든 현상이 서로 연관되어 있고 영속적인 진화의 과정 중에 있다고 보는 세계관이다. 어떤 사물을 파악할 때 부분으로 전체를 규정하거나 부분만 파악 대상으로 삼고 그 외의 것들을 배제하지 않고, 전체 안에서 부분과 부분의 관계를 통하여 부분을 파악하고, 전체를 파악하는 개념이다(오인탁, 2001). holistic이라는 말은 전체라고 하는 의미에서 유래되었기 때문에 홀리스틱 교육이란 다양한 교육 유형을 종합하기 위해 시도되는 통합과정이다.

1980년대 중반에 캐나다를 중심으로 제기되기 시작한 홀리스틱 교육은 지구의 모든 생명체는 상호관계를 맺고 있다는 사실을 인식하는 것으로부터 출발한다. 교육은 인류가 지구공동체를 소중히 여기도록 하는 것이 되어야 한다. 지구에서 살고 있는 생명체 사이에 지속적인 평화가 중요하다. 이를 위해서 홀리스틱 교육은 지구 안에서 다양한 생명체들을 깊이 인식하는 생태적 감성을 기르고, 전통과 개혁의 조화를 유지하려는 균형감각을 길러 주는 교육이다(박영만, 2002).

홀리스틱 교육의 성격을 나타내는 세 가지 주요 원리는 균형, 포괄, 연관이다.

첫째, 균형(balance)은 양극적인 특성들의 조화를 이루는 것이다. 균형을 유지하기 위한 요소들은 개인/집단, 지식/상상력, 이성/직관, 양적 평가/질적 평가, 남성/여성, 독립/상호 의존 등이 있다(Miller, 2002). 즉, 아동의 발달은 감성적, 신체적, 심미적, 영성적 발달의 적절한 관계 속에서 균형을 잃지 않아야 하는 것이다.

둘째, 포괄(inclusion)은 아동들을 성장시키기 위해서 필요한 교육방법이 한 가지로만 이루어지는 것이 아니라 전달, 상호작용, 변용이라는 방법을 통해서 이루어진다는 것을 나타낸다. 전달은 내용과 기초기능의 숙달을 위해서 강의와 조직된 학습과 같은 전략이 사용된다. 상호작용은 문제해결과 의사결정 기술을 개발하기 위해서 탐구학습, 발견학습, 사례연구와 같은 전략이 사용된다. 변용은 개인적 완성과 사회적 자각을 위해서 창의적 사고전략, 협동학습, 활동교육 등과 같은 전략이 사용된다. 홀리스틱 교육은 이 세 가지 차원이 상호 배타적이지 않고, 상호 의존적 관계에서 작용한다고 본다.

셋째, 연계(connections)는 개인적 또는 사회적 분절을 극복하기 위해서 분절을 통합하는 것을 말한다. 홀리스틱 교육은 아동들로 하여금 관계성을 체득할 수 있도록, 즉 정신과 육체 사이의 관계, 여러 분야의 지식들 간의 관계, 자신과 지역사회 간의 관계를 공부하도록 한다. 마음과 신체의 연계를 위해서 동작/댄싱 교육, 드라마, 오이리트미 등이 사용되고, 인간과 자연과의 연계를 위해 환경교육, 생태프로그램, 숲체험 등이 사용된다.

홀리스틱 교육은 고정된 하나의 교육이론이나 방법이 아니라 아동들의 전인발달을 위해서 할 수 있는 모든 활동을 포괄하고, 사고방식의 다양화, 과거 · 현재 · 미래를 포함하는 삶의 전체적 조화에 초점이 맞춰진다.

2. 심리적 기초

유아교육기관의 운영에 영향을 주는 요소 중에 발달과 학습에 대한 관점은 교육과정은 물론 물리적 환경을 구성하는 시설 설비와 교사의 교수행동을 결정하는 요인이 된다. 학습과 발달에 대한 이론은 성숙주의, 행동주의, 구성주의, 인본주의 등으로 대별되며, 기본 입장이 무엇이냐에 따라 유아교육프로그램의 모델들이 개발된다.

1) 성숙주의

성숙주의 입장의 핵심은 인간 발달에 있어서 환경적 영향을 최소로 인정하는 것이다. 인간의 발달은 환경이나 후천적인 경험에 의해 이루어지는 것이 아니라 생물학적 시간표에 따라 이루어진다는 것이다. Hall은 개인의 발달은 예정된 단계를 거치며 반복된다는 발달의 예정론을 주장하였다. Gesell은 아동발달 연구에 발생학적 모델을 적용시킨 사람으로 발달과정을 방향짓는 가장 중요한 기제를 '성숙'으로 보았다. 이 성숙의 과정은 정자와 난자가 수정되는 순간부터 예정된 발달의 순서에 따라 진행된다. 따라서 발달상의 스케줄보다 앞서 가르치려고 노력할 필요가 없다. Gesell은 과학적인 관찰 및 종단적인 자료 수집을 통하여 유아의 연령별로 할 수 있는 표준행동목록을 만들었다.

성숙주의에서는 발달의 가장 중요한 힘은 유아 내부로부터 나온다고 본다. 따라서 교사들은 유아들의 잘못된 행동을 직접 · 체계적으로 변화시켜 주는 것이 아니라 유아의 요구를 들어주고 그에 따르는 것이라고 보기 때문에 유아들의 성숙 수준을 넘어선 성취를 강요하지 말아야 한다.

성숙주의자들은 유아의 발달수준에 적합한 경험을 제공하는 것이 바람직한 교육이라고 생각한다. 성숙주의 입장에 따른 유아교육활동의 일반적 원리는 다음과 같다(이기숙, 2000).

첫째, 인간의 성장 발달에 대하여 내적인 성장 시간표를 중시하고, 교육은 보다 빨리 성장하도록 재촉하는 것이 아니라 아동이 스스로 성장할 기회를 주는 것이다.

둘째, 교사는 유아의 흥미와 발달단계에 적합한 자료를 제공한다.

셋째, 유아를 위한 가장 효과적인 집단구성은 발달수준이 같은 또래끼리 집단을 이루게 하는 것이다.

넷째, 학습준비도를 중시하는 것이다. 교사는 유아의 준비도에 따라 적절한 수준의 과제를 줌으로써 유아의 성장을 지지하는 교육적 모델을 제시한다.

2) 정신역동이론

정신역동이론은 인간의 내면에 잠재하고 있는 욕구를 어떻게 충족시키느냐와 주변 사람들과의 사회적 관계에서 심리사회적 갈등을 어떻게 극복하느냐에 따라 인성발달을 이해하고자 하였다. Freud는 인간의 내면적 욕구를 성과 관련지어 성적인 본능이 충족되는 방식에 따라 설명하는 심리성적 이론(psychosexual theory)을 폈고, Erikson은 인간의 발달을 사회적 관계에서 생겨나는 갈등과 이를 극복해 나가는 방식으로 설명하는 심리사회적 이론(psychosocial theory)을 발전시켜 인성발달을 설명하였다.

Freud는 인성을 결정짓는 세 가지 영역으로 원초아(id), 자아(ego), 초자아(superego)를 제시하였다. 이 세 영역은 각기 고유한 기능과 특성, 기제 및 역동성을 가지며 발달단계를 거치면서 이들 영역이 조화되면서 인성이 결정되어진다고 보았다. 그는 개인의 성적 에너지인 리비도(libido)가 집중되는 곳을 성감대로 보고 이 성감대가 집중되는 부위에 따라 구강기(oral stage), 항문기(anal stage), 성기기(phallic stage), 잠복기(latent period), 생식기(genital period)로 발달단계를 나누어 인성발달을 설명하였다. 각 발달단계에서는 고유한 특성이 있으며, 각 단계에서 욕구를 어떻게 해결하느냐에 따라 인성의 특성이 만들어진다고 본다. Freud의 이론은 인간의 무의식 속에 존재하는 갈등과 욕구를 이해하고 인간에게 나타날 수 있는 정서적 문제를 중요시하는 계기가 되었다.

Erikson은 인간의 발달은 다른 사람과의 사회적 관계를 통해 기대와 요구에 직면할 때 사회적 위기를 극복하는 방식에 따라 인성발달이 이루어진다고 본다. 그는 인성발달 8단계로 기본적 신뢰감 대 불신감(basic trust vs. mistrust), 자율성 대 수치 및 회의(autonomy vs. shame & doubt), 주도성 대 죄의식(initiative vs. guilt), 근면성 대 열등감(industry vs. inferiority), 정체감 대 역할 혼미(identity vs. role confusion), 친밀감 대 고립감(intimacy vs. isolation), 생산성 대 침체감(generativity vs. stagnation), 자아통정 대 절망감(integrity vs. despair)

을 제시하였다.

정신역동이론은 아동의 무의식 세계를 체계적으로 이해할 수 있는 틀을 제공하고, 아동 행동의 심리학적 근거를 이해하는 데 도움을 주었다. 이 이론은 인생의 기초가 형성되는 유아기의 중요성을 부각시켰으며, 유아교육에서 유아들의 환경을 적절히 제공해 주고, 성인의 역할을 강조하게 되었다. 정서적 문제를 보이는 유아들은 심리치료나 놀이요법을 통해서 유아들의 감정과 행동을 순화하고, 유아들의 내적 갈등을 자연스럽게 해결하는 방법으로 사용된다.

3) 행동주의

성숙주의 이론이나 정신역동이론이 발달의 내적인 힘을 강조하는데 반해, 행동주의 이론은 외부 환경에 의해 행동이 형성되어 가는 과정을 강조한다. 적절한 외적인 경험을 줌으로써 유아의 발달을 바람직한 방향으로 이끌 수 있다는 것이다. 학습은 성숙에 의해 이루어지는 것이 아니라 자극과 반응의 관계에서 이루어진다고 본다.

행동주의자들은 관찰 가능한 인간의 행동 모든 면을 설명할 수 있다고 본다. Watson은 중립자극이던 흰 쥐를 무조건자극이던 큰 소리와 연합하여 조건자극으로 만들어 아기가 두려움을 느끼도록 조건화하였다. Skinner는 동물 실험에서 좋은 결과를 낳는 행동은 계속하려고 한다는 결론을 얻었다. 여기서 좋은 결과는 보상이라고 말하며, 이는 행동을 더욱 강하게 자주 일어나게 하는 강화 작용을 하게 된다.

행동주의 학습관에서 유아는 지식의 수동적 수용자가 되고, 학습은 주체자의 목적이나 심리적 필요에 기인하는 것이 아니고 생리적인 충동이나 기계적인 통제에 기인한다고 본다. 그러나 행동주의는 유아교육에서 많이 적용되고 있다. 교사들은 유아들이 바람직한 행동을 보일 때 칭찬과 보상을 주어 다음에 그런 행동이 다시 일어나도록 하며, 바람직하지 못한 행동을 할 때는 적당한 벌을 주어 그 행동을 다시 반복하지 않도록 한다.

행동주의 관점에 기초한 프로그램이 갖는 특징은 다음과 같다(이기숙, 2000).

첫째, 학습의 목표는 매우 구체적이며, 교사에 의해 설정된다.

둘째, 학습내용은 단순화, 위계화, 순서화되어야 한다.

셋째, 교사는 매우 적극적으로 유아에게 행동을 지시한다.

넷째, 유아의 행동은 적절한 강화를 통하여 형성된다.

4) 인지이론

인지이론은 아동의 사고과정과 지적 구조의 특성을 이해하기 위하여 아동이 어떻게 환경을 인식하고 이를 자신의 사고체계 안에서 지식으로 구축시켜 가는지에 관심을 갖는다(이기숙 외, 2002). 대표적인 인지이론은 Piaget의 인지발달이론, Vygotsky의 사회문화이론, 가드너의 다중지능이론, 정보처리이론 등이 있다.

(1) Piaget의 인지발달이론(Cognitive-developmental theory)

Piaget는 아동들이 자신의 세계를 탐색하고 조작함으로써 능동적으로 적응해 간다고 보았다. 그는 발달이란 내적인 성숙이나 외적인 교육 어느 하나에 의해서 이루어지는 것이 아니라 아동이 주변 환경과 끊임없이 상호작용하는 가운데 적응하고 이 적응이 인지발달을 이룬다고 보았다.

Piaget의 인지발달이론은 인지구조의 질적인 변화과정으로 4단계로 나누어 설명하였다. 발달단계는 일정한 순서가 있으며, 개인에 따라 발달속도는 차이가 날 수 있다고 보았다. 그는 발달의 4단계로 ① 감각운동기(sensorimotor stage), ② 전조작기(preoperational stage), ③ 구체적 조작기(concrete operatioal stage), ④ 형식적 조작기(formal operatioal stage)를 제시하였다.

Piaget의 인지발달이론은 유아교육에서 유아들의 인지발달을 강조하는 계기가 되었고, 이를 위해서 교사들은 유아들이 인지적 갈등을 일으키도록 하고, 유아들이 스스로 탐색과 환경과 적극적인 상호작용 과정에서 인지적 갈등을 해결하도록 한다. 유아들의 발달은 일련의 단계를 순차적으로 거치며 진행의 발달속도에 있어서 각 유아들은 차이가 있으므로 교사들은 같은 연령이라도 각 유아를 파악하여 이에 맞는 과제를 부여하는 것이 좋다.

(2) Vygotsky의 사회문화이론(Sociocultural theory)

Vygotsky는 한 문화가 어떻게 다음 세대에게 전달되는지에 관심을 두었다. 인간의 사고와 행동은 그가 처한 사회문화적 상황에 의해서 결정된다고 본다. 유아들은 자신보다 유능한 성인과 또래들과의 상호작용을 통해 발달한다. 사회적 상호작용에서 발달을 설명하는 주요한 개념은 근접발달지대(the zone of proximal development: ZPD), 비계설정(scaffolding), 언어(language) 등이 있다.

유아가 발달하는 데 있어서 사회문화적 요소들이 중요한 역할을 하므로 유아가 속한 사회환경, 부모의 양육태도, 성인과 유아 간의 상호작용 질을 어떻게 적절히 하느냐가 주요한 이슈가 된다. 유아의 발달을 이끌기 위해 근접발달지대를 정확히 이해할 필요가 있다. 그러기 위해서 교사는 적합한 평가기술로 현재의 발달수준과 잠재적 발달수준을 알아야 한다.

(3) Gardner의 다중지능이론(Multi-intelligence theory)

다중지능이론은 지능을 하나의 통합된 지적 능력으로 보는 전통적인 관점에서 벗어나 지능의 다양성을 인정하고, 인간의 지적 활동을 7개의 분야로 나누었다. 지능에 대한 새로운 관점은 지능검사의 방법에 있어서도 새로운 도구를 고안하게 되었다. 전통적인 지능검사 방법은 유아의 성취수준을 집단과 비교한 성취수준을 나타내는 규준지향적 평가를 한다면, 다중지능 관점에서는 개인 내에 존재하는 다양한 능력을 평가하는 준거지향적 평가를 한다.

Gardner가 제시한 7가지 지능은 ① 언어적 지능(linguistic intelligence), ② 논리-수학적 지능(logical-mathematical intelligence), ③ 음악지능(musical intelligence), ④ 공간지능(spatial intelligence), ⑤ 신체-운동지능(bodily-kinesthetic intelligence), ⑥ 내성지능(intrapersonal), ⑦ 대인지능(interpersonal intelligence)이 있다.

인간이 어떤 활동을 할 때는 7가지 지능을 연합하여 발휘된다고 보아야 한다. 지능에 대한 다양성을 인정한다면 교육에 있어서도 종래의 획일적 방법에서 벗어나 유아 개인의 잠재력 또는 소질을 잘 파악하여 개인차를 존중하는 교육이 이루어져야 한다. 단지 종래의 지능검사인 IQ가 낮다고 하여 모든 분야에서 수행이 낮은 것이 아니라 강점이 있는 분야가 있는지 찾아보아야 하고, 강점을 더욱 유지 · 발전시켜 주고, 부족한 분야를 보완해 줄 수 있는 교육계획을 세워야 한다.

5) 인본주의

20세기에 들어와서 인간의 소외 현상이 나타나고, 학교교육은 지식일변도의 빡빡한 학습 일정, 과도한 경쟁으로 인한 우정의 부재 등 교육의 비인간화가 심화되었다. 인본주의 교육이란 휴머니즘에 입각한 비인간화를 극복하고, 인격을 존중하는 교육을 말한다. 인본주의 교육은 소홀히 했던 인간의 자유, 희망, 가능성, 존엄성을 되찾고, 인간이 스스로 자신의 환경을 개조할 수 있는 주체로 성장하도록 돕는 것이다.

Alport, Rogers, Combs가 주장하는 인본주의 심리학은 인간 연구에 있어서 행동주의와 정신분석학과는 다르게 인간은 목표를 세우고 스스로 노력하는 존재이고, 성장과 자기실현을 위한 역량이 있다고 믿는다. 인본주의 교육의 원리는 다음과 같다.

첫째, 인본주의자들은 유아들을 신뢰하고 그들이 스스로 성장하도록 돕는다. 이러한 관점은 유아들에게 자유로운 선택을 하도록 기회를 주고, 유아들은 자신들을 위해 바람직한 선택을 한다고 믿는다. 최선의 학습이 일어나도록 하려면 유아들에게 안전하고 편안한 환경에서 자유롭게 놀고, 탐색할 수 있도록 해주면 된다.

둘째, 교육의 효과를 극대화시키기 위해서는 학습자중심 교육이 이루어져야 한다. 유아들은 따뜻하고 긍정적이며, 수용적인 분위기를 만들어 주면 스스로 자신의 행동을 통제하는 방법을 학습한다고 본다.

셋째, 유아들에게 긍정적인 자아개념을 갖도록 도와주는 것이 교육이 할 일이다. 유아가 건전하게 성장하려면 무엇보다도 자신을 긍정적으로 생각하고, 할 수 있다는 믿음을 가져야 한다.

3. 사회적 기초

사회와 교육은 서로 영향을 주고받는다. 교육은 창조적 사고와 문제해결력을 함양하게 하고, 문화전파를 가능하게 하며, 사회계층의 상승 수단이 되어 사회를 변화시키는 원동력으로 작용한다. 또한 교육은 과학기술의 발전, 인구의 변동, 경제의 변동, 정치적 변동, 가족 기능의 변동 등에 의해 교육의 목적과 내용이 변화되기도 한다. 유아교육도 사회의 변화에 따라 많은 변화를 거듭해 왔다. 크게는 고대사회, 근대사회, 현대사회를 거치는 동안 사회에서 요구하는 유아교육의 모형이 있어 왔고, 작게는 변화가 빠르게 진행되는 현대사회의 특징에 따라 유아교육의 형태가 변화되어 왔다. 여기서는 현대사회에서 특징적으로 나타나는 현상에 따라 유아교육이 어떻게 영향을 받아 유아교육기관을 운영하는지 알아보고자 한다.

1) 가족제도의 변화

산업화가 진행되면서 노동력을 가진 젊은 층은 점차 도시로 이동하게 되고, 농경사회의 확대가족 형태는 점점 약화되어 왔다. 산업화에 따른 수혜는 즉각 개인의 경제수준을 높여 주고, 삶의 질에 대한 요구로써 개인의 자유와 독립적인 삶을 추구하게 된다. 현대에 와서 이러한 현상이 가속되면서 가족의 형태가 핵가족으로 변하게 되었다.

과거에 확대가족에서는 유아의 양육과 교육은 조부모라든지 삼촌, 고모, 형제, 자매 등 가족 중에서 맡아 줄 사람이 있어서 그들과 상호작용하는 가운데 유아들은 자랄 수 있었다. 그러나 핵가족에서는 부모 외에는 아이를 돌보아 줄 사람이 가정 내에 없게 됨으로써 유아들은 유아교육기관에 가야만 또래와 만나고, 부모 이외의 성인과 상호작용할 기회가 생기게 되는 것이다.

현대의 유아교육기관은 단지 지식을 전수하는 목적이 있기보다는 유아들이 가정에서 충족할 수 없는 정서적 욕구나 사회적 관계를 맺을 수 있도록 해주어야 한다. 예를 들어, 가정에서 조부모와 함께 살지 않는 유아들을 위해 지역사회의 노인들과 사회적 관계를 맺을 수 있는 활동을 하는 것이 필요하다.

2) 취업모의 증가

현대사회는 개인의 자아실현을 중시하게 되어 결혼한 여성들도 적극적으로 사회참여를 원하고 있다. 이와 더불어 산업구조의 변화에 따라 노동시장의 구조도 변하게 되었는데, 섬세한 여성의 노동력이 중요하게 되었다. 이러한 현상은 자연스럽게 기혼 여성의 경제활동 참여율을 증가시켰다. 기혼 여성의 취업은 우리 사회에서 자연스러운 현상으로 받아들여진다. 기혼 여성의 취업률은 1990년 43.5%에서 2004년 50.3%로, 전체 여성 취업자 중 78%가 기혼 여성인 것으로 나타났다(통계청, 2004). 기혼 여성의 취업은 앞으로 더욱 늘어날 것으로 전망되며, 이로 인한 육아 문제는 사회적 이슈로 대두되고 있다.

맞벌이 가정이 겪는 어려움은 자녀양육의 문제가 가장 크다고 볼 수 있는데, 이러한 문제를 해결할 수 있는 대안으로 유아교육기관의 역할을 들 수 있다. 유아교육기관에서는 점차 어린 유아들까지 돌보는 현상이 나타나고, 운영시간에 있어서도 종일반은 물론 야간보육, 휴일보육의 형태도 활성화되기에 이르렀다.

3) 도시화

산업구조의 변화와 인구구조의 변화로 인구가 도시로 집중되는 현상이 가속화되고 있다. 우리나라의 경우 해방 이후 매우 급격한 도시화 과정의 결과 대도시와 수도권을 중심으로 인구가 증가하고, 각종 개발로 농촌지역이 도시로 변하기도 하였다. 2004년도의 도시화율은 1990년 81.9%였던 것이 2007년에는 90.5%에 이르고(통계청, 2006), 수도권의 인구는 우리나라 인구의 절반을 차지하고 있다. 이러한 현상은 유아교육에 있어서 지역 간 불균형을 초래하고, 유아들의 양육환경에도 영향을 주고 있다.

농어촌 지역에는 유아들의 수가 급격히 줄어 한 학급의 규모가 도시에 비해 작게 운영될 수밖에 없는 실정이다. 반면 도시에는 유아교육기관의 학급 수도 많을 뿐만 아니라 학급당 정원도 농어촌보다 훨씬 많은 인원으로 구성된다.

도시화로 인해 유아들이 마음 놓고 뛰어놀 수 있는 공간이 없어지고, 상대적으로 위험에 노출되기 쉬워 부모들은 자녀들이 집 밖에서 노는 것을 꺼리게 되었다. 그러나 유아교육기관에서는 유아들을 안전하게 보살피고, 함께 놀 또래들도 많기 때문에 부모들은 자녀를 유아교육기관에 맡기는 것을 선호하게 되었다.

4) 교육열

한국 사회는 전반적으로 학벌주의가 만연되어 있어 부모들의 교육열이 과열되는 양상을 보이고 있다. 부모들은 되도록 이른 나이에 선행학습으로 기초학력을 다지기를 원하고, 다양한 조기교육 열풍을 주도하고 있다. 조기교육에 열성인 부모들은 경쟁사회에서 자란 젊은 부모들로서 자녀가 공부를 하고 있지 않으면 불안을 느끼는 것으로 보인다. 김보림(2007)의 연구에 의하면 만 4~5세 유아 중 93%가 특정 과목에 대하여 조기교육을 받고 있으며, 조기교육의 이유는 학습에 도움을 주기 위해서라고 나타났다. 최근 들어서 이러한 조기교육은 점점 연령이 하향화되어 가고 조기교육의 학습영역도 점점 늘어나는 추세에 있다.

부모들의 교육열은 유아교육기관 운영에 적지 않게 영향을 미치고 있다. 유아교육자들은 유아의 전인발달을 위해 교육과정을 운영하려 하지만 부모의 요구를 완전히 무시할 수 없기 때문에 부모의 요구를 반영하여 여러 가지 특기과목을 편성하여 운영하는 경향이 있다. 특히 영어교육은 이제 많은 유아교육기관에서 실시하는 현실이다.

4. 교육행정 및 교육경영 이론

경영은 주로 영리기업이 주된 연구대상이지만 최근에는 행정 · 교육 · 종교 등과 같이 모든 관리대상 조직체도 연구대상으로 삼고 있다.

1) 교육행정 기초이론

(1) 과학적 관리론

미국에서 산업이 발전하고 인구의 도시 집중화 등 사회가 복잡해짐에 따라 산업현장에서는 능률적인 관리가 필요해졌다. Taylor와 그의 동료들은 노동자들이 임금에 따라 노동의욕을 갖게 되지만 신체적인 제약 때문에 기존의 경영방식으로는 최대한의 노동 생산성을 올리지 못하는 점에 회의를 품고 노동자가 어떤 직무를 수행하기 위한 최선의 방식을 찾고자 모든 업무를 과학적으로 연구하였다. 그는 과학적 관리를 위한 네 가지 원칙을 제시하였다. 다음 네 가지 관리의 원칙은 작업자의 생산성을 극대화시켜 조직의 효율성을 높이고자 한 것이다.

① 철저한 관찰과 분석을 통한 과학적인 직무분석

② 분석된 직무에 적절한 인사를 선발하여 훈련시키고 개발하기

③ 관리자와 작업자 상호 협동을 통한 업무수행

④ 업무의 분업 원칙에 따른 관리자와 작업자의 분리된 업무수행과 기능별 감독

Taylor는 생산공정의 개별 작업을 요소 동작으로 분리하여 각 요소 동작의 형태, 순서, 소요시간을 시간연구와 동작연구에 의해 표준화함으로써 하루의 과업을 설정하고 그 과업을 기준 과학적으로 관리하려 하였다. 그의 과학적 관리의 원리는 최대의 1일 작업량, 표준화된 조건, 성공에 대한 높은 보상, 실패에 대한 손실 보상, 과업의 고숙련도 등이다.

과학적 관리론은 가능한 최선의 방법으로 작업공정을 체계화하는 데 영향을 주었으나 인간의 개성, 잠재력, 동기, 정서, 심리 요인, 인간 상호 간의 상호작용 요인 등을 무시하고, 인간을 기계처럼 능률만 강조함으로써 비판을 받았다.

(2) 인간관계론

1930년대 미국 사회의 분위기는 민주주의를 열망하고 있었다. 이러한 사회의 분위기에 따라 인간관, 조직관 등이 변하기 시작했다. 인력으로 하던 작업이 기계로 대치되고, 모든 작업은 표준화, 분업화, 전문화가 확산되었고 노동자 간 상호 의존이 중요해졌다(한공우, 2000). 과학적 관리론이 인간적 요소를 경시한 데서 오는 여러 가지 모순이 나타나게 됨에 따라 인간을 중시하는 관리방법인 인간관계론이 필요하게 되었다.

Mayo와 그의 동료들은 미국의 시카고 근교 서부전기회사 Hawthone 공장에서 작업장의 조명수준, 임금 등과 같은 물리적 요인과 작업능률 간의 관계를 밝히는 연구를 수행하였다. 그는 이 연구에서 작업능률에 영향을 미치는 요인은 물리적인 것보다도 작업자의 태도, 감정, 정서 등의 심리적 요인에 의하여 크게 영향을 받는다는 것을 알게 되었다. 그는 이 실험결과 인간은 사회적 욕구에 의하여 동기화되며, 다른 사람

과의 관계에서 기본적 만족을 얻는다고 주장하였다. 인간은 관리적 통제나 물질적 유인책보다는 동료집단의 사회적 힘에 더 예민하게 반응한다고 보았다(곽영우 외, 1995). 연구자들은 이 실험에서 과학적 관리론에서 주장하는 여러 원칙들이 반드시 옳지 않다는 것을 발견하였다. 즉, ① 경제적인 보상이 항상 인간의 동기를 유발시키는 것은 아니며, ② 근로자들은 종종 비공식 집단의 구성원으로서 행동하고, ③ 업무의 전문화가 항상 효율적이지는 않으며, ④ 비공식 조직의 지도자는 공식 조직의 지도자만큼 중요하고, ⑤ 작업 상황에서 인간은 수동적이 아니라 능동적인 존재라는 결론을 이끌어 냈다(Hoy & Miskel, 1991).

인간관계론 입장에서 관리자는 교직원의 사기와 인화를 촉진시켜 주는 촉진자이며, 교육행정은 봉사의 개념이며, 의사결정은 구성원의 참여로 이루어져야 한다. 이와 같이 인간관계론은 교육행정에 있어서 민주화에 공헌하게 되었다.

(3) 행동과학론

행동과학론자들은 조직구성원의 기계적 측면만을 강조한 과학적 관리론과 인간적 측면만을 강조한 인간관계론의 한계를 극복하고 이 두 이론 간의 균형을 찾아 조직과 구성원 모두에게 조직의 목적을 달성하는 데 합리적인 방향을 모색하고자 노력하였다. 이러한 노력을 시도한 사람이 Chester Barnard였다. 그는 조직의 행정가는 조직의 공통적인 목적이 성취되는 정도인 효과성과 조직의 구성원 개인의 동기가 충족되느냐와 관계하는 효율성을 강조해야 한다고 주장하였다. 이와 같이 조직의 목적과 구성원 개인의 목적이 합치되고 균형을 이룰 때 조직이 잘 운영될 수 있는 것이다(Barnard, 1938).

Simon(1947)은 행정이란 조직의 구성원 개인에 영향을 미치는 합리적 의사결정 과정으로 보고 각 개인은 의사결정을 내리는 주체인 동시에 의사결정에 의해 구속되는 객체이므로 조직 내에서 개인과 조직 간의 평형 상태를 유지하는 것이 중요하다고 밝혔다. 또한 조직이란 개인이 조직을 위하여 노동을 제공하고 조직은 개인에게 노동에 대한 대가를 제시함으로써 유지되는 일종의 교환체제라고 하여 개인이 조직에 기여하는 것보다 조직으로부터 받는 보상이 많다고 지각하는 한 그 사람은 조직의 구성원으로서 남아 있게 된다고 주장하였다.

행동과학론자들은 인간을 단순히 기계적 또는 합리적 존재로만 보던 이전의 인간과는 달리 조직과 구성원 간의 긴장과 갈등을 효율적으로 관리하고, 인간의 성장과 자기실현에 대한 기대와 함께 종래 강제력에 의해 뒷받침되던 권력을 합의와 협력관계로 조정하였다(한공우, 2000).

2) 의사소통

(1) 의사소통의 개념과 특징

인간이 사회를 구성하여 서로 간에 관계를 맺고 영향을 미치기 위해서 필수적인 것이 의사소통(communication)이다. 의사소통의 어원은 라틴어 Communicare로 '나누다', '공유'라는 의미가 있으며, 사람들 간의 감정, 느낌, 사실, 신념, 태도 등을 전달하여 대화를 통해 서로를 이해하고, 영향을 주는 모든 수단이다. 의사소통에 대한 정의는 학자에 따라 다양하게 정의된다. Sereno와 Bodaken(1975)은 의사소통이란 참여자들 간에 역동적이고 동시적인 상호 교환을 말하는 것으로, 의사소통에 참여한 사람들은 언어적 · 비언어적인 방법으로 자신의 메시지를 전달하며, 동시에 수용하는 상호 복합적인 작용으로 보았다. 이렇게 볼 때 의사소통은 유기체로서 한 사람이 다른 사람과의 관계를 형성하고 영향을 미치는 데 필수 불가결한 과정이다. 의사소통은 단지 메시지만 전달하는 것이 아니라 서로를 이해하는 수단이 되어 대인관계를 원만히 하게 하는 요인이다. 두 사람 이상의 사이에서 작용하는 의사소통은 다음과 같은 특징을 갖는다(Devito, 1978).

첫째, 의사소통은 다른 사람과의 관계를 발전시킬 뿐만 아니라 개인의 발전에도 기여한다.

둘째, 의사소통은 자극과 반응, 수신자와 송신자, 기호 전달과정, 기호 해독과정, 피드백, 자각, 자기 표출 등으로 구성된 인간관계의 매개체이다.

셋째, 의사소통은 모든 장소에서 이루어지며, 과거, 현재, 미래를 통하여 이루어진다.

넷째, 의사소통은 대인관계에서 순환적인 과정을 통하여 지속적으로 상호 간에 영향을 주고받는다.

다섯째, 의사소통은 언어적, 비언어적인 방법으로 전달된다.

(2) 의사소통의 종류

대인 간에 의사소통하는 방식은 대화 주체자의 성향과 지식 정도에 따라 일방적/쌍방적, 민주적/권위적, 개방적/폐쇄적으로 나타날 수 있다. 무엇보다도 의사소통하는 방식이 상대방과의 관계를 좋게 한다면 순기능적 의사소통을 한다고 볼 수 있고, 관계를 나쁘게 한다면 역기능적 의사소통을 한다고 볼 수 있다.

순기능적 의사소통은 대인 간의 감정표현과 의사교환이 솔직하고 자연스러우며, 의사소통을 통한 서로의 이해와 만족의 정도가 높은 것을 의미한다. 반면 역기능적 의사소통은 의사소통을 회피하고, 상대방에 대하여 신뢰를 갖지 않아 다른 사람이 말하는 것을 부정하거나 상대방의 의사를 무시하기도 하는 의사소통을 말한다.

역기능적 의사소통은 다시 의도에 따라 회유적, 비난적, 평가적, 혼란적 의사소통으로 분류되는데 그 특징은 다음과 같다.

① 회유적 의사소통(Placating)

회유적 의사소통은 말하는 사람이 자기 감정을 무시하며, 상대방에게 나의 권한을 넘겨주고 누구에게나 수긍하는 말을 하며 자기의 의사는 중요하지 않다고 메시지를 보낸다. 이런 종류의 의사소통을 하는 사람의 특징은 다른 사람의 기분 존중, 눈치봄, 자기 희생, 반대 의견 하지 않음, 무조건 참음, 화내는 것을 두려워함, 지나친 겸손, 지나치게 남을 의식, 모든 것은 내 탓, 자기 주장대로 결정하지 못하는 성향을 나타낸다.

② 비난적 의사소통(Blaming)

비난적 의사소통은 회유적 의사소통과는 반대 방식으로서 이러한 의사소통을 하는 사람은 독재적이며, 높은 사람처럼 행동하고, 다른 사람의 결점을 지적한다. 비난적 의사소통을 하는 사람의 특징은 자기 주장이 강하고 독선적이며 명령적이고 지시적이고, 다른 사람의 충성과 복종을 요구한다. 또한 다른 사람을 무시하고 참을성이 없으며, 잘못되면 남의 탓으로 돌리고, 자신이 제일이라고 생각하여 죽어도 사과하지 못한다.

③ 평가적 의사소통(Computing)

평가적 의사소통은 자신과 상대방을 과소평가하는 방식으로서 지나치게 합리적인 상황만을 중요시하며 자료와 논리를 중요시한다. 이러한 의사소통을 하는 사람의 특징은 인정이 없고 객관적이며, 융통성이 없어 비사교적이고 매사에 완벽하려고 한다. 또한 불평불만이 많고, 이유를 잘 따지고, 강한 자존심으로 잘난 척을 하며 남의 장점을 인정하지 않는다.

④ 혼란적 의사소통(Distracting)

혼란적 의사소통은 평가적 의사소통과 반대의 방식으로서 어떤 주제에 주의 집중을 못하며, 상대방의 질문을 무시하거나 질문의 요점과는 거리가 먼 이야기를 한다. 이러한 사람의 특징은 상황에 맞지 않는 말을 하고 일관성이 없으며, 정확한 답을 회피하고, 솔직하지 못하다. 말할 때는 딴전을 피우고, 화제를 자주 바꾸고, 말에는 요점이 없고, 생각이 자주 바뀐다.

(3) 의사소통의 요소

대인관계가 발전적으로 이루어지기 위해서는 효과적인 의사소통을 해야 한다. 효과적인 의사소통을 하기 위해서는 다음과 같은 요소가 충족되어야 한다.

첫째, 쌍방적 의사소통: 의사소통은 두 인격체가 만나 서로 메시지를 교환하여 이해를 하고 영향을 주고받는 것이기 때문에 일방적으로 높은 위치에 있는 사람이 자기 의사만 전달하는 일방적 의사소통이 되어서는 의사소통의 목적을 이루기 어렵다. 쌍방적 의사소통이 되기 위해서는 무엇보다도 민주적인 관계와 자유로운 대화분위기가 조성되어야 한다.

둘째, 경청: 의사소통에서는 말하는 것보다 듣는 것이 더 중요하다. 상대방의 이야기를 듣지 않으면 메시지의 의미를 이해하지 못할 뿐만 아니라 상대방으로 하여금 대화의 의욕을 잃게 만든다. 정확히 듣고 그에 대한 이해를 바탕으로 피드백을 줄 때 의사소통은 효과적으로 이루어진다.

셋째, 분명한 메시지: 말하는 사람은 자기가 의도한 내용을 상대방에게 정확히 전달해야 상대방이 왜곡 없이 받아들일 수 있다. 두 사람 간에 전달되는 메시지는 물건이 이동하는 것처럼 정량적으로 될 수 없는 것이므로 항상 말하는 사람과 듣는 사람 간의 격차는 있기 마련이다. 이러한 점을 고려한다면 말하는 사람의 의도가 정확히 듣는 사람에게 전달된다는 것은 참으로 어려운 일이다.

넷째, 진실성: 상대방을 정확하게 이해하기 위해서는 그 사람의 말에 내포되어 있는 메시지의 진실성에 달려 있다. 설령 내용이 참이라 하더라도 말하는 태도에 진실성이 결여되어 있다면 내용도 믿기 어려울 것이다.

다섯째, 공감: 상대방의 감정, 의견, 주장 따위에 대하여 자기도 그렇다고 느낄 때 두 사람 간의 정서적인 거리는 가까워지며 내용의 전달은 충실해지고, 인간적인 감화로 서로에게 영향을 줄 수 있다.

여섯째, 존중: 두 사람 간에 대화가 지속되기 위해서는 서로 인간적인 신뢰가 바탕이 되어야 한다. 상대방을 존중하는 가운데 신뢰가 만들어질 수 있다. 상대방이 어려운 문제를 이야기하거나 감추고 싶은 내용을 이야기하더라도 그대로 존중해 준다면 말하는 사람은 듣는 사람을 신뢰하고 모든 것을 이야기할 수 있게 된다.

일곱째, 피드백: 상대방이 말하는 내용에 대하여 듣고 아무 반응이 없다면 말하는 사람은 더 이상 말하고 싶지 않을 것이다. 듣는 사람은 들은 내용에 대하여 수긍이건 부정이건 어떤 반응을 보여주어야 말하는 사람이 그에 따라 대응한 다음 이야기를 할 것이다.

3) 동기이론

인간이 어떤 목적을 이루기 위한 행동은 동기에 근원한다. 동기는 인간이 어떤 목표를 향해 행동을 일으키고 방향을 잡고 계속 유지하는 원동력, 즉 행동을 유발하거나 방향을 결정짓는 심리적 과정이다. 뿐만 아니라 동기는 활동의 강도 및 지속에도 영향을 미치며, 경험이나 목적에 대한 추구 또는 회피를 결정짓는 요인인 동시에 선택한 방향에 대한 노력의 정도에 영향을 미친다(Keller, 1983). 인간의 모든 행동의 원동력인 동기는 생물학적인 욕구에 한정된 것이 아니라 사회적 상호작용을 통해서 발달하고, 후천적인 학습에 의해서 영향을 받는다.

유아교육기관에 근무하는 교직원은 기관이 제대로 기능하기 위하여 목표를 설정하고 그 목표를 이루기 위한 행동을 하게 된다. 교직원이 동기화되지 않는다면 조직의 목표를 달성하기 어려울 뿐만 아니라 개인의 목표를 달성하는 데에도 어려움이 있을 것이다. 조직이 제 기능을 발휘하기 위해서는 첫째 유능한 인적 자원이 조직구성원으로 들어오도록 유도해야 할 뿐만 아니라 조직에 들어온 후에는 타 조직으로 가지 않아야 하며, 둘째 조직구성원은 조직에서 요구하는 과업을 조직에서 정한 바에 따라 수행해야 되고, 셋째 조직구성원은 나름대로 창조적이고 자발적이며 헌신적인 행동을 보여야 한다. 이러한 요건이 충족되기 위해서는 동기가 부여되어야 한다.

조직구성원이 동기화되는 것은 그가 가지고 있는 욕구를 충족하려는 데서 이루어지며, 동기화 정도에 따라 조직원의 노력 정도가 정해지고, 노력은 조직원의 능력과 결합되어 업무 성과를 낳게 된다. 조직원은 업무 성과 자체로 욕구를 충족하든지 업무 성과의 결과로 얻는 보상으로 욕구를 충족하게 된다. 교직원이 어떻게 동기화되며, 지속되는지 알고 대응한다면 조직의 관리가 잘 되어 유아교육기관이 목적을 효과적으로 달성할 수 있을 것이다.

(1) Maslow의 욕구계층이론

Maslow는 인간은 무엇인가를 필요로 하는 결핍의 존재이고, 충족되지 못한 어떤 욕구를 충족시키기 위하여 동기가 유발된다고 보고, 인간의 동기를 일으키는 욕구를 다섯 가지로 분류하였다.

① **생리적인 욕구**: 생명 유지를 위한 가장 기초적인 의식주에 관한 것 외에 성적 욕구까지 포함된다.

② **안전 욕구**: 공격, 질병, 추위, 더위 등과 같은 위협 요인으로부터 피하려는 욕구

③ **애정 욕구**: 친구, 배우자, 자녀, 부모, 집단구성원 등에 대한 사회적 관계 욕구이며 이 욕구는 상대방과 우정, 애정, 사랑, 귀속 등을 주고받는 특성이 있다. Maslow는 애정이란 결연 및 일반적인 소속을 포괄하는 광범위한 의미로 보았다.

④ **존경 욕구**: 타인으로부터 인정과 존경을 포함한다. 존경 욕구가 충족되면 자신감과 자신이 어떤 일에 적합하다는 생각을 갖고, 욕구가 충족되지 못하면 열등감을 갖게 된다.

⑤ **자아실현 욕구**: 개인이 가지고 있는 잠재능력을 실현하려는 욕구이다.

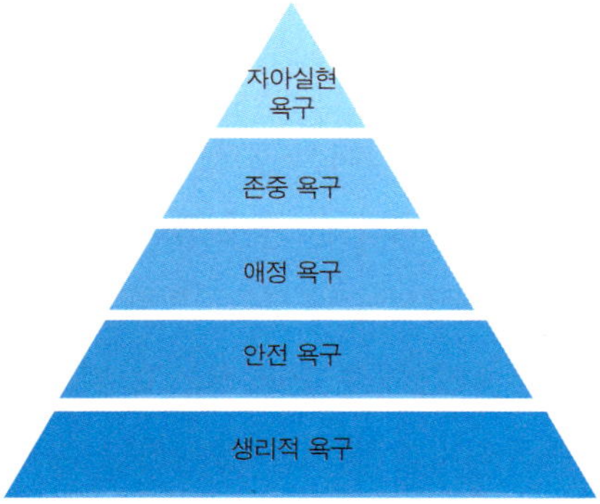

그림 3-1 Maslow의 욕구계층

그런데 이 욕구들은 몇 가지 가정 하에 작동된다. 첫째, 인간은 그가 원하는 한 가지 욕구를 충족하게 되면 새로운 욕구를 갈망하게 된다. 둘째, 이미 충족된 욕구는 행동을 유발하는 동기의 요인이 되지 못하고 충족되지 못한 욕구만이 동기가 된다. 셋째, 하위 단계의 욕구가 충족되면 곧 상위 단계의 욕구가 나타난다.

이 이론은 유아교육기관에서 교직원 관리의 의사결정에서 지침을 제공해 준다. 생산성 향상, 이직 및 결근의 문제를 해결하는 원리를 제공하고, 직위에 따라 달리 욕구계층에 의해 동기화되므로 그에 맞는 관리가 필요하다.

(2) 미성숙 · 성숙이론

Argyris는 경직되고, 비인간적인 조직과 같은 관료제의 특성은 피고용자가 잠재능력을 최대한으로 발휘하는 것을 방해한다고 보았다. 구성원은 조직과 행정가의 명령에 수동적이고 의존적이며, 복종적이도록 장려되고, 성숙된 성인으로보다는 미성숙된 인간으로 행동하도록 기대되고 있다고 보았다. 조직구성원의 나태함은 개인보다는 조직 운영방법에 그 원인이 있다. 그는 인간의 인성은 미성숙–성숙 연속성에 따라 미성숙에서 성숙으로 발전하는데 성숙한 사람으로 발전하기 위해서는 개인의 인성에 변화가 일어나야 한다고 보았다. 즉, 보다 능동적이어야 하며, 독립성을 가져야 하며, 다양하게 행동하고, 깊은 관심을 가져야 하며, 장기적 전망이어야 하고, 동료에 비하여 지배적이어야 하고, 자각하고 자신을 통제할 수 있어야 한다.

Argyris(1951)는 조직 관리에서 인간관계론적 접근은 구성원을 성숙하게 하고, 과업을 효과적으로 성취하도록 유도한다. 그러나 과학적 관리론적 접근은 구성원을 미성숙하게 하고, 과업을 비효과적으로 성취하도록 한다. 그는 이상과 같은 분석을 토대로 다음과 같은 명제를 제시하였다.

① 성숙한 인간이 갖는 욕구와 공식조직 사이에는 부조화가 야기된다.
② 이러한 부조화는 구성원에게 좌절감, 실패감, 갈등을 야기한다.
③ 공식조직은 본질적으로 구성원들 사이에 경쟁심 및 적대감 등을 갖게 하여 발달을 제한한다.

어떤 조직에서 구성원을 미숙한 상태로 묶어 놓으려 하는 반면 어떤 조직에서는 구성원이 계속 성장하도록 조장한다. 구성원은 미성숙한 인간으로 취급받게 되면 공격적이거나 냉담한 반응을 나타내 조직의 생산성을 저하시킨다. 조직의 지도자가 구성원을 어떻게 대하느냐에 따라 조직의 생산성을 좌우한다(윤정일 외, 1994).

유아교육기관의 생산성을 높이려면 구성원을 성숙한 인간으로 인정하고 개인의 정서적 요인, 사회적 요인 등을 헤아리는 교직원 관리와 의사결정에 교직원을 참여시키고, 민주적 지도성을 적용해야 한다.

(3) X-Y이론과 Z이론

McGregor(1960)는 인간의 본질에 대해 두 가지 관점을 설정하였다. 하나는 전통적 경영이론에 바탕을 둔 X이론이며, 다른 하나는 경영에 대한 새로운 접근에 근거를 둔 Y이론이다. 이 두 가지 접근은 경영자가 구성원에게 동기를 부여하기 위한 전략을 선택하는 데 있어서 중요한 역할을 할 수 있다.

X이론은 인간의 본성에 대하여 다음과 같은 가정을 한다.

① 인간은 태만하고, 가능한 한 일을 적게 하려고 한다.
② 인간은 야망을 갖고 있지 않으며, 책임지기를 싫어하며, 지시받기를 원한다.
③ 인간은 조직의 문제해결에 필요한 창의력이 부족하다.
④ 동기는 생리적 욕구와 안정 욕구에 의해 야기된다.
⑤ 인간은 엄격하게 통제되고, 조직의 목적을 성취하기 위하여 강요되어야 한다.
⑥ 인간은 조직의 욕구에 무관심하고, 오직 자신만을 생각한다.
⑦ 인간은 지적이지 못하고, 어리석으며, 선동에 쉽게 따른다.

⑧ 인간은 변화에 저항한다.

반면에 Y이론은 근로자에 대하여 다음과 같은 긍정적인 가정을 한다.

① 인간은 과업조건이 양호하면 과업수행을 놀이만큼 자연스러운 것으로 본다.
② 인간은 조직의 목적을 성취하기 위하여 스스로를 통제할 수 있는 자율적인 존재이다.
③ 인간은 조직의 문제를 창의적으로 해결할 수 있다.
④ 인간은 스스로 통제할 수 있고, 동기화가 되면 과업을 창의적으로 해결할 수 있다.
⑤ 인간은 본질적으로 조직의 요구에 수동적이지도 저항하지도 않는다. 이러한 행위가 나타나는 것은 과거의 경험이 이러한 행위를 하도록 작용했기 때문이다.
⑥ 인간은 책임을 가질 능력, 인간적 성장과 발달의 잠재적인 능력을 갖고 있다.

Ouchi는 미국과 일본의 생산성이 높은 기업이 어떤 공통점이 있는가를 검토하여 이들 기업의 성공 경영을 설명하기 위하여 Z이론을 개발하였다. McGregor의 X-Y이론이 감독자의 개인적인 지도성 유형을 구분한 것이라면 Z이론은 전체 조직의 문화에 관심을 두고 있다. 그에 의하면 기업의 성공은 친밀성, 신뢰, 협동, 팀워크, 평등주의 등의 공유된 가치관에 의하여 특징지어진 기업문화에 기인된 것으로 보았다. Z이론 조직은 다음과 같은 특징을 지닌다(한공우, 2000).

① 장기간의 고용 기회는 피고용자로 하여금 안정감을 갖게 하고 조직에 헌신하도록 한다.
② 완만한 승진속도는 피고용자로 하여금 다양한 기능과 역할을 수행토록 함으로써 광범한 경험과 다양한 경험을 쌓을 수 있는 기회를 제공한다.
③ 참여적 의사결정은 협동과 팀워크를 요구하고, 개방적으로 의사가 전달되고 강화되는 것을 소중히 한다.
④ 집단적인 의사결정에 대한 개인적인 책임은 신뢰와 상호 지원의 분위기를 요구한다.

유아교육기관의 교직원들은 유아들의 바람직한 성장에 관한 업무를 하므로 물건을 생산하는 공장의 근로자와는 다른 차원을 가지고 있다. 또한 유아교육기관은 이익을 증대하거나, 생산성을 극대화시키는 목적을 가진 기업과는 차별적인 목적을 가지고 있다. 따라서 인사관리에 있어서 자율성과 창의성, 친밀성을 바탕으로 해야 기관의 목적 성취에 도움이 될 것이다.

(4) 동기-위생이론

Herzberg와 그 동료들은 근로자들에게 만족감이나 불만족감이 자신의 과업수행, 대인관계, 행복감 등에 영향을 주었는지 분석하였다. 그들은 연구에서 인간 내부에 있는 욕구에너지보다 과업에 긍정적 혹은 부정적 태도를 유발시키는 요인들을 탐색하기 위하여 과업환경에 초점을 두었다. 만족감을 주는 요인을 동기요인이라 하고 불만족감을 갖게 하는 요인을 위생요인이라고 하였다. 동기-위생이론에서는 직무만족의 반대는 직무불만족이 아니라 직무만족의 부재를 의미하고, 직무불만족의 반대도 직무만족이 아니라 직무불만족의 부재다. 동기요인 성취감, 인정, 책임감, 승진, 성장 가능성, 과업 자체 등을 포함하고, 이들 동기요인이 나타날 때 과업 성취에 긍정적으로 영향을 미칠 수 있는 강한 동기가 유발된 동기-위생요인은 과업수행이나 환경에 관련된 것으로서 정책, 행정, 감독, 보수, 상사와의 관계, 작업조건, 동료와의 관계 등이 있다. 위생요인이 충족되지 못하면 불만족을 유발한다. 위생요인을 충족시키면 불만족을 제거할 수 있지만 직무만족을 야기하지는 못한다.

Herzberg(1966)는 근로자가 작업에서 나타내는 태도와 행동의 경향을 가지고 동기추구자와 위생추구자로 구분하였다. 동기추구자는 자신의 직무에서 성취, 인정, 책임, 발전 등의 측면을 생각하고, 위생추구자는 자신의 직무에서 보수, 근로조건, 감독, 지위, 직업 안정, 사회적 관계 등의 측면을 생각한다고 보았다.

4) 지도성

(1) 지도성의 개념

지도성은 조직의 성패와 존속, 발전, 활성화에 있어서 지대한 영향을 미친다. 유아교육기관은 조직의 규모 면에서 작기 때문에 원장과 교사의 지도성은 기관의 발전에 절대적인 변수로 작용한다고 볼 수 있다. 유아교육기관의 지도자는 지도자로서 특성을 가지고 의사를 결정하고 조직원에게 동기를 부여하여 행동을 유도하며, 조직원 간의 업무를 조정하는 역할을 한다.

지금까지 지도성에 관한 연구는 시대적 흐름에 따라 크게 세 가지로 나눌 수 있다. 첫 번째는 리더중심적 관점으로 리더의 인성 특성이나 행동, 주변 상황에 초점을 맞춘 전통적 리더십 이론으로 불리는 특성이론, 행동이론, 상황이론이 있다. 두 번째는 부하중심적 관점으로 부하의 지각에 초점을 맞춘 리더십 귀인이론과 정보처리과정적 리더십 이론이 있다. 세 번째는 리더와 부하 간의 관계에 초점을 맞춘 이론들이 있다. 지도성에 대한 개념은 보는 관점이나 강조하는 측면에 따라 다양하게 정의된다.

첫째, 지도성은 주어진 상황에서 설정된 목표를 효과적으로 달성하기 위하여 구성원들로 하여금 그들의 노력과 에너지를 목표달성 과정에 투입하도록 유도하고, 설득하며, 영향을 주는 일련의 과정이다(노종희, 1994). 둘째, 지도성은 조직의 목적을 효율적으로 달성하기 위해 조직구성원의 협동적 노력을 유도하고 촉진하는 기술 또는 영향력이다(김창걸, 1994). 셋째, 지도성은 조직의 구성원들이 목표달성에 최대한으로 공헌하도록 그들의 행동에 영향력을 행사하는 것이다(조해균, 1988). 넷째, 지도성은 공동의 목표를 향해 집단구성원의 행동을 지휘하는 개인의 행동이다(Hemphill & Coons, 1957). 다섯째, 지도성은 목표달성을 위하여 조직화된 집단구성원의 행동들에 영향을 미치는 과정이다(Rauch & Behling, 1984). 리더십에 관해 많은 학자들의 견해가 있지만, 리더십은 조직원의 행동에 영향력을 행사하여 조직의 목적을 달성시키려는 행동이라는 점이 공통적으로 포함되어 있다.

따라서 지도성의 개념에 대한 정의는 지도성이란 조직의 목표달성과 조직을 발전, 유지하기 위해 조직 내외의 문제 상황을 분석하여 조직원들로 하여금 자발적으로 조직에 공헌하도록 영향력을 행사하는 행동이라고 정의할 수 있다.

(2) 지도성 이론의 변화

지도성에 관한 연구는 지도자의 특성과 자질을 연구한 특성이론(traits theory)을 시작으로 구체적인 지도자의 행동을 연구한 행동이론(behavioral theory), 상황과 지도성 유형 간의 적합성을 중요시한 상황이론(contingency theory)으로 이어져 왔는데 이것들은 전통적 지도성 이론으로 분류된다. 1980년대 초반 이후부터는 지도자는 비전을 가져야 하고 부하로부터 강한 정서적 반응을 이끌어내야 한다는 새로운 지도성 이론이 형성되었다.

① 전통적 지도성 이론

전통적 지도성 이론으로는 특성적 접근, 행동적 접근, 상황적 접근이 있다.

가. 특성적 접근

특성적 접근은 1930~1950년대 리더십 연구의 주류를 이루었다. 이 이론의 특징은 지도자는 고유의 개인적 특성을 가지고 있으며, 처한 상황이나 환경에 관계없이 지도자가 될 수 있다는 것이다. 리더로서 특성을 가진 자가 리더가 될 수 있다는 것이다. 여기서 리더로서의 특성은 능력, 사물을 꿰뚫어 보는 직관, 통찰력, 설득력과 같은 것을 말한다. 지도자는 후천적으로 만들어지기보다는 선천적으로 태어나는 것이라고 본다.

나. 행동적 접근

행동적 접근은 1940년대 후반부터 특성적 접근을 비판하면서 등장하였다. 이것은 지도자가 무엇을 어떻게 행동하는가, 즉 지도성의 유효성은 지도자의 행동에 따라 달라진다고 보며 지도성은 개발될 수 있다고 본다.

Iowa 대학에서 지도자의 행동 유형을 권위적, 민주적, 자유방임적 차원으로 구분하여 지도자의 행동 유형이 구성원들에게 미치는 영향을 분석하였다. Lippitt와 White(1958)는 지도자의 행동적인 측면을 근거로 권위형, 민주형, 자유방임형으로 나누고, 교사들에게 각 유형별로 세 그룹에 대하여 교수행동에 대한 학생들의 반응을 연구하여 지도성의 특성을 연구하였다.

권위형 지도성을 가진 지도자는 독자적으로 의사를 결정하고, 일방적으로 지시하며, 복종을 강요하며, 주관적 기준에 의하여 평가한다. 이와 같은 지도성 유형 하에서 구성원의 반응은 지도자에게 반감을 표시하고, 업무량은 많으나 질이 낮고, 의견교환이 제한되며, 구성원 간에 적개심과 공격성이 생기고, 내적 불만이 발생하여 공동체 의식이 결여되고, 의존적인 반응을 보인다.

민주형 지도성을 가진 지도자는 합의에 의하여 의사결정을 하고, 결정된 과업을 수행할 때 구성원들이 자발적으로 할 수 있도록 동기화시키며, 결과에 대한 평가를 객관적 기준에 따라 한다. 이와 같은 지도성 하에 있는 구성원은 지도자를 존경하고, 작업량뿐만 아니라 질이 우수하고, 의견교환이 활발하며, 구성원 간의 관계가 원만하고, 성심껏 과업수행을 하고, 공동체 의식이 강하고, 자발적으로 행동한다.

자유방임형 지도성을 가진 지도자는 구성원들의 자유행동을 극단적으로 허용하고 과업배당이나 활동에 대하여 간섭하지 않는다. 이와 같은 지도성 하에 있는 구성원은 지도자를 타인시하며, 생산성이 낮고, 의견교환이 없고, 독자적 행동을 하고, 공동체 의식이 없고, 구성원 개성을 앞세워 조직이 와해되기 쉽다.

또한 Halpin(1967)은 지도성의 요인을 크게 과업과 인화로 나누었다. 과업중심은 조직구성원 각자의 직무 경향, 의사소통의 방법 및 절차, 업무의 계획 수립, 평가 등 관리자의 과업수행 행동을 평가한 것이고, 인화중심 요인은 관리자와 조직구성원들과의 관계에서 우호적인 상호 신뢰와 존중을 바탕으로 집단 유지를 하는 개인의 인성적 측면을 강조하는 것이다. 그는 과업과 인화의 성취 정도에 따라 그림 3-2와 같이 효율형, 비효율형, 과업형, 인화형의 네 가지 유형으로 나누었다. 효율성 유형은 과업도 잘 성취되고, 인화관계도 잘 이루어지는 지도성이고, 인화형은 인간관계는 잘 이루어지나 과업이 잘 성취되지 않는 지도성이다. 과업중심형은 과업은 잘 성취되나 인화는 잘 이루어지지 않는 지도성이고, 비효율적 지도성은 과업도 성취되지 않고, 인화도 잘 이루지지 않는 지도성이다.

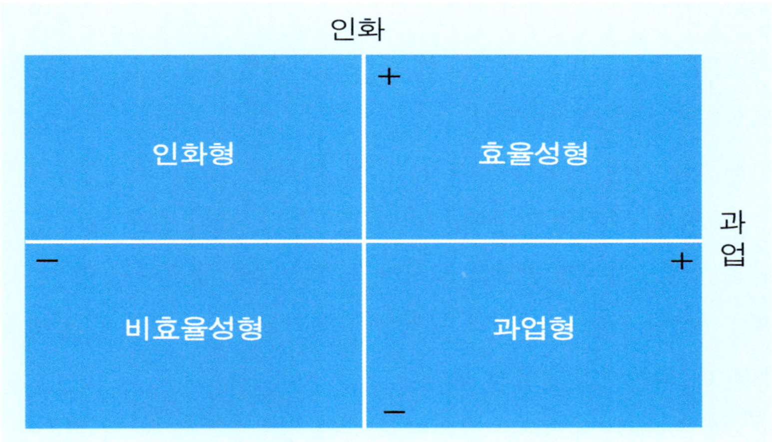

그림 3-2 Halpin의 지도성 유형 분류

다. 상황적 접근

상황적 접근은 1960년대 지도성에 상황적 변수를 도입함으로써 어떠한 상황적 조건에서 어떠한 지도성 유형이 효율적일 것인가에 관심을 두면서 대두되었다. 효과적인 지도성은 지도자의 개인적 특성, 지도자의 행위, 지도성 상황 요인 등이 상호작용함으로써 결정된다고 보는 입장이다. 즉, 지도성의 효과성은 상황에 따라 달라진다.

Hersey와 Blanchard(1982)는 구성원의 성숙도와 지도자의 지도성 유형에 따라 지시형, 지도형, 지원형, 위임형의 네 가지 유형을 제시하였다. 조직구성원의 성숙 수준이 낮을 때에는 지시적 지도성이 효과적이고, 구성원의 성숙 수준이 높을 때에는 우임적 지도성이 더 효과적이다.

이상에서 소개한 전통적 지도성의 세 가지 접근법은 각각 특성을 가지고 있으나 모두 지도자가 추종자에게 일방적으로 행하는 관계로 보고 있다는 공통점이 있다. 다시 말하면 지도자와 추종자 간 상호작용과 추종자의 자율성을 중시하기보다는 지도자가 추종자를 관리하는 측면이 크다.

② 최근의 지도성 이론

최근에 와서 조직 특성이 다양해지고, 지도자의 역할이 복잡해지면서 전통적 지도성 이론으로는 설명하기 어려운 부분이 많아졌다. 이러한 제약점을 해소하기 위해서 1980년대 이후 새로운 지도성 개념이 필요하고, 이에 대한 연구들이 이루어졌다. 최근에 연구된 지도성 이론으로는 변화지향적 지도성, 문화적 지도성, 도덕적 지도성 등이 있다.

가. 변혁적 지도성과 교환적 지도성

Burns(1978)는 현대 조직에 적용할 수 있는 지도성 모형으로 교환적 지도성과 변혁적 지도성을 제시하였다. 변혁적 지도성은 추종자를 일방적으로 관리하는 대상으로 브지 않으며 지도자와 추종자 간의 관계는 양방향에 모두 초점을 두고 있다. 교환적 지도성보다는 변혁적 지도성이 추종자를 자발적 인격체로 인정한다. 교환적 지도성은 가치 있는 것의 교환을 목적으로 타인과의 계약과정에서 주도성을 추구한다. 거래적 지도성은 부하들이 지도자가 요구하는 업무를 수행해 주고 그 대가로 지도자로부터 보상을 받는 거래를 하는 계약의 관계로 성립한다. 이때 지도자는 외재적 동기에 초점을 두고 부하의 심리적 · 물질적 욕구를 충족시켜 줌으로써 조직을 통제한다. 이러한 지도성은 단기적인 효과가 있으며, 대가가 없으면 지도성이 상실된다. 거래적 지도성과 대비되는 변혁적 지도성은 추종자를 단순히 하위 욕구만을 가진 사람으로 취급하는 것이 아니라 상위 수준의 욕구를 충족시키는 것까지 배려한다. 지도자는 부하들의 잠재력을 일깨워 발전하도록 지도한다.

나. 문화적 지도성

문화는 집단에게 무엇이 가치 있는 것이고, 구성원들이 어떻게 생각해야 하고, 행동해야 하는가에 영향을 준다. 문화를 이루는 요소에는 조직의 관습, 역사, 전통, 습관, 규범, 기대, 공통의 의미, 공유된 가정 등이 있다. 조직의 문화가 구성원에게 잘 수용될수록 조직이 추구하는 목표를 향하여 조직원이 협동하여 나아갈 수 있다.

학교 조직은 문화적 의미에서 확고하게 결합되어 있기 때문에 교사와 학생들은 관료제적 규칙, 관리지침보다 집단의 관습, 신념의 유형, 가치, 사회화 과정에 의해 더 잘 움직여진다(조성일, 안세근, 2003). 문화적 지도성은 인간의 의미추구 욕구를 만족시킴으로써 그 구성원을 조직의 주인으로 만들고, 조직의 통합을 가능하게 한다. 문화적 지도자는 고위성직자로서의 역할을 하며, 학교가 추구하는 영속적인 가치와 신념 및 문화의 맥을 규정하고, 전통을 수립하고 조직의 역사를 창조한다. 문화적 지도자의 활동은 학교의 목표와 소명을 제시하고 새로운 성원을 그 문화에 적응하도록 사회화한다.

다. 카리스마적 지도성

카리스마는 대중을 심복시켜 따르게 하는 능력 또는 자질이라는 의미를 갖는다. 카리스마적 리더십은 리더가 남들이 갖지 않은 천부적인 특성을 갖고 있다고 추종자들이 느끼게 될 때 리더는 카리스마적 리더십을 발휘할 수 있게 된다. Conger와 Kanungo(1987)는 카리스마적 지도성은 조직을 현 상태로부터 미래의 바람직한 상태로 바꾸기 위해 추종자들에게 영향력을 행사하는 과정이라고 정의한다. 카리스마적 리더는 그렇지 않은 리더보다 많은 지배욕구 및 영향욕구, 강한 자신감, 자기 신념의 도덕적 정당성에 대한 강한 확신 등을 지녔다고 본다(House, 1977). 또한 추종자들에게 자기 신념에 기초한 목표를 제시하고 성공에 대한 확신을 부여함은 물론 추종자들에게 상위 수준의 욕구를 자극시켜 목표달성 향상에 강한 동기를 일으킨다. 추종자들은 리더가 제시한 비전에 대하여 동일시하며, 리더의 권위에 맹목적으로 순종하고 강한 충성심을 보인다.

라. 도덕적 지도성

도덕적 지도성은 지도자의 도덕성과 추종자들의 자율성이란 이원적 구조를 통해 지도자는 스스로 지도자의 특성을, 추종자는 자기 지도자의 특성을 나타내도록 하는 지도성으로 조직을 도덕적인 조직으로 만드는 것을 목적으로 하는 지도성이다(명제창, 1998). 지도자는 학교의 운영에 적합한 신념, 가치관, 태도를 스스로 내면화하고 학교 구성원과의 진실하고 일체적인 교감 속에서 구성원의 바람직한 신념, 가치관, 태도를 형성하도록 이끈다(허병기, 1998). 도덕적 지도성이 성립되기 위해서 지도자는 도덕적 측면인 청렴성, 사명감, 공정성, 책임감을 가져야 하고, 품성적 측면에서 권한부여, 비전 제시가 있어야 하며, 지도자로서 능력 측면에서 공동체 규범의 확립, 전문 직업적 이상, 내재적 만족, 동료의식 등을 형성할 수 있어야 한다.

5) 갈등관리

갈등은 어떤 조직이든 보편적으로 나타나는 현상이다. 조직 내에서 서로 다른 특성과 사고방식을 가진 구성원들이 공동의 목표를 위해 상호작용하는 과정에서 의견, 주장, 이해, 욕구 등에서 충돌이 일어난다. 조직에서 갈등을 어떻게 관리하느냐에 따라 조직의 효율성이 좌우되며, 나아가서 조직의 성패가 갈린다. 유아교육기관은 조직의 특성상 규모가 작고, 구성원 한 사람 한 사람의 역량이 조직 전체의 기능에 커다란 영향을 주므로 구성원의 갈등으로 인해 조직의 기능이 마비되거나, 조직 자체가 와해되는 경우가 많다. 따라서 유아교육기관의 조직 내 갈등의 관리는 어느 조직보다도 민감하게 다루어져야 할 필요가 있다.

(1) 갈등의 개념

갈등은 의지를 지닌 두 성격의 대립 현상인데, 어원을 살펴보면 칡 갈(葛)자와 등나무 등(藤)자의 합성어이다. 칡과 등나무는 모두 휘어감고 올라가는 성질을 지녔다. 이들이 함께 얽혀 있을 경우 서로 휘어감아 유리한 고지를 점해 살아남으려고 경쟁적으로 넝쿨을 뻗어 성장한다. 어원에 숨어 있는 의미와 같이 갈등의 개념은 어떤 개인이나 집단이 다른 사람이나 집단과의 상호작용에서 상대적 손실을 지각한 결과 대립, 다툼, 적대감이 발생하는 상태라고 할 수 있다. 심리학적인 측면에서 갈등은 상호 배타적인 두 개의 충동이나 욕구가 동시에 존재하는 것이고, 사회학적인 측면에서 갈등은 대립되는 양편의 가치, 지위, 권력 및 희소자원에 대한 권리투쟁이다. 두 개체가 상호작용하면서 상대편의 저항에 대응하여 특정 결과의 발생을 막거나 강요하는 행위를 할 경우 두 개체는 갈등을 겪게 된다.

갈등의 개념과 갈등이 발생하는 기제에서 보듯이 갈등은 다음과 같은 특성을 가지고 있다(류영국, 1993).

첫째, 갈등은 둘 이상의 행동 주체 사이에서 일어나는 현상이다. 갈등은 개인과 개인, 개인과 집단, 집단과 집단 사이에서 발생할 수 있다.

둘째, 갈등은 긴장, 불안, 심리적 적대감을 내포한다.

셋째, 갈등은 대립적 행동을 취한다. 대립적 행동은 가벼운 이의제기에서부터 공격적 행동까지 다양하게 나타날 수 있다.

넷째, 갈등은 적개심, 불안 등 정서적 감정에서부터 공격과 같이 외현적 행동에 이르기까지 매우 복잡한 역동적인 과정이다.

다섯째, 갈등은 조직을 위해서 유익한 것일 수도 있고, 해로운 것일 수도 있다.

(2) 갈등의 유형

갈등의 유형은 갈등이 발생하는 조직의 수준에 따라 분류할 수 있다.

① 개인적 갈등

조직 내의 개인은 여러 가지 욕구와 역할을 가지고 있으며, 이러한 욕구와 역할을 실현하는 과정에서 갈등을 일으키게 된다. 개인적 갈등은 목표갈등, 좌절갈등, 역할갈등으로 세분할 수 있다(Luthans, 1981).

첫째, 목표갈등(goal conflict)은 양립할 수 없는 두 가지 이상의 목표가 개인에게 내재되어 있을 때 나타나는 갈등이다.

둘째, 좌절갈등(frustration conflict)은 개인이 선택한 목표가 달성되지 않았을 때 나타난다. 이러한 목표가 좌절된 심리적 불안감은 다른 경로를 통해서 해소하려고 한다.

셋째, 역할갈등(role conflict)으로서, 역할이란 일정한 위치에 있는 개인의 행동에 대하여 사람들이 갖는 일련의 기대를 말한다. 이러한 역할이 개인에게 복합적으로 부여될 때 그 개인은 역할갈등을 겪는다.

② 개인 간 갈등

개인 간 갈등은 개인과 개인 사이에서 발생하는 갈등으로서 개인들이 추구하는 목표, 가치관, 신념, 사고방식, 태도 등의 차이 때문에 발생한다. 조직 내의 개인 간 갈등은 구성원들의 인간관계에 중요한 영향을 미친다. 상하관계에서 발생하는 수직적 갈등과 동료관계에서 발생하는 수평적 갈등이 있다.

③ 집단 간 갈등

조직 내에서 부서 간의 자원이나 권력의 획득 경쟁 등으로 인해 발생한다. 갈등의 원인에 따라 기능적 갈등, 계층적 갈등, 경쟁적 갈등이 있다(Kahn, 1964).

첫째, 기능적 갈등은 기능이 다른 집단 간에 생기는 갈등으로서 과업이나 목표달성에서 다른 집단의 방해를 받을 때 발생한다.

둘째, 계층적 갈등은 조직 내 계층 간에 일어나는 갈등으로서 조직의 보상을 둘러싼 암투에서 발생한다.

셋째, 경쟁적 갈등은 조직 내 여러 집단이 유사한 기능을 가질 때 발생한다.

(3) 갈등의 원인

조직 내에서 개인 간의 갈등이나 집단 간에 갈등은 다음과 같은 이유로 인해 발생한다.

① **목표 및 이해관계의 차이**: 조직은 구성원이 공동으로 추구할 분명하고 확고한 목표가 있어야 하는데, 집단 간 또는 개인이 그 목표와 상이한 목표를 가지고 있다면 목표를 추구하는 과정에서 갈등이 일어난다. 또한 이해관계가 상충된다면 갈등이 생긴다.

② **기질, 가치관, 태도의 차이**: 모든 개인은 나름대로 개성을 가지고 있기 때문에 기질, 가치관, 태도가 다를 수밖에 없다. 그러나 다름의 정도가 지나치거나 서로 반

대방향으로 다를 때는 상대방의 행동에 대해 반발적인 감정이 생기게 되어 갈등으로 나타난다.

③ **의사소통의 장애**: 개인이나 집단 간에 의사소통이 원활하다면 상대가 가지고 있는 진실이 전달되어 오해를 사지 않아도 될 것을 의사소통에 장애가 있어 진실이 왜곡되어 전달된다면 갈등으로 비화될 수 있다.

④ **상호 기대의 차이**: 개인이나 집단이나 상대방이 자신과 같은 생각을 갖기를 기대하거나, 자신을 인정해 주기를 기대하지만 반드시 그렇게 되지 않을 수도 있다. 그 차이가 너무 크다면 갈등으로 나타난다.

⑤ **권한, 책임, 역할의 모호**: 조직 내에서는 개인의 지위에 따라 권한과 책임, 역할이 명확히 주어져 있어야 한다. 그러나 이러한 것들이 경계가 모호하게 되어 있다면 갈등의 소지가 된다.

(4) 갈등의 기능

집단 간 갈등은 그 갈등의 정도에 따라 조직에 좋은 영향을 주기도 하고 나쁜 영향을 주기도 한다. 적절한 갈등은 구성원에게 최선의 행동을 유발하게 한다. 갈등 수준이 너무 높을 경우 갈등 수준을 적정 수준까지 낮추기 위하여 갈등 해소 방법을 사용하고, 갈등 수준이 너무 낮을 경우 적정 수준까지 높이기 위하여 갈등 조장 방법을 사용한다. 따라서 조직 내 갈등의 존재가 문제가 아니라 갈등을 어떻게 관리하느냐가 중요하다.

이러한 갈등은 조직의 목표달성에 도움이 되는 순기능적 측면과 조직의 목표달성에 방해가 되는 역기능적 측면이 있다.

① 갈등의 순기능

- 환경의 변화에 조직이 신속히 적응한다.
- 창의성이 증대된다.
- 변혁을 촉진한다.
- 문제해결이 활발하다.
- 적극적인 목표달성 행동을 보인다.

② 갈등의 역기능

- 조직의 비효율을 가져온다.
- 구성원이 부정적 태도를 가진다.
- 집단 간 의사소통이 단절된다.
- 조직구성원의 적응력이 감소한다.

(5) 갈등해결 전략

갈등해결 전략이란 갈등을 효율적으로 해결하고 관리하기 위하여 개인이 선택하는 방식이다. Rahim(1983)은 5가지 갈등관리 방식을 제시하였다.

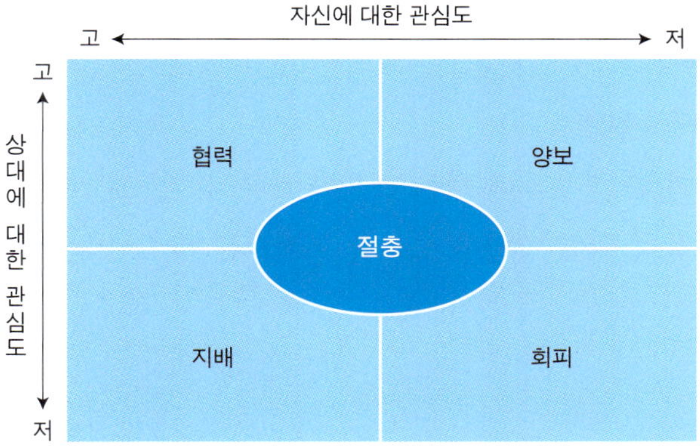

그림 3-3 Rahin(1983)의 갈등척도 모델

① 협력(Integrating)전략

협력전략은 갈등 상황에서 자신과 상대방 모두에게 높은 관심을 가지는 스타일로서 서로가 만족하며 받아들일 수 있는 해결책을 찾으려고 노력하는 방법이다. 협력전략은 절충전략과 함께 대인관계에서 가장 효과적인 갈등해결 방식이라고 할 수 있다.

② 양보(Obliging)전략

양보전략은 타인에 대한 관심은 높지만 자신에 대한 관심은 낮은 스타일로서 갈등을 해결하는 과정에서 자신의 욕구보다는 상대방의 욕구를 만족시키기 위해 노력하는 방법이다. 양보전략은 개인의 욕구를 포기했다고 느끼기 때문에 내적인 불만을 가지게 된다.

③ 지배(Domination)전략

지배전략은 자신의 욕구에 대해서는 높은 전략을 갖지만 상대방의 욕구에 대해서는 낮은 관심을 갖는다. 자신이 원하는 것을 획득하기 위해 상대방에게 자신의 의견을 강요하거나 승부지향적인 행동을 한다. 지배전략을 많이 사용하는 사람은 동료와의 불편한 상황을 지각하는 정도가 낮다.

④ 회피(Evasion)전략

회피전략은 자신과 상대방 모두에 대해 관심이 별로 없는 것으로서 갈등 상황으로부터 철회나 갈등 쟁점을 회피하는 행동을 수반한다. 즉, 서로 간에 기분 나쁘지 않는 일이 생기지 않도록 조심하거나 서로 다툴지 모르는 일에 대해서는 이야기를 피하는 방식이다.

⑤ 절충(Compromising)전략

절충전략은 자신과 타인 모두에 대한 관심이 보통 수준으로 모두에게 상호적으로 수용 가능한 결정을 하기 위해 양방향 모두를 조절하는 방식이다. 공적인 사회관계에서 적용이 잘 된다.

(6) 갈등수준

집단 간 갈등은 갈등의 정도에 따라 조직에 도움이 되기도 하고 해가 되기도 한다. 적절한 갈등은 구성원에게 최선의 행동결과를 유발하게 된다. 갈등관리는 갈등수준을 계획하고 평가하는 과정으로 보는데, 계획 측면은 바람직한 갈등의 수준을 설정하는 것이고, 평가의 측면은 갈등수준을 측정하고 비교하며 필요한 경우 유지하거나 해소시키는 행동도 취한다. 갈등수준이 지나치게 높을 경우는 바람직한 수준까지 낮추기 위하여 갈등 해소 방법을 사용하고, 갈등수준이 낮을 경우 바람직한 수준까지 높이기 위하여 갈등 조장 방법을 사용한다.

모든 조직에는 조직의 성과에 긍정적인 영향을 미칠 수 있는 갈등의 최적 수준이 존재한다. 조직의 성과수준을 높이는 기술혁신 또는 조직의 변화 같은 것은 갈등이 너무 낮은 수준에서는 촉진되지 않기 때문에 어느 정도는 갈등을 자극해 줄 필요가 있다.

따라서 갈등의 존재가 문제가 아니라 갈등을 어떻게 관리하느냐가 조직의 성패를 좌우한다.

표 3-1 갈등수준과 조직

갈등수준	갈등의 기능	조직의 특성	조직성과의 수준
저/무	역기능	– 환경의 변화에 대한 적응력 둔화 – 무사안일, 의욕상실 – 냉담, 침체	낮음
적정	순기능	– 목표를 향한 적극적인 활동 – 기술혁신과 변화 – 문제해결의 탐색 – 환경변화에 신속한 적응과 창조성	높음
고	역기능	– 혼란 – 활동의 방해, 비협조적 – 조정의 곤란, 무질서	낮음

출처: 이재규(1998). 조직 갈등관리론. 박영사.

갈등수준을 측정하는 문제는 갈등을 관리하는 데 있어서 가장 기초가 된다. 그러나 갈등의 측정은 단순한 문제가 아니며, 갈등수준 측정을 위해서는 측정을 위한 지표의 설정과 척도의 설정방법이 설계되어야 한다. Corwin(1960)은 교사와 행정요원 간의 연구에서 인지된 긴장, 지각된 불일치의 보고, 분명한 의견 마찰 등을 갈등의 지표로 개발하여 상관관계를 분석하는 방법을 사용하였다. Walton, Dutton, & Cafferty(1969)는 갈등수준을 측정하기 위해서 ① 간섭 또는 방해, ② 비협조 또는 의견 마찰, ③ 정보제공의 보류 또는 기피, ④ 불신, ⑤ 곤란, 또는 불쾌의 5가지 갈등수준 지표를 제시하였다.

(7) 갈등의 자극, 해소, 예방 기법

조직 내에서 발생하는 갈등을 조정하고, 문제를 해결하며, 조직의 결속력을 강화하는 데는 갈등관리가 필요하다. 갈등관리는 갈등의 수준을 조절하는 것이며, 갈등의 수준이 낮을 때는 갈등을 자극하고, 갈등의 수준이 높을 때는 갈등을 해소하기 위해 노력하는 것이다.

① 갈등 자극 기법

조직에 활력을 불어넣고, 창의와 쇄신을 위해서는 적당한 갈등이 조장되어야 한다. 갈등을 조장하는 기법에는 다음과 같은 것들이 있다.

첫째, 커뮤니케이션 이용: 조직의 애매모호성, 재평가 혹은 대결을 야기시키기 위하여 공식적 커뮤니케이션 경로를 통해 위협적인 정보를 유출시켜 기능적 갈등을 발생시킨다.

둘째, 외부 인사 초빙: 정체된 조직에 활력을 일으키게 하기 위해 외부 인사를 구성원으로 영입한다.

셋째, 조직구조 변경: 조직 내의 계층 수, 기능적 조직단위 수를 늘림으로써 새로운 관계가 형성되거나 변경에 반대하는 집단에 의한 견제활동으로 갈등을 조장한다.

넷째, 경쟁심 자극: 보다 높은 성과를 올린 개인이나 집단에 대해서 인센티브를 주어 경쟁심을 자극한다.

② 갈등 해소 기법

조직의 기능에 방해를 주는 갈등을 해소하여 조직이 정상적인 기능을 할 수 있도록 하는 것으로 다음과 같은 것들이 있다.

가. 문제해결방법

갈등이 조직에서 일어나는 문제로 보고 이에 대한 해결책을 모색한다.

첫째, 공동의 적 설정: 갈등 당사자들에게 외부의 위협은 갈등 당사자들의 갈등 이슈를 초월하게 한다. 외부의 위협을 방어하기 위해서는 개별 노력보다는 협동적 노력이 더 유리하다는 것을 인식하도록 하여 갈등을 해결하는 것이다.

둘째, 자원의 확충: 희소자원의 획득을 위한 갈등인 경우 효과가 있다. 자원을 보강해 줌으로써 과격한 경쟁을 하지 않아도 되도록 하는 것이다.

셋째, 상위 목표의 설정: 이는 집단 간 갈등을 초월해서 서로 협조할 수 있는 공동목표를 설정함으로써 집단 간의 단합을 조성하는 방법이다.

넷째, 평가 기준과 보상체계의 설정: 업적을 측정하기 위해서 정확하고 공정한 업적 측정 기준을 마련하고 평가와 보상을 연계한다.

다섯째, 대면: 만나서 서로 간에 입장을 밝히고 오해를 푼다.

나. 구조적 방법

조직의 구조를 바꾸어 갈등을 해결하는 것이다.

첫째, 갈등 원인의 제거: 갈등을 일으키는 중심인물을 이동시킨다.

둘째, 규정의 개발: 갈등이 일어날 소지를 미리 예측하여 관련 규정을 만들어 놓는다.

셋째, 권한의 발동: 규정에 의하여 갈등이 해결되지 않을 때는 관리자의 권한을 발동하여 해결한다.

넷째, 소원수리: 고충사항을 제출하게 한다.

다. 통합 조정

조정부서를 설치한다든지, 테스크포스팀을 구성하여 문제를 집중적으로 연구하든지, 집단 간의 상호 관계를 조정하고 통합시켜 준다.

③ 갈등 예방 기법

조직 내에서 역기능적 갈등이 일단 발생하고 나면 그것을 해소하기가 어렵기 때문에 발생 전에 미리 예방하는 것이 중요하다. 갈등을 예방하기 위해서는 다음과 같은 기법이 있다.

첫째, 부서 간 순환: 부서 순환은 문제점에 대한 상호 이해를 돕고, 서로의 문제에 대해 이해도를 키우며, 공감의 기반을 넓히는 데 좋은 방법이다.

둘째, 전체 조직을 위한 공헌 강조: 조직의 전체 성과에 공헌하고 있는 부서나 개인의 역할을 강조하고, 보상을 준다.

셋째, 상호작용과 의사소통: 개인 간 또는 집단 간 상호 원조와 협동이 이루어지도록 한다.

넷째, 승패 상황 없게: 개인이나 집단이 경쟁하는 위치에 놓여서 승자와 패자가 확연히 갈리지 않도록 하여 갈등을 막는다.

다섯째, 제로섬 게임 않기: 경쟁에서 이긴 자가 패자의 이익까지 가져가는 보상은 하지 않아야 한다. 한쪽의 행복이 다른 쪽의 불행을 안겨 준다면 갈등이 증폭된다. 경쟁은 양자가 Win-Win하는 구도로 되어야 한다.

(8) 유아교육기관 갈등

유아교육기관은 교육서비스를 제공하는 조직으로서 조직의 내부 구성원 간 갈등이 있을 수 있고, 서비스의 대상인 유아와 그 부모들과도 갈등이 있을 수 있다. 갈등이 어느 수준 이상으로 높으면 교사들은 직무에 대한 만족도가 낮아지고, 업무성과를 올리지 못하며, 부모들과의 갈등이 심할 경우는 서비스 제공 기회를 잃게 된다.

① 원장과 교사와의 갈등

유아교육기관에서 교사는 유아들을 교육하고 돌보는 역할자로서 기관의 주요 서비스를 담당하는 지위에 있다. 원장은 유아교육기관의 서비스의 질을 관리하고 기관을 총괄하기 때문에 교사에게 여러 가지 업무를 지시하고 교사의 역할을 지도를 하는 일을 한다. 원장은 기관 행정의 책임자로서 권한을 행사하는 가운데 교사와 많은 상호작용을 하게 되고 이 과정에서 교사와 갈등을 가질 수 있다. 교사의 입장에서는 원장의 권위적 지도 스타일, 정보의 차단과 지나친 간섭, 주관적인 평가 등이 갈등의 원인이 될 수 있다. 김애자(1994)의 조사에 의하면 교사가 느끼는 원장과의 갈등 요인으로 첫 번째가 처우개선에 대한 무관심이고, 그 다음이 원아지도와 사무처리에 대한 능력 의심, 유아교육을 위한 투자 부족 순으로 나타났다. 원장의 입장에서는 교사의 실망스런 역할수행과 같은 것으로 인해 교사와 갈등이 생길 수 있다.

② 동료 교사 간의 갈등

유아교육기관에서 동료 교사와의 갈등은 업무수행 스타일 차이, 학연, 지연, 경력차이, 의사소통 단절, 업무 분담의 불공정, 시기, 질투 등으로 인해 있을 수 있다. 교사들 간의 갈등 요인으로 교육활동 및 사무처리 등의 불협화음이 가장 많고, 학력이나 보직 등의 차이로 인한 자존심의 자극, 교육이론 및 교육방법이 서로 다른 데서 오는 갈등 순으로 나타났다(김애자, 1994).

③ 교사와 학부모와의 갈등

학부모들은 서비스의 수혜자로서 개인에 따라 교사에게 기대하는 바가 다를 수 있다. 학부모가 인식하는 교사의 역할기대가 있는데 교사의 역할수행이 그 수준에 못 미치거나 방향이 다를 때 갈등이 발생한다. 교사의 입장에서 학부모와의 갈등 요인은 교사를 보모로 보면서 무시하는 것과 부모의 무관심인 것으로 나타났다(김애자, 1994). 이 밖에도 부모들이 자신의 아이만 특별히 잘 봐줄 것을 요구할 때 갈등이 발생할 수 있다.

④ 유아들과의 갈등

교사는 유아를 지도하고 돌보는 역할을 하는데, 여러 가지 교육활동과 생활지도에서 유아와 상호작용 중에 갈등이 발생할 수 있다. 교사들은 담당 유아의 수가 많거나, 문제아 지도, 까다로운 기질의 유아를 지도하는 과정에서 갈등이 있을 수 있다.

⑤ 실습생과의 갈등

유아교육기관의 교사들은 유아들에게 제공하는 교육서비스 업무 외에 예비교사들의 실습지도를 하는 업무도 존재한다. 실습생이 오면 한편으로는 교사의 잡무를 도와주는 면도 있지만 실습생에게 지도해야 할 업무가 평소 업무에 가중된다고 볼 수 있다. 지도교사 입장에서는 실습생에 대한 역할기대가 있는데, 실습생이 이를 수행하지 못할 때는 갈등이 생길 수 있다. 실습생 입장에서도 지도교사와 갈등이 있을 수 있는데, 송연숙(2008)의 연구에 의하면 지도교사의 역할수행이 낮을 경우 더 많은 갈등이 발생한다.

참고문헌

강인애(2000). 왜 구성주의인가?. 문음사.

곽영우, 김준기, 신재철, 신철순, 안규철, 이군현(1995). 교육행정 및 교육경영. 삼광출판사.

김보림(2007). 유아조기교육의 실태와 어머니의 양육신념과의 관계. 이화여자대학교 대학원 석사학위논문.

김애자(2003). 원장 교사 학부모의 보육현장 갈등요인 비교. 숙명여자대학교 교육대학원 석사학위논문.

김옥련(1993). **유치원 경영관리**. 교육과학사.

김정환, 강보선(1998). **교육철학**. 박영사.

김창걸(1982). **교육행정의 이론과 실제**. 박문각.

노종희(1988). 학교행정가의 지도성 행위의 개념화 및 측정에 관한 연구. 건국대학교 교육대학원 석사학위논문.

류영국(1993). 교육조직의 갈등관리에 관한 연구. 단국대학교 대학원 박사학위논문.

명제창(1998). 학교조직에서의 도덕성 지도성 측정에 관한 연구. 충남대학교 대학원 박사학위논문.

박영만(2002). 전환기의 교육패러다임과 홀리스틱 교육. 홀리스틱교육 교장 · 원장 연수자료. 7-58. 한국홀리스틱교육학회.

송연숫(2008). 유아교육실습생이 지각한 지도교사의 역할수행과 경험한 갈등에 관한 연구. **유아교육학논집**, 12(4), 325-348.

오인탁(2001). 홀리스틱 교육과 행복한 교육. **홀리스틱교육연구**, 5(2), 1-10.

윤정일(1994). **교육행정원론**. 학지사.

이기숙 외(2002). **유아교육개론**. 양서원.

이기숙(2000). **유아교육과정**. 교문사.

이영자, 권영례(1997). **유아교육기관의 운영관리**. 창지사.

이재규(1998). **조직 갈등관리론**. 박영사.

임재택(1999). **유아교육기관의 운영관리**. 양서원.

정진곤(1999). 교육경험의 의미에 관한 해석학적 이해. **한국방송통신대학논문집**, 27, 563-599.

조성일, 안세근(2003). **교육행정과 교육경영**. 재동문화사.

통계청(2004). 여성취업 현황. http://www.nso.go.kr

통계청(2009). 한국의 사회지표. http://www. nso.go.kr

한공우(2000). **교육행정 및 교육경영**. 동문사.

한임순 외(1994). **새유아교육개론**. 동문사.

허병기(1998). **교육의 가치와 실천**. 교육과학사.

Adolf E. Meyer(1949). *The development of education in the 20th century*. New York: Prentice Hall.

Argyris, Chris(1951). *Personality and organization*. New York: Harper & Row.

Barnard, C. I.(1937). *The functions of the executive*. Cambridge, MA: Harvard University Press.

Burns, J. M.(1978). *Leadership*. N.Y.: Harper & Low.

Conger, J. A., & Kanungo, R. N.(1987). Toward a Behavioral Theory of Charismatic

Leadership in Organizational Setting. *Academy of Management Review, Vol. 12.*

Corwin, R. F.(1960). Patterns of Organization Conflict. *Administrative Science Quaterly, 14*(4), 235–254.

Devito, J. A.(1978). *Communicology: An introduction to study of communication.* New York: Harper & Row Publishers.

Douglas, McGregor(1960). *The human side of enterprise.* New York: McGraw–Hill Book Co.

Frederick Herzberg(1966). *Work and the nature of man.* New York: the World Publishing Co.

Halpin, A. W.(1967). *Theory and research in administration.* New York: MacMillan.

Hemphill, J. K., & Coons, A. E.(1957). Development of the leader behavior description questionnaire. In R. M. Stogdill & A. E. Coons(Eds.), *Leaders behavior: Its drscription and measuremrnt.* Columbus: Bureau of Business Research. Ohio State University.

Hersey, P., & Blanchard, K. H.(1982). *Management of organizational behavior: Utilizing human resources(4th ed.).* 김남현(역). (1984). 조직행동의 관리. 경문사.

Hildebrand, V.(1993). *Management of child development centers.* N.Y.: MacMillan Publishing Co.

House, R. J.(1977). Theory of charismatic leadership. In J. G. Hunt & L. L. Larson(Eds.), *Leadership*(pp. 189–207). Carbondale: Southern Illinois University Press.

Hoy, W. K., & Miskel, C. G.(1991). *Educational administration: Theory, research, and practice* (4th ed.). New York: McGraw–Hill, Inc.

Kahn, R. L.(1964). Field studies of power in organizations. In R. L. Kahn & E. Boulding(Eds.), *Power and conflict in organizations.* New York: Basic Books.

Keller, J. M.(1987). Development and use of the ARCS model of instructional design. *Journal of Instructional Development, 10*(3), 2–10.

Luthans, F.(1981). *Organizational behavior*(3rd ed.). N.Y.: Mc Graw–Hill.

McGreyor, D.(1960). *The human side of enterprise.* New York: McGraw Hill.

Miller, J. P.(2000). 홀리스틱 교육과정(김현재 외 역). 책사랑.

Rahim, M. A.(1983). A measure of styles of handling interpersonal conflict. *Academy of Management Journal, 26*(2), 368–376.

Rauch, C. F., & Behling, O.(1984). Functionalism : Basic for an alternate approach to the study of leadership. In J. G. Hunt, et al.(Eds.), *Leaders and manager: International perspectives on managerial behavior and leadership*. Elmsford, NY: Pergamon Press.

Ronald Lippitt & White, Ralph K.(1958). An experimental Study of Leadership and Group Life. In Eleanor E. Macoby, et al.(Eds.), *Readings in social psychology*. New York: Holt.

Sereno, K,, & Bodaken, E. M.(1975). *Transper understanding human communication*. Boston: Houghton Mifflin.

Simon, H. A.(1947). *Administrative behavior*. New York: Macmillan.

Taylor, B. J.(1979). *Early childhood program management: People and procedures*. Columbus: Merrill Publishing Company.

Wation, R. E., Dutton, J. M., & Cafferty, T. P.(1969) Organizational management of interdepartmental conflict. *Administrative Science Quarterly, 14*(4), 132–142.

Chapter 4

유아교육기관 설립 및 원아모집

유아교육기관 설립
원아모집

1. 유아교육기관 설립

유치원과 어린이집은 관할 관청의 인가를 받아야 하기 때문에 법적인 규정을 사전에 확인해야 된다. 뿐만 아니라 설립에는 막대한 자금이 투입되므로 설립의 타당성이 있어야 한다. 즉, 유아교육의 수요가 있거나 향후 수요가 발생할 수 있는 곳에 설립해야 한다.

유아교육기관을 설립할 때는 치밀한 계획을 수립하여 실수나 시행착오 없이 설립절차가 진행되도록 다음과 같은 요소가 고려되어야 한다.

첫째, 설립목적이 분명하게 설정되어야 한다. 설립목적은 기관의 존재이유가 되기 때문에 향후 교육방향을 설정하는 것과 일관성을 가질 수 있다.

둘째, 유아교육기관의 명칭을 결정해야 한다. 명칭은 그 기관의 성격을 나타내기도 하고, 정체성을 표시하는 수단이 되기도 한다.

셋째, 설립 위치를 정해야 한다. 위치는 유아교육 수요자의 접근성을 결정하는 중요한 요소이기 때문에 원아모집에 영향을 준다.

넷째, 개원 예정일을 정해야 한다. 개원일은 원아모집을 개시할 수 있는 시기이기 때문에 일반적으로 신입원아 모집 시기를 고려하여 결정하는 것이 바람직하다.

다섯째, 설립경비를 산출해야 한다. 설립 규모에 따라 부지매입 금액과 건축비, 시설설비비 등을 산출하여 필요한 자금을 확보해야 한다.

여섯째, 교직원 채용계획을 수립해야 한다. 우선 원장을 누가 할 것인지 정해야 하는데 원장의 교육철학과 운영스타일에 따라 기관의 성격이 달라지므로 사전에 적합한 원장을 초빙해야 한다. 그리고 학급 규모에 따라서 교사 수와 여타 직원을 채용해야 한다.

1) 유치원의 설립

유치원은 유아교육법에서 규정하고 있는 만 3세에서 초등학교 취학 전까지 유아들이 다니는 학교를 말한다. 유치원의 구분은 국가가 설립 · 경영하는 국립유치원과 지방자치단체가 설립 · 경영하는 공립유치원(설립 주체에 따라 시립유치원과 도립유치원으로 구분할 수 있다), 그리고 법인 또는 사인이 설립 · 경영하는 사립유치원으로 구분된다.

유치원을 설립하고자 하는 자는 유아교육법 제8조 규정에 의하여 시설설비 등 대통령령이 정하는 설립 기준을 갖추어야 한다. 사립유치원을 설립하고자 하는 자는 교육감의 인가를 받아야 하고, 유치원을 폐쇄하거나 중요한 사항을 변경하고자 하는 경우에도 역시 교육감의 인가를 받아야 한다.

(1) 설립인가 절차

유치원의 설립인가는 설립계획 승인과 설립인가 신청으로 구분된다. 설립인가의 근거법령은 유아교육법 제8조 제1항 및 제2항, 동법 시행령 제8조 및 제9조, 그리고 고등학교이하각급학교설립 · 운영규정 제15조 제2항 및 동법 시행령 제2조 내지 제5조에 의한다.

유치원을 설립하고자 하는 자는 설립인가 신청 전에 유치원 설립계획서를 제출(매년 3월 31일까지)하고 이를 승인받아야 한다. 단, 시설 · 설비 기준을 확보한 경우는 설립계획서를 제출하지 않고 설립인가 신청을 바로 할 수 있다. 설립계획 승인과 설립인가 절차는 그림 4-1과 같으며 처리기간은 각각 20일이다.

그림 4-1 유치원 설립계획 승인과 설립인가 절차

(2) 설립에 필요한 서류

유치원 설립계획 승인 신청과 설립인가 신청 시 필요한 서류는 표 4-1과 같다.

표 4-1 유치원 설립에 필요한 서류

유치원 설립계획 승인 신청	유치원 설립인가 신청
1. 신청서 1부	1. 신청서 1부
2. 교지확보 계획 1부	2. 원칙 1부
3. 교사 선축계획1부 교지, 교사, 체육장 시설도면 각 1부	3. 경비와 유지방법 1부

유치원 설립계획 승인 신청	유치원 설립인가 신청
4. 소요경비 조달계획 1부	4. 시설 · 설비조서(교구 · 설비 확보내역) 1부 가. 원지 · 원사와 유원장의 평면도 1부 나. 토지, 건물 등기부등본 각 1부 다. 토지대장 및 건축물(관리)대장, 토지이용계획확인원, 위치도 각 1부
5. 신원진술서 5부, 기본증명서 2부	5. 교직원 확보 계획서 1부
6. 이력서, 인감증명서, 주민등록등본 각 1부	6. 신원진술서 5부, 기본증명서 2부
7. 설립자의 재산명세, 재산확보계획 각 1부	7. 이력서, 인감증명서, 주민등록등본 각 1부
8. 토지대장 등본, 토지이용계획확인원, 지적도 각 1부	8. 설립자가 법인인 경우 추가되는 서류 – 인감 증명서, 법인 등기부등본, 설립허가증, 정관, 이사회 회의록(사본) 각 1부 – 법인기부행위 기본재산목록과 등기 및 기부금액에 관한증빙서류 1부
9. 위치도, 주변 200m 지적도 각 1부	9. 전기안전점검확인서 1부

(3) 심사 기준

유치원 설립은 법적 요건을 갖추어야 하므로 다음과 같은 심사 기준을 충족해야 한다.

① **설립자 자격:** 법인(私人) 또는 사인(法人)으로써 신원조사 결과 이상이 없는 자

② **학교환경위생정화구역 적용:** 학교보건법 제5조 및 제6조 제1항 및 동법 시행령 제4조 제2항에 의거 정화구역 안에 금지대상업소(유흥업소, 숙박업소, 기타 유해업소)가 없어야 함

③ **건축물 용도:** 건축법시행령 제14조 6항[별표 1의 10]에 의한 교육연구시설이어야 한다.

④ **시설 · 설비:** 고등학교이하각급학교설립 · 운영 규정에 의함

⑤ **교사 및 교지의 소유 주체 등**

– 교사 및 교지는 당해 학교를 설립 · 경영하는 자의 소유이어야 하며, 교지 안에는 설립 주체 외의 자가 소유하는 건축물을 둘 수 없다.

– 유치원 교육에 직접 사용되는 재산(교사, 교사용대지, 체육장, 교구 등)은 매도하거나

담보에 제공할 수 없다.

- 임대 유치원은 설립인가 불허

⑥ 시설의 제한

- 최소한 2학급 이상 설치할 수 있는 시설(소수학급 규제, 부실운영 예방) 신규 유치원 인가는 일정 지역 내 취원 대상아 수, 기존 유치원 및 어린이집 정원 등을 분석하여 시설이 부족한 경우에 한하여 적정 규모 유치원 설립 가능 ⇒ 교육청 담당부서와 사전 협의 필요
- 지하층은 설립 불가
- 건물 옥상 활용 금지: 옥상에 체육장(유원장) 또는 수영장 설치 불가
- 3층 이상 유치원 설립은 억제함. 단, 3층을 실내체육시설 또는 자료실, 교무실 등으로 사용할 경우 가능(유사 시 대피할 수 있는 시설 확보 조건)

⑦ 정원에 대한 유치원 면적 책정은 40명 이하일 때는 5N, 41명 이상일 때는 80＋3N으로 한다. 예를 들어, 정원이 100명인 유치원의 면적은 80＋3 × 100＝380㎡ 이상이 되어야 한다.

2) 어린이집의 설립

어린이집이란 보호자의 위탁을 받아 영유아보육법에서 규정하는 영유아(만 6세 미만의 취학 전 아동)를 보육하는 시설을 말한다. 어린이집의 종류는 ① 국가나 지방자치단체가 설치·운영하는 국·공립어린이집, ② 사회복지사업법에 따른 사회복지법인(이하 "사회복지법인"이라 한다)이 설치·운영하는 법인어린이집, ③ 사업주가 사업장의 근로자를 위하여 설치·운영하는 직장어린이집(국가나 지방자치단체의 장이 소속 공무원을 위하여 설치·운영하는 시설을 포함한다), ④ 개인이 가정이나 그에 준하는 곳에 설치·운영하는 가정어린이집, ⑤ 보호자들이 조합을 결성하여 설치·운영하는 부모협동어린이집, ⑥ 위의 ①부터 ⑤의 규정에 해당하지 아니하는 민간어린이집이 있다. 어린이집을 설치·운영하려는 자는 영유아보육법 시행규칙 제9조 [별표 1]에서 정하는 설치 기준을 갖추고, 관할 특별자치도지사·시장·군수·구청장에게 제출하여야 한다.

(1) 설립인가 절차

어린이집의 설립인가의 근거는 영유아보육법 제13조 제1항과 제14조 제1항, 그리고 동법 시행규칙 제5조에 의한다. 어린이집을 설립하고자 할 경우 지방자치단체의 장에게 사전에 상담을 요청하여 관할 지역의 보육 수요, 어린이집 입지조건 및 설치 기준 등에 관하여 사전에 고지받을 수 있다. 어린이집을 설립하고자 하는 자는 영유아보육법 시행규칙 제5조(별지 제4호 서식)의 어린이집 인가신청서를 시설의 소재지를 관할하는 시장 · 군수 또는 구청장에게 사전에 인가를 신청하여야 한다. 사전 상담에서 설치하고자 하는 장소에 인가가 가능하면 인가신청에 필요한 서류를 구비하여 인가를 신청한다. 인가 절차는 그림 4-2와 같다.

그림 4-2 어린이집 인가 절차

인가증을 교부받은 후 보육행정에 필요한 관할 세무서에서 사업자등록을 신청해야 한다. 고유번호증이 발급되는 즉시 어린이집 전용 통장을 개설하고, http://childcare.mw.go.kr를 링크하여 e-보육 사용자가입 신청을 한 후, 관할 시 · 군 · 구 보육담당부서에 전화하여 승인요청을 해야 한다.

(2) 설립에 필요한 서류

어린이집 설립에 필요한 서류는 다음과 같다.

① 법인의 정관 및 출연금 등에 관한 서류(법인인 경우에 한함)

② 단체의 회칙 또는 규약(단체인 경우에 한함)

③ 임대차계약서(부동산을 임차하는 경우에 한함)

④ 시설의 구조별 면적이 표시된 평면도와 시설 및 설비 목록

⑤ 어린이집 원장의 자격을 증명하는 서류

⑥ 어린이집 보육교직원의 채용계획서

⑦ 어린이집 운영계획서(운영경비와 유지방법을 포함한다), 경비의 지급 및 변제능력에 관

한 서류는 어린이집을 설치 · 운영하고자 하는 자의 '자산 및 부채 현황, 어린이집 운영에 따른 연간 세입총액'을 기준으로 보증보험증권을 제출하여야 함

⑧ 설립자가 개인인 경우 경비의 지급 및 변제능력에 관한 서류

⑨ 인근 놀이터 이용계획서(영유아 50인 이상의 시설로서 옥외놀이터나 옥내놀이터를 설치하지 않은 경우에 한함)

⑩ 「전기사업법」 제66조의 2의 규정에 의한 전기안전점검확인서 및 「도시가스사업법」 제15조 제5항 및 「액화석유가스의 안전관리 및 사업법」 제27조 제2항의 규정에 의한 완성검사증명서(소재지가 변경되는 경우에만 해당)

⑪ 「소방용기계 · 기구의 형식승인 등에 관한 규칙」 제5조에 따른 현장방염처리물품의 방염성능검사성적서 및 방염성능검사확인표시

⑫ 시설 유형별 특수어린이집으로 지정을 받으려면 다음과 같은 지정신청서를 제출하여야 한다.

- 특수어린이집 지정신청서(장애아전담, 장애아통합, 시간연장형, 휴일, 방과후)
- 영아 · 장애아전담어린이집 지정신청서

(3) 심사 기준

어린이집 설립은 법적 요건을 갖추어야 하므로 다음과 같은 심사 기준을 충족해야 한다.

① **보육 수요 파악:** 이용권역 내(보육대상 아동 수 × 보육수요율)(기준일 : 매년 1월 1일) '보육수요율'이란 6세 미만의 취학 전 영유아의 수를 기준으로 현재 어린이집을 이용하는 아동과 향후 어린이집을 이용할 것으로 추계되는 아동의 비율을 의미함

표 4-2 보육수요율

지 역	영 아	유 아
대도시	30.2%	42.2%
중소도시	31.5%	43.9%
읍 · 면	42.5%	63.8%

② **입지조건:** 영유아보육법 시행규칙 [별표 1]의 어린이집 입지조건 중 위험시설에

대한 사항

가. 어린이집은 보육수요 · 보건 · 위생 · 급수 · 안전 · 교통 · 환경 및 교통편의 등을 충분히 고려하여 쾌적한 환경을 갖춘 부지를 선정하여야 한다.

나. 어린이집은 위험시설로부터 50m 이상 떨어진 곳에 위치하여야 한다. 위험시설이란 「주택건설기준 등에 관한 규정」 제9조 제3항 각 호의 시설을 말한다.

다. 어린이집은 「건축법 시행령」 별표 1에 따라 건축물의 용도가 노유자시설이어야 한다. 다만, 영유아 20명 이하를 보육하는 직장어린이집, 부모협동어린이집 및 국 · 공립어린이집(제40조 제1항에 따른 지역에 설치된 어린이집으로서 같은 조 제2항에 따라 특별자치도지사 · 시장 · 군수 · 구청장이 지방보육정책위원회의 심의를 거친 국 · 공립어린이집만 해당한다)은 가정어린이집을 설치할 수 있는 곳에도 설치할 수 있다.

③ 시설 기준의 적합 여부(시설면적, 시설설비 등) ※ 영유아보육법 시행규칙 제9조(별표 1)

④ 영유아보육법령 및 건축관계법령, 소방관계법령, 장애인 · 노약 · 임산부 등의 편의증진에 관한 법률, 장애인차별금지법, 어린이놀이시설 안전관리법, 다중이용시설 등의 실내공기질 관리법, 환경보건법 등 어린이집 인가 관련 법령 등 각종 규정 준수 여부

⑤ 원장의 자격 적정 여부, 보육교직원 확보 여부. ※ 영유아보육법 시행령 제21조(별표 1) 및 동법 시행규칙 제10조(별표 2)

(4) 정원책정 기준

어린이집 정원은 어린이집 전용으로 사용하는 시설(실내) 면적, 보육실 면적, 옥외놀이터(또는 대체놀이터) 면적을 기준으로 책정한다.

① 50인 미만의 시설의 정원은 어린이집 전용 면적과 보육실 면적으로 각각 책정한 보육아동의 수 중 적은 수를 정원으로 한다.

② 50인 이상 시설의 정원은 어린이집 전용 면적, 보육실 면적, 놀이터 면적으로 각각 책정한 보육아동 수 중 적은 수를 정원으로 한다.

③ **어린이집의 면적을 산정하는 경우:** 어린이집 전용으로 사용하는 시설(실내) 면적은 영유아 1인당 4.29㎡ 이상으로 한다. 어린이집 전용으로 인정하는 면적 산정은 아동보육과 직 · 간접적 관련이 있다고 인정되는 실내설비를 기준으로 한다. 따

라서 동일 건물 내의 타 시설과 공동으로 사용하는 부분(건물 현관 · 복도 · 계단 등)은 제외한다.

④ **보육실의 면적을 산정하는 경우:** 보육실의 면적은 영유아 1인당 2.64㎡ 이상으로 한다.

⑤ **놀이터**(정원 50인 이상 시설)**의 면적을 산정하는 경우:** 놀이터 면적은 1인당 2.5㎡ 이상으로 한다.

※ 옥외놀이터를 대체하는 실내놀이터, 보육교직원 관련시설(휴게시설 등), 지하층도 면적 산정에서 제외

※ 보육실은 영유아의 주된 생활공간이므로 면적 산정 시 어린이집 자체 현관, 복도, 통로로 사용되는 면적은 제외

※ 구조상 주방 · 식당이 분리되어 있지 않은 경우, 동 면적도 제외하는 것을 원칙

(5) 어린이집 구조의 일반 기준

① 어린이집의 건물 구조 및 보육실 · 화장실 · 놀이기구 등이 영유아의 안전과 이용에 편리하도록 설계 · 시공되어 있는지 확인

※ 기본시설(시행규칙 별표 1): 보육실, 조리실, 목욕실, 화장실, 옥외놀이터(정원 50인 이상 시설), 급배수시설, 비상재해대비시설(어린이집이 2층 이상인 경우)

② 보육실은 건축물의 1층에 설치하며, 당해 어린이집이 1층에 해당하는지 여부는 건축법상의 층수와 관계없이 실제상의 층수를 기준으로 함

※ 보육실이 위치한 해당 층의 4면이 100분의 80 이상 지상에 노출되어져 있고, 어린이집의 주출입구의 하단이 지표면으로부터 1미터 이내인 경우에 실제상의 1층으로 봄. 따라서 건축물대장에 1층으로 기재되어져 있어도 실제상 2층인 경우에는 1층으로 인정할 수 없음

가. 건물 전체가 어린이집인 경우 및 사업장(사옥) 내 직장어린이집을 설치하는 경우, 2층 및 3층까지 보육실을 설치할 수 있음

※ 건물 전체를 어린이집으로 사용하는 경우도 영아반 보육실은 1층에 우선 배치

나. 건물 전체를 어린이집으로 사용하는 경우, 건물 전체(지하층 포함)가 건축법상

노유자시설(어린이집)로 용도가 지정되어 어린이집으로 전용되어야 함

※ 「건축법시행령」 제2조 제14호의 "부속용도"에 해당하는 곳에 직장어린이집을 설치하는 경우에는 반드시 노유자시설로 지정하지 아니하여도 가능함

③ 화장실은 보육실과 동일한 층의 인접한 공간에 설치하며(층간 설치 지양), 목욕실은 보육실과 인접한 공간에 설치(건물 외부 설치 불가)

※ 영유아용 수세식 변기로 가능한 한 10~15인당 1개 이상을 설치하는 것이 바람직함

④ 시설 규모에 따라 사무실, 양호실, 식당, 자료실, 상담실, 강당, 놀이터 등을 설치할 수 있으며, 동 설비는 보육정원 책정의 기준이 되는 시설면적에 포함

※ 단, 정원 50인 이상 시설이 옥외놀이터를 대체하여 옥내놀이터를 설치하는 경우, 놀이터 면적은 시설면적에서 제외

※ 원장 사무실은 보육실과 동일 층 설치가 바람직함

⑤ 보육교직원 휴게실은 설치가 가능하나, 보육정원 책정의 기준이 되는 시설 면적에서는 제외

⑥ 보육교직원 기숙시설은 농산어촌 등과 같이 교사 등 보육교직원 수급이 곤란한 경우에 한하여 제한적으로 인정되며, 보육정원 책정 기준이 되는 시설 면적에서 제외

※ 대표자의 주거시설로 사용하거나, 보육교직원이 가족과 함께 주거하는 것은 불가

⑦ 지하층은 조리실을 포함한 보육공간으로 사용할 수 없으며, 보육정원 산정의 기준이 되는 시설 면적에서도 제외

2. 원아모집

우리나라 유아교육기관인 유치원과 어린이집은 운영에 있어서 설립 주체의 자율성을 인정하고, 수요자의 다양한 요구를 인정하는 원칙을 지키고 있다. 수요자인 부모들이 자신의 의지에 따라 기관을 선택할 수 있기 때문에 유아교육기관은 부모들의 선택

을 받기 위해 여러 가지 방법으로 기관의 교육철학과 교육방침을 홍보하고, 원아 선발에 따른 원칙과 절차를 기관 나름의 방침을 정하여야 한다. 현실적으로 원아모집은 기관의 존립에 관한 일이기 때문에 기관으로서는 최선의 노력을 기울여야 한다.

1) 홍보

홍보는 널리 알린다는 뜻을 가진다. 영미 문화에서는 홍보를 PR(public relation)이라 하는데, PR은 개인 또는 조직이 신뢰 및 호의를 얻고자 그와 관계되는 공중의 이해와 협력을 얻기 위해 스스로가 지향하는 목표를 전달 · 이해 · 설득시키는 노력이다.

홍보는 원아모집을 위한 것이 될 수도 있지만 보다 궁극적인 목적은 기관의 목적인 교육과 보호의 효과를 제고하기 위한 것이라고 할 수 있다. 유아교육기관이 그 지역사회에서 맡은 역할수행을 잘하기 위해서는 지역민들이 기관이 무엇을 어떻게 왜 하는지 알아야 한다.

(1) 홍보매체

홍보의 주체는 자신들이 제공하는 서비스의 내용, 아이디어 등을 홍보물로 제작하여 홍보 대상에게 전달 · 이해 · 설득하는데, 이때 사용하는 홍보물을 전달하는 매개적 수단을 홍보매체라고 한다. 현대사회에서는 사람들의 생활수단이 다양하고, 정보전달 수단이 다양하기 때문에 다양한 매체들이 홍보수단으로 사용되고 있다. 사실상 사람들이 이용하는 모든 사물이 홍보매체가 될 수 있다. 요즘 흔히 사용되는 홍보매체는 버스, 기차, 택시와 같은 대중교통 수단이나, 다중이 모이는 장소, 신문, 방송, 인터넷과 같은 매스미디어, 각종 이벤트 등이 있다. 유아교육기관에서 주로 사용하는 홍보매체로는 인쇄매체, 방송매체, 인터넷, 각종 이벤트가 있다.

① 인쇄매체

인쇄매체의 가장 큰 특성은 기록성과 정확성이다. 전파매체는 순식간에 눈이나 귀를 통해 들어와서 곧바로 소멸되지만 신문과 팸플릿 같은 인쇄매체는 오랜 시간 동안 볼 수 있고, 반복하여 읽음으로써 이해력을 높일 수 있다.

인쇄매체를 활용한 홍보는 주로 잡지, 신문에 홍보내용을 게재하는 경우와 전단지를 만들어 배포하는 경우, 포스터를 만들어 마을 게시판에 부착하는 경우, 현수막을 만들어 마을 게시대에 거는 경우 등이 있다. 인쇄매체를 이용하는 경우 방송매체보다 홍보비가 저렴하다는 장점이 있다.

원아모집 팜플렛

원아모집 포스터

② 방송매체

TV, 라디오와 같은 방송매체는 동시에 전국 또는 특정 지역에 메시지를 전달하는 것이 가능하다. 대중적 인지도가 있는 탤런트를 이용하여 메시지를 전달하면 홍보의 효과를 배가시킬 수 있다. 방송매체는 홍보비가 많이 들기 때문에 유아교육기관의 규모를 고려할 때 하나의 기관으로서는 방송매체를 이용한 홍보는 경제적 타당성이 떨어진다. 그러나 한 지역 또는 연합회와 같이 단체가 홍보 주체가 된다면 방송매체 활용도 가능한 방법이다.

③ 인터넷

우리나라는 인터넷 이용인구가 세계 최고 수준에 이른다. 이제 인터넷은 어느 한 계층만 이용하는 매체가 아니라 젊은 계층에서 노인 계층에 이르기까지 생활의 필수도구가 되었다. 무엇을 알고자 할 때 인터넷에서 검색하면 모두 해결할 수 있을 정도로 인터넷은 모든 정보의 집합체로 인정된다. 인쇄매체나 방송매체는 불특정 다수에게 그 정보가 필요한지 아닌지 구별하지 않고 정보를 전달하는 일방적 홍보만 수행하지만 인터넷은 일방적 홍보뿐만 아니라 필요한 사람이 필요할 때 적극적으로 찾아와 홍보를 접할 수 있다는 큰 장점이 있다. 인터넷은 최근에 와서 유아교육기관 홍보매체로 급격히 부상되고 있다.

인터넷을 이용한 홍보방법은 홈페이지를 구축하는 방법과 다음이나 야후와 같은 포털사이트의 카페, 블로그, 장소찾기 등을 이용하는 방법 등이 있다. 각 기관이 홈페이지를 구축하는 방법은 기관의 필요에 따라 홈페이지를 다양하게 설계할 수 있지만 홈페이지를 구축하는 비용과 지속적인 관리 비용이 들어가는 부담이 있다. 무엇보다도 웹사이트 설계와 관리를 하기 위해서는 전문적인 기술을 가지고 있어야 하기 때문에 전문업체에 의뢰를 해야 하는 불편함이 있다.

그에 비해 다음이나 네이버 카페를 활용할 경우 기본적인 웹이 설계되어 있고, 필요에 따라 쉽게 메뉴와 디자인을 꾸밀 수 있어 일반 사용자도 편리하게 이용할 수 있다. 무엇보다도 카페나 블로그를 소유하는 데 경제적 부담이 들지 않다는 장점이 있다. 그러면서도 기능 면에서는 게시판 기능, 앨범 기능, 채팅 기능 등 다양한 기능들을 갖추고 있어 활용도가 매우 높다. 게시판 기능은 태그와 글쓰기를 자유롭게 할 수 있어 동영상, 사진, 음악 등 멀티미디어를 웹에 게시할 수 있어 홍보의 매체로 활용도가 매우 높다.

다음이나 네이버의 장소찾기에서는 지도와 위치, 주소, 전화번호와 같은 기본 정보 제공과 홍보 주체가 상세 정보와 사진 정보를 입력할 수 있게 되어 있다. 또한 일반 이용자의 추천 리뷰를 입력할 수 있어 많은 이용자가 추천을 하면 할수록 평점이 올라가 명성이 높아진다.

(2) 홍보내용

유아교육기관 홍보의 내용은 홍보 대상이 알고 싶어 하는 것, 그리고 홍보 주체가 알리고 싶은 것이 되어야 한다. 홍보 대상이 되는 수요자의 궁금증을 풀어 주지 못하면 홍보의 효과를 기대하기 어려울뿐더러 홍보가 기관의 이미지를 손상시킬 수도 있을 것이다. 홍보의 내용은 기관의 기본 정보 이외에 기관의 목적, 아이디어, 추진하고 있는 일, 그 일의 가치 등을 적극적으로 알려서 이해시키고 설득해야 한다.

기관의 기본적인 정보는 기관의 명칭, 주소, 전화번호, 홈페이지 주소, 찾아오는 길, 교통편 등이 있다. 수요자들이 더 알고 싶어 하는 것은 기관의 교육목적을 달성하는 데 필요한 내용과 방법론적 관점들, 즉 교육프로그램의 특성 및 주요 교육내용, 기관의 운영철학, 방침, 기관의 시설, 교직원 소개 등이 있다. 원아모집을 위한 홍보에는 모집대상 유아, 교육(보육)시간, 수업료(보육료), 학급당 인원, 그 외 부대서비스 등도 들어가면 수요자들의 궁금증이 해소될 수 있다.

(3) 홍보시기

유아교육기관 홍보는 원아모집시기와 맞물려 이루어지는 경우가 많다. 물론 홍보수단에 따라 홍보시기가 결정되기도 하는데, TV, 라디오, 전단지, 포스터, 현수막과 같은 것은 원아모집을 목적으로 하는 경우가 많기 때문에 매년 11월~익년 1, 2월까지 이루어지는 경향이 있고, 인터넷으로 하는 경우는 항시 홍보가 이루어지도록 하는 것이 좋다. 각종 행사 개최 또는 지역사회 축제 참여 등과 같은 방법은 평소 유아교육기관을 지역사회에 홍보하는 방법으로 매우 유용하다. 행사에서 특별히 홍보하는 내용을 가지고 있지는 않지만 행사 자체를 통해서 기관의 이미지가 지역민에게 형성될 수 있다.

2) 원아 선발

원아 선발은 기관의 정원, 학급 편성을 고려하여 연령별 모집 인원이 결정된다. 연령별 학급 구성은 지역의 수요자 조사를 토대로 정하는 것이 바람직하다. 어린이집인 경우는 모집대상 연령 범위가 0~6세까지이기 때문에 반편성의 변화 폭이 넓지만 유치원은 대상 연령 범위가 3~5세이기 때문에 반편성의 변화 폭이 그리 넓지 않다. 유치원의 경우 모집 인원이 대개는 4, 5세 비율이 높고 3세 비율은 낮게 한다. 만약 5학급으로 편성한다면 5세 2개 반, 4세 2개 반, 3세 1개 반으로 하든지, 5세 3개 반, 4세 1개 반, 3세 1개 반으로 하면 된다. 그러나 반 편성은 고정적으로 하는 것보다는 지역의 실정에 맞게 탄력적으로 하는 것이 좋다. 만약 3세의 수요가 많다면 3세 모집 비율을 더 많게 하는 것이 현명한 방법이다.

(1) 선발시기

원아 선발은 우리나라 학기가 3월에 시작하므로 3월 1일 입학을 전제로 선발하면 된다. 원아 선발시기는 타급학교 선발시기와 비슷하게 이루어지는 경향이 있는데, 대개 12월에서 익년 1, 2월 사이에 실시한다. 원아 선발은 기관의 인기도에 따라 선발이 단 하루에 끝나는 경우가 있는가 하면 수개월 동안 선발할 수도 있다. 물론 정원에서 결원이 생겼을 때에는 수시로 선발하면 된다. 최근 들어와서 원아모집 경쟁이 심화됨에 따라 선발시기가 점점 앞당겨지는 경향이 있다. 11월 혹은 10월에도 선발하는 기관들이 있다. 어린이집의 경우도 수요자의 사정이나 기관의 여건에 따라 수시로 선발할 수 있으나 보육프로그램이 1년 단위로 운영되기 때문에 보육프로그램의 시작과 종료 시기를 정하여 시작할 때 선발하고, 종료될 때 졸업하는 시스템을 갖추는 것이 좋다.

(2) 선발 절차

선발은 공정하고, 투명하게 이루어져야 한다. 지원 경쟁이 심한 기관인 경우 선발과정이 체계적이고, 합리적인 시스템이 갖추어져야 한다. 업무의 효율성을 위해서는 기간을 정하여 선발업무를 집중하여 수행하는 것이 유리하다. 그리고 수요자의 편의를 위해서도 선발 절차를 명시하여 절차에 따라 계획적으로 지원할 수 있도록 도와야 한다.

유치원의 선발 절차는 원아모집 공고 → 입학원서 교부 및 접수 → 입학대상자 선발통보 → 입학금 등 납입금 납부 → 입학대상자 확정 등의 순서로 하면 된다.

어린이집의 경우는 입소 우선순위가 법으로 규정되어 있으므로, 유치원의 절차와는 다소 차이가 있다. 어린이집의 선발 절차는 보호자의 입소신청 → 입소신청자 명부 작성 → 입소순위 사정 → 통보 순으로 하면 된다.

선발과정의 공정성을 확보하기 위해서는 각 단계에서 업무를 종결하는 날짜와 시간을 명시하는 것이 좋다. 만약 지원 경쟁률이 높을 경우 업무 종결 기준을 규정하지 않으면 많은 혼란이 생길 수도 있다. 예를 들어 ○○월 ○○일 ○○:○○시까지 접수 또는 납부하였을 때 지원이 유효함을 규정하는 것이다.

그림 4-3 유치원의 선발 절차

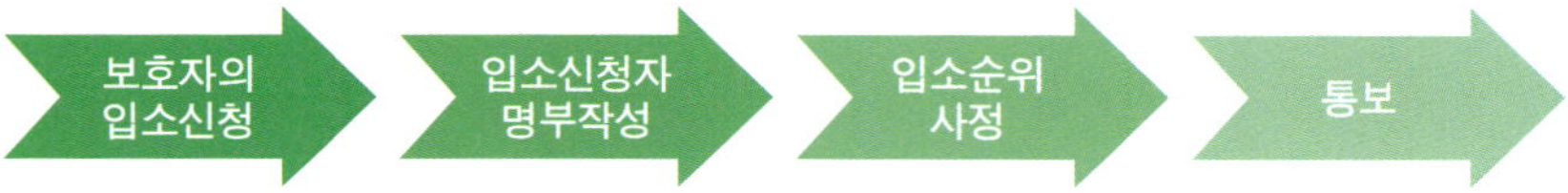

그림 4-4 어린이집의 선발 절차

(3) 선발 시 유의점

원아 선발과정은 지역의 많은 수요자들이 방문하고, 직접 교직원을 대하는 기회가 많기 때문에 기관의 대외 이미지에 영향을 준다. 선발업무를 신속하고, 공정하게 처리하지 못하면 입학을 지원하거나 지원을 문의하는 수요자에게 실망을 안겨 줄 수 있다. 따라서 선발업무에는 다음과 같은 유의점을 염두에 두어야 한다.

첫째, 시간엄수. 모집공고에 제시된 여러 가지 업무 개시 또는 종결 시간을 엄수해야 한다.

둘째, 원칙 준수. 선발 절차상 규정한 원칙을 모든 사람에게 똑같이 적용해야 공정성과 신뢰성이 확보된다.

셋째, 추첨 시 편의 제공, 질서유지. 지원자가 모집정원을 초과할 때는 추첨을 통해서 선발하는데, 추첨 집행에서 혼란을 야기하면 안 되기 때문에 질서유지 방안을 사전에 계획해야 한다. 또한 추첨 시 장시간이 소요될 수도 있기 때문에 따뜻한 차를 준비한다든지 추첨을 기다리는 사람들이 불편하지 않도록 해야 한다. 편의 제공이 잘 안될 때 추첨에서 탈락한 사람들의 서운함을 배가시켜 기관 이미지를 손상시킬 수 있다.

넷째, 대기자명부작성. 지원자가 모집정원을 초과했을 때, 정원 수만큼 선발 통보를 하고 나서 선발 대기자를 모집정원의 10% 정도 지정해 주어야 한다. 왜냐하면 선발 결정자 중 개인적인 사유로 포기하는 경우가 있기 때문이다. 만약 결원이 되었을 때는 추가 선발 절차를 거치지 않고 대기번호 순으로 선발할 수 있어 편리하다.

다섯째, 입학금 납부 마감 일자와 환불 규정을 명확히 문서로 고지. 선발 결정자는 입학금을 완납하면서 입학예정자로 확정되기 때문에 원칙적으로 입학금은 일종의 계약의 효력을 발생시키는 기준으로 작용한다. 그러나 입학예정자 중에는 이사, 질병과 같은 개인적인 사정으로 인해 부득이하게 입학을 포기하는 경우가 있다. 이럴 경우를 대비해서 입학금 환불 규정을 사전에 고지해야 시비가 발생하는 것을 막을 수 있다.

여섯째, 입학일까지 일정 고지. 입학은 3월 1일자로 하지만 모집은 이보다 2~3개월 앞서서 이루어지므로 입학까지 많은 시간이 있다. 이 시간을 그냥 보내기보다는 기관에 적응을 돕기 위한 시간으로 활용해야 한다. 오리엔테이션을 한다든지 예비 체험을 하는 프로그램을 실시하는데 그 일정을 사전에 예비 입학자들에게 고지해야 한다.

일곱째, 입학준비물. 안내유아들이 입학하여 유아교육기관에서 생활이 시작되면 치약, 칫솔, 예비 옷, 실내화 등 일상용품이 필요하다. 필요한 물품 목록을 작성하여 안내해야 한다.

여덟째, 유치원의 정돈된 환경 유지 및 교직원의 단정한 복장과 매너선발. 업무기간에는 많은 사람들이 기관을 방문하게 되고, 기관의 교육능력을 확인하기 위해 여러 시설 상태를 구경한다. 또한 교직원의 업무 태도, 능력 등을 알아보기 위해 대화를 하거나 행동을 관찰하기도 한다. 이때 입학을 문의하러 온 사람들의 첫인상이 형성되어 기관의 이미지를 좋게 가질 수도 있고, 나쁘게 가질 수도 있다.

아홉째, 입학 · 상담 시 역할분담. 입학 상담을 위해 방문하는 경우는 부모와 아이가 함께 오는데, 부모가 편하게 상담을 하기 위해 상담을 하는 동안 아이를 돌보는 담당자가 있어야 한다.

(4) 어린이집 입소순위

유치원은 원아 선발 시 추첨이 원칙이지만 어린이집은 「영유아보육법」 제28조와 시행규칙 제29조에 근거하여 입소 우선순위가 정해져 있어 이를 준수해야 한다. 그러나 고용정책기본법 제21조 제2항의 규정에 의하여 고용촉진시설을 설치 · 운영하는 시설의 장은 근로자의 자녀가 우선적으로 어린이집을 이용하도록 규정하고 있어 직장어린이집의 경우는 예외를 인정한다. 어린이집 입소순위는 다음과 같다.

가. 「국민기초생활보장법」에 따른 수급권자(법정)

나. 「모 · 부자복지법」 제5조 규정에 의하여 보호대상자의 자녀(모부자)

다. 「국민기초생활보장법」 제24조의 규정에 의한 차상위계층의 자녀(차상위)

라. 「장애인복지법」 제2조의 규정에 의한 장애인 중 여성가족부령이 정하는 장애등급 이상에 해당하는 자의 자녀(장애부모)

마. 아동복지시설에서 생활 중인 유아(복지시설)

바. 맞벌이, 한부모 · 조부모 가정(맞벌이 · 결손)

사. 저소득층 보육료 지원 대상 영유아 중 기타저소득층(3층, 4층)의 영유아(기타 저소득)

아. 입양된 영유아(입양아)

자. 세 자녀 이상 가정의 영유아(세 자녀)

3) 입학 준비

입학예정 유아가 결정되면 입학과 동시에 원활한 유아교육 · 보육 업무가 진행될 수 있도록 사전에 준비가 이루어져야 한다.

(1) 유아 및 가정환경 파악

유아들을 교육하기 위해서는 유아의 개성과 가족관계, 가정의 사회경제적 지위, 가정문화 등을 알아야 한다. 유아의 개성은 과거의 병력, 발달이력, 양육자, 식습관, 성격, 부모의 양육태도 등을 조사하면 된다. 가정환경조사지는 유아와 가정의 정보가 담겨 있기 때문에 비밀을 유지해야 하며, 교육목적 외에는 절대 사용되어서는 아니된다.

(2) 오리엔테이션

유아들은 발달 정도가 부모를 떠나 생활할 만큼 되지 않았기 때문에 장시간 유아교육기관에서 생활하는 것이 큰 모험으로 받아들여진다. 유아들의 입장에서는 유치원이나 어린이집이 낯설고, 친구와 교직원을 사귀어야 하는 부담이 있기 때문에 심리적으로 위축되고, 불안을 느끼게 된다. 이는 기관의 생활에 적응해야 하는 유아들로서는 매우 어려운 문제를 안고 있는 것이다. 오리엔테이션은 유아들을 위한 것도 있지만 부모들을 위한 것도 준비가 되어야 한다. 유아와 부모를 따로 실시하는 경우도 있지만 어린 영아들의 경우는 부모와 함께 실시하는 것도 필요하다.

오리엔테이션은 유아들이 기관에 적응하는 것을 돕기 위한 목적으로 이루어진다. 오리엔테이션의 내용은 유아들이 기관에 적응하는 것을 도와야 하므로 선생님, 친구와 사귀기, 기관의 시설에 친숙해지기, 각종 시설 이용방법 익히기 등으로 구성되는 것이 좋다. 무엇보다도 선생님과 친숙해져야 되기 때문에 선생님과 일대일 또는 대집단으로 상호작용하는 프로그램을 실시해야 한다. 물론 그 프로그램은 유아의 연령에 따라 다양하게 적용해야 하지만 기본적으로 인사 나누기, 안아주기, 눈 맞추기 등으로 서로 정서적인 교감을 나누는 과정이 있어야 한다.

표 4-3 가정환경조사지 예시

조사일시 : 년 일					
반		성명		생일	년 월 일
유아개성	출생 시	□정상분만 □조산 □난산 □기타( )			
	수유	□모유 □우유			
	이유시기	생후 ( )개월			
	주양육자	□어머니 □아버지 □조부모 □친척( )			
	걸음마시기	생후 ( )개월			
	언어발달	□빠른편 □보통 □늦은편			
	질병력	과거 또는 현재 구체적 질병 :			
	식품기호	□좋아하는 음식 : □싫어하는 음식 :			

유아개성	식사태도	□식사시간을 즐긴다 □식사시간을 싫어한다
	식사량	□많이 먹는다 □조금 먹는다
	수면습관	□잠투정을 한다 □잠을 잘 잔다 □아침에 일어나기 어렵다 □저녁에 늦게 잔다 □낮잠을 잔다
	수면시간	□자는 시간 : □일어나는 시간 :
	행동	□거칠다 □얌전하다
	기질	□까다롭다 □순하다 □느리다
	정서표현	화내는 정도(상 중 하) 좋아하는 표현의 강도(상 중 하)
	놀이	□밖에 나가 노는 것을 좋아한다. □방안에서 놀이를 좋아한다. □혼자놀이를 좋아한다. □누구와 함께 놀이를 좋아한다.
가정환경	가족구성	
	아이방	□유 □무
	부모의 양육태도	□통제적 □보통 □허용적
	어머니 취업	□취업 □미취업
	아버지 직업	
	가정의 수입	월 원

처음 만난 친구들과 사귀는 일도 중요하다. 유아들이 유치원, 어린이집에서 생활하는 것은 친구들과 사회적 관계를 이루며, 학급이라는 사회구성원으로서 역할을 하는 것이라 볼 수 있다. 좋아하는 친구가 많으면 그만큼 잘 적응하는 것이며, 친구들과 상호작용하면서 여러 가지 사회성을 발달시킬 수 있다. 친구와 잘 사귀기 위해서는 긍정적인 상호작용 경험이 있어야 한다. 예를 들어 친구와 인사 나누기, 친구와 손 대어 보기, 서로 안아주기, 친구 이름 불러 주기, 친구 등 두드려 주기, 원 게임하기 등은 서로를 위해 주는 느낌을 받을 수 있어 친근해지는 데 도움을 줄 수 있다.

기관의 시설은 가정에 비하여 많기도 하고 기관의 규모가 가정보다 크기 때문에 유아들은 기관의 시설 이용에 많은 어려움이 있다. 우선 유아들이 기관의 구조를 파악할 수 있도록 기관 이곳저곳을 둘러보는 기회가 있어야 하고, 화장실 이용하기, 개인 사물함 알기, 물먹기, 놀이기구 이용하기 등을 배워야 한다.

오리엔테이션은 한 번에 너무 장시간 하면 오히려 부담을 가질 수 있기 때문에 유아들이 지루하지 않게 시간을 짧게 정하고, 여러 번 나누어서 실시하거나, 유아들이 좋아하는 인형극 등을 병행하여 실시하는 것이 좋다.

표 4-4 오리엔테이션 프로그램 예시(만 3, 4, 5세)

<table>
<tr><th colspan="2">유 아</th><th colspan="2">학부모</th></tr>
<tr><th>시간</th><th>활동 내용</th><th>시간</th><th>활동내용</th></tr>
<tr><td>09:00</td><td colspan="3">부모와 함께 지정된 장소로 입실</td></tr>
<tr><td>09:00~09:20</td><td colspan="3">원장님 인사 및 일정 소개 후 유아와 부모 각각 다른 방으로 이동</td></tr>
<tr><td>09:20~09:30</td><td>1. 교사가 한 사람씩 호명하여 명찰을 달아주고 안아준다.
2. 다른 친구들은 "○○야 안녕 만나서 반가워"라고 말한다.
3. 다 같이 안녕 노래를 부른다.</td><td>09:00~09:30</td><td>1. 돌아가며 자기 소개하기
2. 간단한 레크리에이션</td></tr>
<tr><td>09:30~09:50</td><td>1. 동그란 원대형을 만들어 돌아가며 악수하고 순환인사 한다.
2. 간단한 가위바위보 게임으로 진 사람이 이긴 사람 등을 두들겨 준다.</td><td rowspan="3">09:30~10:10</td><td rowspan="3">1. 교직원 소개
2. 기관의 교육철학과 방침 소개
3. 교육과정 및 프로그램 소개
4. 각종 행사 소개
5. 부모가 도와주어야 할 사항
6. 각종 납부금 설명
7. 가정과 기관이 협력할 사항
8. 유아 소지품 관리
9. 기타 운영에 관한 사항</td></tr>
<tr><td>09:50~10:10</td><td>1. 교실의 비품 및 교구를 소개한다.
2. 개인 사물함을 소개한다.</td></tr>
<tr><td>10:10~10:20</td><td>1. 기관 전체를 둘러보고 여러 가지 시설을 소개한다.</td></tr>
<tr><td>10:20~11:00</td><td>간단한 만들기 활동을 하고 작품을 가져간다.
또는 동화구연을 들려준다.
또는 인형극 공연을 한다.</td><td>10:20~11:00</td><td>1. 자녀에게 격려 편지쓰고, 예쁘게 꾸미기 또는 자녀와 함께 사진 찍어 게시하기
2. 자녀 교실 게시판에 게시하기</td></tr>
<tr><td>11:00</td><td colspan="3">유아와 부모가 만나서 해산</td></tr>
</table>

4) 학급 편성

학급이란 교수-학습이 이루어지는 학습목적을 가진 조직이다. 교사와 유아 또는 유아와 유아는 학급 내에서 상호관계를 유지하고, 공동의 목표를 달성하기 위하여 과업을 분담하며, 협력과 경쟁을 해나가며 발전한다. 유아와 교사는 학급이라는 사회적 공간 내에서 지식을 전수하고, 인간적인 감화와 정서적 교감을 나눈다. 학급 편성은 교사가 효율적으로 가르칠 수 있고, 유아들이 효율적으로 학습할 수 있도록 초점을 맞추어 편성해야 한다. 교사가 의도하지 않더라도 학급의 특성에 따라 유아의 사회적 특성에 영향을 미칠 수 있다.

유아교육기관에서 학급 편성에서 고려할 점은 기관 전체의 학급 수, 연령별 학급 수, 한 학급의 규모, 학급 구성원, 프로그램의 특성, 교실 면적, 법적으로 규정된 교사 대 유아 수 등이다.

(1) 학급 편성의 기본 원리

유아들의 집단을 구성하는 것은 효율적인 교수-학습활동을 위해서도 필요하고 유아들의 사회적 관계 발전을 위해서도 필요하다. 학급 편성의 기본 원리는 다음과 같다.

① **전인적 발달의 원리**: 유아들이 학급 안에서 또래들과 함께 발달해 간다. 학급의 구성원 또는 학급의 크기는 무엇보다도 유아들이 전인적 발달을 할 수 있는 방향으로 편성되어야 한다.

② **사회화의 원리**: 유아들은 집단에서 규칙을 배우고, 구성원으로서 집단이 요구하는 행동규범을 배워 나간다. 유아들은 혼자서 지식을 습득하는 것이 아니라 사회적 관계를 맺으며, 사회에서 공유될 수 있는 지식을 구성해 나가기 때문에 사회화가 잘 될 수 있도록 학급을 편성해야 한다.

③ **효율화의 원리**: 가르치는 교사나 학습하는 유아 모두 효율적인 교수와 학습이 일어나도록 학급당 인원과 구성원을 결정해야 한다. 학급의 구성인원이 적으면 개별교육에 유리한 점도 있지만 너무 적을 경우 사회적 상호작용 경험의 폭이 좁아지고, 다양한 교육활동에 제약이 있을 수 있다.

④ **평등의 원리**: 한 학급에 다양한 지능과 개성을 가진 유아가 골고루 섞여 있어야 어느 학급이든 비슷한 교육 경험이 가능하다. 만약 지능이 높은 유아, 또는 낮은 유아를 따로 분리하여 학급을 편성한다면 학급에 따라서 상당한 교육 경험의 차이를 받는다. 특히 어린 연령의 유아들은 다양한 개성과 문화를 가진 유아들이 섞여 생활할 수 있도록 하는 것이 좋다.

⑤ **개인차의 원리**: 유아들은 발달상의 차이뿐만 아니라 흥미, 요구에 있어서도 차이가 있다. 이러한 개인차를 인정하고 비슷한 요구를 가진 유아끼리 학급을 편성할 수도 있다. 그러나 평등의 원리와 서로 상치될 수 있기 때문에 어느 쪽의 가치에 가중치를 두느냐에 따라 학급 편성은 달라질 수 있다.

⑥ **수준차의 원리**: 유아 개개인의 발달수준, 능력에 따라 학급을 편성한다. 어린이집의 경우 어린 유아들은 발달적으로 개인차가 있으므로 걷기 능력, 먹는 음식(우유, 이유식, 밥 등), 낮잠자는 시간(오전, 오후), 대소변 가리기, 의사표현 능력 등에 따라 학급을 편성할 수도 있다.

(2) 학급 편성 유형

유아교육기관의 학급 편성 유형은 성숙 정도에 따라 동일연령 또는 혼합연령으로 할 수 있고, 일과운영시간에 따라서는 반일반, 연장반, 종일반이 있다. 그 외 특수아와 혼합하여 편성하는 통합반이 있다. 유아교육법 시행령 제13조에 유치원의 학급 편성은 같은 연령으로 한다고 규정되어 있다. 다만 원장은 교육과정의 운영상 특히 필요한 경우에는 혼합연령으로 편성할 수 있다.

① 동일연령반

동일연령반은 나이 차이가 1년 미만인 유아들로 구성되는 것으로 학급 내 유아들의 발달수준, 능력, 경험 등이 비슷하여 동질집단이라고 할 수 있다. 동일연령반으로 편성하였을 때 장 · 단점은 다음과 같다.

첫째, 유아들의 경험, 능력이 비슷하므로 교사가 교육계획과 지도가 용이하다.

둘째, 교직경력이 적은 교사도 쉽게 지도할 수 있다.

셋째, 유아의 능력이 비슷하기 때문에 급우로부터 지배당하지 않고, 좌절을 경험하지 않는다.

넷째, 동질집단이기 때문에 학습활동이 효율적이다.

② 혼합연령반

혼합연령반은 연령이 다른 유아들이 한 학급 구성원으로 편성되는 것을 말한다. 혼합연령반은 다음과 같은 특성을 갖는다.

첫째, 나이 많은 유아가 어린 유아를 도와주고, 어린 유아들은 언니, 오빠들로부터 배울 수 있는 기회가 있다.

둘째, 같은 반에 형, 누나, 동생, 오빠가 있어 가정과 같은 분위기를 느낄 수 있다.

셋째, 학급 내에 유아들은 능력의 차이, 발달수준의 차이 등으로 개별 유아의 요구와 전체 유아의 요구에 차이가 많은 단점이 있다.

넷째, 나이 어린 유아는 좌절의 경험을 할 수 있다.

다섯째, 교사는 학습활동 준비에 많은 노력과 기술이 필요하다.

여섯째, 학급의 질서가 흐트러지면 어린 유아들은 안전에 불리해진다.

일곱째, 어린 유아들을 모방하는 퇴행이 있을 수 있다.

(3) 학급의 크기

학급당 유아의 수는 유아의 연령에 따라 달리하는데, 효율적인 교육활동을 위해서 가장 알맞은 학급의 크기가 고정되어 있지는 않고 시대의 변화와 여건에 따라 탄력적으로 적용된다. 우리나라의 경우 1990년대까지는 유치원 학급당 정원이 40명이었으나 최근에는 학급당 정원을 규정하지 않고 유치원의 전체 면적에 대한 인가 정원만 명시한다. 2007년 개정 유치원 교육과정에서는 학급편성에 대한 세부 사항은 시 · 도교육청에서 작성하여 지역교육청과 유치원에 권고하는 것으로 되어 있다. 최근 들어서는 교사 대 유아 비율이 점차 줄어드는 추세에 있다. 2010년도의 경우 시 · 도교육청에 따라 다르지만 대개 5세는 28~30명, 4세는 25~28명, 3세는 15~18명 정도로 권장하고 있다. 그러나 유치원에서 학급의 크기는 효율적 교육을 위해서 다음과 같은 점을 고려하여 편성되어야 한다.

첫째, 실내 · 외 공간 면적과 시설 및 교구 · 교재의 확보 정도를 고려한다. 교실의 공간이 좁아지면 유아의 행동이 과격해지고, 공격적이어서 유아 간 충돌이 자주 발생한다.

둘째, 교사의 능력을 고려해야 한다. 교사가 초임이거나 유아들을 관리하는 능력이 없으면 학급의 크기를 줄여 주어야 한다.

셋째, 유아교육기관의 설립목적이나 교육방침을 고려한다. 특정 프로그램을 적용하는 경우 원활한 활동을 위해서는 적정 규모의 유아 수로 편성되어야 한다.

어린이집의 경우 유아 연령에 따라 교사 1인당 담당할 수 있는 유아 수가 영유아보육법 제17조 및 동법 시행규칙 제10조 보육교직원 배치 기준에 규정되어 있다.

표 4-5 교사 1인당 담당 유아 수

연 령	교사 1인당 담당 영유아
– 만 1세 미만 – 만 1세 이상 만 2세 미만 – 만 2세 이상 만 3세 미만 – 만 3세 이상 만 4세 미만 – 만 4세 이상 만 5세 미만	– 3인 – 5인 – 7인 – 15인 – 20인
– 취학아동 – 장애아	– 20인 – 3인(장애아 9인당 보육교사 1인은 특수교사자격 소지자여야 함)

5) 학급의 이름 및 담임 배치

학급의 이름은 학급의 특성을 나타낼 수 있도록 하는 것이 좋다. 예를 들어 만 3세반의 경우 기린반보다는 토끼반이나 나비반으로 하는 것이 학급의 이미지를 나타낼 수 있다. 학급의 이름은 아름답고, 고상하고, 긍정적 의미가 있는 이름인 꽃 이름, 추상적인 가치를 나타내는 사랑반, 믿음반, 창의반, 지혜반 등으로 하면 좋다.

담임의 배치는 교사의 능력과 선호하는 유아연령을 조사한 결과를 기초로 하는 것이 좋다. 교사가 자신의 능력을 최대한 발휘할 수 있도록 하는 것은 기관의 효율적 운영을 위해서도 꼭 필요한 조치이다. 예를 들어 배변훈련이나 이유식과 같은 돌봄이 필요한 어린 연령의 반은 육아를 경험한 교사가 담당하는 것이 바람직할 것이다.

참고문헌

교육과학기술부(2007). 유치원교육과정해설.
보건복지가족부(2010). 보육사업안내.

Chapter 5

시설 · 설비관리 및 공간 구성

시설 · 설비의 개념과 중요성
시설 · 설비의 계획
시설 · 설비의 법적 기준
입지조건
실내공간의 구성
실외공간 구성

1. 시설 · 설비의 개념과 중요성

1) 시설 · 설비의 개념

우리나라에서 정부가 유아교육을 위한 사무를 다루게 된 것은 1907년 학부관제가 개정되면서 학무국이 '보통교육 및 유치원교육에 관한 사항'에 대한 사무를 다루게 되면서 시작되었다. 이로 인해 한성고등여학교에 부속유치원이 설립되었다. 다음해인 1908년 4월 2일 칙령 제22호로 '조선여학교령'이 제정 · 공포되어 유치원교육에 대한 학칙이 마련되었다. 1922년에는 제2차 '조선교육령'과 유치원에 관한 규정이 포함되어 있는 '소학교령'이 공포되어 유치원 설립인가 절차와 시설 기준 등이 제시되어 있었다. 이것이 광복 후에 교육법이 제정되기까지 유치원 시설에 관한 유일한 법적 근거이었으며, 이후 유치원의 시설 기준에 커다란 영향을 주어 왔다. 현재 유치원의 시설 · 설비 기준은 「고등학교이하각급학교설립운영규정」에 명시되어 있다.

유아교육기관의 시설 · 설비란 유아들의 교육을 위하여 지속적으로 이용되는 원지, 원사, 공작물, 설비 등을 포함하는 물리적 환경을 말한다. 이러한 시설 · 설비는 교육활동을 지원하는 가장 기본적인 것이며, 교육의 질을 결정하는 중요한 요소이다.

건물은 용도에 따라 원사, 부속 건물, 체육관, 식당, 관리실 등을 포함하며 원지는 유치원 건물이 소재하고 있는 토지로서 운동장, 놀이터, 실습장, 교재원, 녹지대, 사육장, 정원 등을 뜻한다. 공작물은 교문, 담장, 상 · 하수도 시설 등을 말한다.

설비는 시설의 의미 속에 포함시키거나 구분하여 사용하기도 한다. 유아교육기관에서 설비의 개념은 시설의 모든 부속된 부분으로서 시설과 관련시켜 유아교육의 기능을 수행하는 데 있어 필요한 모든 물적 요소의 총체라고 규정할 수 있다(김주건, 1997). 유아교육기관의 설비는 방송시설, 조명장치, 급수 및 배수시설, 조리시설, 냉 · 난방시설, 영상시설 등이 있다.

2) 시설 · 설비의 중요성

유아교육기관의 시설 · 설비는 물리적 환경을 결정하는 것으로서 유아들이 편안하고 쾌적한 생활을 할 수 있게 해준다. 모든 유기체는 환경으로부터 독립하여 존재하는 것이 아니라 필히 환경 안에서 환경의 조건에 적응해 가며 살아가는 것이다. 그러므로 유기체의 행동양식은 환경과의 상호관계를 바탕으로 형성된다. 결과적으로 유아교육기관의 물리적인 환경조건, 즉 시설 · 설비는 곧 유아들의 생활조건 내지는 교육환경조건이라 할 수 있다.

교육환경이란 학습자에게 교육적으로 영향을 미치는 외적 조건 또는 자극의 작용을 의미한다. 교육환경은 학습자의 변화의 범위와 종류를 결정해 주는 요인이며, 인간발달과정 중에 가장 급격한 변화를 가져오는 유아기에 더욱 큰 영향을 미친다(정원식, 1975). 유아기는 모든 발달의 결정적인 시기로서 다른 어느 시기보다도 주위 환경에 민감하고 절대적인 영향을 받으므로 유아교육기관의 시설 · 설비는 더욱 중요하다.

시설 · 설비가 중요한 이유는 다음과 같다.

첫째, 시설 · 설비는 유아들의 성장 발달에 영향을 준다.

둘째, 시설 · 설비는 교육환경을 결정하는 요인으로서 유아들에게 외적 자극을 줌으로써 유아들을 변화하게 한다.

셋째, 시설 · 설비는 효율적인 교육활동에 영향을 준다.

넷째, 시설 · 설비는 유아의 안전에 직접적인 영향을 준다.

2. 시설 · 설비의 계획

유아교육기관의 시설 · 설비는 유아의 발달적 특성에 부응하는 구조로 설계되어야 한다. 즉, 모든 시설 · 설비는 유아들이 사용하기 편리한 크기이어야 하고, 유아들이 좋아하는 모양, 색깔로 해야 하며, 기능적으로 유아들의 발육과 학습을 도울 수 있어야 한다. 시설 · 설비를 계획할 때는 다음과 같은 점을 고려해야 한다.

첫째, 아동중심적이어야 한다. 시설의 주요 사용자는 유아들이기 때문에 유아의 발달과 흥미, 요구에 부합해야 한다.

둘째, 안전을 최우선으로 고려해야 한다. 구조적으로 결함이 있어서는 안 되고, 재질 또한 유해한 물질이 함유되지 않아야 한다.

셋째, 건물의 층수와 크기는 유아들에게 알맞아야 한다. 건물의 층수는 최대 3층을 초과하지 않아야 하고, 건물의 한 층의 면적도 유아들이 출입하고 활동하기에 알맞은 300㎡ 정도가 좋고, 내부 구조는 단순해야 좋다.

넷째, 공간의 활용도를 높일 수 있도록 해야 한다. 시설의 크기는 전체 크기를 고려하여 균형을 맞추며, 배치하는 위치도 이용이 효율적이어야 한다.

다섯째, 융통성이 있어야 한다. 필요에 따라 시설의 일부를 변경하여 다른 용도로 사용할 수 있도록 하는 것이 좋다.

여섯째, 비용을 고려해야 한다. 하나의 시설에 너무 많은 돈이 들어가는 것은 바람직하지 않다. 전체 비용을 고려하여 고르게 배분되도록 한다.

일곱째, 활용도를 높여야 한다. 비싸게 설치한 시설이 방치된다면 낭비가 될 뿐만 아니라 다른 시설의 설치를 방해하게 된다.

여덟째, 심미적이어야 한다. 시설 · 설비는 유아의 정서적인 면에도 영향을 줄 수 있기 때문에 아름다워야 한다.

아홉째, 장애아들의 이용을 고려해야 한다. 거동이 불편한 유아, 시각장애아 등을 위한 구조로 설계되어야 한다.

3. 시설 · 설비의 법적 기준

시설 · 설비는 교육활동의 질을 결정하는 데 중요한 역할을 하므로 교육활동에 필요한 최소한의 기준을 법으로 규정하고 있다. 유아교육기관의 시설 · 설비는 크게 외곽시설과 내부시설로 나누어지며 외곽시설은 원지와 원사로 분류된다. 원지에는 원사, 체육장, 실습장, 주차장 등이 포함되고, 원사에는 보통교실, 특별교실, 관리실, 강당, 체육관 등이 포함된다. 내부시설은 건물 안에 설치된 시설을 말한다.

1) 유치원의 시설 · 설비 기준

유치원의 시설 · 설비 기준은 「고등학교이하각급학교설립운영규정」에 표 5-1과 같이 명시되어 있다.

표 5-1 고등학교이하각급학교설립 · 운영규정 ([시행 2009.11.5] 대통령령 제21809호)

구 분	기 준
교사	원아 수 40명 이하 5N ㎡ 원아 수 41명 이상 80+3N ㎡
교사용 대지	건축관련 법령의 건폐율 및 용적률에 관한 규정에 따라 산출한 면적
체육장	원아 수 40명 이하 160 ㎡ 원아 수 40명 이상 120+N ㎡
교지	교사용 대지와 체육장 면적을 합한 용지로서 교사의 안전, 방음, 환기, 채광, 소방, 폐수, 및 학생의 통학에 지장이 없는 곳
교구	교구의 종목 및 기준은 시 · 도교육감이 정하여 고시
급수 · 온수 공급시설	수질검사 결과 위생상 무해하고 온수를 공급할 수 있는 시설을 갖추어야 한다.

2) 어린이집의 시설 · 설비 기준

어린이집을 설치 · 운영하기 위해서는 우선 법적인 구비요건을 기본적으로 갖추고 있어야 한다. 어린이집의 시설기준은 「영유아보육법 시행규칙」 제7조와 관련한 [별표 2]에 명시되어 있는데 그 내용을 요약하면 다음 표 5-2와 같다.

표 5-2 어린이집 시설 · 설비 기준

구분	시 설 기 준
시설 규모	– 국 · 공립어린이집: 상시 영유아 11인 이상 – 법인어린이집: 상시 영유아 21인 이상 – 직장어린이집: 상시 영유아 5인 이상 – 민간어린이집: 상시 영유아 21인 이상 – 가정어린이집: 상시 영유아 5인 이상 20인 이하 – 부모협동어린이집: 상시 영유아 11인 이상
교지	– 특별히 면적 기준 없음

구분		시설기준
놀이터		– 영유아 52인 이상을 보육하는 시설에 한함(개정 98. 9. 4) – 영유아 1인당: 2.5m^2 이상 – 모래밭 및 놀이시설 3종 이상 설치 – 지역 특성상 옥내놀이터 또는 인근 놀이터 사용 가능
원사	보육실 (거 실) (포복실) (유희실)	– 보육실을 포함한 실내 면적: 영유아 1인당 3.63m^2 이상 – 1층 설치 원칙, 2층 이상 설치 시 안전사고 대비시설 설치, 지하층의 경우는 지하층에 해당하는 건축물의 100분의 80 이상이 지상에 노출되어 있어야 설치 가능 – 3세 미만 영유아 1인당: 2.64m^2 이상 – 3세 이상 영유아 1인당: 1.98m^2 이상 – 환기, 채광, 조명, 방습, 방충 및 냉난방 설비
원사	조리실	– 채광 및 환기가 잘 되도록 하고 창문에 방충망 설치 – 식기를 소독하고 위생적으로 취사 및 조리할 수 있는 설비
	목욕실	– 샤워 또는 세면 설비
	조리실	– 채광, 환기, 방충망 설치: 식기 소독, 취사 및 조리용 설비
화 장 실		– 수세식 원칙 : 수세식이 아닌 경우 방수처리, 소독수, 살충제 비치 – 영유아보육에 지장 없도록 변기 설치
급배수시설		– 급수시설은 상수도에 의함 : 상수도 없는 경우, 우물 사용하되 주위 반경 6m 이내 화장실, 하수처리장이 없을 것 – 우물 사용 시 1m 이상 높이의 우물틀 설치 – 배수설비 설치
비 상 재 해 대 비 시 설		– 소화용 기구 비치: 비상구 설치 – 비상재해 대비시설 설치
사무실, 양호실, 수유실, 기타		– 영유아보육에 필요한 적당한 설비 – 다만, 영유아보육에 지장이 없는 범위 안에서 다른 시설과 겸용 가능
❖통합보육이 어려운 장애아 대상 보육시설의 설치 기준		장애의 종류에 따른 해당 분야의 의사가 장애아가 아닌 영유아와 통합보육이 가능하다고 인정하는 장애아(특수교육진흥법에 의한 특수교육대상자를 포함) 외의 장애아를 보육하기 위한 어린이집을 설치할 경우에는 장애인복지법이 정하는 장애인이용시설의 시설 기준을 갖추어야 한다.

4. 입지조건

유아교육기관의 입지조건은 유아들의 교육환경을 결정하는 중요한 요소가 된다. 교육환경은 효과적인 교육과정 운영과 유아 발달을 돕는 측면에서 고려되어야 한다. 또한 유아교육기관을 안정적으로 경영하기 위해서는 지리적 조건이 양호해야 한다. 원아모집과 통원에 어려움이 없는 위치에 설립하는 것이 바람직하다.

유치원이나 어린이집을 설립할 수 있는 토지는 택지개발사업이나 대규모 아파트 건설사업에서 유아교육기관 전용 부지를 공급하거나 건축까지 해서 공급하는 방식이 있다. 그렇지 않고는 자연녹지, 일반주거지로 되어 있는 토지를 유치원의 경우는 교육연구시설, 어린이집의 경우는 노유자시설로 용도 변경을 해서 설립할 수 있다. 어떤 방법으로 하든지 유아교육기관의 부지는 교육적인 측면을 고려해 주변 환경이 매우 중요하다. '도시계획시설의 결정 · 구조 및 설치 기준에 관한 규칙'에 의하면 유치원의 결정 기준은 통학권의 범위, 주변 환경의 정비 상태 등을 종합적으로 검토하여 건전한 교육목적 달성과 주민의 문화교육 향상에 기여할 수 있는 중심시설이 되도록 해야 한다. 또한 경사지, 저지대 등 자연재해의 발생 우려가 있는 지역은 유치원 설립을 피할 것, 통학이 위험하거나 지장을 주는 요인이 없어야 하며, 교통이 빈번한 도로, 철도 등이 관통하지 아니하는 곳에 설치할 것, 일조, 통풍, 배수가 잘 되는 지역에 설치할 것, 유치원 주변에는 녹지 등 차단공간을 둘 것 등 바람직한 결정 기준을 충족해야 한다.

대도시에 설립되는 유아교육기관의 통원거리는 그 지역의 지리와 인구밀도, 가구수에 의한 수요자 총수를 산출하여 통학권을 고려한다. 유치원의 경우는 근린주거구역 단위로 설치하는데 통학거리를 고려하여 하나의 근린주거구역에 몇 개의 유치원을 설립할 수 있다. 어린이집의 경우 비교적 통학거리가 가까운 것이 바람직하기 때문에 아파트 단지 안에는 어린이집이 설립되어야 좋다.

대도시의 유치원 통학거리를 반경으로 하는 구역 내의 인구 수와 취원아 수 산출 예는 표 5-3과 같다.

표 5-3 대도시 소규모 유치원 통학거리에 따른 취원아 수 산출

통학거리		800m	400m	200m
면적		$2km^2$	$0.5km^2$	$0.13km^2$
대도시 일반지역	인구	약 33,300명	약 8,300명	약 2000명
	유아수	약 256명	약 60명	약 20명
대도시 밀집지역	인구	약 46,900명	약 11,700명	약 2,900명
	유아수	약 410명	약 100명	약 30명

출처: 윤천근(1998). 소규모 유치원, 초등학교 건축의 개념규정 연구-대도시 고밀도지역을 중심으로. 한국교육시설학회지, 5(2), 57-66.

가능한 한 다른 유아교육기관과 통학구역이 중복되지 않게 입지를 결정하는 것이 바람직하나 현행법상 기관과 기관의 간격 거리제한이 없기 때문에 설립하려는 자의 자율적인 판단에 의하여 유아교육기관이 설립되고 있다. 유아들의 적정 도보 통원거리는 400m 이내가 적당하다. 유아교육기관의 그 외 입지적 조건은 다음과 같은 것을 들 수 있다.

- 공기가 쾌적하고, 일조가 좋고, 보건위생상 문제가 없는 곳
- 대지의 넓이는 원사의 3배 정도 확보
- 대지의 모양은 정사각형이나 3:4 비율의 직사각형
- 평탄하거나 고저차이가 심하지 않는 지면
- 공원, 광장, 녹지 등에 접하는 대지
- 도시계획상 규제가 없는 곳
- 학교환경위생정화구역 내에 유해업소가 없는 곳
- 고등학교이하각급학교설립 · 운영규정상 하자는 없는 곳
- 주변에 아파트단지나 주택단지 등 주거지역과 가까운 곳
- 교통량이 많은 간선도로를 건너지 않고 안전한 통원길이 확보되는 곳
- 주변에 사회복지시설이나 의료, 사회교육시설, 어린이 놀이터 등과 상호 연계 가능한 곳

5. 실내공간의 구성

1) 실내 기본 시설

유아교육기관에서 필요한 공간들은 크게 교육 공간, 관리 공간, 서비스 공간으로 구분할 수 있다. 교육 공간으로는 보통교실, 유희실, 유원장이 있고, 관리 공간으로는 원장실, 사무실, 교사실, 양호실, 참관실, 현관, 부모대기실, 자료실 및 창고 등이 있고, 서비스 공간으로는 주방 및 식당, 화장실, 복도, 계단, 주차장 등이 있다. 이 중 실내공간들은 다음과 같은 것들이 있다.

(1) 출입구 및 현관

출입구 및 현관은 기관을 방문하는 사람들이 처음 접하는 곳이기 때문에 기관의 첫인상을 좌우하게 되는 곳이라고 말할 수 있다. 출입구의 분위기는 위압적이지 않아 어느 누구라도 들어가고 싶어야 한다. 처음 방문하는 사람이 기관의 현황을 한눈에 알 수 있도록 교직원의 명단과 사진, 연혁, 주요 행사 사진 등을 게시하는 것이 좋다. 현관에서 실내화로 갈아 신을 수 있도록 신발장을 설치하고, 비오는 날을 위해 우산꽂이 등을 비치하면 좋다. 유아교육기관의 현관은 다음 조건을 갖추어야 한다(Osman, 1971).

① 활동실과 가까우며 현관에서 실내 활동실과 실외가 보여야 한다.

② 출입문 입구에서 헤어지기 어려운 경우 보호자가 현관 앞에 잠시 머물면서 자녀를 살펴주고 유아가 스스로 놀이 영역에 흡수되는 과정을 지켜볼 수 있는 공간이 있어야 한다.

③ 규모가 작은 기관일수록 실내에 상담실을 따로 마련하기보다는 현관 부분에 그 기능을 포함시키는 것이 좋다.

④ 현관의 문과 바닥은 사고를 예방할 수 있도록 해야 한다. 현관문은 2/3 이상이 투명하거나 또는 투시가 가능하도록 제작되는 것이 좋으나, 얇은 유리가 아래 부분까지 연결되어 있을 경우 위험하다.

⑤ 출입구와 현관은 신체장애아도 출입이 용이하도록 계단이 없이 경사로여야 한다.

현관

(2) 활동실(보통 교실)

일반적으로 활동실은 유치원에서는 교실이라고 하고, 어린이집에서는 보육실이라고 부른다. 활동실은 유아들이 대부분의 시간을 보내는 곳이기 때문에 유아교육시설에서 가장 핵심이 되고 중요한 공간이다. 활동실은 학급의 규모, 운영시간에 따라 크기가 달라지므로 설계 시 학급의 규모를 고려해야 한다.

유치원의 경우 「고등학교이하각급학교설립운영규정」 제3조 제2항 관련 [별표 1]에 규정된 원사의 기준이 40명 이하일 때는 5N이며 41명 이상일 경우에는 80+3N이다(N은 원아의 정원을 말함). 여기서 원사는 활동실(교실), 유희실 등 교수-학습활동에 직·간접적으로 필요한 시설물을 말한다. 법에서 정한 기준 면적은 전체 면적이지 각 교실의 크기를 정해 놓지는 않고 있다. 그렇지만, 학자들의 견해에 따르면 이상적인 활동실의 면적은 유아당 3.3m^2(1평)이므로 한 학급 편성 인원이 30명이라고 할 때 교실이 99m^2(30평) 정도가 이상적이라 하겠다.

① **창문**: 창문은 채광의 강도를 조절할 수 있도록 커튼이나 블라인드를 설치하는 것이 바람직한데, 이는 직사광선이 유아들의 시력에 장애를 일으키는 원인이 되기 때문이다.

② **소음 방지**: 소음을 방지하기 위해서 커튼, 깔개, 방음벽, 천장의 재료, 이중창, 칸막이를 설치하고 책상과 의자에는 고무를 끼운다.

③ **바닥**: 바닥은 위생적이고 청소하기에 용이하며 따뜻함을 주는 재료이어야 한다. 유아들이 활동하기에 편리하고 안전사고를 예방할 수 있도록 습기가 없으면서 탄력성이 있는 재료로 구성되는 것이 바람직하다.

④ **천장:** 천장의 높이를 부분에 따라 다르게 할 경우 소음 통제에 바람직하다. 활동실의 천장 높이는 2.2~3.3m 등의 제안이 있다. 천장이 너무 높을 경우에는 유아에게 교사가 지배적인 느낌을 줄 수 있고, 너무 낮을 경우 공기 순환이 어려워 비위생적이 될 수 있다.

⑤ **벽면:** 벽면은 많으면 소음을 줄여 주지만, 교실의 구성에 융통성이나 다양성을 줄이므로 가능한 고정된 내외 벽면은 적은 것이 좋다. 외벽의 면적은 실내의 통풍, 환기, 난방, 채광, 소음을 고려하여야 한다.

⑥ **문:** 문은 유아들이 쉽게 여닫을 수 있도록 가볍고 안전해야 한다. 출입문은 밖으로 열리도록 해야 하며 자동으로 잠기거나 안팎으로 열리도록 하는 것은 피해야 한다.

교실

(3) 유희실

유희실은 주로 동적인 놀이나 대집단 활동에 활용되는 공간이다. 유희실은 비나 눈이 오는 경우 실외놀이를 하기 곤란할 때 유원장을 대신해서 이용하게 되므로 실내 운동장으로 특히 체육설비를 갖추는 것이 필요하다.

유희실 안 또는 가까운 곳에 화장실, 손씻는 곳, 물 마시는 곳과 교구 및 놀이도구를 수납할 수 있는 공간이 있어야 한다. 또한 유희실의 바닥재는 탄력성이 좋고 청소하기 쉬우며 소리가 적게 나는 것이 좋으며 적절한 보온을 유지할 수 있는 것이어야 한다. 카펫은 소음을 흡수하고 손상이나 파손을 막아 주지만 세균과 먼지가 쌓이므로 바람직하지 않다. 어떤 경우 유희실은 강당의 역할을 하기도 해서 여러 가지 행사에 사용되기도 한다.

유희실

(4) 교사실

교사들은 대부분 시간을 유아들이 활동하는 교실에 머물러 있어야 하는데, 유아들이 귀가하고 난 후에는 여러 가지 사무를 처리하고, 수업계획을 세운다든지, 교구를 만드는 일, 회의 등을 할 때는 전용공간인 교사실에서 업무를 처리한다. 교사실은 컴퓨터와 사무용 비품, 작업대 또는 회의용 탁자 각종 참고도서 등이 비치되어 있어야 한다. 교사실의 크기는 기관의 규모에 따라 정할 수 있으나 15~20㎡ 정도가 적당하다.

(5) 낮잠 또는 휴식을 위한 방

요즘은 대부분 유아교육기관이 종일반을 운영하는 경우가 많으므로 유아들이 잠시 편안히 쉬거나 낮잠을 잘 수 있는 별도의 공간이 필요하다. 특히 만 3세 이하의 유아는 종일반일 경우 낮잠자는 시간이 꼭 필요하기 때문에 낮잠을 잘 수 있는 공간이 있어야 한다. 낮잠을 위한 별도의 방이 있으면 좋지만 그렇지 못할 경우는 활동실에 낮잠을 잘 수 있는 공간을 마련하여야 한다. 낮잠 방은 커튼을 설치하여 햇빛을 차단하거나 조명의 밝기를 조절할 수 있고, 수면에 알맞은 온도를 유지할 수 있어야 한다.

어린 영아들이 낮잠을 잘 때는 반드시 교사가 감독하여 수면 중 질식한다든지 침대에서 떨어지는 사고를 예방해야 한다.

낮잠방

(6) 양호실

유아들은 갑자기 열이 나거나 배가 아플 경우가 있고, 신체 조절이 일시적으로 안 되어 휴식이 필요할 경우가 있다. 아픈 유아는 안정을 취해야 하기 때문에 조용하고 아늑한 공간이 마련되어야 한다. 그러나 교사의 감독이 가능하도록 완전히 격리되지 않는 것이 바람직하며, 만약 별도의 격리된 양호실에 유아를 혼자 둔다면 오히려 심리적인 불안을 초래할 수도 있어, 이럴 때는 반드시 성인의 보호 아래 있게 해야 한다. 양호실에는 침대와 간단한 구급약품이 비치되어 있어야 한다.

양호실

(7) 화장실

화장실은 유아들이 배변과 씻기를 하는 공간으로 배변습관과 청결습관을 배울 수 있는 장소이다. 화장실의 위치는 모든 교실에서 접근이 편리한 곳에 두어, 유아 혼자서도 출입이 가능하도록 하는 것이 좋다. 화장실은 용변을 보는 곳이기 때문에 청결을 유지하여, 보건 · 위생에 문제가 없도록 하고, 물기가 많은 곳이기 때문에 미끄럼

방지 시설을 한다든지, 출입문 턱을 없게 한다든지 하여 안전사고를 방지해야 한다. 또 화장실에 설치된 변기는 유아용이어야 하고, 세면대는 유아의 키를 고려하여 알맞게 설치해야 한다. 화장실의 칸막이는 유아의 프라이버시를 보호해 주는 동시에 교사의 감독이 가능하도록 칸막이의 높이를 150cm 정도로 하는 것이 좋다. 문은 안에서 잠글 수 없게 하여 유아가 혼자 들어가 갇히는 일을 방지해야 한다. 변기의 수는 유아 8~10명당 1개를 설치하는 것이 이상적이다. 화장실은 반드시 강제 환기시설을 하여 항상 불쾌한 냄새가 나지 않도록 한다.

화장실

(8) 주방(조리실)

주방은 유아들의 간식과 점심을 준비하는 곳으로 밝고 청결하며, 환기가 잘 되어야 하고 유아의 놀이 영역과는 떨어져 있어야 한다. 조리실은 적당한 크기의 공간으로 구성되어야 하며 기본적으로 조리에 필요한 시설 · 설비 · 비품을 갖추어야 한다.

조리실 및 식당

기본적으로 갖추어야 될 시설 및 설비들에는 전열기, 냉장고, 싱크대, 조리대, 소독기, 환기장치, 식료품 보관시설, 조리기구, 식기류 등이 있다. 주방은 밀폐된 구조보다는 개방된 구조가 위생상 좋으며, 조리사들은 위생복이나 앞치마, 모자를 착용하여 깨끗이 요리할 수 있도록 한다.

(9) 자료실

교육활동에 필요한 교재 · 교구를 비롯한 여러 가지 자료들을 체계적으로 보관하는 것이 다음에 찾아 사용하기가 편리하다. 자료를 보관할 때는 그 자료의 주제와 특성(예를 들어 내용 주제별, 영역별, 날짜별, 계절별, 사용 빈도별 등)에 따라 체계적으로 잘 분류해서 보관하여야 한다. 그리고 필요할 때 쉽게 찾아서 활용할 수 있도록 교재 · 교구대장과 목록표를 만들어 관리하는 것이 효과적이다. 교구나 학습자료를 보관하는 캐비닛이나 보관장은 이동이 가능하도록 바퀴가 달린 것이 좋다.

자료실

(10) 부모 · 방문객을 위한 공간

유아교육기관을 방문하는 사람은 대개는 학부모들이지만 지역사회민이나 유관 기관의 관련업무차 방문하는 경우도 있다. 이들이 업무 담당자와 만나기 위해서 잠시 기다릴 수 있는 공간이 있어야 하는데, 기다리는 동안 또는 업무를 보는 동안 편안한 공간이어야 한다. 유아를 기다리거나 잠시 머물러 있을 수 있는 공간이 마련되어 있어야 한다.

이 공간에서 부모들은 다른 유아의 부모들과 서로 만나고 교사로부터 유아의 성장과 발달에 관한 이야기를 들을 수 있다. 이러한 공간은 유아의 놀이공간으로 들어가는 통로상에 위치해야 하며, 모든 부모들이 쉽게 이용할 수 있도록 개방되어야 한다. 여기에는 방문객들이 간단하게 차나 음료를 마실 수 있는 개수대와 편안히 앉을 수 있는 소파 및 전화를 설치해 두는 것이 바람직하다. 이 공간은 독립된 하나의 공간으로 계획되는 것이 보다 바람직하며, 기관의 진입부나 사무실, 교사실과 연결되도록 하는 것이 좋다.

2) 실내 설비

유아교육기관의 실내 설비는 크게 환경 설비와 기본 설비로 나누어진다. 기본 설비는 유아의 활동을 돕고 신체 크기에 맞으며, 안전하게 설계되어 갖추어져야 한다.

(1) 조명, 채광, 소음

조명은 자연채광만으로는 실내의 밝기를 적당히 조절하기 어렵기 때문에 반드시 조명시설을 갖춰야 한다. 교실의 밝기는 책상면을 기준으로 300 Lux 이상 되어야 한다. 조명의 효과를 높이기 위해 천장은 빛의 70%를 반사하고 벽면은 빛의 50%를 반사할 수 있도록 무광택이며, 밝은 색으로 처리하는 것이 바람직하다.

채광이란 창문이나 문 등을 통해 자연적인 햇빛을 받는 것을 말한다. 자연채광을 충분히 받기 위해서는 창 가까이에 햇빛을 가리는 물건을 제거하고, 창의 면적을 늘려 자연채광을 받을 수 있는 면적을 넓혀야 한다. 채광은 창문의 넓이, 높이, 채광문의 유무, 태양의 고도 등에 좌우된다. 창문의 면적은 바닥면적의 1/5이 되게 하고 창틀의 높이는 60~70cm 정도로 유아들이 쉽게 밖을 내다볼 수 있도록 하는 것이 바람직하다 (Decker & Decker, 1992).

교실 소음은 55dB 이하이어야 하기 때문에 자동차 소음 등이 심한 도로변이나 공장 등이 인접해 있을 경우는 교실의 벽을 적절한 두께로 하고, 창문은 이중창으로 하여 방음이 되도록 한다.

(2) 창문

창문은 환기를 시키거나 햇빛이 비치도록 하기 때문에 교실 크기에 비례하여 크기를 결정해야 한다. 창문의 유리는 파손되지 않도록 일정한 두께 이상 되어야 하고, 면적은 바닥면적의 1/5~1/4 정도가 적절하다. 창문의 높이는 유아가 바닥에 서서 밖을 내다보기에 편한 정도, 즉 영아반의 경우는 50~60cm, 유아반의 경우는 60~70cm 정도가 적절하다.

환기를 위하여 실외놀이 시설과 인접한 벽은 가능한 남향으로, 그 전면에는 창을 내는 것이 좋다. 또한 창이 너무 넓고 낮게 설치될 경우에는 파손의 위험이 있으며, 너무 투명한 창일 때에는 부딪칠 위험이 있으므로 무늬가 있는 유리를 사용하든지 유리에 각종 모양으로 스티커를 붙여 장식을 하는 것이 좋다.

창문

(3) 바닥

교실의 바닥은 온돌 난방을 하는 것이 좋고, 바닥 자재는 탄력이 있어 유아들이 넘어져도 다치지 않아야 하고, 미끄러지지 않는 재질로 견고하며, 관리하기 용이한 것을 선택해야 한다. 벽면, 천장에는 흡음재를 사용하여 목소리가 울리지 않아야 좋다.

바닥

(4) 교실의 벽

벽의 공간은 유아들의 작품 등을 게시하거나 생활주제와 어울리는 교육자료를 게시할 수 있도록 게시판을 붙이고, 여러 가지 자료를 붙일 수 있는 표면 재료를 사용하는 것이 바람직하다. 벽면에 여러 가지 자료를 붙일 때는 유아가 직접 붙이고 뗄 수 있도록 높이를 유아의 키높이에 맞춰야 한다.

벽면

(5) 냉 · 난방 및 환기

실내 온도는 유아들이 활동하는 데 적절한 18℃ 이상 되어야 하는데 겨울철에는 20~ 22℃, 여름철에는 28℃ 내외가 적당하다. 습도는 50~65%를 유지하는 것이 좋다. 따라서 냉 · 난방시설은 유아교육기관에 필수적이다. 또한 실내공간은 활동량이 많은 유아들이 입김, 체온, 땀, 기침 등 인체에서 배출되는 것과 실내의 먼지가 발생하기 쉬우므로 맑은 공기가 유지되도록 환기시설을 갖추어야 한다.

3) 실내 설비 기준

유치원의 교실 및 그 외 설비 기준은 고등학교이하각급학교설립운영규정(대통령령 제17,397호, 2001. 10. 31.)에 의거하여 각 시 · 도교육청 고시로 정하기 때문에 지역에 따라 다소 차이가 있다. 다음은 서울특별시교육청 고시2004-5호에 의한 실내 설비 기준이다.

표 5-4 실내 설비 기준

구 분	설비 종목	규 격	비 고
보통교실	1. 태극기		
	2. 책상	유아용	급당 20명인 경우 2조 가능 (1조 8인용)
	3. 의자	유아용	
	4. 교구장		
	5. 책꽂이		분리형도 가능
	6. 사물함	유아용. 옷, 신발, 개인소지품 보관 가능	
	7. 깔개(카펫)		
	8. 다목적 칠판	융판, 자석칠판, 화이트보드칠판 겸용	
	9. 게시판	유아용	
	10. 벽걸이 시계		
	11. 거울		
	12. 청소도구(보관함)		
	13. 교육용 컴퓨터	멀티미디어급	권장
	14. 교육용 프린터		권장
	15. TV수상기	29" 이상	권장
	16. VCR		권장
	17. 카세트녹음기	라디오, CD 겸용	권장
	18. 스피커		권장
	19. 냉 · 난방시설		권장
	20. 수도시설		권장
	21. 진공청소기		권장
	22. 공기정화기		권장
	23. 가습기		권장
	24. 환풍기		권장
	25. 침구	유아용	1인당 1(25, 26은 종일반 운영 시)
	26. 이불장		

구 분	설비 종목	규 격	비 고
교무실 및 자료실	1. 태극기		
	2. 교사용 책상, 의자		
	3. 교사용 책장		
	4. 교사용 사물함		권장
	5. 캐비닛 및 옷장		권장
	6. 교사용 게시판 (월중행사표)		
	7. 자료장		
	8. 서류보관함		
	9. 약장		
	10. 전화기		
	11. 팩스		
	12. 복사기		
	13. 코팅기		
	14. 스캐너	보조 기구 포함	권장
	15. 종이재단기		
	16. 컴퓨터(사무용)	멀티미디어급	
	17. 프린터(사무용)		
	18. TV수상기		
	19. VCR 촬영기		권장
	20. 사진기		
	21. 투시환등기		권장
	22. 실물화상기		권장
	23. 캠코더		권장
	24. 디지털카메라		권장
	25. 스크린		권장
	26. 방송시설		권장
	27. 수도시설		권장

구 분	설비 종목	규 격	비 고
보건실	1. 신장계		보건실이 없는 경우 교무실이나 자료실에 설치 가능
	2. 체중계		
	3. 유아용 침대(보건용)		
	4. 약장		
	5. 치아 · 칫솔 모형	실습용	
	6. 기초식품군 자료		
급식실	1. 싱크대	개수대, 조리대, 가스대, 레인지후드 포함	
	2. 냉장고		
	3. 주방용 도구 일체		
	4. 급 · 간식 운반대		
	5. 살균 소독기		권장
	6. 전자레인지		권장
	7. 식기세척 및 건조기		권장
기 타	1. 정수기		
	2. 세탁기		
	3. 샤워 시설		종일반 운영의 경우

6. 실외공간 구성

1) 실외공간 구성의 특성

실외공간이란 유원장, 운동장, 놀이터, 동물 사육장, 식물 재배지 등 원지 중 원사를 제외한 대지 부분을 말한다. 실외공간은 실내에서 할 수 없는 신체 움직임이 큰 활동이나, 자연환경과의 상호작용을 경험할 수 있는 교육적 공간이다. 따라서 실외공간에서도 놀이활동을 통해 유아에게 개념 학습, 신체운동, 사회성 발달, 창의적 표현 경험을 가질 수 있게 환경을 구성해야 한다.

(1) 위치 및 면적

실외활동을 위한 공간은 햇빛이 잘 들고 밝고 명랑한 곳에 위치해야 좋다. 실외공간은 2, 3세 영아와 4, 5, 6세 유아를 위한 공간이 분리하여 위치하는 것이 바람직하다. 특히 초등학교 병설유치원의 경우 초등학교 운동장과 구분되는 다른 공간에 실외 놀이터가 있어야 한다. 실외공간은 실내공간보다 유아들의 감독이 어렵기 때문에 건물로 가려져서는 안 되며, 가능하면 건물의 남쪽에 위치하는 것이 바람직하다. 아울러 실외공간은 실내와 연결되어 유아들이 자유롭게 나가고 들어올 수 있어야 하며, 설계 시 유아의 안전을 위하여 실내와 실외공간 높이에 차이가 있을 때는 층계보다는 경사진 길이 되도록 고려한다. 또한 실내 · 외 공간의 출입문은 유아들이 드나들기 쉬워야 하며, 실외공간에 화장실이나 식수대를 설치하는 것이 바람직하다.

실외공간의 면적은 나라마다, 학자마다 주장하는 기준이 다르다. 실외공간 면적은 유아 1인당 최소한의 면적이 6.3m²이어야 하며 실외공간 중 1/3은 조용한 활동공간으로 활용하고 나머지 2/3는 활동적인 놀이공간으로 활용하는 것이 좋다(Decker & Decker, 1992). 일본의 木村(1982)은 유치원 유원장의 최저면적을 학급 수를 기준으로 1학급일 경우 330m²(유아 1인당 8.25m²), 2학급일 경우 360m², 3학급은 400m², 4학급 이상은 매 학급 증가마다 80m²씩 가산할 것을 제시하였다.

우리나라의 경우 「고등학교이하각급학교설립운영규정」 [별표 2]에 명시된 유원장의 기준면적은 원아 40명 이하 유치원인 경우, 160m²이며, 41명 이상인 유치원은 120+Nm²이다(N은 유치원 원아의 정원).

한편 어린이집의 경우 「영유아보육법 시행규칙」 제7조와 관련한 [별표 2]에 보면, 실외공간(놀이터)의 기준면적은 영유아 1인당 2.5㎡ 이상으로 하고 모래밭 및 놀이시설 3종 이상을 설치해야 한다고 명시되어 있다.

(2) 울타리

울타리는 외부와 경계를 나타내 주고, 유아들을 안전하게 보호할 수 있도록 해준다. 그러나 울타리를 너무 높게 벽돌로 설치하여 외부에서 유아교육기관 내부가 전혀 보이지 않게 하는 것은 바람직스럽지 않다. 울타리를 개나리와 같은 키 작은 조경수로 하든지 철망 등으로 하여 외부에서 유아들이 이동하는 모습을 볼 수 있도록 하는 것이 좋다. 왜냐하면 기관 옆을 지나는 자동차 운전자가 유아의 이동을 예측하여 방어할 수 있기 때문에 사고를 예방할 수 있다. 또 한 가지는 유아교육기관에서 유아들이 활동하는 모습을 지역주민이 봄으로써 기관에 대한 이해와 신뢰를 쌓을 수 있기 때문이다.

유치원 울타리

(3) 지면

실외공간의 지면은 유아의 놀이의 다양성 확보와 안전에 직접적인 영향을 미친다. 지면을 단순히 보도블록을 깐다든지, 전부 흙으로 덮는 것보다는 일부는 잔디도 심고, 일부는 흙 마당과 화단으로 만들고, 놀이시설을 설치하는 주변은 모래나 쿠션이 있는 재질로 까는 것이 좋다.

유치원 마당

(4) 창고

실외 놀이 공간에는 지면에 고정된 놀이시설물 이외에 자전거를 비롯한 이동 가능한 놀이기구가 있다. 창고는 이러한 놀이기구를 보관하고, 기타 비품들을 보관하는 공간이다. 창고 건물은 본관과 별도로 지어지는 것이 일반적이지만 본관에 붙여서 지을 수도 있다. 창고를 설치하는 지역은 물이 고이지 않도록 약간 경사지게 하는 것이 좋으며, 딱딱한 표면으로 된 영역 가까이에 위치하도록 한다(Decker & Decker, 1992).

창고의 문은 폭이 1m 80cm²에 상하 개폐식이거나 여닫는 형태가 적절하다. 또한 창고의 크기는 실외 유동적 설비에 따라 달라진다.

2) 실외공간의 설비

(1) 복합놀이기구

복합놀이기구는 미끄럼틀, 기어오르기, 매달리기 등 여러 기능이 복합된 놀이기구를 말한다. 최근에 유아교육기관에 설치된 놀이기구는 대부분 복합놀이기구가 많은 편이다. 좁은 공간에 여러 기능이 복합된 놀이기구를 설치함으로써 공간을 효율적으로 사용할 수 있는 장점이 있다. 유아들이 안전하게 놀 수 있는 구조와 유아들이 놀이기구에 올라갔을 때 지면에서 최대 1.5m가 넘지 않도록 제작하는 것이 좋다.

복합놀이기구

(2) 그네

그네는 앞뒤로 흔들리며, 높이 올라갔다 내려오는 진자운동을 하는 놀이기구다. 유아에게 알맞은 그네는 줄이 너무 길지 않아 흔들리는 진폭이 너무 크지 않고, 높이 올라가지 않는 것이 좋다. 또한 앉아서 탈 수 있는 부드러운 재질의 안전한 안장이 달린 그네가 좋다. 그네를 설치하는 장소는 안전을 위해서 유아들이 빈번히 왕래하는 곳은 피하는 것이 좋다. 또한 그네가 흔들리는 범위에 안전 가이드를 설치하여 그네를 타는 유아와 주변에서 놀이하는 유아 간에 충돌하지 않도록 해야 한다. 그네의 주변에는 모래나 쿠션이 좋은 재질을 깔아 떨어졌을 때 충격을 흡수할 수 있도록 해야 한다. 그네와 그네 사이는 70cm 이상 충분한 간격을 두어 충돌을 예방한다. 그네줄의 쇠사슬은 유아의 손가락이 끼지 않도록 8mm 이하로 만들어야 한다. 만약 쇠사슬의 구멍이 클 경우는 플라스틱 보호대를 씌워 손가락이 끼지 않도록 한다.

(3) 시소

시소는 중앙 지지대를 대칭으로 양쪽에 앉아서 무게의 균형을 맞춰 서로 반대방향으로 올라가고 내려오는 움직임을 반복하는 놀이기구이다. 시소를 설치할 때는 중앙부에 지지대를 지면에 깊이 묻어 시소가 균형이 무너지지 않도록 하고 시소가 최대로 올라가거나 내려갔을 때 경사가 30° 이내가 되도록 한다. 시소의 양쪽 끝이 땅에 닿는 부분에 폐타이어와 같은 탄력이 좋은 재료를 묻어 땅에 닿을 때 충격을 흡수하여 유아의 신체에 충격이 가해지지 않도록 한다. 시소의 앉는 자리 앞쪽에 손잡이를 부착하여 유아가 몸을 시소에 고정하여 떨어지지 않도록 한다.

(4) 미끄럼틀

미끄럼틀은 유아들이 좋아하는 놀이기구다. 미끄럼틀 설치 위치는 실외공간의 가장자리가 좋다. 미끄러져 내려가는 경사판의 방향은 유아들의 왕래가 빈번하지 않은 쪽으로 향하는 것이 좋다. 미끄럼판의 재질은 녹슬지 않는 스테인리스가 좋으나 촉감이 차가운 것이 단점이다. 요즘은 플라스틱 경사판을 사용한 미끄럼틀이 있어 다양한 모양과 색깔로 만들어 미끄러져 내려오는 재미를 더해 준다. 미끄럼틀의 경사도는

30~40°가 적당하며 높이는 보통 2.5m 이하가 적절하다. 미끄럼틀의 정상부는 연단을 만들어 유아들이 미끄럼을 타기 전에 안정된 자세를 취한 후 미끄럼을 타게 한다. 연단의 가장자리에는 높이 70~90cm 정도의 보호대를 만들어서 유아가 떨어지는 것을 예방한다.

(5) 모래밭

모래는 촉감이 부드럽고, 성형이 쉬워 유아들이 쉽게 여러 가지 모양을 만들 수 있는 재질이기 때문에 유아들이 가지고 놀기 좋아한다. 유아들은 자신이 의도하는 대로 구덩이를 파거나, 성을 쌓고, 물길을 내고, 터널을 만들기도 하면서 표현하고 싶은 모든 것을 자유롭게 모래밭에 나타낸다.

모래밭의 형태는 정방형, 장방형, 원형, 타원형 등으로 만들 수 있고, 모래밭의 테두리는 유아들이 활동하다가 다치는 일이 없도록 나무와 같은 부드러운 재질로 하는 것이 좋다. 모래밭은 배수가 잘 되며, 햇빛이 잘 드는 양지바른 곳에 위치하는 것이 좋으나 여름에는 햇볕이 너무 뜨거울 경우를 대비해서 파라솔이나 차양 등을 이용해서 적당한 그늘이 생기도록 하는 것이 바람직하다. 모래밭의 위치는 동적 영역과 정적 영역 사이에 위치하는 것이 좋고, 모래밭은 조성할 때는 밑부분은 자갈을 깔고 그 위에 45~60cm 정도의 모래를 덮는다.

모래밭은 유아들이 손으로 만지고 놀기 때문에 청결한 관리가 필요하다. 고양이는 모래에 배변을 하는 습성이 있어서 동네의 떠돌이 고양이들이 유아교육기관 모래밭에 자주 와서 용변을 보기 때문에 모래를 교체하든지 자주 소독을 실시하는 것이 바람직하다.

모래밭

(6) 동물 사육장

유아들은 동물을 가까이에서 관찰하고, 동물들에게 먹이를 주는 등 동물과 교감하는 기회를 가져 동물이 사람과 함께 살아가는 생명체임을 알고, 생태공동체의 일원으로서 모든 생명을 소중히 하는 마음을 가질 수 있다. 유아교육기관에서 기를 수 있는 동물은 조류와 강아지, 사슴, 토끼와 같은 가축 등이다. 사육장의 크기는 기르는 동물에 따라서 크기가 결정되어야 하고, 비교적 작은 동물을 기를 때는 원사와 가까운 곳에 설치할 수 있으나 사슴과 같이 비교적 큰 동물은 원사와 30m 이상 떨어진 곳에 설치하는 것이 위생상 좋다. 동물 사육장은 자주 청소를 해주어 파리, 모기와 같은 해충이 생기지 않도록 해야 한다.

동물 사육장

(7) 식물 재배지

식물 재배지는 일명 텃밭이라고 할 수 있는데 기관의 부지가 비교적 1,500m^2 이상 넓다면 넓은 텃밭을 가꿀 수 있지만 그렇지 않을 때는 담장 옆으로 작은 화단을 가꾸어 식물을 재배할 수 있다. 유아들은 식물의 씨를 뿌리고, 새싹이 돋아나고, 자라서 꽃을 피우고, 열매를 맺는 식물의 성장과정을 관찰하면서 식물에 대한 개념을 형성할 수 있다. 유아들은 텃밭에서 가꾼 여러 가지 채소와 토마토, 감자, 고구마와 같은 먹거리를 직접 수확해서 나누어 먹는 기쁨을 느낄 수 있다.

식물 재배지

3) 유원장 설비기준

유원장 설비 기준은 고등학교이하각급학교설립운영규정(대통령령 제17,397호, 2001. 10. 31.)에 의거하여 각 시 · 도교육청 고시로 정하기 때문에 지역에 따라 다소 차이가 있다. 다음은 서울특별시 교육청고시 2004-5호에 의한 유원장 설비 기준이다.

표 5-5 유원장 설비 기준

영역	설비 종목	규격	소요 기준	비고
1. 놀이기구	1. 미끄럼틀	유아용	원당 3종 이상	
	2. 정글짐	유아용		
	3. 터널	유아용		
	4. 구름다리	유아용		
	5. 망오름대, 흔들사다리	유아용		
	6. 그네	유아용		
	7. 시소	유아용		
	8. 복합종합놀이기구	유아용	원당 1	
2. 모래놀이	1. 모래장	모래 깊이 5~20cm	원당 1	권장 강모래 권장
	2. 모래놀이대(이동식)	가로 80~180cm 세로 60~70cm 두께 15~20cm 높이 50~60cm	원당 1	모래장이 없는 경우
	3. 그늘막	등나무, 파고라 등		권장

영역	설비 종목	규격	소요 기준	비고
	4. 도구정리장		원당 1	정리함으로 대체 가능
3. 물놀이	1. 수도시설		원당 1	권장
	2. 물놀이대	직사각형 높이 50~60cm	원당 1	권장 (이동식 가능)
	3. 도구정리장		원당 1	정리함으로 대체 가능
4. 목공놀이	1. 목공놀이대	높이 50~60cm 정사각형 또는 직사각형	원당 1	권장 (이동식 가능)
	2. 도구정리장		원당 1	정리함으로 대체 가능
5. 동 · 식물 사육/재배	1. 동물사육장	토끼장, 새장, 닭장 등	원당 1	권장
	2. 식물재배장		원당 1	화분 대체 가능
6. 기타	1. 창고		원당 1	권장
	2. 벤치, 정자(그늘집)		원당 1	권장

참고문헌

김주건(1997). 유아교육기관의 경영관리. 창지사.

윤천근(1998). 소규모 유치원, 초등학교 건축의 개념규정 연구 – 대도시 고밀도지역을 중심으로. 한국교육시설학회지, 5(2), 57–66.

정원식(1975). 교육환경론. 교육출판사.

木村(1982). 幼稚園 · 保育所. 日本 : 井上書院.

Decker, C. A. & Decker, J. R.(1992). *Planning and administering early childhood program(5th ed.)*. N.Y.: MacMillan Publishing Co.

Osman, F. L.(1971). *Patterns for designing children's centers*. N.Y.: Educational Facilities Laboratories, Inc.

Chapter 6

비품 및 교재 · 교구관리

비품 및 교재 · 교구의 개념 및 중요성

비품 및 교재 · 교구의 배치 기준 및 종류

비품 및 교재 · 교구의 관리

1. 비품 및 교재 · 교구의 개념 및 중요성

1) 비품 및 교재 · 교구의 개념

유아 또는 교사들이 유아교육기관에서 편리하게 생활하고, 효율적으로 교수-학습활동을 해야 하기 때문에 이를 위한 물품이 필요하다.

(1) 비품

비품은 교수-학습활동에 사용되어 교육내용을 담고 있거나 효과적으로 교육내용을 전달하거나 익히기 위한 물건은 아니지만, 유아 또는 교사가 유아교육기관에서 생활의 편의를 위해 사용되거나 교수-학습활동에 사용되는 물건을 말한다. 유아교육기관의 비품은 캐비닛, 사물함, 신발장, 교구장, 책상, 의자, 쓰레기통, 빗자루 등이 있다.

(2) 교재 · 교구

교재와 교구는 명확히 구별하기가 어렵기 때문에 구분하여 사용하기도 하고 같은 의미로 사용되기도 한다. 굳이 구분하여 개념을 정의한다면 교재는 교육목표를 달성하기 위하여 가르쳐야 할 내용을 학습대상의 수준에 알맞게 체계화한 교육 소재를 말하는 것이고, 교구는 교재의 내용을 학습시킬 때 효율적으로 하기 위해 사용되는 도구라고 말할 수 있다. 그러나 요즘 멀티미디어의 발달로 교구가 다양화되고 기능이 좋아짐에 따라 교육의 내용을 포함하고 있으면서 효과적으로 학습할 수 있는 기능까지 가지고 있는 교구가 개발되기 때문에 교재와 교구를 분리하는 것이 점차 무의미하게 되었다.

일반적으로 교재는 교육내용을 체계화한 것이기 때문에 교과서, 활자 인쇄물, 그림, 영상물, 녹음자료 등을 들 수 있고, 교구는 전기장치를 사용하는 투영사기(환등기, 영사기, OHP, 빔프로젝트), 방송기기(오디오 장치, 비디오 장치, TV)와 전기를 사용하지 않는 게시판, 칠판, 융판, 인형극 틀 등이 있다.

2) 비품 및 교재 · 교구의 중요성

교육활동은 교사, 학생, 교재 · 교구의 3가지 요소의 상호작용에 의해서 성립한다. 교재 · 교구는 학습목표를 효율적으로 달성하기 위해 존재하기 때문에 교사가 어떤 교재 · 교구를 선정하고 어떻게 활용하는가가 중요하다. 교재 · 교구는 유아들의 학습을 구체화하고, 직관화하기 때문에 아직 지적으로 미약한 발달 상태일지라도 학습을 가능하게 할 뿐만 아니라 교사의 가르치는 부담을 덜어준다. 비품 및 교재 · 교구가 유아교육에서 중요한 이유는 다음과 같다.

첫째, 교수-학습활동을 지원해 주어 교육내용과 교육의 질을 결정한다. 훌륭한 교재 · 교구는 교육의 내용을 충실히 담아 전달하고, 유아들에게 알맞은 교육내용을 제공할 뿐만 아니라 학습의 효과를 제고시켜 질적으로 우수한 교육이 가능하게 한다.

둘째, 유아들의 호기심, 흥미를 유발시켜 학습의욕을 높인다. 유아들은 감각적 자극에 대하여 깊은 호기심을 보이며, 자신들의 관심사를 자극하여 흥미가 유발되면 왕성한 활동성으로 주변을 탐색한다.

셋째, 학습내용을 직관화하여 지각을 돕고, 유아들이 학습하기 어려운 내용도 학습이 가능토록 한다. 인간은 주변의 많은 정보를 감각기관을 통하여 받아들여 지각한다. 그러나 여러 가지 자극을 동시에 받아들이는 능력이 극히 제한되어 있기 때문에 감각정보를 여과하여 선택적으로 반응하는데 선택하는 과정을 주의라고 한다. 선택적 주의를 거쳐 들어오는 정보에 대하여 의미를 추출하는 과정을 지각이라고 한다. 지각은 학습과정에 대단히 중요하다. 지각하지 않고는 중추신경계의 단기기억과 장기기억 그리고 재생과 같은 정신 조작을 할 수 없기 때문이다. 교재 · 교구는 유아들의 선택적 지각을 돕는다.

넷째, 교사의 수고를 덜어주고 교수 효율성을 높여 준다. 교사가 아무리 탁월한 교수법을 가졌다 해도 맨몸으로 학습내용을 전달하고, 학습이 이루어지도록 지도하기는 어렵다.

다섯째, 유아들이 주의집중할 수 있도록 해준다. 유아들은 한 가지에 주의를 장시간 집중하기 어렵다. 유아들이 매력적으로 느끼는 사물에 대하여는 좀 더 장시간 주의를 집중할 수 있어 교재 · 교구는 유아교육기관의 교수-학습활동을 위해서 중요하다.

3) 비품 및 교재 · 교구의 선정 기준

비품과 교재 · 교구는 교육의 목적 달성을 위해서 필요한 환경 구비 요건이므로 사용하는 사람의 특성, 요구 등을 반영함으로써 유아의 신체조건과 심리적 성향 등을 고려하여 선정해야 한다. 유아의 발달에 적합하지 않은 비품과 교재 · 교구는 유아의 생활을 불편하게 할 뿐만 아니라 원활한 교수-학습활동에 지장을 초래한다. 교재 · 교구는 교수-학습의 내용을 포함하고 있어야 하고, 교수-학습 방법 또는 교수-학습 유형에 따라 다양한 형태가 필요하다.

교재 · 교구가 갖추어야 할 요건은 기능적인 측면과 교육적인 측면을 모두 충족해야 하는데, 미국의 비품 및 소모품위원회(Equipment and Supplies Committee, 1976)에서 제안하는 요건은 다음과 같다.

(1) 기능적 요건

① **안전성**(safety): 보건 · 위생상 재질의 유독성이 없어야 하고, 기능상 안전하여 가지고 놀면서 다치는 일이 없어야 한다.

② **내구성**(durability): 여러 번 사용해도 변형되거나 마모 · 멸실되지 않아야 한다. 뜨겁거나 차가운 곳에서도 정상적인 기능을 발휘해야 한다.

③ **적합성**(adaptability): 교재 · 교구가 본래 추구하는 목적에 비추어 타당해야 한다. 예를 들어, 수 개념을 위한 교구라면 그것으로 인해 수 개념이 잘 형성될 수 있어야 한다.

④ **경제성**(accountability): 가격 대비 활용도가 높아야 하고, 한 번 구입으로 오래 사용할 수 있어야 한다.

(2) 교육적 요건

① **지적 측면**(intellectual factor): 유아들에게 지적인 성장을 자극할 수 있는 것이어야 한다. 즉, 지각, 기억, 이해, 사고, 문제해결을 촉진할 수 있어야 한다. 또한 여러 가지 물리적 개념과 추상적 개념을 획득할 수 있어야 한다.

② **신체적 측면**(physical factor): 신체적 성장에 도움이 되어야 한다. 즉, 민첩성, 대 · 소

근육, 협응력 등의 발달을 촉진해야 한다.

③ **사회 · 정서 측면**(social-emotional factor): 다른 사람과 어울릴 수 있는 능력을 기르고, 감정의 조절, 즐거움을 줄 수 있어야 한다.

(3) 비품 및 교재 · 교구의 선정 기준

유아교육기관에서 교재 · 교구를 구입하거나 제작할 때는 다음과 같은 점을 고려해야 한다(Decker & Decker, 1992).

① 교육목표에 적합해야 한다.

② 소요 경비와 구입 절차를 점검해야 한다.

③ 우선순위를 정하여 구입해야 한다.

④ 비품 및 교구의 보관과 활용에 필요한 공간을 고려해야 한다.

⑤ 경제성과 내구성을 고려해야 한다.

⑥ 소모품은 한 번에 과다하게 구입하지 말아야 한다.

⑦ 구입할 비품이나 교구를 사전에 점검해 보고 신뢰할 만한 제품인지 확인하고 구입해야 한다.

⑧ 안정성이 있는 비품과 교구를 구입해야 한다.

⑨ 견고하고 보관 · 관리하기에 용이한 비품과 교구를 선택해야 한다.

⑩ 유아교육기관은 예산과 공간에 있어서 언제나 한계가 있으므로 가능한 여러 가지 용도로 활용할 수 있으면서 유아의 개인차도 적절하게 수용하고 자주 사용하는 비품과 교구를 구입한다.

⑪ 매력적이고 심미적 즐거움을 주는 비품과 교구를 선정한다.

2. 비품 및 교재 · 교구의 배치 기준 및 종류

1) 배치 기준

(1) 유치원

유치원의 교재 · 교구의 설비 기준은 고등학교이하각급학교설립운영규정(대통령령 제 17397호, 2001. 10. 31.)에 의거하여 각 시 · 도교육청고시로 정한다. 그러므로 교재 · 교구 설비 기준은 통일된 기준이 있는 것이 아니라 각 지역의 실정에 맞게 시 · 도교육청마다 각기 다른 기준이 적용된다.

표 6-1 교재 · 교구의 설비 기준(서울시교육청의 예)

영역	교구종목	교구종류	소요기준
1. 쌓기 놀이	블록류	· 유니트 블록(150조각 이상)	학급당 1
		· 기타 블록(공간, 스펀지, 우레탄, 종이 벽돌, 큰 블록 끼우기, 코코, 레고)	학급당 2종 이상
	소품류	· 교통기관류(작은 자동차, 끌차, 끌 수 있는 놀잇감, 레미콘, 잠수함, 우주선 등) · 사람류(각종 사람 모형) · 동물류(여러 가지 동물 모형) · 식물류(다양한 식물 모형) · 모자류(소방원, 경찰관 모자, 오토바이 헬멧 등) · 교통표지판류, 관련책, 화보, 활동카드	학급당 3종 이상
2. 역할 놀이	소꿉 놀이	· 주방용품(유아키에 맞는 싱크대, 모형 냉장고, 가스레인지, 믹서, 토스터, 저울, 도마, 플라스틱 칼, 밀대, 찍기, 뒤집기, 국자, 수저, 포크, 각종 그릇, 컵, 접시, 주전자, 쟁반, 프라이팬, 냄비, 절구, 절구공이, 솥, 체 등)	학급당 3종 이상
	가족 놀이	· 일상용품(옷장, 화장대, 작은 침대, 전화기, 시계, 다리미와 다리미판, 드라이어, 머리빗, 가발, 알 없는 안경테, 큰 거울, 빗자루와 쓰레받기, 휴지통)	원당 2종 이상
		· 의류(윗옷, 치마, 앞치마, 남자 양복과 넥타이, 드레스와 면사포, 비옷, 남녀 한복, 여러 나라의 전통 의상)	원당 5종 이상

영역	교구종목	교구종류	소요기준
2. 역할 놀이	가족놀이	· 기타 소품(모자류, 가방류, 신발류, 우산, 액세서리, 유모차, 인형류, 인형옷, 인형 가구, 스카프, 화장품, 모형 과일, 채소, 모형 돈, 밀가루 점토, 각종 말린 씨앗류, 수수깡, 스티로폼 자른 것	원당 5종 이상
	병원놀이	· 의사(가운, 청진기, 반사경, 고무망치, 종이, 쓰기 도구 등)	원당 2종 이상
		· 간호사(간호사 모자, 가운, 주사 바늘을 뺀 주사기, 혈압기, 체온계, 솜, 붕대, 가위, 일회용 밴드, 핀셋, 소독약, 링거병(플라스틱), 인형, 엑스레이 필름 등)	원당 5종 이상
		· 약사(약병, 약대용품, 약봉지, 연필, 쓰기 도구 등)	원당 2종 이상
	우체국 놀이	· 집배원(맬 수 있는 큰 가방, 편지, 소포 꾸러미 등) · 우체국 직원(우체통, 우표나 스티커, 저울, 스탬프와 도장 등) · 편지 보내는 사람, 받는 사람(엽서, 봉투, 종이, 편지지, 연필이나 사인펜, 풀, 모형 돈 등)	원당 5종 이상
	미장원 놀이	· 미용사(거울, 가운, 손님용 미용캡, 모형 가위, 헤어드라이어, 가발, 클립, 고무줄, 헤어컬, 머리핀, 머리빗, 머릿수건, 날 없는 면도기, 빈 샴푸통, 빈 화장품병, 분무기 등) · 손님(모형 돈, 지갑 등)	원당 5종 이상
	은행놀이	· 은행원(모형 돈, 동전, 인주와 도장, 계산기, 돈을 담는 접시, 금고 등) · 손님(모형 돈, 지갑, 필기도구, 예금청구서 용지, 저금통장, 도장 등)	원당 5종 이상
	가게놀이	· 파는 사람(모형 과일, 야채, 생선, 모형 돈, 장난감 금고, 종이나 비닐봉지, 저울, 전화기 등) · 사는 사람(모형 돈, 지갑, 시장바구니, 메모지, 연필 등) · 계산하는 사람(계산기나 모형 계산기, 영수증 등) · 물건 나르는 사람(상자를 이용한 운반차 등) · 각종 물건(가방류, 모자류, 의류, 과자류, 장난감류 등)	원당 10종 이상
	소방서 놀이	· 소방관(비옷, 소방관 모자, 고무호스, 메가폰, 호루라기, 사다리, 전화, 고무장갑, 들것, 구급차, 소방차 등)	원당 5종 이상
	교통기관 놀이	· 운전사(핸들, 모자, 교통경찰관 모자, 지도, 자동차 열쇠, 공기 펌프, 교통표지판, 커다란 블록 등) · 조종사(지도, 여행가방, 조종사, 가방, 빨간 머플러, 나침반, 비행기표 등) · 선장이나 어부(그물, 사다리, 긴 장화, 밧줄, 닻, 노, 나침반, 카메라 등)	원당 5종 이상

영역	교구종목	교구종류	소요기준
2. 역할 놀이	주유소 놀이	· 주유소에서 일하는 사람(작업복, 모자, 호스, 튜브, 세차용 걸레, 분무기, 자동차류 등)	권장
	기타 놀이	· 사무실 놀이, 음식점(요리사) 놀이, 유치원(선생님) 놀이, 식료품상 놀이, 목공(목수) 놀이, 신문사(신문기자) 놀이, 목욕탕 놀이, 동물원 놀이, 우주선 놀이	권장
3. 언어	도서	· 동화류(우리나라 전래동화, 세계명작동화, 창작동화, 위인 이야기 등) · 그림 백과사전 전집, 유아용 과학, 음악, 미술 도서류 등,	원당 200권 1학급 추가 시 50권씩 추가
	동화 · 동시 자료	· 그림, 융판, 자석, 막대, 테이블, 디오라마, 모형 텔레비전 등	원당 생활주제별 2종 이상
	인형극 세트	· 손인형, 막대인형, 동물모자, 테이블인형, 손가락인형, 핸드퍼펫 등	학급당 5종 이상
	인형극 틀		원당 1
	그림카드 세트		학급당 생활주제별 2종 이상
	언어게임 세트	· 카드게임, 수수께끼 카드와 상자 등	학급당 생활주제별 2종 이상
	카세트 녹음기		학급당 1
4. 조작 놀이	조작자료	· 퍼즐, 포개거나 끼워 맞추는 놀잇감, 같은 그림 맞추기 카드(lotto), 그림 연결 카드(domino), 그림자 카드, 같은 용도의 카드 맞추기 등	학급당 3종 이상
	게임자료	· 각종 카드 게임, 게임판, 주사위를 이용한 게임, 가위바위보 게임, 바둑판과 바둑알(오목 두기) 등	학급당 3종 이상
	일상생활 자료	· 끼우기(구슬, 끈, 끈 끼우기판, 활동 카드 등)	학급당 3종 이상
		· 옮겨 담기(구슬, 씨앗, 곡식류, 접시, 분류 접시, 스푼 등)	
		· 일상생활 훈련틀(찍찍이 붙이기, 단추 끼우기, 지퍼 올리기, 끈 끼우기, 리본 묶기, 벨트 채우기 등)	
		· 바느질하기(큰 플라스틱 바늘, 실, 바느질용 종이, 헝겊, 가위, 투명 테이프 등)	
		· 일상생활 용품(다양한 크기의 병과 뚜껑, 냄비와 뚜껑, 포개놓을 수 있도록 제작된 그릇, 나사와 나사못, 단추끼우기, 지퍼 올리기, 벨트 채우기, 찍찍이 붙이기, 리본 묶기 등)	

영역	교구종목	교구종류	소요기준
4. 조작 놀이	일상생활 자료	· 끼우기 세트(구슬꿰기, 색핀꽂이 등)	
		· 물체 옮기기 세트(집게, 젓가락, 숟가락 등)	
5. 미술	그리기 도구	· 이젤, 비닐 작업복, 붓, 작품걸이대, 건조대	
	만들기 도구	· 안전가위, 모양가위, 가위꽂이	학급당 10
		· 점토놀이세트(밀대, 모양틀 등)	학급당 1종
	꾸미기 도구	· 찍기 세트, 본뜨기 도구 등	학급당 1종
6. 수학	수놀이	· 분류, 비교, 순서짓기, 전체와 부분, 기초적 통계 활동 등	학급당 10종
		· 수카드 세트	학급당 1
	도형놀이	· 동그라미, 세모, 긴네모, 정네모, 마름모 도형 조각	학급당 30조각 이상
		· 도형 퍼즐, 융판과 도형, 카드 게임, 색입방체 블록과 패턴 카드	학급당 2종 이상
		· 나무못판과 고무밴드	
	수게임	· 윷, 제기 등 전통놀이자료 포함, 수막대, 구슬, 주사위, 숫자그림퍼즐, 숫자도장 등	생활주제별 2종 이상
7. 과학	실험 및 관찰도구	· 큰 거울, 손거울, 오목 · 볼록거울, 색연필, 확대경, 요술경, 프리즘, 잠망경, 건전지, 전선, 손전등, 막대자석, 말굽자석, 동그란 자석, 비밀주머니, 소리상자, 무게상자, 깔때기, 비커(대, 중, 소), 수조, 절구, 절구공이(분마기), 확대경, 핀셋, 스포이트 등	학급당 5종 이상
	측정도구	· 길이측정도구(끈, 막대기, 리본, 클립, 가위, 막대자, 눈금자, 줄자, 삼각자, 신장계 등)	학급당 2종 이상
		· 양 측정 도구(체중계, 접시저울, 양팔저울, 계량컵, 계량스푼 등)	
		· 양 측정 재료(상자, 돌, 흙, 모래, 점토, 밀가루 점토 등)	
		· 시간 측정용 도구(모래시계, 조리용 시계, 해시계, 달력 등)	
		· 온도 측정 도구(온도계 등)	
	동물사육 · 식물재배도구	· 모종삽, 물뿌리개, 분무기화분, 어항, 산소공급기, 관찰기록용지, 먹이당번용 카드 등	학급당 3종 이상
	표본류	· 동물류, 식물류, 곤충류 등	원당 1
	기타	· 다양한 종류 기계 부품들	학급당 1

영역	교구종목	교구종류	소요기준
7. 과학	기타	· 열쇠와 자물쇠, 지도(서울특별시, 우리나라, 세계 여러 나라 등)	학급당 2종 이상
		· 지구본	학급당 1
8. 음률	리듬악기	· 큰북, 작은북, 심벌즈, 탬버린, 캐스터네츠, 방울, 트라이앵글, 마라카스, 우드블록, 리듬막대, 리본막대, 샌드블록, 귀로 등	원당 5종 이상
	건반악기	· 피아노 또는 오르간(키보드 대체 가능)	학급당 1
	가락악기	· 실로폰, 멜로디온 등	원당 1
	전통악기	· 북, 장고, 꽹가리, 징, 소고 등	원당 1
	음악감상 자료 세트	· 음악 테이프(동요, 고전음악, 자장가, 행진곡, 전통음악, 세계 민속음악 모음 등)	원당 1
	신체표현 도구	· 리듬막대, 리본막대, 스카프, 한삼 등	원당 1
9. 물놀이	물놀이 도구	· 양동이, 플라스틱 용기, 호스, 물뿌리개, 손잡이컵, 깔때기, 계량컵, 바늘 없는 주사기, 물총, 주전자, 샤워기, 수로, 큰 PVC통(아기 목욕통) 등	원당 5종 이상
	비닐 앞치마		원당 5
10. 모래놀이	모래놀이 도구	· 체류, 삽류(큰 스푼, 국자 포함), 물뿌리개, 말, 되, 홉, 저울, 깔때기, 모형 보조자료(손수레, 자동차류, 동물류, 사람류 등)	원당 5종 이상
11. 컴퓨터	컴퓨터	· 컴퓨터, 프린터, 멀티비전	원당 1
12. 목공놀이	목공놀이 도구	· 유아용 연장(못, 망치, 자, 접착제, 톱, 펜치, 바이스, 손드릴, 조임쇠, 볼트, 너트, 드라이버 등)	원당 1
		· 유아용 작업복	학급당 2
13. 요리	조리도구	· 도마, 플라스틱 칼, 접시, 쟁반, 거품기, 계량컵, 계량스푼, 양푼, 냄비, 가열기, 후라이팬 등	원당 5종 이상
		· 유아용 앞치마	원당 2
		· 요리순서카드, 요리화보, 요리책, 요리 스크랩북 등	원당 2
14. 체육	체조활동	· 매트	원당 2
		· 종, 공류	원당 3종 이상
		· 평균대, 뜀틀, 줄(줄넘기용–개인용 긴 줄 : ø2.5㎝, 길이 6m)	원당 1

영역	교구종목	교구종류	소요기준
14. 체육	체조활동	· 훌라후프	원당 3
	전통놀이	· 제기, 팽이, 투호, 팥주머니와 표적 등	원당 3종 이상
	기타 활동	· 고리던지기, 샌드백, 균형막대(유니바 1조–10개), 자전거, 간이농구대, 터널 등	원당 3종 이상

(2) 어린이집

어린이집에서 갖추어야 할 비품 및 교재 · 교구 기준에 대해서는 보육사업지침(보건복지부, 1999)에서 제시하고 있다. 어린이집에서 갖추어야 할 비품 및 교재 · 교구의 영역은 학습활동 교구, 시청각 교육기재, 음률활동 교구, 실내놀이기구, 실외놀이기구, 시설 · 설비, 주방용기구, 비품으로 구분되어 있다(표 6–2 참조).

표 6–2 어린이집 비품 및 교재 · 교구 기준

구 분	교재 · 교구	소요 기준	비 고
학습활동 교구	· 이동식 칠판	유아반당 1개	
	· 이젤	유아반당 1개	
	· 교통표지판	시설당 10개	
	· 동식물 표본	시설당 4종	
	· 모형시계	시설당 1개	
	· 종합적목	시설당 1조	
	· 우레탄 큰 블록	시설당 1조	
	· 벽돌적목	유아반당 1조	
	· 유니트 블록	유아반당 1조	
	· 끼우기 블록 세트	유아반당 2조	
	· 쌓기 블록 세트	유아반당 2조	
	· 블록 세트 소품	유아반당 3조	
	· 언어놀이자료	유아반당 3조	
	· 퍼즐자료(도형, 수 색, 동식, 도구, 일상생활 등)	유아반당 3조	
	· 수놀이자료(단추, 바둑알, 열매구슬 등 10종)	유아반당 1조	
	· 인형극 세트	유아반당 1조	
	· 인형극틀	시설당 1대	
	· 게임자료 세트	유아반당 2조	
	· 카드자료 세트	유아반당 2조	
	· 그림동화책	반당 2질	
	· 학습자료도서	시설당 4질	

구 분	교재 · 교구	소요 기준	비 고
학습활동 교구	· 측정도구 세트(자, 저울, 계량컵, 온도계, 시계, 스포이트 등) · 실험 및 관찰도구 세트(거울, 자석, 확대경, 지구본, 핀셋, 프리즘, 손전등, 촉각판 등)	유아반당 1조 유아반당 1조	
시청각교육 기재	· TV 수상 · VTR · 카세트 녹음기(라디오 겸용) · 사진기 · 컴퓨터(교육용) · 학습 비디오 테이프	교실당 1대 시설당 1대 유아반당 1대 시설당 1대 시설당 1대 시설당 3대	
음률활동 교구	· 피아노(또는 소형 전자오르간) · 트라이앵글 · 캐스터네츠 · 탬버린 · 심벌즈 · 큰북 · 작은북 · 우드블록 · 소고 · 마라카스 · 실로폰 · 멜로디언 · 꽹과리 · 장구 · 징 · 피리 · 방울 · 단소 · 리듬막대	시설당 1대 유아반당 3개 유아반당 3개 유아반당 3개 시설당 1개 시설당 1개 시설당 2개 유아반당 3개 유아반당 3개 유아반당 3개 유아반당 1개 유아반당 1개 시설당 1개 시설당 1개 시설당 1개 유아반당 1개 유아반당 3개 유아반당 3개 유아반당 3개	
실내놀이 기구	· 실내 시소 · 실내 미끄럼틀 · 고리던지기 · 비닐스펀지 터널 · 평균대 · 유동마 · 보행기 · 유모차	시설당 1개 시설당 1개 유아반당 1개 시설당 1개 시설당 1개 유아반당 1대 영아반당 1대 영아반당 1대	

구 분	교재 · 교구	소요 기준	비 고
실내놀이 기구	· 목공놀이교구세트(유아용 망치, 유아용 톱, 자키, 공구 세트, 각종 나사 등)	시설당 1조	
	· 목공대	시설당 1조	
	· 모래놀이기구(삽, 채, 모래놀이, 소품 등)	시설당 1조	
	· 물놀이대	시설당 1조	
	· 물놀이기구(양동이, 물뿌리개, 호스 등)	시설당 1조	
	· 인형 유모차	영아반당 1개	
	· 소꿉놀이 의상 세트	반당 2조	
	· 소꿉놀이 인형	반당 2조	
	· 소꿉놀이 생활비품(그릇, 침대, 식탁, 이불, 베개, 전화, 싱크대, 조리대, 냉장고 등)	반당 1조	
	· 병원놀이 세트(모조 의료기구)	반당 1조	
	· 매트(놀이용)	시설당 2조	
	· 트램플린	시설당 1개	
	· 공	유아반당 3개	
	· 후프	유아반당 3개	
	· 줄(줄넘기줄, 밧줄 등)	유아반당 3개	
실외놀이 기구	(시설당 3종 이상 선택)		
	· 종합 놀이대	시설당 1개	
	· 그네	시설당 1개	
	· 미끄럼틀	시설당 1개	
	· 시소	시설당 1개	
	· 철봉	시설당 1개	
	· 구름다리	시설당 1개	
	· 사각정글	시설당 1개	
	· 터널	시설당 1개	
	· 망오름대	시설당 1개	
시설 · 설비	· 유아책상(10인용)	유아반당 2조	
	· 유아의자(1인용)	유아반당 20개	
	· 영아책상(10인용)	영아반당 1조	
	· 다용도 의자	반당 2개	
	· 시물함	반당 1개	
	· 교구정리장	유아반당 3개	
	· 완구정리장	반당 1개	
	· 책꽂이	유아반당 1개	
	· 전신거울	시설당 1개	
	· 이불장	반당 1개	

구 분	교재 · 교구	소요 기준	비 고
시설 · 설비	· 침대	영아반당 2개	
	· 흔들침대	영아반당 1개	
	· 매트(간이침대) 등	유아반당 5개	
	· 책상(교사용)	반당 1개	
	· 의자(교사용)	반당 1개	
	· 캐비닛(교사용)	시설당 2개	
	· 교탁	시설당 1개	
주방용 기구	· 밥솥	시설당 1개	
	· 국솥	시설당 1개	
	· 급식판(1인용)	아동수당 1개	
	· 식기류	아동수당 1개	
	· 싱크대 세트	시설당 1조	
	· 냉장고	시설당 1대	
	· 살균소독기	시설당 1대	
	· 전자레인지	시설당 1대	
	· 가스레인지	시설당 1대	
	· 찬장	시설당 1조	
	· 전기밥솥	시설당 1대	
	· 온장고	시설당 1대	
비 품	· 선풍기	반당 1대	
	· 카펫	유아반당 1개	
	· 전기장판(5인용)	시설당 1개	
	· 가습기	영아반당 1대	
	· 청소기	시설당 1대	
	· 체중기	시설당 1대	
	· 신장기	시설당 1대	
	· 시력검사기	시설당 1대	
	· 색맹검사자료	시설당 1질	
	· 기저귀 갈이대	시설당 1개	
	· 좌변기	영아반당 1개	
	· 게시판	시설당 1개	
	· 환경판	반당 1개	
	· 책장	시설당 1개	
	· 에어컨	시설당 1대	
	· 환풍기	시설당 1대	
	· 코팅기	시설당 1대	
	· 세탁기	시설당 1개	

구 분	교재 · 교구	소요 기준	비 고
비 품	· 짤순이	시설당 1개	
	· 복사기	시설당 1개	
	· FAX	시설당 1개	
	· 전기난로	시설당 1개	
	· 칫솔걸이	반당 1개	
	· 우산꽂이	시설당 1대	
	· 신발장	시설당 1대	
	· 메가폰	시설당 1대	
	· 약품 및 의료기구 보관함	시설당 1대	
	· 음료대	시설당 1대	

2) 연령별 교재 · 교구의 종류

(1) 1세 미만 영아를 위한 교재 · 교구

1세 미만의 영아기는 감각운동기로서 감각에 의해 외부 환경을 탐색하고 새로운 학습을 해나가는 시기이기 때문에 여러 가지 다양한 감각자극을 줄 수 있는 교재 · 교구가 필요하다(Koralek, Collker, & Dondge, 1993; 이기숙, 심성경, 1995).

① 언어 발달: 천이나 판지로 된 책, 그림카드 상자(판지에 그림을 붙이고 겉을 밀착지로 싸서 만든 여러 장의 그림카드), 천으로 된 인형, 가정에서 자주 쓰는 물건, 동물들에 관한 그림들

② 감각자극: 모빌(색깔이 다양하고 밝은 것), 거울(깨지지 않는 것), 벽걸이(직조된 것이어서 만질 수 있는 것), 성인용 흔들의자, 놀람상자(손잡이를 돌리면 상자 안에서 갑자기 무엇이 튀어올라옴), 공(손으로 잡을 수 있는 것), 딸랑이, 누르면 소리나는 놀잇감, 빨거나 씹거나 무는 놀잇감, 방울달린 팔찌, 아기 양말로 만든 손인형, 팥주머니, 껴안는 놀잇감, 동물, 인형, 밀고 당기고 누르는 놀잇감, 음악 상자(감거나 당기면 소리나는 상자), 전축이나 카세트, 천으로 만든 공, 다양한 자료로 만들어진 천 장갑(성인이 끼는 장갑), 물놀이 탁자나 플라스틱 욕조, 물놀이를 위한 대야, 물놀이를 위한 플라스틱 용기들, 컵, 단지, 병, 주전자 등

③ 조작적 놀잇감: 모양분류상자, 툭 튀어나오는 놀잇감, 큰 구슬, 끼워 넣는 상자 세

트, 크고 부드러운 블록, 큰 종이 블록, 크기가 점차 달라지는 용기(플라스틱 단지나 컵 세트), 큰 구멍의 나무 못판과 크고 색깔 있는 나무못, 뚜껑 있는 종이상자들

④ **극화놀이**: 지갑이나 손가방, 나무나 플라스틱으로 만든 큰 숟가락, 모자, 장난감 전화기, 깨지지 않는 찻잔 세트, 인형들(부드럽고 깨지지 않으며 물로 닦을 수 있는 다양한 인종의 인형들)

⑤ **창작적 놀이**(미술활동): 커다란 무독성 크레용과 종이, 굵은 수성펜, 점토, 연장으로 쓸 무딘 나무못, 다양한 질감과 색깔의 헝겊 조각들이 담긴 상자, 작업복(비닐로 된 작업복), 바닥 깔개용 낡은 식탁보나 플라스틱 깔개

⑥ **대근육 놀이**: 작은 차와 트럭, 다양한 크기의 부드러운 공, 페달 없이 팔이나 발로 움직여서 타는 놀잇감, 커다란 카드보드 상자

⑦ **실외놀이**: 얕은 물놀이용 풀(pool), 물놀이나 모래놀이를 위한 탁자나 플라스틱 욕조 또는 대야, 플라스틱 용기, 컵, 단지, 주전자(물놀이나 모래놀이를 위한 것), 유모차, 수레(wagon)와 타는 놀잇감, 초기 영아가 기거나 누워 있을 수 있는 담요, 공, 큰 상자들, 낮은 기어 오르기대

(2) 1~2세 영아를 위한 교재 · 교구

이 시기 영아는 걸음마를 시작하게 되고 단어를 조합하여 말을 하기 시작하기 때문에 외부 환경에 대한 호기심이 많아 활발한 탐색활동이 일어난다. 이 시기에 적절한 교재 · 교구를 제시하면 다음과 같다(Decker & Decker, 1992; 이기숙, 심성경, 1995).

① **들을 수 있는 것**(음악, 언어 등): 음악 소리가 나는 완구들, 딸랑이, 전축이나 카세트 녹음기, 책의 내용, 동요, 음악, 동물 소리가 녹음된 카세트 녹음 테이프, 리듬악기(예: 종, 북, 우드블록, 리듬막대, 탬버린, 실로폰 등), 풍경(wind-chimes)

② **볼 수 있는 것**: 수족관, 헝겊, 비닐, 하드보드 등 다양한 재질로 만든 그림책(가족과 친구, 일상생활의 경험, 과학과 자연, 오락과 공상 등의 내용), 융판, 깨지지 않고 손에 들거나 벽에 부착할 거울, 눈높이에 있는 모빌, 가족사진, 그림(동물, 친숙한 물건) 및 벽걸이, 여러 모양으로 자른 스펀지, 테라륨

③ **만질 수 있는 것**(촉감): 부드러운 촉감의 그림책, 부드러운 공, 상자, 치아발육용 완구, 질감이 있는 카드와 벽걸이, 유아가 안아 줄 수 있는 봉제완구

④ **블록**: 크고 부드러운 블록, 큰 종이 블록, 공간 블록, 소형차와 트럭, 동물 소품(농장/동물원), 사람 소품(가족 인형 세트와 여러 직종의 사람 인형들)

⑤ **조작적 놀잇감**: 모양 분류하기 상자, 크게 조각난 간단한 퍼즐, 레고(큰 사이즈), 튀어나오는 놀잇감, 큰 구슬, 크기 순서대로 끼워 넣는 상자 세트, 고리걸기, 점점 크기가 커지는 용기 세트(플라스틱 국그릇이나 컵), 큰 구멍의 나무못판과 크고 색깔 있는 나무못, 큰 나무 구슬꿰기(큰 나무 구슬과 짧고 두꺼운 실이나 신발끈), 플라스틱 큰 구슬, 뚜껑 달린 종이 상자들, 팥주머니, 밀고 당기는 놀잇감, 거울(깨지지 않는 것)

⑥ **극화놀이**: 가방, 담요, 옷 입히고 목욕시킬 수 있는 인형, 봉제 인형, 인형 침대, 인형 유모차, 여러 가지 옷, 모자, 가정놀이용품(놀이용 냉장고, 싱크대, 난로, 식탁과 의자, 놀이용 음식, 음식 담을 그릇, 냄비, 펜, 플라스틱 접시, 그 밖의 가정 놀이용 기구), 작은 모형(인형집, 농장, 공항 등), 거울, 베개, 손인형, 지갑, 핸드백, 얇은 스카프, 동물 모형, 놀잇감 전화기

⑦ **창작적 놀이**(미술활동): 비닐 깔개, 작업복, 이젤, 풀, 자르기용 잡지, 굵은 수성펜, 이젤용 물감, 손가락 그림용 물감, 물감 붓, 점토와 점토놀이 기구, 여러 종류의 종이, 모래와 모래 놀잇감, 무독성 색분필, 끝이 뭉뚝하고 부드러운 가위, 물감용 스펀지

⑧ **대근육놀이**: 여러 종류의 공, 구슬 끼우기 용품, 상자와 카드보드, 플라스틱 볼링 핀과 공, 비누거품(방울) 자료, 낮은 오르기대, 매트, 레일용 놀이 기차, 밀고 당기는 놀잇감, 벤치, 경사로(ramp), 바퀴 달린 놀이기구, 고리던지기, 여러 가지 움직이는 완구들(배, 말 등), 모래놀이대와 모래놀이용품, 낮은 미끄럼틀, 2단이나 3단의 계단, 그네, 트럭, 터널, 짐수레

(3) 3 · 4 · 5세 유아를 위한 활동 영역별 교재 · 교구

3 · 4 · 5세 유아를 위한 교재 · 교구는 활동 영역별로 제시될 수 있다. 각 활동 영역별 교재 · 교구를 제시하면 다음과 같다(원중연, 2009).

① **대근육 활동 영역**: 낮은 오르기 기구, 미끄럼틀, 흔들 보트, 밀고 당기는 놀이기구, 평균대, 터널, 팥주머니 던지기

② **언어 영역**: 녹음기와 녹음 테이프, 이어폰, 책, 전화기, 전축과 음반, 융판과 융판

자료, 자석판과 자석자료, 인형류, 아크릴판 이야기 꾸미기 자료, 글씨 보고 상상해서 이야기 꾸미기 자료, 수수께끼 카드와 상자, 말하기 게임카드, 사진 및 그림자료, 동화책, 글자와 그림 맞추기, 이야기 꾸미기 자료, 컴퓨터 상자와 글자 카드, 만세 게임, 글자카드, 수수께끼 그림카드, 동시 차트, 유아가 만든 책, 필기도구(연필, 색연필, 크레파스, 매직펜, 수성펜, 분필), 다양한 크기의 종이류, 다양한 색깔의 모양종이, 쓰기판, 글자카드, 색모래, 색톱밥, 지우개, 스템프 고무글자와 스템프

③ **수학 영역:** 다양한 크기와 모양의 단추, 다양한 모양의 도형, 구멍 뚫린 구슬과 끈, 분류통, 플라스틱 블록, 촉감 도미노, 모양분류카드, 다양한 종류의 병뚜껑, 구슬, 조개껍데기 등, 크기가 다른 상자 겹끼우기 상자, 고리, 수막대, 넓이나 크기가 다른 리본, 나사와 나사구멍(큰 것, 작은 것, 중간 것), 나무못판과 나무못, 유니픽스, 세울 수 있는 숫자, 숫자 그림퍼즐, 숫자 도장, 숫자 도미노 카드, 숫자와 막대, 빨래집게와 숫자카드, 가위바위보 게임, 숫자와 단추, 숫자카드, 숫자놀이, 숫자퍼즐, 셀 수 있는 물체, 숫자세기와 숫자 인식과 관련된 게임, 도형퍼즐, 융판과 도형, 색 입방체와 블록과 패턴카드, 시계, 모래시계, 달력, 자, 줄자, 체중계, 우유통, 계량컵과 계량스푼, 온도계, 센티미터 큐브, 평형저숫자 막대, 줄, 클립, 면 클게임, 평형저울, 거울, 프리즘, 전지, 확대경, 돋보기, 청진기, 녹음기, 못, 자석(고리자석, 원반자석, U형 자석), 노끈, 조리용 시계, 측정용 컵과 스푼(비커), 키재기용 기구, 측정단위가 될 수 있는 선이 똑 바른 나무막대나 카드보드

④ **과학 영역:** 식물에 관한 책, 씨앗류, 관엽식물들, 구근식물, 1년초 식물, 곡식류, 구입 품목의 씨앗류와 동일, 열매(밤, 대추), 나뭇가지(솔방울, 밤껍질, 도토리), 씨앗을 담을 수 있는 상자, 꽃잎, 낙엽(은행잎, 단풍잎 등), 일반적 물체, 종이, 색연필, 쿠킹호일, 클립, 종이클립, 분필, 신문지, 물감, 다양한 플라스틱 용기, 셀로판테이프, 식용색소, 소리나는 물체들, 기름종이, 다양한 종류의 천, 기계류, 무생물(바위, 조개껍데기, 돌멩이), 요리용 도구(모래시계, 도마, 계량스푼과 계량컵, 주걱, 뒤집개, 쟁반 등의 그릇류, 플라스틱 칼, 요리순서표 등)

⑤ **조작 영역:** 그림 맞추기, 코코 블록, 와플 블록, 부리스틀 블록, 꽃 블록, 대형 레고 블록, 핑거토이, 페그 보드와 나무못, 큰 구슬과 끈 소품, 렉스 블록, 브리오멧, 빨래집게 구성, 작은 구슬과 끈, 일상생활 훈련틀(끈 끼우기, 단추 끼우기, 지퍼 올리

기), 바늘, 바느질용 종이, 실, 헝겊, 소품(동물류, 자동차류), 띠 블록, 헝겊 등

⑥ **미술 영역:** 크레파스, 4b연필, 파스텔, 종이류, 색도화지, 색종이, 셀로판지, 도화지, 벽지, 모조지, 포장지, 골판지, 신문지, 잡지, 풀, 셀로판테이프, 종이테이프, 상자류, 자연물(솔방울, 도토리, 돌멩이, 낙엽), 기타(천조각, 가죽조각, 리본, 나무젓가락, 칫솔, 가는 철망 스크린, 벽지조각, 스티로폼, 리본), 반죽놀이 자료, 이젤 페인팅 자료

⑦ **역할놀이 영역:** 가정놀이 역할자료, 병원놀이 자료, 식료품 가게 놀이자료, 미장원놀이 자료, 소방서놀이 자료, 우체국놀이 자료

⑧ **쌓기놀이 영역:** 큰 블록(스펀지 블록, 우레탄 블록, 원형 블록, 큰 종이 블록, 와플 블록), 작은 블록(유니트 블록), 소품(작은 자동차, 나무 동물 인형, 천막집, 종이 벽돌 블록)

⑨ **음률 영역:** 악기연주 활동자료(멜로디악기, 리듬악기, 하모니악기, 리듬악보), 노래활동지도 자료(노래 책, 노랫말 적은 종이, 융판과 융판자료, 막대자료), 감상활동지도 자료(녹음기와 녹음테이프, 다양한 소리가 녹음된 테이프와 그림카드, 헤드폰, 거울), 기타 자료(색연필, 종이, 길고 짧은 막대, 리듬패턴 카드, 유리컵과 색 물감, 연필, 오선지 등)

⑩ **낮잠 영역:** 유아 개인용 침구, 책, 인형, 쿠션, 녹음기, 녹음테이프 등

⑪ **물놀이 영역:** 물놀이대, 그릇류, 뜨거나 가라앉는 물체, 그릇 및 측정도구, 세탁할 수 있는 물체(플라스틱 인형, 인형 옷, 손수건), 기타(방수용 앞치마, 붓, 물뿌리개, 비누, 수건, 유아가 만든 배, 자석, 낚싯대, 고무 물고기 등)

⑫ **모래놀이 영역:** 모래놀이 테이블, 소독한 모래, 그릇 및 측정도구, 모래를 파거나 뜨는 도구(플라스틱 삽, 포크레인, 숟가락, 나무막대, 국자), 기타(플라스틱 소형 블록, 다양한 종류의 병 뚜껑, 비닐 앞치마, 빗자루와 쓰레받기), 바퀴 달린 놀이기구, 동물 기르기, 식물 기르기, 사회극놀이, 개방 영역(안전 사다리, 흔들 보트, 농구골대, 농구공, 축구공, 줄넘기, 밧줄, 훌라후프, 널빤지, 타이어, 고무줄)

⑬ **다용도 영역:** 동화책 종류, 돗자리, 책상, 언어, 미술, 조작 등을 위한 자료 등

3. 비품 및 교재 · 교구의 관리

1) 비품 및 교재 · 교구의 배치

비품과 교재 · 교구가 아무리 좋고 많아도 적절하게 배치하지 못한다면 효과적으로 제 기능을 내지 못할 것이다. 필요한 요소에 적합한 만큼 구입하고, 그것이 본래 가지고 있는 기능을 잘 발휘할 수 있도록 하는 것이 중요하다. 비품 및 교재 · 교구는 적합한 장소에 배치하는 것과 계절적으로 변화를 주고, 유아들의 요구, 흥미 정도를 고려하여 배치하는 것이 중요하다.

유아교육기관의 교육활동은 기관이 추구하는 교육철학과 방침에 따라 또는 프로그램에 따라 다양하게 전개되므로 교재 · 교구는 기관에 따라 종류가 다를 수 있다. 대부분 유아교육기관들에서는 교실 공간을 흥미 영역으로 구역을 나누어 구성함으로써 교재 · 교구의 배치도 흥미 영역별로 필요한 것을 배치한다. 또한 생활주제에 따라 유아들이 주제와 관련된 활동을 할 수 있도록 교재 · 교구를 적절하게 바꾸어 주고, 유아의 발달수준에 맞추어 배치하면 된다.

교구나 자료들을 각 흥미 영역에 배치할 때 몇 가지 사항들을 고려해야 한다. 즉, 교육목표나 교육내용과의 관련성, 교구의 사용 빈도, 교구나 자료의 난이도와 복잡성 정도, 교구와 자료의 무게 · 형태 · 색깔 · 점유 공간, 보관장이나 선반 보관 · 진열 비품의 정도 등 여러 가지 요인들이 관련되어 있다(임재택, 1999).

비품 및 교재 · 교구를 배치할 때 고려해야 할 사항들은 다음과 같다(Decker & Decker, 1992; Day, 1983; 이대균 외, 1998).

① 유아가 교재를 잘 볼 수 있고 꺼낼 수 있도록 개방된 낮은 선반에 교재를 배열한다.

② 각 교재 · 교구를 기능적으로 활용할 수 있도록 하기 위해서는 각각이 차지하는 공간을 확보해 놓아야 한다.

③ 교재의 내용, 수준에 따라 체계적으로 배열한다.

④ 매일 정기적으로 사용하는 교재는 항상 일정한 장소에 배열해 두어야 한다.

⑤ 정돈된 상태로 배열하는 것은 활동 후에 유아가 정리하는 데 모델이 된다.

⑥ 유아가 이동시키기 힘든 교재 · 교구는 책상이나 선반에 고정시켜 놓고 사용할 수 있도록 한다.
⑦ 교재 · 교구장이나 선반은 충분해야 되고 다양한 형태여야 하며 특별한 용도로 활용될 수 있는 것이면 좋다.
⑧ 교재 · 교구는 흥미 영역별로 구분하여 둔다.
⑨ 유아나 교사 자신이 사용하고 정리하기 편하도록 장에 표시하여 둔다.
⑩ 시청각 기재나 과학기기 중 파손되기 쉬운 교구는 안전한 장소에 배치해 두어야 한다.
⑪ 교재 · 교구의 형태와 활용방법에 따라 다양한 방법으로 배치하도록 한다. 예를 들면, 벽면에 매달거나 기둥이나 장의 뒷면을 이용한다든지 바닥에 부착시키는 등의 창의적인 방법을 활용한다.

2) 비품 및 교재 · 교구의 보관 및 관리

비품 및 교재 · 교구는 충분한 양을 확보하는 것도 중요하지만 보유한 비품과 교재 · 교구를 잘 관리하여 효율적으로 사용하는 일이 더 중요하다. 보유하고 있는 교재 · 교구를 충분히 효율적으로 사용하기 위해서는 무엇이 있는지 알아야 하고, 필요할 때 어렵지 않게 찾아 쓸 수 있어야 한다. 그러기 위해서는 보관을 체계적으로 해야 하고, 한 번 사용한 것을 다음에 사용할 수 있도록 수선이나 보충하여 보관하는 것이 좋다.

관리 현황을 파악하기 위해서는 비품관리대장, 교재 · 교구관리대장을 만들어 구입과 폐기, 사용 현황을 일목요연하게 알 수 있도록 하는 것이 좋다. 비품 및 교재 · 교구 관리대장 양식의 예는 표 6-3, 표 6-4와 같다.

표 6-3 비품관리대장

관리 번호	품명	제원 및 특성	수량	가격	구입 날짜	구입처	사용 장소	비 고

표 6-4 교재 · 교구관리대장

관리 번호	교재 · 교구명	배치영역	교재 · 교구 상태	보 관 위 치	비 고

모든 비품과 교재 · 교구는 정기적으로 조사를 하고 관리대장에 현황을 기록하여 낡은 것은 폐기 대상에 올리고, 새로 구입할 목록을 만들어 놓는다. 이렇게 정기적인 조사와 기록을 함으로써 파손 정도와 수리를 요하는 것, 교체를 요하는 것 등을 알 수 있고, 새로운 비품 및 교재 · 교구의 수요를 파악할 수 있다. 교재 · 교구의 보관요령은 다음과 같다(이대균 외, 1998).

교재 · 교구를 사용하고자 할 때에는 먼저 교재 · 교구 목록 리스트에서 사용할 교재를 찾아 보관 위치를 확인 후, 교재 · 교구대장에서 다른 학급에서 사용하고 있는지를 여부를 확인하고, 교재 · 교구를 찾아 활동에 적절한가를 체크해 보고 교재 · 교구대장에 교구명, 날짜와 자신의 서명을 기입한다.

교재 · 교구를 사용한 후에는 원래의 보관함에 담아 교재 · 교구실의 원래 보관위치에 갖다 둔다. 교재 · 교구대장에 반납할 날짜와 사용 중 첨가되었던 사항이나 새로운 활용방법 등 자신의 의견을 간단히 기재한다.

참고문헌

보건복지부(2010). 보육사업지침.

원중연(2009). 영유아 교육기관운영관리. 정민사.

이기숙, 심성경(1995). 효과적인 영유아 교육 어떻게 할 것인가: 영유아교육기관, 가정보육의 현장 지침서. 이화여자대학교 출판부.

이대균, 송정원(1998). 유아교육기관의 운영관리. 양서원.

이영자, 권영례(1997). 유아교육기관의 운영관리. 창지사.

임재택(1999). 유아교육기관 운영관리. 양서원.

Day, D. E.(1983). *Early childhood education : A human ecological approach.* Glenview, Illinois: Scott, Foresman and Co.

Decker, C. A., & Decker, J. R.(1992). *Planning and administering early childhood program*(5th ed.). N.Y.: MacMillan Publishing Co.

EPIE(1972). *Early childhood education: How to select and evaluate materials*. N.Y.: EPIE Institute.

Equipment and Supplies Committee(1976). Criteria for selection of single items of equipment and materials. In E. Deans, M. D. Cohen,& S. Hardley(Eds.), *Selecting educational equipment and materials: For school and home*. Washington, D.C.: ACEI.

Koralek, D. G,. L. J. Collker, & D. T. Dodge(1993). *The what, why, and how of quality early childhood education: A guide for on site supervision.* Washington, D.C.: NAEYC.

Chapter 7

교육과정 관리

유치원 교육과정
표준보육과정
교육과정 계획과 운영
누리과정

1. 유치원 교육과정

1) 제1차 유치원 교육과정

우리나라는 1945년 광복 이후 사회적 혼란과 1950년대 전쟁의 후유증으로 빈곤으로 인해 유치원교육에까지 관심을 쏟지 못하였다. 1954년 초·중등 교육과정이 처음으로 제정되고 1963년 한 번 개정되고 난 후 6년이 지나고서야 유치원 교육과정은 1969년 처음으로 제정되었다.

2) 제2차 유치원 교육과정

1970년대 들어와서 국가의 경제개발과 국민 생활이 안정되고 가족 기능이 변하게 됨으로써 유치원교육에 대한 사회의 관심이 높아지게 되었다. 유아교육 분야에서도 전문적인 연구단체인 유아교육학회가 조직되고, 1976년 공립유치원이 처음으로 설립되기에 이르렀다. 1973년 초등학교 교육과정이 세 번째로 개정되고 나서 6년 뒤인 1979년에 2차 교육과정이 개정되었다.

3) 제3차 유치원 교육과정

1980년대 들어서 정치, 경제, 사회, 문화 등 각 분야에서 많은 변화가 있었다. 1981년 제5공화국이 출범하면서 정부의 역점사업으로 취학 전 아동교육 강화를 천명하게 되었다. 1981년 제3차 유치원 교육과정 개정부터는 초·중등 교육과정과 보조를 맞추어 개정되어 유치원 교육과정이 초·중등 교육과정과 연계될 수 있었다.

4) 제4차 유치원 교육과정

1982년 '유아교육진흥종합계획' 수립에 따라 같은 해 9월 유아교육진흥법이 제정되어 유아교육 발전의 전기를 마련하였다. 1980년에 59개였던 공립유치원의 학급 수가

1987년에는 5,831개로 약 100배 증가하였으며 취원율도 54.8%로 대폭 증가하였다. 제4차 유치원 교육과정 개정은 이전 개정처럼 사회의 변화에 따른 개정의 필요성보다는 학교에서 사용하는 교과서의 사용기간은 5~7년을 넘을 수 없다는 교과용 도서에 관한 규정(대통령령 제8660호 1977. 8. 20) 제22조의 규정 때문에 개정되었다.

5) 제5차 유치원 교육과정

1990년대 들어와서 우리 사회는 민주화가 진행되고, 지방자치제가 시행되는 등 교육 분야에도 현장 교사의 자율성과 지역 실정에 맞는 교육을 할 수 있도록 하였다. 한편 취업 여성의 증가로 보육 수요가 늘어나 탁아에 관한 관심이 증대되자 1991년 보건사회부가 주축이 되어 영유아보육법이 제정되기에 이르렀고, 새마을유아원은 해체되어 보건사회부의 어린이집이나 교육부의 유치원으로 전환하게 되었다. 이에 1992년에 개정된 제5차 유치원 교육과정에서는 취업모의 증가에 따른 종일반 운영이 포함되었다.

6) 제6차 유치원 교육과정

1995년에는 정보화 · 세계화시대를 대비한 대통령자문기구인 교육개혁위원회가 발족되어 유치원교육의 공교육체제 확립에 힘쓰게 되었다. 한편 사회구조의 변화에 부응하는 교육, 교육수요자의 요구에 부응하는 교육과정이 필요해짐에 따라 1998년 제6차 유치원 교육과정이 개정되었다.

7) 2007년 개정 유치원 교육과정

2000년대 들어와서 출산율이 급격히 떨어지고 고령화 사회로 진입함에 따라 이에 대비한 육아 및 유아교육에 대한 관심이 높아지게 되었다. 2004년 유아교육법이 제정되고 유아교육은 하나의 독립된 교육 영역으로 유아교육의 정체성을 확립하는 방향에서 유치원 교육과정 개정의 필요성이 대두되었다. 2007년 개정된 유치원 교육과정은 '부분수시개정'이라는 이름으로 시도되었으며, 21세기 지식정보화시대를 주도할 '사람과 자연을 존중하고 사랑하는 한국인 육성'을 기본 방향으로 하고 있다. 2007년 개정된 유치원 교육육과정은 2012년 5세 누리과정이 시행되고, 2013년 3~4세 누리과정이 시행됨으로 인해 자동적으로 폐기되었다.

8) 누리과정 도입

우리나라의 유아교육 체제는 유치원과 어린이집으로 이원화되어 있어 유아교육 재정을 투입하는 국가 차원에서 비효율적 구조를 가지고 있다. 유아의 입장에서 보면 유치원과 어린이집의 교육과정과 보육과정이 차이가 있어 동등한 서비스를 받지 못하는 불합리가 있었다. 이러한 불합리를 보완할 필요가 있고, 저출산 문제를 해결하는 방안의 하나로 가정에서 부담하는 양육비를 줄여 출산을 장려하기 위하여 유아교육 분야에 공적 자금을 더 많이 투입해야 하는 요구가 증폭되고 있다. 누리과정을 도입함으로써 어린이집이나 유치원에 다니는 유아들은 동등한 교육 · 보육서비스를 받을 수 있게 되었고, 국가는 동일한 교육비와 보육비를 지원할 수 있게 되었다. 누리과정은 이원화되어 있는 교육 · 보육과정을 통합하여 유아기 단계에서 교육의 질을 제고하고, 생애 초기 출발점을 평등하게 보장하는 데 그 의의가 있다. 누리과정에서는 특히 유아기부터 타인을 배려하고 존중하는 역량을 기르는 인성교육을 강화하였다.

2012년에 5세 누리과정이 먼저 도입되었고, 2013년에는 3~4세까지 확대하여 유아기의 모든 유아가 누리과정의 수혜를 받을 수 있게 되었다. 따라서 2013년부터는 유치원교육과정이 사실상 폐지되었다. 그러나 누리과정은 유치원교육과정과 표준보육과정에 기초하였기 때문에 내용체계가 완전히 바뀐 것이 아니며, 유치원교육과정과 표준보육과정을 절충하여 시대의 변화에 부응할 수 있도록 내용체계가 정비되었다.

2. 표준보육과정

어린이집 표준보육과정은 어린이집의 만 0~5세 영유아들에게 국가수준에서 제공하는 보편적이고 공통적인 보육의 목표와 내용을 제시한 것이다. 어린이집 표준보육과정은 0~1세 보육과정, 2세 보육과정, 3~5세 보육과정(누리과정)으로 구성되어 있다. 표준보육과정은 영유아의 전인발달과 우리문화에 적합한 내용을 일관성 있게 시행함으로써 사회에서 추구하는 인간상을 구현하고, 어린이집의 질적 수준을 높이는 데 기여하고자 제정되었다.

표준보육과정의 기본전제는 첫째, 영유아는 개별적인 특성을 지닌 고유한 존재로 그 자체로서 존중받아야 하는 존재로 보며, 연령에 따라 발달적 특성이 질적으로 다르다는 것을 인정한다. 둘째, 영유아는 직접적으로 경험할 때 의미 있는 지식과 기술 및 바람직한 태도를 형성할 수 있으며, 일상생활이 편안하고 학습과 경험은 놀이중심으로 이루어질 때 최대의 능력을 발휘할 수 있다. 셋째, 영유아는 민감하고 반응적인 성인과 신뢰로운 관계 속에서 최적의 발달을 이루고, 가정과 지역사회가 함께 협력할 때 영유아에게 긍정적인 영향을 미친다.

어린이집 표준보육과정의 구성은 0~1세 보육과정, 2세 보육과정, 3~5세 보육과정으로 구성된다. 0~1세와 2세 보육과정은 기본생활, 신체운동, 의사소통, 사회관계, 예술경험, 자연탐구의 6개 영역을 중심으로 구성되고, 3~5세 보육과정은 누리과정으로서 신체운동 · 건강, 의사소통, 사회관계, 예술경험, 자연탐구의 5개 영역을 중심으로 구성되었다. 3~5세 보육과정은 초등학교 교육과정과 연계성을 고려하였다.

영유아보육법 시행규칙 제30조에 의거하여 만 0~5세 보육과정의 영역 및 구체적인 내용은 다음과 같다.

1) 보육과정의 목적

보육과정의 목적은 영유아의 전인적 발달을 도와 행복을 도모하며, 민주시민의 기초를 형성하는 데 있다. 보육과정을 통해 추구하는 인간상은 다음과 같다.

① 심신이 건강하고 행복한 사람
② 자율적이고 창의적인 사람
③ 자신과 타인을 존중하고 배려하는 사람
④ 자연과 우리문화를 사랑하는 사람
⑤ 다양성을 인정하는 민주적인 사람

2) 보육과정의 목표

보육과정의 목표는 연령별로 발달수준에 맞게 설정되었다.

(1) 0~1세 보육과정

① 건강하고 안전한 일상생활을 경험한다.
② 감각 및 기본 신체운동 능력을 기른다.
③ 말소리를 구분하고 의사소통의 기초를 마련한다.
④ 친숙한 사람과 관계를 형성한다.
⑤ 아름다움에 관심을 가진다.
⑥ 보고 듣고 만지면서 주변환경에 관심을 가진다.

(2) 2세 보육과정

① 건강하고 안전한 생활습관의 기초를 마련한다.
② 감각, 신체조절 및 기본운동 능력을 기른다.
③ 의사소통 능력의 기초를 기른다.
④ 나를 인식하고 다른 사람과 더불어 생활하는 경험을 한다.
⑤ 아름다움에 관심을 가지고 예술 경험을 즐긴다.
⑥ 주변환경에 호기심을 갖고 탐색하기를 즐긴다.

(3) 3~5세 보육과정

① 기본운동 능력과 건강하고 안전한 생활습관을 기른다.
② 일상생활에 필요한 의사소통 능력과 바른 언어 사용 습관을 기른다.
③ 자신을 존중하고 다른 사람과 더불어 생활하는 능력과 태도를 기른다.
④ 아름다움에 관심을 가지고 예술 경험을 즐기며, 창의적으로 표현하는 능력을 기른다.
⑤ 호기심을 가지고 주변세계를 탐구하며, 일상생활에서 수학적 · 과학적으로 생각하는 능력과 태도를 기른다.

3) 보육과정의 편성과 운영

표준보육과정의 편성은 개별 어린이집의 특성과 운영시간에 맞추되 각 영역의 내용을 균형 있게 통합적으로 편성한다. 영유아의 발달 특성 및 개인차와 경험을 고려하여 놀이중심으로 편성하며, 영유아의 일과 중 일상생활을 포함하여 편성한다. 또한 성별, 종교, 신체적 특성, 가족 및 민족 배경 등으로 인한 차별이 없도록 편성한다.

표준보육과정을 운영할 때는 연간, 월간, 주간, 일일 계획에 의거하여 운영하되 실내 · 외 환경을 다양한 흥미 영역으로 구성하여 운영한다. 영유아의 능력과 장애 정도에 따라 조정하여야 하고, 가정과 지역사회의 협력과 참여에 기반하여 운영한다.

교수 · 학습방법은 영유아의 주도적인 놀이를 중심으로 하고, 영유아의 흥미를 중심으로 활동을 선택할 수 있도록 한다. 교사는 영유아와 신뢰감을 형성하고 개별적인 활동을 보장하며, 영유아가 교사, 환경, 또래와 능동적인 상호작용이 이루어지도록 한다. 0~1세와 2세는 일상생활 및 개별활동, 휴식 등이 균형 있게 하고, 3~5세는 실 · 내외활동, 정적 · 동적 활동, 대 · 소집단활동 및 개별활동, 일상생활 및 휴식 등이 균형 있게 이루어지도록 한다.

영유아를 평가할 때는 표준보육과정의 목표와 내용에 근거하여 영유아의 특성과 변화 정도를 평가한다. 평가는 영유아의 일상생활과 보육과정 활동 전반에 걸쳐 포괄적으로 하며, 지식, 기술, 태도 등을 평가한다. 평가방법은 관찰, 활동 결과물 분석, 부모면담 등 다양한 방법을 사용하여 종합적으로 평가하고 그 결과를 기록한다. 평가결과는 영유아에 대한 이해와 어린이집 표준보육과정 운영 개선 및 부모 면담자료로 활용한다.

3. 교육과정 계획과 운영

1) 교육계획

현장의 교사들은 국가수준의 교육과정을 기초로 시 · 도교육청의 교육과정 운영지침을 참고하여 각 유치원의 실정에 맞게 교육과정을 편성하고 운영해야 한다. 교육계획을 수립할 때는 생활주제와 활동명, 활동목표들 간에 연계성이 있도록 한다.

교육과정 계획은 연간 교육계획, 월간 교육계획, 주간 교육계획, 일일 교육계획을 수립한다. 연간 교육계획에는 연간 생활주제, 부모교육계획, 안전교육계획, 행사계획 등 유아교육기관에 따라 중점을 두는 별도의 프로그램에 대한 일 년 동안의 활동이 포함되도록 한다. 연간 교육계획은 당해 연도 교육이 시작되기 전인 매년 2월 말까지 수립하여 모든 교사가 공유하고 있어야 한다. 연간 교육계획에 기초하여 월간 교육계획을 수립하고, 월간 교육계획을 기초로 주간 교육계획을 수립하며, 주간 교육계획을 기초로 일일 교육계획을 수립한다. 교육계획에는 유아교육기관에서 어떤 생활주제를 선정하는지, 주제에 어떤 개념과 내용들을 포함시키는지, 언제 어떤 방법으로 유아들에게 제시하고 지도하는지를 구체적으로 보여준다(교육부, 2000). 이러한 교육계획은 유아교육기관의 교육활동과 관련된 정보를 집합해 놓은 것이며, 교사의 교육 의도를 체계적으로 조직해 놓은 교육정보의 총체이다.

일일 교육계획은 하루 동안에 이루어지는 모든 활동들을 순서적으로 계획하며, 생활주제, 교육목표, 활동명과 활동에 관한 각종 정보 및 평가를 기록한다. 일일 교육계획에는 활동의 계획과 평가를 기록하기 때문에 교육이 계획대로 실행되었는지, 어떤 점이 수정 · 보완되어야 하는지 알 수 있다. 교육계획 수립에 있어서 다음과 같은 점을 고려해야 한다.

- 주제와 활동명, 활동목표들 간에 연계성이 있는가?
- 일일 교육계획안에는 당일 소주제(또는 소단원 등), 시간대별 활동, 활동목표, 준비물 및 방법, 평가내용이 포함되어 있는가?
- 일과활동 후 일일 교육계획에 대한 평가 항목이 있는가?

• 교육계획안을 작성할 때 교직원들 간의 사전협의를 하였는가?

이 밖에도 교육프로그램 계획 수립 시 고려해야 할 사항으로 다음과 같은 것이 있다(임재택, 1999).

• 유아의 연령 및 발달수준
• 유아의 흥미와 관심
• 지역사회의 실정
• 가정환경 및 부모의 요구
• 편제
• 유치원의 특성
• 연간 수업일수와 하루 운영 시간
• 학급당 원아 수 및 교사 대 아동 비율
• 학급당 편성 유형
• 시설 및 환경(실내 · 외 공간구성)
• 교재 · 교구의 확보 정도

(1) 연간 교육계획

연간 교육계획은 1년 동안 달성할 구체적인 교육목표를 효율적으로 달성하기 위한 교육활동을 설계하는 것으로 유아교육기관의 전체 교육에 대한 총괄 정보를 나타내는 것이다. 연간 교육계획안은 유아의 발달, 계절, 지역사회의 특성, 유아교육기관의 특성 등을 고려하여 작성되어야 한다. 유아교육기관에서는 생활주제 또는 단원, 소풍, 운동회와 같은 주요 교육행사 등을 계절의 변화 또는 3월부터 다음해 2월까지 시간의 순서에 따라 배열한다. 연간 교육계획의 작성은 신학기가 시작되기 전인 매년 2월 중순에 작성된다. 연간 계획의 수립 절차는 다음 그림과 같다.

과 정	내 용
교육과정편성협의회 구성	전체 교직원 참여
요구분석	실태조사, 기관 현황 분석, 상위목표 분석, 전년도 운영 평가결과 개선점 도출
목표 및 방침 결정	교육목표, 경영목표, 경영방침
교육활동 계획	교육일수, 연간 생활주제, 특별활동, 행사계획
평가계획	유아평가, 교육과정평가, 학급경영평가

그림 7-1 연간 교육계획 수립 절차

1년 동안 월별 생활주제 전개는 표 7-1과 같이 유아들이 관심가지기에 적합한 것으로 하되 유아들이 인식하기 쉬운 것에서부터 시작하여 점차 생활의 범위와 관심의 범위가 확대되어 가도록 한다.

표 7-1 연간 교육계획

1 학 기				2 학 기			
월	주	생활주제	주 제	월	주	생활주제	주 제
3	1	유치원과 친구	우리 유치원이에요	9	1	여러 가지 탈 것	즐거웠던 여름방학
	2		우리 유치원 선생님				
	3		교실에 있는 것들		2		내가 좋아하는 탈것
	4		사랑하는 친구들		3		안전하게 이용해요
4	1	봄이 왔어요	봄은 따뜻해요		4		신나는 자전거 놀이
	2		안전하게 생활해요	10	1	우리 나라	즐거운 명절 추석
	3		씨앗과 새싹		2		신나는 전통 놀이
	4		봄에 볼 수 있는 곤충		3		우리나라
5	1	나와 가족	사랑하는 우리 가족		4	우리 고장	우리 마을

1 학기				2 학기			
월	주	생활주제	주 제	월	주	생활주제	주 제
5	2	나와 가족	내가 사는 곳	10	5	우리 고장	우리 도시
	3		내가 좋아하는 것	11	1	가을이 왔어요	가을이 왔어요
	4		나의 몸이 궁금해요		2		가을 날씨
					3		나무가 변해요
6	1	동 물 친구들	우리가 좋아하는		4		가을은 풍성해요
	2		동물원에 가 보아요	12	1	세계 여러 나라	여러 나라의 민속 의상
	3		동물을 사랑해요		2		여러 나라의 인사
	4		공룡이 궁금해요		3		여러 나라의 노래와 춤
7	1	신나는 여 름	여름이 왔어요		4		가까운 나라 먼 나라
	2		신나는 물놀이	2	2	이만큼 자랐어요	즐거웠던 겨울방학
	3		여름에 먹는 과일		3		함께 지낸 시간들

(2) 월간 교육계획

월간 교육계획안은 월 단위로 전개되는 생활주제와 소주제 전개 단위로 작성된다. 월간 교육계획안에 포함될 내용은 생활주제와 선정 이유, 목표, 환경구성, 주제망 등이다. 특히 주제망은 그 달의 생활주제에서 전개될 내용 범위와 유아들이 획득해야 할 개념들이 나타나도록 하여 교육활동 내용의 조직이 설계되도록 한다. 또한 월간 일정표를 만들어서 연간 교육계획과 관련된 각종 행사 등 일정을 중심으로 월간 일정표를 작성할 필요가 있다. 일정표는 모든 교직원이 볼 수 있는 곳에 게시하는 것이 일반적이다.

표 7-2 월간 교육계획

기 간	3월 1주~3월 4주
생활 주제	유치원과 친구들
목 표	· 유치원을 즐거운 곳으로 느낀다. · 유치원에서 지켜야 할 약속이 있음을 알고 지킨다. · 새로운 친구에게 관심을 가지고 사이좋게 지낸다.

<table>
<tr><td>주제 선정 이유</td><td colspan="2">· 유아들이 유치원의 환경을 탐색하면서 유치원을 즐거운 곳으로 인식하고, 친구들과 바람직한 또래관계를 형성하고, 단체생활의 규칙을 지킬 수 있도록 도와 유치원 생활에 잘 적응하도록 하기 위해서 선정하였다.</td></tr>
<tr><td rowspan="2">환경 구성 계획</td><td>실내</td><td>· 유아 개인별 사진 및 이름이 있는 환경판
· 각 흥미 영역 표시판
· 손씻기 순서, 화장실 사용 순서 등의 안내 사진 및 그림
· 유아들이 사이좋게 놀이하는 모습
· 바른 태도로 인사하는 사진
· 이닦기 판</td></tr>
<tr><td>실외</td><td>· 여러 가지 실외 놀이기구 사용방법 및 태도에 관한 그림</td></tr>
<tr><td>주제망</td><td colspan="2">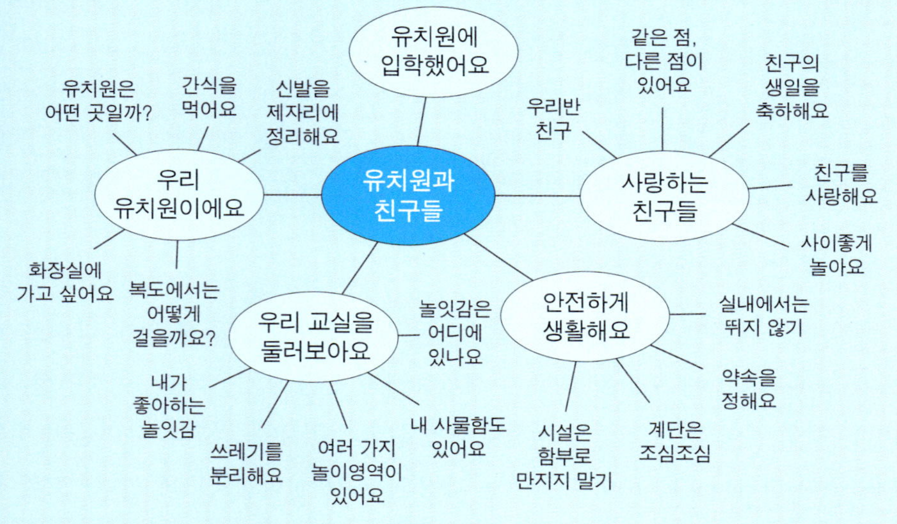
</td></tr>
<tr><td>행사 계획</td><td>· 입학식
· 학습준비도 검사 및 학부모 면담</td><td>· 부모교육
· 교통안전교육/ 생일축하</td></tr>
</table>

(3) 주간 교육계획

주간 교육계획은 1주일 동안에 이루어지는 모든 교육활동을 한눈에 조명하여 볼 수 있도록 세부적인 내용까지 포함시킨 교육계획이다(교육부, 2000). 주간 교육계획안에는 소주제에 따른 교육목표와 집단활동, 프로젝트, 견학, 모든 흥미 영역, 교육과정 관련 생활 영역 활동 등이 모두 포함된다. 주간교육활동을 계획할 때는 연간 교육계획에 기초해서 목요일 전체 교사회의를 통해서 결정된 내용을 작성한다.

표 7-3 유치원 주간 교육계획안 예시

<table>
<tr><td colspan="2">생활주제</td><td colspan="2">가 을</td><td>기간</td><td colspan="3">2010. 11. 1 ~ 11. 6</td></tr>
<tr><td colspan="2">주 제</td><td colspan="2">가을은 요술쟁이</td><td>대상</td><td colspan="3">만 5세(기린반)</td></tr>
<tr><td colspan="2">목 표</td><td colspan="6">· 가을이 되어 나타나는 자연의 변화에 관심을 가진다.
· 자연의 아름다움을 감상한다.</td></tr>
<tr><td colspan="2">요일/날짜
활동</td><td>1(월)</td><td>2(화)</td><td>3(수)</td><td>4(목)</td><td>5(금)</td><td>주말(가정)</td></tr>
<tr><td rowspan="8">자유선택활동</td><td>쌓기놀이영역</td><td colspan="5">· 공원 만들기 · 낙엽길 만들기</td><td rowspan="17">고구마 맛탕 만들기</td></tr>
<tr><td>역할놀이영역</td><td colspan="5">· 단풍놀이를 가요</td></tr>
<tr><td>언어 영역</td><td colspan="5">· 단풍잎 동시 · 가을 단어 카드 퍼즐</td></tr>
<tr><td>수 · 조작놀이 영역</td><td colspan="5">· 단풍잎 세기 · 단풍잎 바느질하기</td></tr>
<tr><td>과학 영역</td><td colspan="5">· 나뭇잎이 변해요</td></tr>
<tr><td>조형 영역</td><td colspan="5">· 나뭇잎을 찍어 보세요 · 나뭇잎으로 동물 만들기</td></tr>
<tr><td>음률 영역</td><td colspan="5">· 가을의 소리 · 낙엽을 밟아 보세요</td></tr>
<tr><td>감상 영역</td><td colspan="5">밀레의 '만종' 감상하기</td></tr>
<tr><td rowspan="8">소집단활동대</td><td>이야기 나누기</td><td>가을 동산을 둘러봐요</td><td>가을의 날씨와 생활</td><td>가을에 볼 수 있어요</td><td>여러 가지 단풍잎</td><td>나뭇잎이 변했어요</td></tr>
<tr><td>동시/동화/동극</td><td>나뭇잎의 여행 (동화)</td><td>가을 하늘 (동시)</td><td>들국화와 허수아비 (동화)</td><td>단풍잎의 가을밤 (동화)</td><td>나뭇잎 (동극)</td></tr>
<tr><td>음악활동</td><td colspan="2">가 을</td><td colspan="2">코스모스</td><td>나뭇잎</td></tr>
<tr><td>게 임</td><td></td><td colspan="2">나뭇잎 뒤집기</td><td colspan="2"></td></tr>
<tr><td>신체활동</td><td colspan="5">바람에 날리는 낙엽이 되어 보기</td></tr>
<tr><td>조형활동</td><td colspan="2">단풍잎 왕관만들기</td><td colspan="2">잠자리를 만들기</td><td></td></tr>
<tr><td>실외활동</td><td colspan="2">가을 동산 둘러보기</td><td colspan="3">단풍잎을 찾아요</td></tr>
<tr><td>간 식</td><td>요거트</td><td>잣죽</td><td>사과</td><td>절편</td><td>멸치, 콩</td></tr>
<tr><td colspan="2">안전교육</td><td colspan="5">· 찻길을 건널 때 횡단보도를 이용해요</td></tr>
</table>

표 7-4 어린이집 주간 보육계획안 예시

<table>
<tr><td>주 제</td><td>풍성한~~~ 가을이 되었어요</td><td>교육기간</td><td>2010년 10월 19일 ~ 10월 24일</td></tr>
<tr><td>목 표</td><td colspan="3">· 계절에 따른 날씨의 변화를 이야기할 수 있다.
· 나뭇잎의 변화와 가을 열매의 이름을 알 수 있다.</td></tr>
</table>

내 용 / 요 일		19 (월)	20(화)	21(수)	22(목)	23(금)	24(토)
자유선택활동	쌓기,역할	· 다람쥐 집 만들기 · 과일 가게 놀이					
	언 어	듣기 · 말하기	친구와 손가락 인형으로 말하기		읽기 · 쓰기	· 그림책) 과일 · 나뭇잎 한지에 긁적거리기	
	수.조작	수 활동	3가베 : 패턴놀이		조작 활동	반쪽을 찾아주세요	
	탐 색	· 비닐 주머니 속 나뭇잎 소리 들어보기 · 가을의 과일, 열매 모양, 씨, 맛, 관찰하기					
	창의적표현	그리기	가을나무 그리기	만들기	곡식 마라카스 만들기	꾸미기	나뭇잎으로 왕관 꾸미기
	음 률	· 비발디 '사계' 감상하기 · 가을 곡식 마라카스 연주하기 · 리본테이프로 가을바람 표현하기					
대 · 소 집단 활동	이야기 나누기	이야기 나누기: 맛있는 과일이에요	융판동화: 단풍잎	견학: 산림박물관	그림동화: 커다란 무	동시: 바사삭~ 바사삭!	통합보육
	음률활동 (노래, 신체)	· 새노래: 가을 · 손유희: 도토리 · 신체표현: 나뭇잎 표현하기, 스카프로 가을바람 표현하기					
	영어	가을의 과일					
일상 생활	간식.식사	· 바르게 앉아서 음식을 먹어요 · 자연식품(야채, 과일 잘 먹기)을 좋아해요					
	낮잠.휴식	· 자고 일어난 이불을 정리할 수 있어요.					
	산책.견학	· 주변 돌아보기(가을하늘, 바람, 나뭇잎, 열매 관찰) · 목요장터 돌아보기 · 산림박물관					
대근육 활동	실외활동	· 모래놀이: 모래성을 쌓아요 · 놀이기구: 미끄럼틀 이용하기			대체활동	· 훌라후프 터널 지나가기 · 풍선치기	
기본 생활 습관	안전교육	· 약물안전 : 약을 함부로 먹지 않아요			활 동 사 진(대근육 활동)		
	기본생활	· 물을 아껴서 사용해요 · 손을 깨끗이 닦아요					
	친사회적	· 도움을 받았을 때 친구에게 고마워! 라고 말하기					
	소방훈련	· 화재 대피 훈련 : – 장난하지 않고 대피로를 따라 밖으로 대피하기 – 연기가 날 때는 코와 입을 막고 기어서 밖으로 대피하기					

<table>
<tr><td>알려드립니다</td><td>☆ 21일(수)은 현장학습일(산림박물관) 입니다. 별도의 안내장을 참고해 주세요.
☆ 23일(금)은 소방 대피훈련이 있습니다. 여분의 양말 1개를 보내 주세요 ^.^
☆ 어린이집 홈피에 댓글 한 줄 적어주세요~~~ 예쁜반 친구들 모습에 사랑의 글!! 부탁드립니다.</td><td>새노래</td><td>가 을 (김성균 :작사.작곡)
❶ 가을은 가을은 노랑색 은행잎을 보세요
그래그래 가을은 노랑색 아주 예쁜 노랑색
❷ 아니아니 가을은 빨강색 단풍잎을 보세요
그래그래 가을은 빨강색 아주 예쁜 빨강색
❸ 아니아니 가을은 파랑색 높은하늘 보세요
그러면 가을은 무슨색 빨강파랑노랑색</td></tr>
</table>

(4) 일일 교육계획

일일 교육계획안은 교육목표를 달성하기 위해 가장 구체적인 계획이며, 실천적인 계획이기 때문에 하루 동안에 이루어지는 모든 활동들이 포함된다. 하루 일과는 등원에서부터 시작하여 이야기 나누기, 휴식 및 화장실 다녀오기, 정리정돈, 자유선택활동, 집단활동, 간식 및 점심, 평가 및 귀가지도 등으로 이루어진다.

일일 교육계획안을 작성할 때는 연간, 월간, 주간 교육계획안에 기초하여 세밀하게 작성하되 융통성 있게 하는데 다음과 같은 점을 염두에 두어 작성한다. ① 하루 일과는 일관성 있는 패턴이 있어야 한다. ② 각 활동 간에 균형을 맞춰야 한다. ③ 여러 유형의 상호작용이 일어나도록 해야 한다. ④ 유아의 흥미, 요구 등을 반영해야 한다. ⑤ 평가를 적극적으로 활용해야 한다. 유치원의 일일 교육계획안의 예는 표 7-5와 같다.

표 7-5 일일 교육계획안 예시

<table>
<tr><td colspan="4" rowspan="2">일 일 교 육 계 획 안</td><td>담 임</td><td>원 감</td></tr>
<tr><td></td><td></td></tr>
<tr><td>학급명</td><td>해바라기(만 5세)</td><td>시 기</td><td>2010년 5월 27일(수)</td><td>수업일수</td><td>17/19일</td></tr>
<tr><td>생활주제</td><td>나와 가족</td><td>소주제</td><td colspan="3">가족 구조</td></tr>
<tr><td>목 표</td><td colspan="5">· 나의 신체 각 기관의 명칭에 관심을 가진다. · 신체 각 기관의 기능을 안다.</td></tr>
<tr><td>활동시간</td><td colspan="2">08:30–09:00 등원
09:00–09:30 아침인사 및 일과계획
09:30–10:30 자유선택활동
10:30–11:00 정리정돈 및 화장실 다녀오기
11:00–11:30 이야기나누기(나의 몸)
11:30–12:10 조형(나의 몸 그리기)</td><td colspan="3">12:10–13:20 점심식사 및 이닦기
13:30–14:00 음악(내 몸은 신기한 악기)
14:00–15:00 하루일과 회상 및 귀가지도</td></tr>
</table>

<table>
<tr><th rowspan="2">활 동 명</th><th rowspan="2">활동목표</th><th>활 동 내 용</th><th rowspan="2">자료 및
유의점</th><th rowspan="2">평가</th></tr>
<tr><th>I 수준 공통 II 수준</th></tr>
<tr><td>등 원</td><td></td><td>* 유아를 맞이하면서 유아의 상태(기분, 건강)를 점검한다.
* 하루일과를 계획하고 오늘의 활동을 알아본다.
* 자유선택활동 영역별 교재 · 교구를 소개한다.
* 색칠놀이를 한다.
* 출석을 부른다.</td><td>자유선택판
여러 가지
크기의 블록,
종이</td><td></td></tr>
<tr><td>아침인사 및
일과소개</td><td></td><td>* 친구들과 아침인사를 하고, 하루 일과를 소개한다.</td><td></td><td></td></tr>
<tr><td rowspan="6">자유선택
활 동</td><td rowspan="6">나의 몸 속 뼈의 생김새에 관심을 가진다.
우리 몸의 각 기관의 이름에 관심을 가진다.
내몸에 관심을 가진다.
신체 각 부분의 이름을 안다.
경험을 그림으로 표현한다.
임의측정단위를 활용하여 사물을 측정한다.</td><td>〈쌓기 영역〉
▣ 내 몸 속 뼈대 만들기
* 엑스레이 사진을 보면서 우리 몸의 뼈대를 관찰한다.
* 몸 속 뼈대 만들기 방법에 대해 이야기한다.
* 몸 속 뼈대를 만들고 평가한다.</td><td>엑스레이</td><td rowspan="6"></td></tr>
<tr><td>〈언어 영역〉
▣ 내 몸의 이름은?
* 내 몸의 여러 가지 기관에 대해 이야기한다.
* 내 몸의 이름을 이야기한다.
* 내 몸의 기관 이름을 적어 본다.
* 내 몸의 기관의 이름을 붙여 본다.</td><td>활동판,
기관 이름,
활동지,
연필</td></tr>
<tr><td>〈역할놀이 영역〉
▣ 신체검사 놀이
* 내 몸을 숫자로 나타낼 수 있는 방법을 이야기한다.
* 키, 머리둘레, 손의 길이 등을 재본다.</td><td>저울,
키재기,
줄자</td></tr>
<tr><td>〈수 · 조작놀이 영역〉
▣ 어느 부분이 와야 할까요?
* 신체 그림을 이용하여 패턴놀이를 해본다.
* 패턴을 만들어 본다.</td><td>패턴그림판,
신체부분카드</td></tr>
<tr><td>〈조형 영역〉
▣ 주말지낸 이야기
* 주말지낸 이야기를 그림으로 그려 본다.</td><td>크레파스,
화첩</td></tr>
<tr><td>〈과학 영역〉
▣ 내 몸은 측정도구
* 임의의 측정도구를 이용하여 키를 재본다.</td><td>카펫,
소지품장,
책상, 에어컨</td></tr>
</table>

		* 신체 부위를 이용하여 길이를 측정해 본다. * 그림으로 나타내 본다.		
정리 및 평가	장난감을 제자리에 정리한다.	* 정리음악을 들으며 놀잇감을 정리한다. * 화장실에 다녀온 후 모인다. * 자유선택활동 시간에 즐거웠던 일이나 속상했던 점에 대하여 전체 평가를 한다.		
이야기 나누기	내 몸의 여러 가지 기관에 관심을 가진다.	〈내 몸의 여러 가지〉 * 사람의 몸을 보면서 각 부분을 이야기한다. * 각 부분의 이름을 찾아서 붙여 보기로 한다. * 신체 각 부분의 특징을 말하고 찾아본다. * 언어 영역에 제시한다.	사람 그림	
조형	신체 각 부분에 관심을 가진다.	〈내 몸 그리기〉 * 우리 몸을 그려 보기로 한다. * 재료를 탐색해 본다. * 팀으로 나누고 팀원끼리 역할을 정한다. * 모델, 화가의 역할을 정하고 그림을 그린다. * 그린 그림을 전시하고 감상한다.	전지, 5장, 크레파스	
점심식사 및 이닦기	골고루 먹는다.	* 차례로 줄을 서서 손을 닦는다. * 신을 갈아 신고 급식실로 이동한다. * 밥을 먹고 줄을 서서 유치원으로 돌아온다. * 이를 닦는다.	컵, 칫솔	
음악	몸으로 내는 소리에 관심을 가진다.	〈내 몸은 신기한 악기〉 * 몸을 이용하여 다양한 소리를 내본다. * 소리를 녹음하여 들려준 후 어떤 부분인지 맞추어 본다. * 사과 같은 내 얼굴을 부르면서 실물 사진에 따라 몸으로 소리를 내어 본다. * 사진 이외의 다른 방법으로 소리내어 본다.	바닥표시줄, 색테이프, 노래, 신체부위를 나타내는 그림 자료 혹은 실물 사진	
평 가				

(5) 평가계획

교육의 효율성을 확보하기 위해서는 교육계획의 단계에서 설정하는 교육목표와 교육내용의 조직, 적절한 교육방법을 계획하는 것과 더불어 교육의 실행이 얼마나 잘 되었는지 검증해야 한다. 또 새로운 교육계획을 입안하기 위해서는 직전에 실시되었던 교육의 결과를 평가하여 개선점을 반영하는 것이 필요하다. 따라서 교육계획에 있어서 평가의 계획은 반드시 있어야 한다. 유아교육기관에서 교육평가의 영역은 교육과정의 목적과 목표가 올바로 설정되었는지, 교육내용의 조직은 바람직하였는지, 계획된 바에 따라 교육과정이 운영되었는지를 확인하는 교육과정 평가와 유아들이 얼마나 학습목표를 성취했는지 알아보는 유아평가로 나눌 수 있다.

교육평가를 하는 궁극적인 목적은 교육의 질 관리를 통한 교육과정 개선·보완을 위한 기초 자료 및 유아에 대한 이해와 지원을 위한 의사결정 자료를 확보하기 위함이다. 평가계획의 예시는 표 7-6과 같다.

표 7-6 평가계획 예시

평가유형	평 가 내 용	평 가 도 구	횟수	시기	대상
교육과정평가	· 교육과정 운영	교육과정운영 평가	2회	7, 2월	전 교사
유아평가	· 학습 준비도 검사	학습 준비도 검사	1회	3월	유아
	· 자유선택활동 평가	자유선택활동 평가지	주 1회	매주 금	유아
	· 유아 행동 평가	개인 일화기록 평가 유아 관찰 척도	4회	5, 8, 11, 2	유아 유아
	· 기본생활습관 평가	기본생활습관 평가지	2회	7, 12월	유아
	· 포트폴리오	작품 모음	1회	연 중	유아
	· 종합평가	생활기록부	1회	2월	유아
교사평가	· 교사 자기 평가	교사자기평가서	1회	학년말	전 교사
부모평가	· 만족도	설문지	2회	8월, 2월	학부모

2) 교육과정 운영

교육과정 운영이란 교육과정 계획을 실행하는 것을 의미하는데 교육과정 전개라는 표현을 사용하기도 한다. 교육학대사전에서는 교육과정이란 교육과정 계획과 평가 사이에 위치하는 절차로 정의한다. 그러니까 교육과정 계획안이 실제로 이루어지는 것을 의미한다.

국가수준에서 고시한 교육과정은 일선 교육 현장에서 교사들이 수업에 활용함으로써 실천되는 것이다. 교육과정의 실천은 교사가 얼마나 교육과정을 잘 이해하느냐에 달려 있다.

(1) 일과 운영

교육과정의 실천은 하루하루 진행되는 일과에서 이루어진다. 하루 일과 속에는 생활주제를 좀 더 구체적으로 접근하는 소주제가 있고, 이 주제를 중심으로 각 생활 영역(교과 영역)이 다루어진다. 하루 일과를 운영함에는 유아교육기관의 교육철학이 기초가 되며, 유아의 발달, 흥미, 요구 등에 따라 일과 운영 방식이 결정된다. 일과계획의 기본 원리는 다음과 같다(Decker, 1976).

첫째, 일과계획은 일관성이 있어야 한다.

둘째, 일과계획에서 시간은 유아들의 신체적 욕구가 반영되어야 한다.

셋째, 교사가 미리 짜놓은 틀에 끼워 맞추기보다는 유아의 요구를 반영해야 한다.

넷째, 일과활동계획은 기관의 교육철학에 근거해서 내용에 있어서 균형을 유지해야 한다.

다섯째, 일과활동하는 동안 여러 가지 상호작용이 일어날 수 있도록 한다.

여섯째, 일과활동계획은 융통성 있게 한다.

일곱째, 활동 후 평가가 이루어져야 한다.

표 7-7 어린이집의 하루일과

시 간	내 용	활 동
8 : 00 ~ 9 : 30	등원 및 실내놀이	· 맞이하기, 부모와의 간단한 대화 나누기 · 교실에서 실내놀이
9 : 30 ~ 10 : 00	손씻기, 오전 간식 먹기	· 손을 씻고 간식을 맛있게 먹음
10 : 00 ~ 11 : 20	실내 자유선택활동	· 교실에 준비된 여러 흥미 영역에서 개별적 혹은 소집단으로 선택하여 놀이함
11 : 20 ~ 11 : 35	정리정돈 및 화장실 가기	· 정리정돈을 하고 화장실 다녀온 후 대 · 소집단 활동을 위한 준비를 함
11 : 35 ~ 12 : 15	대소집단 활동	· 이야기 나누기 / 동화 / 동극 / 게임 / 노래부르기 / 신체표현 등

시 간	내 용	활 동
12 : 15 ~ 12 : 30	오전 실외 자유놀이	· 실외에서 자유놀이를 함
12 : 30 ~ 12 : 40	정리정돈 및 손씻기	· 정리정돈을 하고 손을 씻고 개별적으로 화장실에 감
12 : 40 ~ 13 : 20	점심	· 맛있게 점심을 먹음
13 : 20 ~ 13 : 30	이닦기 및 화장실 가기	· 이닦기, 화장실 다녀오기
13 : 30 ~ 15 : 20	낮잠준비 및 낮잠	· 자기 전에 동화를 읽고 조용한 음악을 들으며 낮잠을 잠
15 : 20 ~ 15 : 30	낮잠 깨기	· 먼저 깨는 유아들은 화장실을 다녀온 후 다른 아동이 일어날 때까지 책을 봄
15 : 30 ~ 17 : 40	오후 간식 및 실내놀이	· 오후 간식 후 교실에 준비된 영역의 놀이를 개별적 혹은 소집단으로 선택하여 놀이함
17 : 40 ~ 18 : 00	실외 자유놀이	· 날씨와 유아의 흥미에 따라 유희실, 실외에서 놀이함
18 : 00 ~	귀가준비 및 귀가	· 개별적으로 선택하여 자유놀이 중 귀가

(2) 교육활동 내용 및 방법의 구성

일과활동에서 주제에 따른 교육목표를 달성하기 위해서는 주제와 연관해서 유치원 교육과정 각 생활 영역(교과 영역)의 내용체계를 다루어야 한다. 즉, 교육내용을 균형 있게 안배해야 하며, 같은 연령으로 구성된 학급이라도 유아들의 발달에 따라 Ⅰ수준, Ⅱ수준, 공통 수준을 모두 제시하여 수준별 교육이 이루어지도록 해야 한다. 유아들이 교육내용을 학습한다는 것은 해당하는 지식, 기술, 태도를 함양하는 것이다. 그러기 위해서는 유아들에게 적합한 방법으로 교육내용을 경험시키는 것이 중요하다. 따라서 교육내용은 여러 가지 교육활동을 통해서 유아들에게 경험되도록 한다. 유아들에게 적합한 교육활동의 유형들은 이야기 나누기를 비롯해서, 동화, 동시, 게임, 퀴즈, 신체활동, 토의, 요리, 노래부르기, 견학, 관찰, 실험, 만들기, 꾸미기, 그리기, 편지쓰기 등이 있으며, 개별 또는 소집단으로 활동하는 자유선택활동이 있고, 학급 전체가 동시에 참여하는 대집단활동이 있다. 하루 일과에는 이러한 활동이 고루 안배되어야 하고, 교육과정의 내용체계, 즉 교육내용은 분절하여 경험하는 것이 아니라 주제를 중심으로 통합하여 경험되도록 한다.

① 주제망 짜기

교육활동의 중심이 되는 주제의 선정은 교사가 주도적으로 할 수도 있고 유아들이 주도적으로 할 수도 있다. 연간 이루어지는 생활주제는 연간 교육계획을 세울 때 결정되어지는데 큰 주제는 세분되어 작은 소주제들로 구성될 수 있고, 또 소주제는 더 작고 구체적인 주제들로 세분될 수 있다. 교사는 작은 주제들을 세분하여 큰 주제를 중심으로 작은 주제들이 방사상으로 뻗어나가게 주제망을 짜면 유아들이 주제와 관련된 개념들을 형성하고 개념과 관련한 경험들을 할 수 있게 된다. 주제망을 짤 때 교사는 유아들과 자유로운 토의를 하는 가운데 유아들이 많은 개념을 제안할 수 있도록 격려한다.

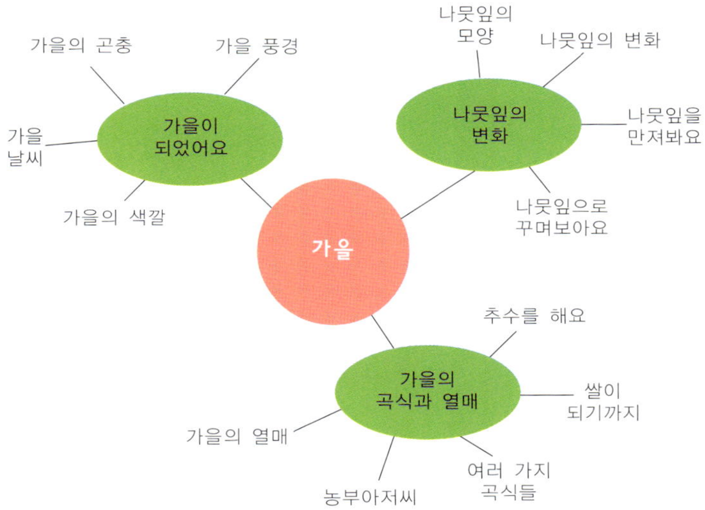

그림 7-2 주제망 짜기

주제망을 짤 때는 다음과 같은 절차로 할 수 있다.

첫째, 유아들이 관심가질 만한 중심 주제를 생각하고 결정한다.

둘째, 중심주제와 관련 있는 하위 주제들을 포스트잇에 적어 열거한다.

셋째, 열거된 주제들을 유목화하여 그룹화하고 대표되는 제목을 붙인다.

넷째, 종이의 중심에 중심 주제를 적고 방사선으로 긋고 그룹핑의 제목을 적고 작은 주제들을 적는다. 작은 주제에서 더 세부 아이템이 있으면 다시 방사선을 긋고 아이템들을 적는다.

다섯째, 참고문헌이나 다른 사람의 의견을 참고하여 그룹핑을 변경한다.

② 주제를 중심으로 통합하기

주제를 가지고 하루 일과에서 여러 가지 활동 유형들을 통합하게 되면 자연스럽게 유아들은 교육과정의 5가지 생활 영역을 학습하게 된다. 유아들은 흥미에 따라 활동을 선택할 수 있고, 교사가 이끄는 집단활동에 참여하는 등 여러 가지 유형의 활동을 경험하는 동안 학습목표를 성취하게 된다. 다음은 일일 활동계획안을 통합적으로 구성할 때 주제를 중심으로 통합하는 예를 나타낸 것이다.

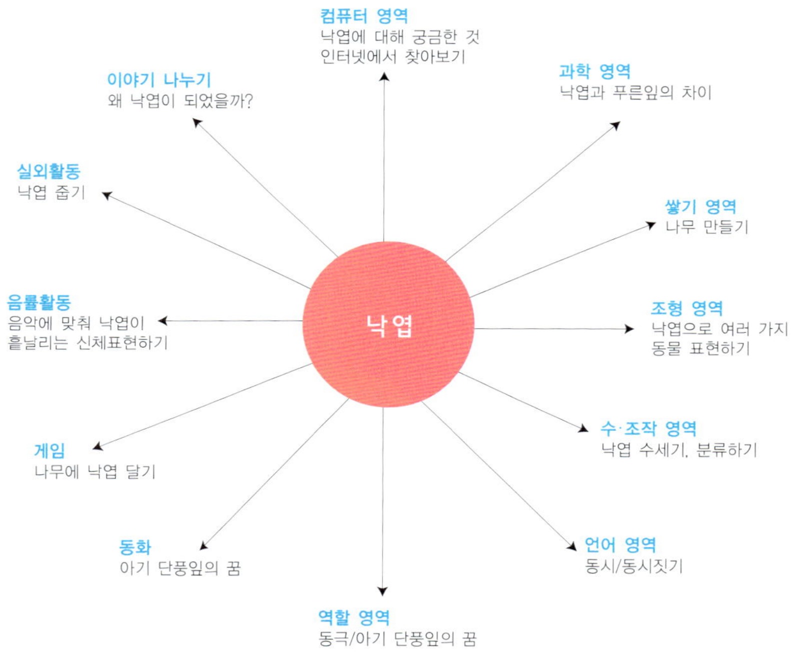

그림 7-3 주제망 짜기

③ 자유선택활동 운영방법

자유선택활동은 유아들의 개별적인 발달 속도와 흥미 요구를 반영해 주고, 개별화 교육을 실천할 수 있는 유아교육기관의 교육활동 중 매우 중요한 시간이다. 이 시간에 유아들이 자신의 선택에 따라 충실한 활동이 되도록 교사는 준비에 만전을 기해야 한다. 주제와 관련된 교육목표를 성취할 수 있도록 다양한 흥미 영역을 구성하고, 각 흥미 영역에서 유아들이 놀이하면서 학습할 수 있는 교재 · 교구들을 준비해 주어야 한다.

유아들이 각자 요구에 따라 흥미활동에 참여하는 동안 교사는 전체를 조망하면서 각 영역에서 유아들이 활동하는 상황을 관찰하고, 도움이 필요한 경우는 도와주기도 하고, 함께 참여할 필요가 있을 때는 놀이에 참여하기도 하면서 유아들이 자유스러우면서도 질서 있게 활동하도록 관리해야 한다. 자유선택활동을 위해 교사가 고려할 점은 다음과 같다.

- 각 영역에서 유아들이 놀이하는 상황 전체를 파악한다.
- 각 영역에 충분한 놀잇감을 제공해 준다.
- 유아들이 스스로 활동을 선택하여 활동하고, 결과를 평가할 수 있도록 한다.
- 유아들의 관심에 따라 심화된 활동이 전개되도록 격려한다.
- 교사는 이 시간에 다른 사무를 보지 않는다.
- 유아를 관찰하고 평가하는 시간으로 활용한다.

④ 집단활동 운영방법

집단활동은 개별활동과 대비되는 활동으로 여러 사람이 모여서 각자의 역할에 충실할 때 교육활동으로서 의미가 형성될 때 선택하는 교육활동의 유형이다. 집단활동으로 이루어지는 교육활동의 유형으로는 노래부르기, 동극, 게임, 동화 듣기, 이야기 나누기, 토의 등이 있으며 필요에 따라서 대집단과 소집단으로 구성하여 실시할 수 있다.

유아들은 집단활동을 통해서 자신의 생각이나 느낌을 다른 사람에게 표출하고 피드백을 받을 수 있고, 다른 사람의 의견 등을 공유할 수 있다. 또한 하나의 목표를 성취하기 위해서 공동으로 노력하는 협동을 통해서 공동체의 일원으로서 다른 사람과 조화로운 관계를 맺을 수 있는 기회를 가질 수 있다. 교사가 집단활동을 위해서 고려할 점은 다음과 같다.

- 교사가 일방적으로 주도하지 않도록 한다.
- 활동의 유형에 따라 집단의 크기를 조절한다.
- 집단에 참여할 유아들의 구성을 균형 있게 안배한다.

- 활동이 조직적으로 진행될 수 있도록 사전에 계획한다.
- 주의를 환기시키는 간단한 주의집중 활동을 한다.
- 활동의 진행은 도입, 전개, 결말의 절차로 한다.
- 집단활동에 필요한 교구는 사전에 준비해 둔다.
- 유아들의 발표와 참여의 기회를 고루 안배한다.
- 다른 사람의 의견이나 발표를 존중하고 격려해 주는 분위기를 조성한다.
- 활동의 진행 속도를 유아들에게 알맞게 조절한다.

4. 누리과정

1) 배경

보건복지부와 교육과학기술부는 2011년 9월 5일 어린이집과 유치원으로 이원화되어 있는 보육 · 교육과정을 통합하여 새로운 5세 누리과정을 제정한데 이어 3~4세 누리과정을 제정하여 만 3세부터 5세 유아를 대상으로 하는 '3~5세 연령별 누리과정'을 고시하였다. 취학 전 만 3~5세 어린이들에게 양질의 보육과 교육을 제공하기 위해 누리과정 제도 도입 계획을 발표한 이후 관련 TF, 공청회, 심의회 등 관계자와 전문가들의 의견을 수렴하여 고시안을 마련한 것이다. 이에 따라 2012년 3월부터는 어린이집과 유치원 어디에 다니든지 만 5세 어린이는 공통의 5세 누리과정을 제공받게 되었고, 2013년부터는 3~4세 유아들도 누리과정의 혜택을 받게 되어 생애초기의 공정한 출발선을 보장받게 되었다.

'3~5세 연령별 누리과정'은 만 3~5세의 발달 특성을 고려하여 연령별로 구성하되, 발달 특성상 연령별 구분 없이 공통으로 제시된 경우에는 교수 · 학습방법 및 난이도를 조정하여 적용하게 된다.

유아의 건강과 조화로운 발달을 도와 바른 인성을 갖춘 민주시민의 기초를 형성하는 것을 목적으로 하는 3~5세 연령별 누리과정은 0~2세 표준보육과정 및 초등학교 교육과정과의 연계를 강화하였다. 특히 바른 생활습관 형성을 위한 기본생활습관을 강조하고, 남을 배려하고 존중하며, 더불어 함께하는 다양한 내용으로 구성하여 누리과정부터 인성교육을 강화하였다. 이는 최근 사회적 문제가 되고 있는 학교폭력이 유아기의 사소한 따돌림 등으로부터 시작될 수 있고, 초 · 중 · 고교에서의 폭력성으로 습관화될 수 있다는 우려에 대처하기 위한 것이다. 또한 건강한 몸과 마음을 기르도록 다양한 신체활동 참여를 강화하고, 유아 단계에 맞는 인터넷 · 미디어 중독 예방, 녹색성장교육 및 다른 문화에 대한 이해 등의 내용도 추가하였다.

'3~5세 연령별 누리과정'은 1일 3~5시간을 기준으로, 유연하고 탄력적으로 편성 · 운영할 수 있도록 하여 어린이집과 유치원 모두 공통과정을 최대한 충실히 운영하도록 하고 있다.

2) 3~5세 누리과정의 구성방향 · 목적과 목표

(1) 구성방향

① 질서, 배려, 협력 등 기본생활습관과 바른 인성을 기르는 데 중점을 둔다.
② 자율과 창의성을 기르는 데 중점을 두고, 전인발달을 이루도록 구성한다.
③ 사람과 자연을 존중하고, 우리 문화를 이해하는 데 중점을 두어 구성한다.
④ 만 3~5세아의 발달특성을 고려하여 연령별로 구성한다.
⑤ 신체운동 · 건강, 의사소통, 사회관계, 예술 경험, 자연탐구의 5개 영역을 중심으로 구성한다.
⑥ 초등학교 교육과정과 0~2세 표준보육과정과의 연계성을 고려하여 구성한다.

(2) 목적

누리과정은 만 3~5세 유아의 심신의 건강과 조화로운 발달을 도와 민주시민의 기초를 형성하는 것을 목적으로 한다.

(3) 목표

① 기본 운동능력과 건강하고 안전한 생활습관을 기른다.
② 일상생활에 필요한 의사소통 능력과 바른 언어 사용 습관을 기른다.

③ 자신을 존중하고 다른 사람과 더불어 생활하는 능력과 태도를 기른다.

④ 아름다움에 관심을 가지고 예술 경험을 즐기며, 창의적으로 표현하는 능력을 기른다.

⑤ 호기심을 가지고 주변 세계를 탐구하며, 일상생활에서 수학적 · 과학적 문제해결하는 능력과 태도를 기른다.

3) 3~5세 누리과정의 편성과 운영

(1) 편성

① 1일 3~5시간을 기준으로 편성한다.

② 5개 영역의 내용을 균형 있게 통합적으로 편성한다.

③ 유아의 발달 특성 및 경험을 고려하여 놀이를 중심으로 편성한다.

④ 반(학급) 특성에 따라 융통성 있게 편성한다.

⑤ 성별, 종교, 신체적 특성, 가족 및 민족 배경 등으로 인한 편견이 없도록 편성한다.

⑥ 일과 운영 시간에 따라 심화 확장할 수 있도록 편성한다.

(2) 운영

① 연간, 월간, 주간, 일일 계획에 의거하여 운영한다.

② 실내 · 외 환경을 다양한 흥미 영역으로 구성하여 운영한다.

③ 유아의 능력과 장애 정도에 따라 조정하여 운영한다.

④ 부모와 각 기관의 실정에 따라 부모교육을 실시한다.

⑤ 가정과 지역사회와의 협력과 참여에 기반하여 운영한다.

⑥ 교사 재교육을 통해서 누리과정 활동이 개선되도록 운영한다.

(3) 교수 · 학습방법

① 놀이를 중심으로 교수 · 학습활동이 이루어지도록 한다.

② 유아의 흥미를 중심으로 활동을 선택하고 지속할 수 있도록 한다.

③ 유아의 생활 속 경험을 소재로 하여 지식, 기능, 태도 및 가치를 습득하도록 한다.

④ 유아와 교사, 유아와 유아, 유아와 환경 간에 능동적인 상호작용이 이루어지도록 한다.

⑤ 주제를 중심으로 여러 활동이 통합적으로 이루어지도록 한다.

⑥ 실내 · 실외활동, 정적 · 동적 활동, 대 · 소집단활동 및 개별활동, 휴식 등이 균형 있게 이루어지도록 한다.

⑦ 유아의 관심과 흥미, 발달이나 환경 특성 등을 고려하여 개별 유아에게 적합한 방식으로 학습하도록 한다.

(4) 평가

① 누리과정 운영 평가

가. 운영 내용이 누리과정의 목표와 내용에 근거하여 편성 · 운영되었는지 평가한다.

나. 운영 내용 및 활동이 유아의 발달수준과 흥미 · 요구에 적합한지를 평가한다.

다. 교수 · 학습 방법이 유아의 흥미와 활동의 특성에 적합한지를 평가한다.

라. 운영 환경이 유아의 발달 특성과 활동의 주제, 내용 및 효율성 등을 고려하여 구성되었는지를 평가한다.

마. 계획안 분석, 수업 참관 및 모니터링, 평가척도 등 다양한 방법을 활용하여 평가한다.

바. 운영 평가의 결과를 반영하여 운영계획을 수정 · 보완하거나 이후 누리과정 편성 · 운영에 활용한다.

② 유아 평가

가. 누리과정 목표와 내용에 근거하여 유아의 특성과 변화 정도를 평가한다.

나. 유아의 지식, 기능, 태도를 포함하여 평가한다.

다. 유아의 일상생활과 누리과정 활동 전반에 걸쳐 평가한다.

라. 관찰, 활동 결과물 분석, 부모면담 등 다양한 방법을 사용하여 종합적으로 평가하고, 그 결과를 기록한다.

마. 유아 평가 결과는 유아에 대한 이해와 누리과정 운영 개선 및 부모 면담 자료로 활용할 수 있다.

4) 3-5세 누리과정의 영역

(1) 신체운동 · 건강

<table>
<tr><th rowspan="2">내용 범주</th><th rowspan="2">내용</th><th colspan="3">세부내용</th></tr>
<tr><th>3세</th><th>4세</th><th>5세</th></tr>
<tr><td rowspan="4">신체 인식하기</td><td rowspan="2">감각능력 기르고 활용하기</td><td>감각적 차이를 경험한다.</td><td>감각적 차이를 구분한다.</td><td>감각으로 대상이나 사물의 특성과 차이를 구분한다.</td></tr>
<tr><td>감각기관을 인식하고 활용해 본다.</td><td>여러 감각기관을 협응하여 활용한다.</td><td>좌동</td></tr>
<tr><td rowspan="2">신체를 인식하고 움직이기</td><td>신체 각 부분의 명칭을 알고, 움직임에 관심을 갖는다.</td><td>신체 각 부분의 특성을 이해하고 활용하여 움직인다.</td><td>좌동</td></tr>
<tr><td>자신의 신체를 긍정적으로 인식하고 움직인다.</td><td>자신의 신체를 긍정적으로 인식하고 움직인다.</td><td>좌동</td></tr>
<tr><td rowspan="5">신체 조절과 기본 운동하기</td><td rowspan="5">신체 조절하기</td><td>신체균형을 유지해본다.</td><td>다양한 자세와 움직임에서 신체균형을 유지한다.</td><td>다양한 자세와 움직임에서 신체균형을 유지한다.</td></tr>
<tr><td>공간, 힘, 시간, 등의 움직임 요소를 경험한다.</td><td>공간, 힘, 시간, 등의 움직임 요소를 활용하여 움직인다.</td><td>좌동</td></tr>
<tr><td>신체 각 부분의 움직임을 조절해본다.</td><td>신체 각 부분을 협응하여 움직임을 조절한다.</td><td>좌동</td></tr>
<tr><td rowspan="2">눈과 손을 협응하여 소근육을 조절해본다.</td><td rowspan="2">좌동</td><td>좌동</td></tr>
<tr><td>도구를 활용하여 여러 가지 조작운동을 한다.</td></tr>
</table>

<table>
<tr><th rowspan="2">내용 범주</th><th rowspan="2">내용</th><th colspan="3">세부내용</th></tr>
<tr><th>3세</th><th>4세</th><th>5세</th></tr>
<tr><td rowspan="8">신체활동에 참여하기</td><td rowspan="2">기본 운동하기</td><td>걷기, 달리기 등 이동운동을 한다.</td><td>걷기, 달리기, 뛰기 등 다양한 이동운동을 한다.</td><td>좌동</td></tr>
<tr><td>제자리에서 몸을 움직여 본다.</td><td>제자리에서 몸을 다양하게 움직인다.</td><td>좌동</td></tr>
<tr><td rowspan="3">자발적으로 신체활동에 참여하기</td><td>신체활동에 자발적으로 참여한다.</td><td>신체활동에 자발적이고, 지속적으로 참여한다.</td><td>좌동</td></tr>
<tr><td rowspan="2">다른 사람과 함께하는 신체활동에 참여한다.</td><td>좌동</td><td>좌동</td></tr>
<tr><td>자신과 다른 사람의 운동능력의 차이에 관심을 갖는다.</td><td>자신과 다른 사람의 운동능력의 차이를 이해한다.</td></tr>
<tr><td>바깥에서 신체활동하기</td><td>규칙적으로 바깥에서 신체활동을 한다.</td><td>좌동</td><td>좌동</td></tr>
<tr><td>기구를 이용하여 신체활동하기</td><td>여러 가지 기구를 이용하여 신체활동을 한다.</td><td>좌동</td><td>좌동</td></tr>
<tr><td colspan="4" style="display:none"></td></tr>
<tr><td rowspan="7">건강하게 생활하기</td><td rowspan="2">몸과 주변을 깨끗이 하기</td><td>손과 이를 깨끗이 하는 방법을 알고 실천한다.</td><td>좌동</td><td>스스로 몸을 깨끗이 하는 습관을 기른다.</td></tr>
<tr><td>주변을 깨끗이 한다.</td><td>주변을 깨끗이 하는 습관을 기른다.</td><td>좌동</td></tr>
<tr><td rowspan="3">바른 식생활 하기</td><td>음식을 골고루 먹는다.</td><td>좌동</td><td>적당량의 음식을 골고루 먹는다.</td></tr>
<tr><td>몸에 좋은 음식에 관심을 갖는다.</td><td>몸에 좋은 음식을 알아본다.</td><td>몸에 좋은 음식을 선택할 수 있다.</td></tr>
<tr><td>바른 태도로 식사한다.</td><td>음식을 소중히 여기고 식사예절을 지킨다.</td><td>좌동</td></tr>
<tr><td rowspan="2">건강한 일상생활 하기</td><td>규칙적으로 잠을 자고, 적당한 휴식을 취한다.</td><td>좌동</td><td>좌동</td></tr>
<tr><td>하루 일과에 즐겁게 참여한다.</td><td>좌동</td><td>좌동</td></tr>
</table>

내용 범주	내용	세부내용		
		3세	4세	5세
건강하게 생활하기	건강한 일상생활 하기	스스로 화장실에서 배변한다.	바른 배변습관을 가진다.	규칙적인 배변습관을 가진다.
	질병 예방하기	질병의 위험을 알고 주의한다.	질병을 예방하는 방법을 알고 실천한다.	좌동
		날씨에 맞게 옷을 입는다.	날씨와 상황에 알맞게 옷을 입는다.	좌동
안전하게 생활하기	안전하게 놀이하기	놀이기구나 놀잇감, 도구를 안전하게 사용한다.	좌동	놀이기구나 놀잇감, 도구의 바른 사용법을 알고 안전하게 사용한다.
		안전한 놀이장소를 안다.	안전한 장소를 알고 안전하게 놀이한다.	좌동
		TV, 인터넷, 통신기기 등을 바르게 사용한다.	TV, 인터넷, 통신기기 등의 위해성을 알고, 바르게 사용한다.	좌동
	교통안전 규칙 지키기	교통안전 규칙을 안다.	교통안전 규칙을 알고 지킨다.	좌동
		교통수단을 안전하게 이용한다.	좌동	좌동
	비상 시 적절히 대처하기	학대, 성폭력, 실종, 유괴상황을 알고 도움을 요청한다.	학대, 성폭력, 실종, 유괴상황 시 도움을 요청하는 방법을 알고 행동한다.	좌동
		재난 및 사고 등 비상시 적절하게 대처하는 방법을 안다.	재난 및 사고 등 비상시 적절하게 대처하는 방법을 알고 행동한다.	좌동

(2) 의사소통

내용 범주	내용	세부내용		
		3세	4세	5세
듣기	낱말과 문장 듣고 이해하기	낱말의 발음에 관심을 가지고 듣는다.	좌동	낱말의 발음에 관심을 가지고 비슷한 발음을 듣고 구별한다.
		일상생활과 관련된 낱말과 문장을 듣고 뜻을 이해한다.	좌동	다양한 낱말과 문장을 듣고 뜻을 이해한다.
	이야기 듣고 이해하기	다른 사람의 이야기를 관심 있게 듣는다.	다른 사람의 이야기를 듣고 이해한다.	좌동
			이야기를 듣고 궁금한 것에 대해 질문한다.	좌동
	동요, 동시, 동화 듣고 이해하기	동요, 동시, 동화를 다양한 방법으로 듣고 즐긴다.	좌동	동요, 동시, 동화를 다양한 방법으로 듣고 이해한다.
			전래 동요, 동시, 동화를 듣고 우리말의 재미를 느낀다.	좌동
	바른 태도로 듣기	말하는 사람을 바라보며 듣는다.	다른 사람의 이야기를 주의 깊게 듣는다.	다른 사람의 이야기를 끝까지 주의 깊게 듣는다.
말하기	낱말과 문장으로 말하기	친숙한 낱말을 발음해 본다.	친숙한 낱말을 정확하게 발음해 본다.	정확한 발음으로 말한다.
		새로운 낱말에 관심을 가진다.	다양한 낱말을 사용하여 말한다.	다양한 낱말을 사용하여 상황에 맞게 말한다.
		일상생활에서 일어나는 일들을 간단한 문장으로 말한다.	일상생활에서 일어나는 일들을 간단한 문장으로 말한다.	일상생활에서 일어나는 일들을 다양한 문장으로 말한다.
	느낌, 생각, 경험 말하기	자신의 느낌, 생각, 경험을 말해본다.	자신의 느낌, 생각, 경험을 말한다.	자신의 느낌, 생각, 경험을 적절한 낱말과 문장으로 말한다.
			주제를 정하여 함께 이야기를 나눈다.	좌동

내용범주	내용	세부내용		
		3세	4세	5세
말하기			이야기를 지어 말한다.	이야기를 지어 말하기를 즐긴다.
	상황에 맞게 바른 태도로 말하기	상대방을 바라보며 말한다.	듣는 사람의 생각과 느낌을 고려하여 말한다.	듣는 사람의 생각과 느낌을 고려하여 말한다.
		바르고 고운 말을 사용한다.	차례를 지켜 말한다.	때와 장소, 대상에 알맞게 말한다.
			바르고 고운 말을 사용한다.	좌동
읽기	읽기에 흥미 가지기	주변에서 친숙한 글자를 찾아본다.	좌동	주변에서 친숙한 글자를 찾아 읽어본다.
		읽어주는 글의 내용에 관심을 가진다.	좌동	읽어주는 글의 내용에 관심을 가지고 읽어본다.
	책 읽기에 관심 가지기	책에 흥미를 가진다.	책보는 것을 즐기고 소중하게 다룬다.	좌동
		책의 그림을 단서로 내용을 추측해 본다.	책의 그림을 단서로 내용을 이해한다.	좌동
			궁금한 것을 책에서 찾아본다.	좌동
쓰기	쓰기에 관심 가지기	말을 글로 나타내는 것에 관심을 보인다.	말이나 생각을 글로 나타낼 수 있음을 안다.	좌동
		자기 이름의 글자에 관심을 가진다.	자신의 이름을 써 본다.	자신의 이름과 주변의 친숙한 글자를 써 본다.
			자신의 느낌, 생각, 경험을 글자와 비슷한 형태로 표현한다.	자신의 느낌, 생각, 경험을 글자와 비슷한 형태나 글자로 표현한다.

(3) 사회관계

내용 범주	내용	세부 내용		
		3세	4세	5세
나를 알고 존중하기	나를 알고, 소중히 여기기	나에 대해 관심을 갖는다.	나에 대해 알아본다.	좌동
		나와 다른 사람의 차이에 관심을 가진다.	나와 다른 사람의 차이점을 알아본다.	나와 다른 사람의 신체적, 사회적, 문화적 차이를 존중한다.
		나를 소중하게 여긴다.	나에 대해 긍정적으로 생각하고 나를 소중하게 여긴다.	나에 대해 긍정적으로 생각하고 나를 소중하게 여긴다.
	나의 일 스스로 하기	내가 할 수 있는 일을 알아본다.	내가 할 수 있는 일을 해 본다.	내가 할 수 있는 일을 스스로 한다.
		내가 하고 싶은 일을 선택해 본다.	하고 싶은 일을 계획하고 해 본다.	좌동
나와 다른 사람의 감정 알고 조절하기	나와 다른 사람의 감정 알고 표현하기	자신에게 여러 가지 감정이 있음을 안다.	자신의 감정을 알고 표현한다.	좌동
		다른 사람의 감정에 관심을 갖는다.	다른 사람의 감정을 안다.	다른 사람의 감정을 알고 공감한다.
	나의 감정 조절하기	자신의 감정을 조절해 본다.	좌동	자신의 감정을 상황에 맞게 조절한다.
가족을 소중히 여기기	가족과 화목하게 지내기	가족의 소중함을 안다.	좌동	가족의 의미와 소중함을 안다.
				가족과 화목하게 지낸다.
	가족과 협력하기	가족 구성원을 알아본다.	기족 구성원의 역할에 대해 알아본다.	다양한 가족구조에 대해 알아본다.
		가족을 위하여 내개 할 수 있는 일을 알아본다.	가족을 위하여 내가 할 수 있는 일을 알아보고 실천한다.	가족은 서로 도와야 함을 알고 실천한다.
	친구와 사이좋게 지내기	친구와 함께 놀이한다.	친구와 협동하며 놀이한다.	좌동
		나와 친구의 의견에 차이가 있음을 안다.	친구와의 갈등을 긍정적인 방법으로 해결한다.	좌동

내용 범주	내용	세부 내용		
		3세	4세	5세
다른 사람과 더불어 생활하기	공동체에서 화목하게 지내기	교사 및 주변 사람과 화목하게 지낸다.	도움이 필요할 때 다른 사람과 도움을 주고받는다.	도움이 필요할 때 다른 사람과 도움을 주고받고, 서로 협력한다.
			좌동	좌동
	사회적 가치를 알고 지키기	다른 사람의 소유물을 존중한다.	정직하게 말하고 행동한다.	좌동
		약속과 규칙을 지켜야 함을 안다.	다른 사람의 생각, 행동을 존중한다.	다른 사람을 배려하여 행동한다.
			친구와 어른께 예의 바르게 행동한다.	좌동
			다른 사람과 한 약속이나 공공규칙을 지킨다.	좌동
			자연과 자원을 아끼는 습관을 기른다.	좌동
사회에 관심 갖기	지역사회에 관심 갖고 이해하기	우리 동네의 이름을 안다.	우리 동네에 대해 알아본다.	좌동
		우리 동네 사람들에 관심을 갖는다.	우리 동네 사람들이 하는 일에 관심을 갖는다.	다양한 직업에 관심을 갖는다.
			물건을 살 때 돈이 필요함을 안다.	일상생활에서 돈의 쓰임을 안다.
	우리나라에 관심 갖고 이해하기	우리나라를 상징하는 것에 관심을 가진다.	우리나라를 상징하는 것을 안다.	우리나라를 상징하는 것을 알고 예절을 지킨다.
		우리나라의 전통놀이와 풍습에 관심을 갖는다.	좌동	우리나라의 전통, 역사, 문화에 관심을 갖는다.
			우리나라에 대해 자부심을 갖는다.	좌동
	세계와 여러 문화에 관심 가지기	내용 없음	세계 여러 나라에 대해 관심을 갖는다.	세계 여러 나라에 대해 관심을 갖고, 서로 협력해야 함을 안다.
			다양한 인종과 문화에 관심을 갖는다.	다양한 인종과 문화를 알아보고 존중한다.

(4) 예술 경험

내용범주	내용	세부 내용		
		3세	4세	5세
아름다움 찾아보기	음악적 요소 탐색하기	다양한 소리, 음악의 셈여림, 빠르기, 리듬 등에 관심을 갖는다.	좌동	다양한 소리, 음악의 셈여림, 빠르기, 리듬 등을 탐색한다.
	움직임과 춤 요소 탐색하기	움직임과 춤의 모양, 힘, 빠르기 등에 관심을 갖는다.	좌동	움직임과 춤의 모양, 힘, 빠르기, 흐름 등을 탐색한다.
	미술적 요소 탐색하기	자연과 사물의 색, 모양, 질감 등에 관심을 갖는다.	좌동	자연과 사물의 색, 모양, 질감 , 공간 등을 탐색한다.
예술적 표현하기	음악으로 표현하기	간단한 노래를 듣고 따라 부른다.	노래로 자신의 생각과 느낌을 표현한다.	좌동
		전래동요를 즐겁게 부른다.	전래동요를 즐겨 부른다.	좌동
		리듬악기로 간단한 리듬을 표현해 본다.	리듬악기를 연주해 본다.	좌동
		간단한 리듬과 노래를 즉흥적으로 만들어 본다.	좌동	리듬과 노래 등을 즉흥적으로 만들어 본다.
	움직임과 춤으로 표현하기	신체를 이용하여 주변의 움직임을 자유롭게 표현한다.	좌동	신체를 이용하여 주변의 움직임을 다양하게 표현하며 즐긴다.
		움직임과 춤으로 자신의 생각과 느낌을 자유롭게 표현한다.	좌동	움직임과 춤으로 자신의 생각과 느낌을 표현한다.
		도구를 활용하여 다양한 움직임으로 표현한다.	좌동	다양한 도구를 활용하여 창의적으로 움직인다.
	미술 활동으로 표현하기	다양한 미술활동을 경험해 본다.	다양한 미술활동으로 자신의 생각과 느낌을 표현한다.	좌동
		미술활동에 필요한 재료와 도구에 관심을 가지고 사용한다.	협동적인 미술활동에 참여한다.	협동적인 미술활동에 참여하여 즐긴다.

내용 범주	내용	세부 내용		
		3세	4세	5세
			미술활동에 필요한 재료와 도구를 다양하게 사용한다.	좌동
예술적 표현하기	극놀이로 표현하기	일상생활의 경험을 극놀이로 표현한다.	일상생활의 경험이나 간단한 이야기를 극놀이로 표현한다.	경험이나 이야기를 극놀이로 표현한다.
			소품, 배경, 의상 등을 사용하여 협동적으로 극놀이를 한다.	좌동
	통합적으로 표현하기	예술활동에 참여하여 표현과정을 즐긴다.	음악, 움직임과 춤, 미술, 극놀이 등을 통합하여 표현한다.	좌동
			예술활동에 참여하여 표현과정을 즐긴다.	예술활동에 참여하여 창의적으로 표현하는 과정을 즐긴다.
예술 감상하기	다양한 예술 감상하기	다양한 음악, 춤, 미술작품, 극놀이 등을 듣거나 본다.	다양한 음악, 춤, 미술작품, 극놀이 등을 듣거나 보고 즐긴다.	좌동
		나와 다른 사람의 예술 표현을 소중히 여긴다.	좌동	좌동
	전통예술 감상하기	우리나라의 전통예술에 관심을 갖는다.	좌동	우리나라의 전통예술에 관심을 갖고 친숙해진다.

(5) 자연탐구

내용 범주	내용	세부 내용		
		3세	4세	5세
탐구하는 태도 기르기	호기심을 유지하고 확장하기	주변 사물과 자연세계에 대해 호기심을 갖는다.	주변 사물과 자연세계에 대해 지속적으로 호기심을 갖는다.	주변 사물과 자연세계에 대해 지속적으로 호기심을 갖고 알고자 한다.
	탐구과정 즐기기	궁금한 점을 알아보는 과정에 흥미를 갖는다.	궁금한 점을 알아보는 과정에 관심을 가지고 참여한다.	궁금한 점을 알아보는 과정에 참여하고 즐긴다.

내용 범주	내용	세부 내용		
		3세	4세	5세
수학적 탐구하기	수와 연산의 기초개념 알아보기	생활 속에서 수에 관심을 갖는다.	생활 속에서 사용되는 수의 여러 가지 의미를 안다.	좌동
		구체물 수량의 많고 작음을 비교한다.	구체물 수량에서 '같다', '더 많다', '더 적다'의 관계를 안다.	구체물 수량의 부분과 전체 관계를 알아본다.
		다섯 개 가량의 구체물을 세어 보고 수량에 관심을 갖는다.	열 개 가량의 구체물을 세어 보고 수량을 알아본다.	스무개 가량의 구체물을 세어 보고 수량을 알아본다.
				구체물을 가지고 더하고 빼는 경험을 해 본다.
	공간과 도형의 기초 개념 알아보기	나를 중심으로 앞, 뒤, 옆, 위, 아래를 알아본다.	위치와 방향을 여러 가지 방법으로 나타내 본다.	위치와 방향을 여러 가지 방법으로 나타내 본다.
		물체의 모양에 관심을 갖는다.	기본 도형의 특성을 인식한다.	여러 방향에서 물체를 보고 그 차이점을 비교해 본다.
			기본 도형을 사용하여 여러 가지 모양을 구성해 본다.	기존 도형의 공통점과 차이점을 알아본다.
				기본 도형을 사용하여 여러 가지 모양을 구성해 본다.
	기초적인 측정하기	두 물체의 길이, 크기를 비교해 본다.	일상생활에서 길이, 크기, 무게 등을 비교해 본다.	일상생활에서 길이, 크기, 무게, 들이 등의 속성을 비교하고, 순서를 지어 본다.
				임의 측정 단위를 사용하여 길이, 면적, 들이, 무게 등을 재 본다.
	규칙성 이해하기	생활주변에서 반복되는 규칙성에 관심을 갖는다.	생활주변에서 반복되는 규칙성을 알아본다.	생활주변에서 반복되는 규칙성을 알고 다음에 올 것을 예측해 본다.
			반복되는 규칙성을 인식하고 모방한다.	스스로 규칙성을 만들어 본다.

<table>
<tr><th rowspan="2">내용 범주</th><th rowspan="2">내용</th><th colspan="3">세부 내용</th></tr>
<tr><th>3세</th><th>4세</th><th>5세</th></tr>
<tr><td rowspan="3">수학적 탐구하기</td><td rowspan="3">기초적인 자료 수집과 결과 나타내기</td><td rowspan="3">같은 것끼리 짝을 짓는다.</td><td>필요한 정보나 자료를 수집한다.</td><td>좌동</td></tr>
<tr><td rowspan="2">한 가지 기준으로 자료를 분류해 본다.</td><td>한 가지 기준으로 분류한 자료를 다른 기준으로 재분류해 본다.</td></tr>
<tr><td>그림, 사진, 기호나 숫자를 사용해 그래프로 나타내 본다.</td></tr>
<tr><td rowspan="9">과학적 탐구하기</td><td rowspan="2">물체와 물질 알아보기</td><td rowspan="2">친숙한 물체와 물질의 특성에 관심을 갖는다. 친숙한 물체와 물질의 특성에 관심을 갖는다.</td><td>친숙한 물체와 물질의 특성을 알아본다.</td><td>주변의 여러 가지 물체와 물질의 기본 특성을 알아본다.</td></tr>
<tr><td>물체와 물질을 여러 가지 방법으로 변화시켜 본다.</td><td>좌동</td></tr>
<tr><td rowspan="4">생명체와 자연환경 알아보기</td><td>나의 출생과 성장에 대해 관심을 갖는다.</td><td>좌동</td><td>나와 다른 사람의 출생과 성장에 대해 알아본다.</td></tr>
<tr><td>주변의 동식물에 관심을 갖는다.</td><td>관심 있는 동식물의 특성을 알아본다.</td><td>관심 있는 동식물의 특성과 성장 과정을 알아본다.</td></tr>
<tr><td rowspan="2">생명체를 소중히 여기는 마음을 갖는다.</td><td>생명체를 소중히 여기는 마음을 갖는다.</td><td>좌동</td></tr>
<tr><td>생명체가 살기 좋은 환경에 대해 관심을 갖는다.</td><td>생명체가 살기 좋은 환경과 녹색환경에 대해 알아본다.</td></tr>
<tr><td rowspan="3">자연현상 알아보기</td><td>돌, 물, 흙, 등 자연물에 관심을 갖는다.</td><td>돌, 물, 흙 등 자연물의 특성과 변화를 알아본다.</td><td>좌동</td></tr>
<tr><td rowspan="2">날씨에 관심을 갖는다.</td><td rowspan="2">날씨와 기후 변화에 관심을 갖는다.</td><td>낮과 밤, 계절의 변화와 규칙성을 알아본다.</td></tr>
<tr><td>날씨와 기후 변화 등 자연현상에 대해 관심을 갖는다.</td></tr>
</table>

내용 범주	내용	세부 내용		
		3세	4세	5세
	간단한 도구와 기계 활용하기	생활 속에서 간단한 도구와 기계에 관심을 갖는다.	생활 속에서 간단한 도구와 기계를 활용한다.	좌동
		도구와 기계의 편리함에 관심을 갖는다.	좌동	변화하는 새로운 도구와 기계에 관심을 갖고 장단점을 안다.

참고문헌

교육부(2000). 유치원 교육활동 지도자료 1 총론. 대한교과서주식회사.

교육인적자원부(2007). 교육인적자원부고시 제 2007-153호.

교육과학기술부(2012). 교육과학기술부고시 제 2012-16호.

Chapter 8

영양과 건강 및 안전관리

유아의 영양관리
유아의 건강관리
유아의 안전관리

1. 유아의 영양관리

1) 유아기 영양의 중요성

생명을 유지하고 성장을 계속하기 위해서는 필요한 영양이 지속적으로 공급되어야 한다. 유아들은 자신이 필요한 영양을 스스로 음식을 섭취하여 공급하는 능력이 부족하므로 성인의 도움이 절대적으로 필요하다. 유아기의 성장은 인생의 다른 어떤 시기보다도 왕성하며, 모든 발달의 결정적 시기이기 때문에 균형 있는 영양의 섭취는 매우 중요하다.

유아시기에 유아가 충분한 영양을 공급받지 못하고 영양결핍이 되면 신체적 성장뿐 아니라 정서적 · 심리적 성장 발달에도 심각한 영향을 준다. 즉, 유아기의 영양실조는 뇌의 크기나 구성에 있어서 치명적인 손상을 가져오며 중추신경체계의 발달을 방해한다(Decker & Decker, 1992).

유아기는 성장이 왕성하므로 영양 소요량을 체중 1kg당으로 환산하여 성인의 필요량과 비교해 보면 필요한 영양소가 성인의 2~3배나 된다. 또한 유아는 성인과 달리 에너지나 다른 영양소를 저장해 둘 여유가 없으므로 영양공급이 적절하지 않으면 그 반응이 심각하게 나타난다. 그러므로 양적인 측면의 충당뿐만 아니라 질적인 면에 있어서도 유아의 신체 요구에 알맞도록 충당되어져야 한다(허혜경 외, 1997). 만 4세에 두뇌가 90%가 발달하므로 두뇌의 신경세포 형성과 기능을 위해서 중요한 영양소가 이 시기에 필수적으로 공급되어야 한다.

유아기의 영양 불균형은 심리적 결함, 학습능력의 결여, 사회 적응 기능의 저하 및 지적 능력에 손상을 주고, 혈액 속의 당분의 수준이 떨어지면 정신적인 것뿐만 아니라 기분이 변하고 짜증을 일으키고 막연한 걱정을 하게 되며, 반대로 당분 수준이 너무 높으면 의기소침해진다(Tizard, 1974).

이와 같이 유아기의 영양은 신체발육뿐만 아니라 정서 · 두뇌 발달에도 직접적인 영향을 끼치게 된다. 유아들은 기본적으로 영양이 균형 있게 충분히 공급되어야 정상적인 발달을 위한 1차적 조건이 성립된다고 할 수 있다.

2) 유아기 영양교육 및 급식지도

(1) 영양교육

유아기는 사회적 능력 및 인지능력이 발달함에 따라 자아개념이 발달하게 되면서 식품의 기호가 형성되어 음식의 선택에 있어서 자신만의 특성을 가지게 된다. 유아들이 식품에 대한 기호가 형성될 때 부모의 식품 기호와 주변의 식품에 대한 환경이 매우 큰 영향을 준다. 또한 유아들은 TV에서의 식품 광고에 민감하게 반응하며, 유아교육기관의 또래들의 식품기호에도 영향을 받을 수 있다.

유아기에 식품기호가 정해지면 청소년기에 더욱 굳어져 성인기까지 영향을 미칠 수 있다. 영양의 균형을 유지하고 필요한 영양소를 고루 섭취하기 위해서는 섭취하는 음식의 적당한 종류와 섭취량이 절대적으로 필요한데 이는 식품기호 또는 식습관과 깊은 연관성이 있다. 올바른 식습관을 형성하고, 바람직한 식품기호를 갖기 위해서는 성인의 지도가 필요하며, 1차적으로 가정에서의 영양교육이 필요하다.

영양교육이란 신체의 건전한 발달을 위한 바람직한 식생활 지식을 함양하고, 식습관을 형성하게 하는 활동이다. 영양교육의 내용으로는 식품에 대한 기초적인 지식과 식생활습관 및 식태도 형성, 식사예절 등이 포함되어야 한다. 유아를 위한 영양교육은 발달을 고려하여 흥미를 유발할 수 있고, 쉽게 익힐 수 있도록 노래, 동화, 게임, 요리활동, 인형극 등 다양한 매체를 사용한다. 영양교육의 내용은 다음과 같이 할 수 있다 (조경자 외, 2004).

표 8-1 유아기 영양교육 내용

교육영역		교육내용
식품 지식	성장과 영양	- 음식은 우리들이 성장하고, 놀이하고, 학습하는 데 필요하고, 행복해지도록 한다.
	음식과 영양	- 영양소는 우리 몸에서 여러 가지 일을 하고, 매일 여러 가지 영양소가 필요하다. - 음식에는 우리에게 필요한 영양소가 들어 있고, 음식마다 다른 영양소를 가지고 있다.

교육영역		교육내용
식품 지식	음식과 문화	– 여러 나라 사람들이 먹는 음식은 다르다. – 여러 나라 음식은 요리하는 방법과 먹는 방법이 다르다.
	안전한 음식	– 음식을 만들거나 다룰 때는 청결해야 하고, 오래된 음식은 좋지 않다. – 음식을 보관할 때는 차갑게 하고, 먹을 때는 익혀서 먹는다.
식생활 습관	음식에 대한 태도	– 음식은 골고루 즐겁게 먹는다. – 소중한 음식을 함부로 버리지 않는다.
	식사예절	– 먹을 때는 감사하며, 밝고 명랑하게 먹는다. – 음식은 스스로 바른 자세로 먹는다. – 맛있는 음식을 혼자서 독차지하지 않는다. – 식사 준비를 돕고, 식후에는 자리를 정돈한다. – 너무 빨리, 너무 느리게 먹지 않고, 식사시간을 지킨다.
	위생	– 식사 전에 손을 깨끗이 씻는다. – 음식을 흘리지 않게 먹고, 잘 씹은 후 삼킨다. – 식후에는 양치질을 한다.

(2) 급식지도

어머니들의 사회참여와 취업의 증가로 유아교육기관의 역할이 점점 확대되는 추세이다. 유아들은 대부분 유아교육기관에서 점심을 먹으며, 하루에 한 번 이상의 간식을 먹는다. 유아의 식사가 가정을 중심으로 이루어지던 것이 점차 가정과 유아교육기관이 역할을 분담하게 되었다. 따라서 유아교육기관에서 식사지도는 매우 중요한 교육활동 중 하나가 되었다.

① 급식의 목적

우리나라에서의 학교 급식은 구빈적 차원에서 1953년 국제연합기금(UNICEF)에 의해서 시작되었다. 당시 어렵던 시절의 학교 급식은 배고픔의 해결이라는 차원에서 실시되었지만 지금의 학교 급식은 다른 차원에서 해석된다. 1981년 학교급식법이 제정된 이후 유 · 초 · 중등학교에서 급식을 실시하고 있으며, 아동들에게 적절한 영양을 공급하고 올바른 식습관을 형성하게 하는 데 기여하였다. 학교급식법 제1조에는 "학교 급식을 통한 학생의 심신의 건전한 발달을 도모하고 나아가서 국민 식생활 개선에 기여한다."라고 되어 있어 급식이 교육적 차원에서 이루어지고 있음을 알 수 있다.

유아들이 기관에서 생활하는 시간이 많아지는 것을 감안할 때 유아교육기관의 급식은 균형잡힌 영양의 공급과 올바른 식습관 형성을 위해 질 좋은 급식을 실시해야 한다. 유아교육기관에서 급식의 목적을 구체적으로 열거하면 다음과 같다.

첫째, 균형잡힌 영양의 공급: 유아교육기관에서는 길게는 1년을 주기로 계절에 따른 식단을 계획하고, 일반적으로 4~5주 정도의 주기로 식단을 계획하기 때문에 유아들이 필요한 영양소를 골고루 섭취할 수 있게 한다.

둘째, 바람직한 식습관: 교사들은 식사시간에 유아들이 먹기 싫어하는 음식에 대하여 지도를 통해 먹을 수 있게 유도할 뿐만 아니라 정해진 시간에 정해진 양만큼 먹게 한다.

셋째, 함께 식사하는 즐거움을 느낌: 우리는 좋은 일이 있을 때 좋아하는 사람들과 함께 식사함으로써 즐거움을 만끽하고, 의미 있는 날을 축하하기 위해 함께 식사를 하면서 즐긴다. 누구와 함께 먹는 과정을 통해 서로 친분이 돈독해지고 정을 나눌 수 있다.

넷째, 다양한 음식 맛 경험: 유아들은 사물에 대하여 탐색하는 경험에서 인지구조를 넓혀 나가는데, 음식은 유아들의 시각과 미각, 후각 등 여러 가지 감각자극을 받을 수 있는 좋은 재료가 된다.

다섯째, 스스로 식사하는 방법의 습득: 인간은 태어날 때는 양육자의 절대적인 도움에 의해 음식을 섭취하지만 점차 독립적으로 음식을 섭취하는 방법을 습득해 나간다. 유아교육기관에서 어린아이들은 수저 사용방법을 비롯하여 여러 가지 음식 먹는 방법을 배운다.

여섯째, 식사예절 습득: 음식을 먹게 된 것에 대한 감사와 다른 사람에게 불쾌감을 주지 않으며 먹는 것, 자신이 먹은 자리를 정리하는 일 등 예절을 배운다.

일곱째, 식사가 삶의 에너지라는 개념 획득: 음식이 생명을 유지하고, 활동의 원동력을 얻는 데 필요하다는 것을 알게 된다.

② 급식 시 고려할 점

유아교육기관에서 제공하는 급식은 영양적인 면과 제철음식, 유아 개인의 문화적 환경, 개인의 음식 기호 등을 종합적으로 고려하여 준비해야 한다. 급식에서 고려할 점을 구체적으로 열거하면 다음과 같다(임재택, 2000).

첫째, 점심과 간식의 식단은 1주 단위로 마련하지만 식단의 순환은 4~6주의 간격이 적당하다.

둘째, 유아 개인이 가정에서 먹는 음식문화, 가정의 사회경제적 배경, 종교적 배경, 개인의 기호 등을 고려해야 한다.

셋째, 음식 구입 시 비용, 구입의 용이성, 계절적인 특성, 요리의 방법과 요리 소요 시간 등을 고려해야 한다.

넷째, 음식의 질이나 색, 모양이 흥미를 끄는 것이 좋고, 유아들의 입맛에 맞는 것으로 해야 한다.

다섯째, 유아가 하루에 필요한 열량을 고려하여 식단을 계획한다.

표 8-2 유아의 하루에 필요한 열량 (단위: kcal)

연 령	1일 권장량	가정		유아교육기관	
		아침	저녁	점심	간식
	100%	25%	30%	30%	15%
6~11개월	850	212	255	255	123
12~35개월	1,200	300	360	360	280
만 3~5세	1,600	400	480	480	240

출처: 성영혜 외(2007).

(3) 간식지도

간식은 식사와 식사 사이에 먹는 음식을 말하는데 유아교육기관에서 간식은 오전 간식과 오후 간식이 있다. 유아들은 한 번에 음식을 많이 먹지 못하고, 활동량이 많기 때문에 3회의 식사로 미처 섭취하지 못한 영양을 간식을 통해 보충할 수 있다. 유아교육기관에서 간식은 다음과 같은 의의를 갖는다.

첫째, 식사로 부족한 영양소를 보충: 3회의 식사에서 성장과 활동에 필요한 영양소를 충분히 공급할 수 없기 때문에 간식으로 부족한 영양소를 보충한다.

둘째, 에너지의 보충: 유아들은 신진대사가 왕성하고, 활동이 많아 에너지의 소모가 많은 편이다. 따라서 신체 리듬에 활력을 불어넣기 위해서 간식이 필요하다.

셋째, 긴장완화와 기분전환: 주의를 집중해서 활동에 참여한다는 것은 정신의 긴장을 유지해야 가능하다. 간식을 먹으며 장시간 탐구활동에 열중하느라 긴장된 정신을 잠시 풀어 주는 시간이 필요하고, 친구들과 함께 즐겁게 간식을 먹으며 들뜬 기분은 가라앉히고, 침체되었던 기분은 즐겁게 간식에 참여하여 상승시킬 필요가 있다.

넷째, 생활의 즐거움: 일상생활 중에서 먹는 일만큼 즐거운 일도 없을 것이다. 유아들이 기관에서 장시간 보내면서 간식시간을 통해서 즐거움을 찾을 수 있다.

유아교육기관에서 간식을 제공할 때는 다음과 같은 점을 고려한다(성영혜, 이상희, 2007).

첫째, 수분과 무기질, 비타민을 공급해 줄 수 있는 식품을 선택한다.

둘째, 소화가 용이하고 정규 식사에 지장을 주지 않는 식품을 선택한다.

셋째, 유아가 시각적 · 미각적 감각을 느낄 수 있는 것을 선택한다.

넷째, 계절식품으로 신선한 것을 선택한다.

(4) 식단의 계획

식단을 계획할 때는 하루 필요한 열량과 여러 가지 권장 영양소를 고려한다. 6~11개월 영아의 1일 필요 열량은 850kcal, 만 1~3세 유아 1,200kcal, 만 4~6세 유아는 1,600kcal 등이다. 유아들은 단백질, 비타민, 칼슘 등 각 영양소를 연령별 권장량을 섭취해야만 신체적 · 정신적으로 건전한 성장과 발달이 이루어진다.

표 8-3 유아의 연령별 1일 영양 권장량

연령	성인 남자 (20~29세)	6~11개월	1~3세	4~6세	7~8세
열량(kcal)	2,500	850	1,200	1,600	1,800
단백질(g)	75	25	30	40	40
비타민 A(R.E)	700	350	350	400	400
비타민 D(ug)	10	10	10	10	10
비타민 E(a-T.E.)	10	4	5	6	6
비타민 C(mg)	55	35	40	40	40
비타민 B1(mg)	1.4	0.4	0.6	0.8	0.8
비타민 B2(mg)	1.6	0.5	0.7	1.0	1.0
니아신	18	6	8	14	14

연령	성인 남자 (20~29세)	6~11개월	1~3세	4~6세	7~8세
비타민 B6(mg)	1.6	0.5	0.6	0.8	0.8
엽산	250	50	80	100	100
칼슘(mg)	900	500	500	600	600
인(mg)	900	420	500	600	600
철분(mg)	18	10	10	10	10
아연(mg)	15	5	10	10	10

출처: 한국인의 연령별 영양권장량, 1995년 제6차 개정.

표 8-4 주요 영양소와 식품

주요 영양소	식품
단백질, 철분, 아연, 비타민 B12, 비타민1, 니이아신	소고기, 돼지고기, 닭고기, 토끼고기, 생선, 조개, 굴, 두부, 콩, 땅콩, 된장, 달걀, 햄 베이컨, 소시지, 치즈, 두유, 생선묵
칼슘, 단백질, 비타민 A, 비타민 B2, 비타민 B12	멸치, 뱅어포, 잔새우, 잔생선, 사골, 우유, 분유, 아이스크림, 요구르트
무기질 및 비타민	시금치, 당근, 쑥갓, 상치, 풋고추, 부추, 깻잎, 토마토, 배추, 무, 양파, 파, 오이, 양배추, 콩나물, 숙주, 사과, 귤, 감, 딸기, 포도, 배, 참외, 수박, 과일주스, 과일 통조림, 미역, 다시마, 파래, 김, 톳
당질, 단백질, 아연, 비타민 B1	쌀, 보리, 콩, 팥, 옥수수, 밀, 감자, 고구마, 토란, 밤, 밀가루, 미숫가루, 국수류, 떡류, 빵류, 과자류, 캔디, 초콜릿, 설탕, 꿀
지방, 지용성 비타민	참기름, 콩기름, 옥수수기름, 채종류, 쇠기름, 돼지기름, 면실유, 들기름, 쇼트닝, 버터, 마가린, 깨, 실백, 호두

식단을 작성할 때는 영양소와 유아들이 먹기 쉬운 것이 무엇인지 알아야 한다. 아무리 영양소가 좋아도 유아들이 먹기 싫어하는 음식보다는 좋아하는 음식 중에서 영양소를 고려하여 작성한다. 식단을 작성할 때 절차는 대체로 다음과 같다.

첫째, 유아의 1일 열량을 결정한다.

둘째, 필요한 영양소가 고루 포함되도록 식품을 구성한다.

셋째, 섭취해야 할 열량과 영양소를 충족하는 식품 중 종류를 결정한다.

넷째, 식품 필요량을 산출한다.

다섯째, 식단표를 검토한다.

표 8-5 식단 평가 점검표

항 목		응답란 예	응답란 아니오
영양	· 모든 식단이 영양 요구량을 만족시키는가? · 비타민 C가 풍부한 식품이 자주 포함되는가? · 비타민 A가 풍부한 식품이 1주일에 두 번 이상 포함되었는가? · 철분이 풍부한 식품이 자주 포함되었는가?		
관리	· 현재의 재고 품목이 식단계획에 반영되었는가? · 식단의 조리를 위해 기기 사용이 적절히 분배되었는가? · 종업원의 작업량이 적절히 분배되었는가? · 계획된 식단의 조리방법이 종업원의 기술 수준과 일치하는가?		
내용	· 색상의 조화가 이루어졌는가? · 풍미의 조화(담백한 맛, 신맛, 단맛)가 이루어졌는가? · 형태, 크기의 다양성이 있는가? · 질감(바삭바삭함, 단단함, 부드러움)의 대조가 이루어졌는가? · 온도(뜨거운 음식과 찬 음식)의 조화가 이루어졌는가? · 유아의 기호성에 적합한 것인가?		
기타	· 계절식품의 적절한 사용이 이루어졌는가? · 주기에 따른 식품비의 적절한 분배가 이루어졌는가? · 예산 범위 내의 식단 계획인가?		

출처: 허혜경 외(1997).

표 8-6 11월 식단계획 예시

	2(월)	3(화)	4(수)	5(목)	6(금)	7(토)
오전 간식	검은깨죽	우유/시리얼	제철과일	호박죽	제철과일	우유/시리얼
중식	백미밥 버섯된장국 삼치조림 콩나물무침 배추김치	쌀보리밥 조개콩나물국 돈육불고기 새콤무초절임 배추김치	해물볶음밥 미소된장국 뱅어포간장조림 깍두기	백미밥 쇠고기미역국 두부양념장조림 시금치나물무침 배추김치	현미찹쌀밥 갈비탕 고사리나물볶음 부추전 깍두기	조개칼국수 배추김치 떠먹는 요구르트
오후 간식	찐감자/우유	떡볶이	김치전	잼롤샌드위치/ 우유	감자옹심이 수제비	–
	9(월)	**10(화)**	**11(수)**	**12(목)**	**13(금)**	**14(토)**
오전 간식	제철과일	옥수수 수프	제철과일	야채죽	사과당근죽	감자죽

중식	차조밥 근대된장국 돈갈비찜 도라지오이무침 깍두기	백미밥 쇠고기무국 가자미구이 오이무침 배추김치	비빔밥 달걀장국 김구이 배추김치	팥밥 시래기된장국 코다리찜 참나물무침 깍두기	백미밥 조개미역국 야채달걀말이 우엉조림 배추김치	떡만두국 배추김치 요구르트
오후 간식	찐고구마/우유	물만두	양념치킨	피자토스트/우유	꿀떡/보리차	–
	16(월)	17(화)	18(수)	19(목)	20(금)	21(토)
오전 간식	배죽	호두죽	제철과일	쇠고기죽	제철과일	옥수수 수프
중식	백미밥 감자국 닭찜 숙주나물무침 배추김치	율무밥 콩나물국 꽁치조림 연근조림 깍두기	오므라이스 팽이버섯장국 마른오징어장조림 배추김치	백미밥 황태계란국 두부새우살전 호박볶음 깍두기	검정콩밥 대구탕 어묵볶음 버섯볶음 배추김치	자장면 깍두기 떠먹는 요구르트
오후 간식	제철과일	백설기/결명자차	배추전	호떡/우유	절편/오미자차	–
	23(월)	24(화)	25(수)	26(목)	27(금)	28(토)
오전 간식	단호박 수프	버섯죽	양파 수프	우유/시리얼	제철과일	팥죽
중식	수수밥 쇠고기미역국 고등어카레구이 취나물된장무침 깍두기	백미밥 미역국 돈불고기 무사과초무침 배추김치	자장덮밥 미소된장국 땅콩조림 깍두기(단무지)	기장밥 배추된장국 오징어볶음 감자조림 깍두기	백미밥 육개장 멸치견과류조림 도토리오이무침 배추김치	해물간장볶음 우동 단무지 요구르트
오후 간식	가래떡고구마 마탕	꼬마주먹밥/장국	호박부침개	찐케익/우유	자장떡볶이	–
	30(월)					
오전 간식	제철과일					
중식	백미밥 호박된장국 돼지고기수육 양배추쌈/쌈장 깍두기					
오후 간식	감자전					

(5) 식품의 구입

질 좋은 식단을 제공하기 위해서는 식재료의 구입 단계에서 철저한 검수과정을 통해서 구입해야 안전하고 신선한 재료를 가지고 질 좋은 식단을 만들 수 있다. 안전하고 신선한 식재료를 구입할 때 고려할 사항은 다음과 같다.

① 식재료 구입은 식단계획에 따라 구입 품목을 정하여 필요한 양만큼 구입한다.

② 식품의 보관성 정도에 따라 구입량과 구입 주기를 달리 한다. 변질되기 쉬운 식재료는 구입 당일 사용을 원칙으로 한다.

③ 모든 식재료는 유통기한을 확인하고 사용시점까지 유통기한이 넘지 않는 것을 구입한다.

④ 농 · 수산물은 되도록 제철에 생산되는 것을 구입한다.

⑤ 가격이 적당한지 알아보고 구입한다.

식품의 보관성에 따른 식재료 구입 빈도는 표 8-7과 같다.

표 8-7 보관성에 다른 식재료 구입 빈도

구입 빈도	식재료의 종류
매일	우유 및 유제품, 두부, 콩나물, 생선
1~3일	채소류 및 과일류, 육류, 햄, 어묵
1주일	달걀, 당근, 양파, 김치, 감자, 무
1개월	건조식품, 조미료, 고추장, 된장, 젓갈, 쌀 및 잡곡류

(6) 식재료의 보관 및 위생처리

식품을 위생적으로 보관할 수 있는 창고를 갖추어야 하는데, 식품위생법시행규칙 제96조 집단급식소의 시설 기준 [별표 25]에 의하면 식품을 저장할 수 있는 창고가 있어야 하며, "창고에는 식품 등을 법 제7조 제1항에 따른 식품 등의 기준 및 규격에서 정하고 있는 보존 및 유통 기준에 적합한 온도에서 보관할 수 있도록 냉장 · 냉동시설을 갖추어야 한다"라고 되어 있다.

학교급식법시행규칙 제3조 제1항 급식시설 세부 기준 [별표 1]에 의하면 식품보관실과 소모품보관실을 별도로 설치하여야 하고, 다만 부득이하게 별도로 설치하지 못할 경우에는 공간 구획 등으로 구분하여야 한다. 식품보관실의 바닥 재질은 물청소가 쉽고 미끄럽지 않으며, 배수가 잘 되어야 한다. 또한 환기시설과 충분한 보관선반 등이 설치되어야 하며, 보관선반은 청소 및 통풍이 쉬운 구조이어야 한다.

(7) 급식시설 및 비품

급식시설로서 갖추어야 할 조건은 위생적으로 음식을 조리할 수 있고, 보관할 수 있어야 하는데 구체적인 시설과 비품은 학교급식법시행규칙 제3조 제1항 급식시설 세부기준 [별표 1]에서 다음과 같이 규정하고 있다.

① 시설 · 설비

1. 조리장은 침수될 우려가 없고, 먼지 등의 오염원으로부터 차단될 수 있는 등 주변 환경이 위생적이며 쾌적한 곳에 위치하여야 하고, 조리장의 소음 · 냄새 등으로 인하여 학생의 학습에 지장을 주지 않도록 해야 한다.
2. 조리장은 작업과정에서 교차오염이 발생되지 않도록 전처리실(前處理室), 조리실 및 식기구세척실 등을 벽과 문으로 구획하여 일반작업구역과 청결작업구역으로 분리한다. 다만, 이러한 구획이 적절하지 않을 경우에는 교차오염을 방지할 수 있는 다른 조치를 취하여야 한다.
3. 조리장은 급식설비 · 기구의 배치와 작업자의 동선(動線) 등을 고려하여 작업과 청결유지에 필요한 적정한 면적이 확보되어야 한다.
4. 내부벽은 내구성, 내수성(耐水性)이 있는 표면이 매끈한 재질이어야 한다.
5. 바닥은 내구성, 내수성이 있는 재질로 하되, 미끄럽지 않아야 한다.
6. 천장은 내수성 및 내화성(耐火性)이 있고 청소가 용이한 재질로 한다.
7. 바닥에는 적당한 위치에 상당한 크기의 배수구 및 덮개를 설치하되 청소하기 쉽게 설치한다.
8. 출입구와 창문에는 해충 및 쥐의 침입을 막을 수 있는 방충망 등 적절한 설비를 갖추어야 한다.
9. 조리장 출입구에는 신발소독 설비를 갖추어야 한다.
10. 조리장 내의 증기, 불쾌한 냄새 등을 신속히 배출할 수 있도록 환기시설을 설치

하여야 한다.

11. 조리장의 조명은 220룩스(lx) 이상이 되도록 한다. 다만, 검수구역은 540룩스(lx) 이상이 되도록 한다.
12. 조리장에는 필요한 위치에 손 씻는 시설을 설치하여야 한다.
13. 조리장에는 온도 및 습도관리를 위하여 적정 용량의 급배기시설, 냉·난방시설 또는 공기조화시설(空氣調和施設) 등을 갖추도록 한다.

② 설비 · 기구

1. 밥솥, 국솥, 가스테이블 등의 조리기기는 화재, 폭발 등의 위험성이 없는 제품을 선정하되, 재질의 안전성과 기기의 내구성, 경제성 등을 고려하여 능률적인 기기를 설치하여야 한다.
2. 냉장고(냉장실)와 냉동고는 식재료의 보관, 냉동 식재료의 해동(解凍), 가열조리된 식품의 냉각 등에 충분한 용량과 온도(냉장고 5℃ 이하, 냉동고 −18℃ 이하)를 유지하여야 한다.
3. 조리, 배식 등의 작업을 위생적으로 하기 위하여 식품 세척시설, 조리시설, 식기구 세척시설, 식기구 보관장, 덮개가 있는 폐기물 용기 등을 갖추어야 하며, 식품과 접촉하는 부분은 내수성 및 내부식성 재질로 씻기 쉽고 소독·살균이 가능한 것이어야 한다.
4. 식기세척기는 세척, 헹굼 기능이 자동적으로 이루어지는 것이어야 한다.
5. 식기구를 소독하기 위하여 전기살균소독기 또는 열탕소독시설을 갖추거나 충분히 세척·소독할 수 있는 세정대(洗淨臺)를 설치하여야 한다.

(8) 직원의 자격

유아교육기관의 규모에 따라 식품위생법에서 정하는 기준 이상(매일 급식인원이 50인 이상)의 유아들에게 급식을 제공하는 경우는 집단급식시설로서 시설 기준을 갖추고 관할 시·군·구에 신고해야 한다.

집단급식소 종사자 배치 기준은 급식인원 100인 이상일 경우는 영양사 1인과 조리사 1인 배치, 급식인원 50인 이상 100인 미만은 조리사 1인을 배치해야 한다. 다만 영양사 1인이 인접한 기관 5개까지 겸직하여 관리할 수 있다.

집단급식소에 조리사 및 영양사로서 종사하기 위해서는 조리사 및 영양사 면허를 관할 시 · 군 · 구에서 발급받아야 한다. 식품위생법 제54조에 의해서 다음 각호에 해당하는 사람은 조리사 및 영양사 면허를 받을 수 없다.

① 「정신보건법」 제3조 제1호에 따른 정신질환자. 다만, 전문의가 조리사 또는 영양사로서 적합하다고 인정하는 자는 그러하지 아니하다.
② 「전염병예방법」 제2조 제2항에 따른 전염병환자. 다만, 같은 조 제1항 제2호 아목에 따른 B형간염환자는 제외한다.
③ 「마약류관리에 관한 법률」 제2조 제2호에 따른 마약이나 그 밖의 약물 중독자
④ 조리사 또는 영양사 면허의 취소처분을 받고 그 취소된 날부터 1년이 지나지 아니한 자

(9) 직원의 임무

유아교육기관의 급식소에 근무하는 직원은 유아들의 건강과 영양을 최우선으로 생각하여 근무에 임해야 한다. 식품의 안전한 보관과 위생적인 조리, 배식 그리고 급식소의 청결관리에 만전을 기해야 한다. 특히 집단으로 발병할 수 있는 식중독과 전염병에 유의해야 한다.

급식소 직원이 수행해야 할 임무는 다음과 같다.

① 균형 있는 식단을 계획한다.
② 신선하고 영양가 있는 식품을 구매한다.
③ 식품의 조리순서와 조리법을 결정한다.
④ 급식소의 청결유지 관리를 한다.
⑤ 유아의 학습활동과 연계한다.
⑥ 유아의 개별적 급식 요구를 안다.
⑦ 보건복지부 장관이 지정하는 식품위생관련 교육에 참가해야 한다(식품위생법시행령 제83조).

(10) 교사의 식사지도

교사는 식사시간이 되면 여러 가지 준비를 해야 한다. 식사 전에 하고 있던 활동을 마무리하고 식사를 위해 손을 씻는다. 기관에 따라 식사하는 장소가 다르지만 식당이 따로 마련되어 있는 기관에서는 식당으로 이동을 해야 한다. 교실에서 식사를 하는 기관인 경우는 배식을 위한 밥과 반찬을 교실로 운반하는 일을 해야 한다. 배식에서 정리정돈까지 교사가 지도해야 할 사항을 요약하면 다음과 같다.

① 배식은 되도록 자유배식을 권장하지만 어린 유아인 경우는 교사가 도와준다.
② 식사도구는 유아용으로 준비한다.
③ 특정한 음식을 거부하는 유아에게는 강제로 주기보다는 적은 양으로 먹도록 시도할 수 있게 한다.
④ 배식에 질서를 유지할 수 있는 방법으로 한다.
⑤ 너무 뜨거운 국은 식혀서 배식한다.
⑥ 식사 전에는 조용히 식사에 대한 감사의 시간을 갖도록 한다.
⑦ 교사는 식사의 모델이 되도록 유아들이 보는 앞에서 함께 식사한다.
⑧ 유아들이 먹기 꺼려하는 야채나 김치 같은 것을 먹도록 북돋우고 격려한다.
⑨ 식사시간은 즐거운 분위기를 유지한다.
⑩ 식사가 끝나면 빈 그릇 정돈과 주변 정리를 유아들이 스스로 하도록 지도한다.

2. 유아의 건강관리

1) 유아 건강관리의 중요성

건강(健康)은 몸의 질(체질: 體質)이 튼튼하다는 뜻의 건(建)과 마음의 성(심성: 心性)이 평안하다는 뜻의 강(康)을 합친 '몸이 튼튼하고 마음이 편하다'는 의미이다. 세계보건가구(WHO)에서는 건강하다는 것은 신체적 · 정신적 · 사회적으로 완전히 양호한 상태로 정의한다. 신체적 건강이란 생명의 유지와 신체의 제 기능에 대한 조화적 상태를 유지하여, 질병을 이겨내고 일상생활을 충분히 할 수 있는 육체적인 상태를 의미한다. 정신건강은 마음이 건강한 상태, 즉 생각과 감정 그리고 행동이 건실한 상태를 의미한다. 정신건강은 신체적 요인, 정서적 요인, 환경적 요인에 의해 영향을 받는다.

교육법 제89조에는 학생, 원아와 직원의 건강증진을 위하여 신체검사를 하고 적당한 위생과 양호시설을 설치해야 한다고 규정하고 있으며, 유아교육법 제17조에는 원장은 교육하고 있는 유아에 대한 건강검진을 실시하고, 그 결과 치료를 요하는 유아에 대하여는 보호자와 협의하여 필요한 조치를 취하여야 한다고 규정하고 있다. 이와 같이 유아교육기관에서는 유아의 건강관리에 세심한 배려를 해야 하며, 건강관리의 업무로 질병의 예방, 환경위생, 신체적 · 정신적 · 사회적 안녕을 도모하는 생활의 질과 건강향상에 필요한 모든 조치가 포함된다.

유아의 건강은 부모로부터 받은 유전적 특성에 의해서 결정되지만 기후, 날씨와 같은 물리적 환경과 가족, 학교, 지역사회의 관습 등 사회문화적 환경에 의해서 영향을 받는다. 유전에 의한 요인은 교사가 어떻게 할 수 없지만 환경적인 면은 교사의 관리에 의하여 조절할 수 있다.

유아들이 유아교육기관에서 생활하는 시간이 길어짐에 따라 기관의 환경이 유아의 건강에 미치는 정도가 커지고 있다. 더구나 많은 유아들이 모여서 생활하기 때문에 전염성 질병이 발생할 우려가 높아진다.

2) 교사의 역할

유아의 건강관리를 위한 교사의 업무는 위생적인 환경을 만드는 일에서부터 전염성 질병을 모니터하고, 유아 개개인의 병력관리, 응급처치까지 매우 광범위하다. 교사가 직접 질병을 치료할 수는 없지만 질병의 예방과 조기에 이상 징후를 발견하여 전문가에게 치료받을 수 있도록 조언해 주는 일은 매우 중요하다. 유아 건강을 위해 교사가 담당해야 할 업무는 표 8-8과 같다.

표 8-8 유아 건강관리 업무

영 역	내 용
위생관리	· 건물 전체 방역 · 장난감, 컵 등 열탕 소독 · 화장실, 주방, 하수구 소독 · 난방기, 냉방기 필터 청소 · 채광, 조도
질병관리	· 일상적 세심한 관찰로 전염성 질병 조기 발견 · 전염병 예방
건강검진	· 정기적 신체검사와 건강검진 · 구강검진, 기생충 검사 · 예방접종 및 기록 · 알레르기 기록, 과거 병력 기록
생활양식 관리	· 올바른 생활습관(의, 식, 자세, 운동, 수면, 휴식)
응급처치	· 지혈, 화상, 이물질 목에 걸림, 경련, 물에 빠짐 · 골절, 탈골

3) 유아 건강교육

건강교육이란 건강에 관련된 지식을 얻거나 건강을 위한 생활태도를 형성하거나 건강한 생활을 위한 신체의 기능을 활성화하고, 건강에 해가 되는 이미 가지고 있는 습관이나 행위를 수정하여 건강을 유지하고, 개선할 수 있는 능력을 길러주는 것을 말한다.

유치원 교육과정 건강생활 영역은 유아들이 건강하게 자랄 수 있도록 교사들이 지도할 내용을 담고 있다.

표 8-9 유치원 교육과정 건강생활 영역

구 분	하 위 내 용
1. 나의 몸 인식하기	· 감각을 활용하기 · 나의 몸을 인식하고 움직이기
2. 나의 몸 움직이기	· 이동하며 움직이기 · 제자리에서 움직이기 · 도구 및 놀이시설을 움직이기 · 바깥에서 신체활동하기

구 분	하 위 내 용
3. 건강하게 생활하기	· 몸과 주변을 깨끗이 하기 · 바른 식생활 하기 · 질병 예방하기 · 즐겁게 생활하기
4. 안전하게 생활하기	· 나와 다른 사람의 몸을 소중히 하기 · 안전하게 놀이하기 · 교통안전 규칙 지키기 · 위험한 상황을 알고 대처하기 · 환경오염이나 재난에 대비하기

4) 질병의 원인과 처치방법

교사들이 많은 유아들을 돌보다보면 갑자기 고통을 호소하는 유아가 있는가 하면 질병이 있는 채로 등원하는 유아들이 있다. 교사가 이러한 일에 당황하지 않고 침착하게 유아들을 돌보기 위해서는 유아들에게 자주 발생하는 질병의 종류와 원인 그리고 병원에 가기 전에 응급처치하는 방법을 알고 있어야 한다.

유아들이 걸리기 쉬운 몇 가지 질병과 그에 대한 간단한 처치방법과 유아교육기관에서 흔히 일어날 수 있는 응급 상황별 응급처치방법을 제시하면 다음과 같다(고승덕 외, 1999; 성영혜, 이상희, 2007; 이미라 외, 1997; 허혜경, 김성희, 1997).

(1) 복통

복통은 유아에게 가장 흔한 질병이다. 복통의 원인은 여러 가지인데 변비로 인한 것, 정신적인 긴장에 의한 것, 수술을 요하는 장(腸) 내 질환에 의한 것 등 여러 요인에 의해 발생되므로 복통이 심할 때는 유아를 조용히 눕히고 먼저 유아를 자세히 관찰하는 것이 중요하다. 대부분 정신적 요인에 의하여 발생한 복통이나 변비로 인한 경우는 안정을 취하면 통증이 사라진다.

(2) 설사

설사란 대변의 횟수가 많아지며 대변 내 수분 함량이 높은 것을 의미한다. 유아의 경우 신체의 수분 함유량이 높으므로 장기간의 심한 설사나 구토는 탈수증을 유발한다.

설사의 원인은 대개 위장계통의 질환에 의한 것이며, 내분비계의 이상이나 신경성으로 인한 것도 있다. 그러나 음식물의 비위생적인 관리와 불결한 생활환경으로 인한 식중독이 설사와 구토의 주요 원인이 된다. 유아가 설사 횟수가 많아지면서 피곤해 보이고, 창백해지며 계속 통증을 호소하면 전문가의 치료를 받아야 한다.

설사의 횟수와 소변 본 횟수를 기록하여 부모나 의사에게 알리는 것이 좋다. 설사가 심하면 12시간 정도 금식시키고 보리차와 같은 액체만 공급한다. 충분한 액체 공급을 통하여 탈수를 막아야 한다.

(3) 열이 날 때

일반적으로 열이 많이 나는 유아는 숨이 가쁘고 맥박이 빠르며, 목말라 하고 입술이 바싹 마른 것을 볼 수 있다. 기운이 없고 지쳐 보이며, 심한 경우 몸을 떠는 것을 볼 수 있다. 여러 가지 감염성 질환에 걸리거나 구토, 설사 후에 발열이 동반되는 것을 볼 수 있다.

유아기에 가장 많은 호흡기 질환의 경우 고열이 특징이며 이 경우에는 전염성이 강하므로 반드시 다른 유아와 격리시켜야 한다. 열이 높은 유아는 안정을 취하게 하고 체열을 떨어뜨리기 위하여 찬 물수건이나 알코올로 몸을 닦아 준다. 주의할 점은 의사의 처방 없이 함부로 해열제를 투여하지 않는다는 것이다.

(4) 감기

원인균이 바이러스에 의해서 생기는 질환이다. 찬 바람이나 습한 공기에 노출되었을 때, 저항력이 약한 상태나 알레르기 및 영양 불량 상태에서 바이러스의 침입이 쉽게 된다. 증상은 가벼운 것으로부터 심하면 독감 등 여러 증상이 나타난다. 주로 두통, 오한, 재채기, 콧물 등으로 시작하여 39~40℃의 발열이 있으며 팔과 다리가 쑤시고 식욕이 떨어진다.

치료와 간호는 몸을 따뜻하게 하여 주고, 휴식을 취하면서 증상에 따른 해열제나 처방된 약을 먹으면 쉽게 낫는다. 계속하여 코가 막혔을 때 점막 수축과 다량의 분비물을 감소시키기 위하여 비강정액을 코에 적셔 준다.

식이요법은 열이 나므로 수분 섭취량을 증가시키고, 비타민 C가 함유된 과일을 많이 준다. 특별히 제한하는 음식은 없으나, 구미에 맞게 보리차, 과즙, 과일 등을 충분히 섭취해야 한다.

(5) 코피

코피가 나면 유아의 머리를 앞으로 숙이게 하여 코피가 목구멍으로 흘러들어가 삼키지 않도록 해준 다음 두 손가락으로 코 앞쪽을 약 5~10분간 꽉 잡아 준다. 그리고 찬물수건이나 얼음주머니를 코에 올려놓아 콧속의 혈관을 수축하게 하여 코피를 멈추게 해준다. 만약 코피가 30분 이상 계속되고 어지러움을 느끼거나 창백해지고, 과거에도 코피를 자주 흘렸거나, 또는 코의 상처에 의해 코피가 나오면 병원으로 유아를 데리고 가는 것이 좋다.

(6) 질식(목구멍에 무엇이 걸렸을 때)

목구멍에 무엇이 걸렸을 때에는 먼저 등을 두드린다. 이때 유아의 등 쪽에서 겨드랑이 밑으로 두 팔을 넣어 오른쪽 주먹을 명치에 댄다. 다음에 왼손으로 오른손을 쥐고, 자기 편으로 당기듯이 위로 꽉꽉 압박한다. 만약 유아의 의식이 희미해질 경우에는 구급차를 부르고 기도 개방과 인공호흡을 실시한다.

(7) 경련(경풍, 열성 경련)

먼저 유아가 입고 있는 옷을 느슨히 풀어 준다. 유아가 토하거나 침을 흘리는 경우 호흡곤란이 생기기 쉬우므로 유아의 머리를 옆으로 낮게 눕혀 목구멍과 입 안에 구토물이나 침을 중력에 의하여 입 밖으로 흘러나올 수 있게 해 준다. 만약 유아가 숨을 잘못 쉬면 인공호흡을 해 주어야 할 때도 있다. 팔, 다리를 갑자기 움직일 때 너무 강하게 막지 말고 움직이는 대로 가만히 잡아 주는 것이 좋다.

유아가 이를 꽉 깨물고 있을 때에는 작은 수건 등을 조심스럽게 넣어 유아가 혀를 깨물지 않게 한다. 경련이 다 끝난 유아일지라도 꼭 병원에 데리고 가서 경련을 일으킨 원인을 진단하여 치료해야 한다.

(8) 상처와 출혈

만약 손, 다리의 경우라면 상처 부위를 높이고 출혈이 멈출 때까지 힘껏 누른다. 상처 부위를 소독하고 붕대를 감는다. 만약 출혈이 심할 경우 상처가 있는 부위보다 심장에 가까운 곳의 동맥을 찾아 그곳을 강하게 압박해 준다. 지혈대를 사용할 경우 상처보다 3cm 정도 심장에 가까운 손, 다리를 강하게 압박해 준다. 이때 병원에 도착 시까지 시간이 많이 걸릴 경우 10~15분 간격으로 지혈대를 풀어 혈액을 순환시킨 다음 다시 묶어 주어야 한다.

(9) 화상

우선 화상 부위에 얼음주머니나 수돗물을 계속 틀어 15분 정도 냉각시킨다. 살갗에 물집이 생기지 않은 경우에는 순한 연고를 바른다. 물집이 생겼으면 아무 것도 바르지 말고 그대로 부드럽게 살균된 붕대로 덮어 준다. 국부 마취용의 크림이나 스프레이는 치유를 지연시키거나 과민한 사람들에게 알레르기를 유발할 수 있으므로 사용하지 않는다.

또한 피부에 겉옷이 달라붙었을 때는 무리해서 떼어내지 않고 가위로 옷을 자른다. 다음은 병원에 가야 되는 경우이다.

- 화상 부위가 유아의 손바닥 면적보다 넓을 때
- 얼굴, 손에 화상을 입어 모습이 흉해지거나 손가락 기능이 상실될 우려가 있을 때
- 경상이더라도 통증이 24시간 이상 계속될 때

5) 질병관리와 예방접종

유아들이 개인적으로 가지고 있는 질병이 무엇인지 교사가 알고 대처할 때 실수하지 않는다. 교육활동 중 갑자기 경기를 하는 유아가 있을 때 그 유아의 병력을 알고 있다면 미리 대처법을 생각하고 있기 때문에 당황하지 않고 대처할 수 있을 것이다. 또한 유아들에게 자주 전염되는 전염병의 종류를 알고 증상을 알고 있다면 예방할 있는 조치를 취할 수 있고, 조기에 발견하여 의사에게 진료를 의뢰할 수 있다. 우리나라의 전염병 종류는 표 8-10과 같다.

표 8-10 전염병의 종류

종별	병명
제1종	콜레라, 페스트, 발진티푸스, 장티푸스, 파라티푸스, 두창, 디프테리아, 세균성 이질, 황열(9종)
제2종	폴리오, 백일해, 홍역, 파상풍, 일본 뇌염, 공수병, 말라리아, 발진열, 성홍열, 재귀열, 아메바성 이질, 유행성 이하선염, 수막구균성수막염, 유행성 출혈열, 렙토스피라증, 후천성 면역결핍증(16종)
제3종	결핵, 성병, 나병, 만성 B형 간염(4종)

예방접종은 부모와 긴밀한 논의 하에서 결정해야 한다. 유아교육기관은 되도록 단체 예방접종은 하지 않는 것이 좋다. 유아 개개인이 가지고 있는 신체 조건이 다르고, 건강 상태가 다르기 때문에 의사의 진단에 의해서 실시하는 것이 원칙이다. 그러나 질병의 확산으로 긴급한 예방접종이 필요한 경우는 부모의 동의 하에 단체 예방접종도 가능하다.

3. 유아의 안전관리

1) 안전관리의 개념과 중요성

인간은 자기의 생명과 건강을 안전하게 유지하기 위하여 노력하는데 이것은 인간의 기본적인 욕구에 속한다. 안전관리는 개인들이 가지고 있는 기본적인 욕구를 충족시켜주기 위한 인본적 차원에서 필요한 조치이며, 인간의 존엄성을 생활 현장에서 실천하는 지극히 당연하고 가치 있는 일이다.

유아교육기관 안전관리란 사고의 요인이 되는 물리적 환경의 정비와 유아의 행동 위험을 조기에 발견하여 위험요소를 지체 없이 제거하거나, 유아가 스스로 안전하게 행동하고 위험을 인식하는 능력을 길러주는 안전교육을 실시하여 유아가 재해를 당할 위험이 없는 상태로 만드는 일이다. 여기서 물리적 환경의 정비는 시설 · 설비의 구조적 결함, 재질의 부적합, 부속품의 이탈과 마모 등을 조사하고 본래의 기능을 다 할 수 있도록 개선하는 일로써 안전점검이라는 활동으로 실천된다. 유아의 행동위험을 조기에 발견하는 일은 유아의 심리적 변화를 파악하고, 위험한 행동을 미리 예측하여 사고를 방지하는 일이다. 그리고 안전교육은 유아들이 위험에 대한 인식능력을 기르고, 안전에 대한 지식과 기술, 태도를 함양하여 스스로 안전생활을 영위하는 능력을 길러주는 것이다.

유아들은 발달적으로 아직 미숙하기 때문에 신체의 균형감각, 지각능력, 신체운동능력 등이 떨어져 스스로 자기를 방어하거나 위험을 인식하지 못한다. 그렇기 때문에 성인의 도움이 절대적으로 필요하며, 유아들이 생활하는 공간은 유아들의 발달적 특성에서 오는 불리함에도 안전할 수 있도록 환경을 정비하는 등 모든 배려를 하는 일이 중요하다. 유아들은 주변의 사물에 대한 호기심이 많고, 탐색에 대한 충동이 강한데 비하여 운동능력과 인지능력은 떨어지기 때문에 그만큼 사고의 위험을 많이 안고 있다고 볼 수 있다.

유아교육기관의 목적이 유아의 전인발달을 이루는 것인데 아무리 훌륭한 교육프로그램을 가지고 유아를 가르친다 해도 안전에 문제가 있다면 교육프로그램으로서의 가치를 상실하는 것이다. 먼저 안전이 충족되어야 그 다음 단계의 욕구를 충족시키는 일이 의미있어진다. 이러한 측면에서 볼 때 유아교육기관 안전관리는 교육기관으로서 역할을 충실히 수행하기 위해서 매우 중요한 활동이다.

2) 유아 안전관리 업무 영역

유아의 안전한 생활을 위해서는 유아가 스스로 안전하게 생활해 나갈 수 있도록 안전에 대한 지식과 기술, 태도를 가르쳐야 한다. 한편으로 유아는 자기 주변의 불안전한 요소를 관리할 수 없고 불안전을 인식할 수 없기 때문에 성인의 관리가 반드시 필요하다. 다시 말해서 유아가 생활하는 모든 장소에 대해서 안전에 위협이 되는 요소를 제거하고 안전하게 생활할 수 있도록 교사는 심리적인 안정을 지도하고 행동을 감독할 임무가 있다. 표 8-11은 유아교육기관에서 안전관리 업무를 요약하여 나타낸 것이다.

표 8-11 유아교육기관 안전관리 업무

업무영역			내 용
안전교육	안전 학습		· 지식, 기술, 태도 증진
	안전 지도		· 생활 안전 · 체험, 현장학습 안전 · 등원 귀가 시 안전 · 대피훈련, 소방훈련
안전관리	대인관리	심리관리	· 정서안정 · 일상적 행동 관찰
		생활관리	· 유아교육기관 생활 · 가정생활
		체제관리	· 긴급 상황 시 구급체제 · 교직원의 협력체제
	대물관리	환경관리	· 시설 안전점검 · 안전기구 관리(소화기, 승강기, 가스경보기 등)
	안전사무		· 사고일지 · 보험 가입 · 안전교육 및 훈련 계획 · 실적보고 · 구급상자 관리 · 차량운행일지
지역사회 협력			· 유아교육기관, 가정, 지역사회와의 연계

3) 유아 안전교육의 내용

유아 안전교육의 목적은 유아들에게 스스로 안전을 위협하는 요소를 인식하고 대처하는 능력을 길러주기 위해서이다. 이러한 목적을 위해서는 안전에 관한 지식의 습득, 안전하게 생활하는 기술의 습득 및 훈련, 안전하게 생활하려는 태도를 함양해야 한다.

(1) 안전지식

안전지식이란 사물, 사건, 상황에 대한 안전관련 정보를 획득하는 것을 의미하며 문제를 안전하게 해결하는 자료가 될 뿐만 아니라 안전태도 형성에도 필요하다. 예를 들어, 교통안전 관련 지식으로 안전표지판 알기, 운동관련 지식으로 바닥이 편편하지 않은 곳에서 자전거나 롤러스케이트를 타서는 안 된다는 것을 알기, 추락과 관련한 지식으로 높은 곳에서 뛰어내리지 않기, 수영장 등 미끄러운 곳에서 뛰어다니지 않기, 성적 학대 예방 차원에서 기분 나쁜 접촉과 기분 좋은 접촉 구별하기, 화재에 관련한 지식으로 화재 시 대처행동 알기, 화재 상황의 인과관계 알기 등이 있다.

(2) 안전태도

태도란 어떤 대상에 대한 생각과 감정, 그리고 행위 의도에 대한 일관성을 지니는 특성이다. 안전태도는 특정한 부류의 자극에 대하여 일관성 있는 안전반응을 산출하려는 의도 또는 성향을 뜻한다. 그러므로 안전태도는 상황이 변함에 따라 쉽게 따라서 변하는 것이 아니다. 다양하고 구체적인 상황 속에서 특정한 대상에 대한 개인적인 행위가 일관성 있게 나타날 때 유아들의 안전태도가 형성되었다고 볼 수 있다.

안전태도 형성은 인간이 본성을 존중하는 차원에서 이루어져야 하며 생활의 과정에서 실제 행위를 근거로 이루어져야 한다.

(3) 안전기술

안전기술이란 유아가 새로운 문제나 사태에 직면했을 때 안전에 근거하며 그 문제를 해결할 적절한 방법을 선택하고 필요한 정보를 적용하는 것이며 반복적이고 지속적인 훈련을 통하여 습득될 수 있는 것이다.

4) 유아 안전지도의 교수방법

안전에 관한 지도도 유아교육의 방법과 크게 다르지 않다. 유아들에게 직접 교육내용을 설명 위주로 하는 것보다는 다양한 방법으로 접근하여 유아들이 흥미를 잃지 않고, 재미있게 활동하는 동안 체득되도록 해야 한다.

(1) 설명 및 시연

교사가 유아에게 직접 설명하거나 시범보이기, 현장견학, 실행연습, 반복학습과 같은 형태로 이루어지는 교수 형태이다.

(2) 토의

특정 주제에 대해 서로 의견을 교환함으로써 문제를 해결해 가는 것으로 유아는 토의에 참가함으로써 자신의 생각을 정리하고 타인의 생각을 알게 되며 안전과 관련 있는 갈등 상황에서의 문제를 파악하고 이해를 하게 된다.

(3) 문제해결

유아의 논리적 추론능력을 길러 줌으로써 안전문제 해결사고와 능력을 길러 주고자 하는 탐구식 교수방법이다. 예를 들어, 안전에 관련된 갈등 상황을 비디오로 제시하고 해결책을 유추하도록 함으로써 유아가 직접 경험하지 않은 가설 상황에서의 문제해결 능력을 향상시키는 경험을 제공하는 것이다.

(4) 역할놀이

역할놀이는 타인의 역할을 경험해 봄으로써 자신과 타인을 이해하는 데 도움을 주는 극화된 놀이활동이다. 유아는 역할놀이를 통하여 위험 상황에 대한 인과관계를 배워 나감으로써 안전기술을 습득하게 된다.

(5) 모델링

인간 행동은 직접적인 경험을 통해서 학습될 뿐만 아니라 다른 사람들의 경험을 관찰함으로써 습득되고 촉진될 수 있다. 유아들에게 화재에 대비한 대피훈련을 비디오로 보여주어 화재에 대한 안전 행동을 습득하도록 할 수 있다.

(6) 시뮬레이션

시뮬레이션은 실제와 가장 유사한 상황에서 간접적으로 경험을 쌓게 함으로써 실제 현장에서 우연하게 발생할 수 있는 돌발사태에서 유아들이 안전하게 행동하도록 한다. 이 방법은 실제 상황은 유아들에게 위험하거나, 직접 경험을 할 기회가 불가한 경우에 컴퓨터 가상현실프로그램이나, 모의 설비를 통하여 교수하는 것이다.

5) 유아 안전교육의 범위

유아들이 안전하게 생활하기 위해서는 모든 생활환경에서 유아들이 자주 이용하는 시설, 장소, 물질, 그리고 생활사태에서 발생 가능한 모든 불안전 요소가 포함되어야 한다.

(1) 놀이 안전교육

놀이는 곧 유아들의 생활이며, 놀이에 사용되는 여러 가지 장난감이나 놀이기구를 잘못 사용하여 발생하는 안전사고의 예방을 위해서는 안전한 환경과 놀잇감을 제공해 주어야 하며 안전하게 놀이할 수 있도록 적절한 지식, 기술, 태도를 길러 주어야 한다.

(2) 시설과 설비에 대한 안전교육

안전사고는 유아들이 생활하는 모든 환경에서 일어날 수 있으므로 유아들이 생활하는 환경은 가능한 한 안전하게 설계되고 관리되어야 하며 유아들이 실내 · 외에서 접할 수 있는 여러 가지 시설과 설비를 안전하게 이용하는 데 필요한 지식, 기술, 태도를 길러 주어야 한다.

(3) 교통 안전교육

교통사고로 피해를 입는 유아들을 보호하려면 유아 스스로 자동차에 의한 사고 위험을 알고 자신을 보호하는 데 필요한 지식, 기술, 태도를 길러 주어야 한다. 안전한 보행과 도로횡단, 교통수단의 안전한 이용, 교통신호와 교통안전 표지의 이해, 안전한 장소에서의 놀이, 교통사고가 났을 때의 대처방법 등에 관한 내용을 교육하여야 한다.

(4) 위험한 장소에 대한 안전교육

유아들의 안전사고는 어느 곳에서나 발생할 수 있으나 차도나 높은 건물의 베란다 등 특별히 위험한 곳에서 많이 발생한다. 유아들이 높은 곳, 미끄러운 곳, 기타 위험한 곳을 스스로 인식하고 적절히 행동할 수 있도록 교육하여야 한다.

(5) 위험한 물질에 대한 안전교육

주변 환경에 대해 호기심이 많은 유아들은 처음 보는 사물을 입으로 탐색함으로써 그 호기심을 만족시키려 한다. 만약의 경우 빨거나 마셔도 해가 되지 않는 것들로 환경이 구성되어야 하며 위험한 물건들은 유아들의 손이 닿지 않는 곳에 보관하고, 주변의 유독성 물질, 흡입할 수 있는 이물질, 그 외 위험을 유발할 수 있는 물건들을 인식하고 그러한 물질에 대한 통제력이나 다루는 기술을 갖도록 해야 한다.

(6) 유괴, 미아 사고 및 성폭력에 대한 안전교육

부모의 부주의에서 일어나는 미아사고나 나쁜 어른들에 의해 계획적으로 일어나는 유괴나 성폭력 등의 사고 방지를 위해서는 세심한 주의와 함께 유아들에게 유괴, 미아 사고 및 성폭력의 가능성을 알려 주고, 사고를 예방할 수 있는 방법과 만약의 경우 사고에 대처하는 방법을 알려 주어 유아 스스로도 자신을 지킬 수 있도록 해야 한다.

(7) 스포츠 안전교육

유아들이 쉽게 경험하는 자전거, 수영, 롤러스케이트 등의 스포츠를 안전하게 즐길 수 있는 기능을 익히고 그에 필요한 규칙을 지키도록 한다.

(8) 환경 및 공해에 대한 안전교육

유아들도 환경오염과 자연재해로부터 자신을 보호하는 방법을 알고, 환경을 보호하는 태도를 기르며, 환경의 훼손을 막을 수 있는 여러 가지 방법을 알아야 한다. 수질오염, 대기오염, 토양오염 등의 자연재해에 대한 예방과 대처방법 등의 내용을 교육하여야 한다.

(9) 화재 및 화상에 대한 안전교육

화재 발생 시 유아들도 피해 정도를 최소화할 수 있는 대처방안 및 화상의 원인을 알고 스스로 주의할 수 있어야 한다. 유아들이 화상의 원인과 예방방법, 화재 시의 적절한 대처방법 등에 대한 지식, 기술, 태도를 형성할 수 있도록 도와주어야 한다.

(10) 동물이나 곤충에 대한 안전교육

유아들은 동물이나 곤충의 위험성을 잘 모르며, 오히려 상상의 세계에서 이러한 것들을 친구로 여기기 때문에 아무런 경계 없이 접근하여 손상을 입거나 동물이나 곤충이 가진 바이러스에 의해 질병에 감염될 가능성이 의외로 많다. 유아들에게 해를 끼칠 수 있는 동물이나 곤충에 대해 알려주고 이들을 안전하게 대하는 방법을 가르쳐 주어야 한다.

6) 안전관리

안전관리는 사람이나 사물에 잠재하고 있는 위험요인을 조기에 발견하고, 그것을 신속히 제거하여 사고를 방지하는 데 목적이 있다. 그러기 위해서는 주기적인 점검과 훈련을 통하여 예방과 대비, 대응과 복구 역량을 강화시켜 나가야 한다. 무엇보다도 안전의 중요성을 인식하고 평소에 생활 주변을 확인하고, 안전 취약요인을 찾아 사전에 제거하는 일이 중요하다. 2004년부터는 안전의 중요성 인식에 따라 '재난안전관리기본법'에 의거하여 매월 4일을 "안전점검의 날"로 정하여 안전점검 행사를 국가 · 범국민적으로 실시하고 있다.

안전관리헌장

오늘날 우리는 태풍 · 지진 · 화재 · 교통사고 · 전염병 등 갖가지 예측하기 어려운 재난으로부터 안전을 위협받고 있다.

재난은 언제 어디서나 일어날 수 있다는 것을 깊이 인식하고, 국민의 생명과 재산을 보호하기 위해 정부와 기관 · 단체 그리고 학교와 기업은 안전관리에 앞장서 노력하여야 하며, 국민 모두는 스스로 참여하고 협력하여야 한다.

우리의 번영은 안전문화의 터전 위에서 이루어지며, 안전을 위한 노력과 투자는 우리와 후손의 행복을 위한 것이다. 이에 우리는 안전한 국가를 지향하는 새로운 가치관을 정립하고 성실한 실천을 다짐한다.

Ⅰ. 국가, 지방자치단체, 공공기관 · 단체, 기업 그리고 국민은 모든 일에서 안전을 최우선으로 고려한다.
Ⅰ. 가정, 학교, 직장 그리고 사회의 각 분야에서 교육과 홍보를 통하여 안전관리를 생활화하도록 한다.
Ⅰ. 위험에 대한 정보를 신속하고 정확하게 제공하여 미리 안전을 확보할 수 있도록 한다.
Ⅰ. 국가기반체계는 각종 재난으로부터 안전하게 보호되어야 한다.
Ⅰ. 생활주변 시설과 사업장 그리고 위험지역은 안전하게 관리되어야 한다.
Ⅰ. 자원봉사기관, 자원봉사자, 시민단체 그리고 전문가의 협력을 통하여 안전관리의 효율을 높인다.
Ⅰ. 과학적 안전관리를 위한 연구에 힘쓰고 안전산업을 육성한다.

(1) 대인관리

안전사고는 불안전한 물리적 환경과 사람의 부주의가 동시에 맞아 떨어질 때 발생확률이 높다. 둘 중 하나라도 온전하다면 안전사고까지는 발생하지 않을 수도 있다. 안전사고의 발생률을 낮추기 위해서는 대인관리가 꼭 필요하다.

① 심리관리

유아들은 작은 것에도 정서적 반응을 크게 하는 경향이 있다. 슬플 때는 크게 슬퍼하여 울기도 하고, 기쁠 때는 너무 기쁜 나머지 흥분 상태까지 도달하게 된다. 흥분 상태에 놓이게 되면 주위 환경을 지각하는 능력이 떨어지고, 불안전한 행동을 더 많이 하게 된다. 유아들은 스스로 감정 조절이 잘 안 되기 때문에 그만큼 사고의 위험을 많이 가지고 있는 것이다. 따라서 평소에 교사는 유아들의 정서가 안정되도록 지도해야 한다. 기분이 들떠 있는 상태가 지속되면 차분한 활동으로 바꿔 주거나 잠시 기분을 가라앉게 하는 것이 좋다. 불안한 심리는 불안한 행동은 유발하게 마련이다.

또한 유아들의 행동을 지속적으로 관찰하여 행동이 불안하고, 과잉행동, 난폭한 행동, 과격한 행동을 하는 유아들을 특별히 지도해야 한다. 안전사고가 나는 경우는 유아의 불안전한 행동이 원인이 되는 경우가 많다. 불안전한 행동은 자기 자신의 사고도 불러오지만 다른 친구들에게 해를 입히는 경우가 있다.

② 생활관리

유아들이 기관에서 생활하는 동안 여러 가지 활동을 하는데 각 활동에 있어서 특히 안전에 주의해야 하는 요소들이 있다. 예를 들어, 등원하는 중에는 차량을 이용할 경우 차량 탑승과 하차과정에서 지켜야 할 안전규칙이 있고, 탑승 중에 지켜야 할 규칙이 있다. 또 야외 놀이시간에 안전하게 놀이하는 규칙이 있는데, 교사는 모든 활동에서 안전규칙을 만들고 이를 유아들이 지키도록 지도해야 한다. 여러 가지 안전규칙은 표 8-12와 같다.

표 8-12 유아교육기관의 안전규칙

활동명	안전규칙
차량 이용	· 차 안에서는 자리에서 일어나지 않고, 창으로 손이나 머리를 내밀지 않는다. · 탑승 시 차가 멈출 때까지 제자리에서 기다린다. · 하차 시 차가 멈춘 후 자리에서 일어나 하차한다. 하차한 후는 차량의 앞으로 건너지 않는다. · 차량은 급출발이나 급정거를 하지 않는다. · 운전기사는 유아들이 모두 탑승을 마친 후 차량을 한 바퀴 돌아보고 출발한다. · 차량은 부득이한 경우를 제외하고 후진을 해서는 아니된다. · 운전기사는 유아가 차에서 내려 안전한 곳으로 이동할 때까지 이동경로를 추적하고 차량지도교사의 출발신호가 있을 때 출발한다.
놀이 시간	· 놀잇감을 던지지 않는다. · 모래나 흙을 친구에게 던지지 않는다. · 수영장에서는 뛰지 않는다. · 물놀이를 하기 전에는 준비운동을 한다. · 친구를 밀치거나 때리지 않는다.
실내 생활	· 계단에서는 안전 가이드를 잡고 앞 사람과 안전거리를 유지하고 천천히 이동한다. · 전열기구나 전동기구는 만지지 않는다. · 높은 곳에 올라가지 않고, 뛰어내리지 않는다. · 문을 세게 닫거나 문에 매달리지 않는다. · 뾰족한 연필 등으로 친구를 찌르지 않는다. · 복도에서는 뛰지 않고 한쪽으로 걷는다.
견학 및 체험	· 질서를 지키고, 선생님의 지시에 따른다. · 기계기구나 장치를 함부로 만지지 않는다. · 지정된 장소 이외에는 가지 않는다.
전염병 예방	· 손씻기를 생활화한다. · 식후 양치질을 한다.
식중독 예방	· 오래된 음식은 먹지 않는다. · 남은 음식은 냉장고 보관한다.

(2) 대물관리

대물관리는 유아교육기관의 물리적인 환경관리를 말하는데, 시설설비와 비품, 교재 · 교구 등의 재질, 구조, 상태 등을 점검하여 온전한 채로 사용될 수 있도록 관리하는 것이다. 유아교육기관에서는 대물관리를 위해서 안전점검 체크리스트를 작성하여 정기적으로 점검함으로써 안전한 환경을 유지하는 데 힘써야 한다.

표 8-13 안전점검 체크리스트

1. 건물 및 주변 환경

영역	항목	점검사항	그렇다	아니다
(1) 유치원의 입지 여건		유치원은 지상으로 직접 나갈 수 있는 지상층(피난층 포함)에 설치되어 있거나 지상층(피난층 포함)을 포함하여 2개층 이하로 설치되어 있다.		
		유치원이 입주해 있는 건물 또는 바로 인접한 건물에 공장, 음식점, 페인트 판매점, 가스충전소 등 화재발생 위험시설이 없다.		
		인접 건물과 최소한 2m 이상 이격되어 화재의 확대 또는 연기유입의 위험이 없다.		
		유치원의 지상층에는 도로, 인도 등 외부공간과 직면하는 형태로 설치된 창문이 없다(창문이 설치된 경우 유해물 투척 및 침입을 효과적으로 차단할 수 있는 방지시설이 되어 있음).		
		유치원 내에서 주출입구 등으로 나올 때 출입구 전면에 도로와의 완충공간(일정 간격 이격)이 확보되어 있다.		
	계			

영역	항목	점검사항	그렇다	아니다
(2) 소방차접근 활동여건		유치원 건물의 최소한 1면 이상은 소방차의 원활한 진입이 가능하도록 4.0m 이상의 폭을 갖는 도로와 접해 있거나 이러한 도로와 10m 이하로 이격되어 있다.		
		건물 주변 도로면이 급경사(10% 이상)로 되어 있지 않다.		
	계			

영역	항목	점검사항	그렇다	아니다
(3) 교통 환경	⊙통학버스 안전관리 시스템	어린이 통학버스로 등록된 차량이며 차량 앞유리에는 어린이 통학버스 신고필증이 부착되어 있다.		
		차내 모든 좌석에 3~5세를 위한 안전벨트와 안전시트가 설치되어 있으며, 유아들 신체에 맞게 조절이 가능하다.		
		비상사태를 대비하여 차량 내에 구급상자가 비치되어 있다.		
		차량 내에 안전수칙이 부착되어 있다.		
		차량 내에 날카로운 곳이나 불필요한 물건이 없다.		
		차 맨 앞좌석에는 차량용 소화기가 고정되어 있다.		
		어린이 통학버스 운행 시 반드시 보조교사가 탑승한다.		

영역	항목	점검사항	그렇다	아니다
(3) 교통 환경	⊙통학버스 안전관리 시스템	긴급 시 연락할 수 있는 휴대용 전화가 있다.		
		응급 시 예비차량을 즉시 대치할 수 있다.		
		정기적으로 차량 안전점검을 실시하고 있다.		
		통학버스 안전담당자를 지정하고 있다.		
		통학버스 운행노선도와 운행시간 계획을 가지고 있다.		
		통학버스 운행시간은 운전자가 무리하지 않을 만큼 여유 있게 짜여져 있다.		
		통학버스의 안전한 승하차 지점과 대기 장소가 명시되어 있다.		
		승하차 시 교통 혼잡이 없는 곳을 버스 승하차 장소로 설정하고 있다.		
		비상 시 연락망을 유치원 내 및 통학버스에 게시하고 있다.		
		유치원 주변의 교통문제를 최소화할 수 있도록 원아들의 통학로를 설정하고, 이를 관리할 수 있는 통학로 지도를 마련하고 있다.		
	계			

영역	항목	점검사항	그렇다	아니다
	⊙운전자 및 통학버스 안전 담당자	운전자는 최근 3년 이내 법규 위반이나 사고경력이 없는 사람이다.		
		운전자는 적합한 자격을 가진 사람이다(15인승 이상 버스운전자는 대형 운전면허를 소지하고 있다).		
		통학버스 운전자는 통학버스 운행을 위한 교통안전교육을 받은 적이 있는 사람이다.		
		운전자 및 통학버스 담당자들은 유사시에 대비한 위기 관리 실행(응급처치) 방법에 대해 훈련이 되어 있다.		
		운전자 및 통학버스 담당자들은 운행 일일 안전점검표를 기록하고 있다.		
	계			

영역	항목	점검사항	그렇다	아니다
	⊙ 주변 교통환경	통학로의 횡단보도에는 보행자 신호등이 설치되어 있다.		
		통학로에는 교통안전시설물이 적정하게 설치되어 있다.		
		교통안전표지판은 노후되거나 파손되어 있지 않다.		
		운전자들이 식별할 수 있도록 가로수 정비가 잘 되어 있다.		

영역	항목	점검사항	그렇다	아니다
	⊙ 주변 교통환경	유치원 주변 300m 이내에 불법주정차 표시가 되어 있다.		
		어린이보호구역이 표시되어 있다.		
		어린이보호구역 표지판은 운전자들이 볼 수 있는 위치에 있다.		
		통학버스 이용 어린이를 위한 지정된 승하차 장소가 있다.		
		지정된 승하차 장소는 유아의 활동 장소와 충분히 떨어져 있다.		
		승하차 장소를 알아볼 수 있게 노면 표시와 안전표지 등을 설치하였다.		
		원아들의 버스 승하차 장소 접근은 유치원 도착 및 출발 시에만 제한되어 있다.		
		유치원의 버스 승·하차 시에는 유치원의 담당자가 지도 감독을 한다.		
		방문자나 유치원 관계자의 주차 장소는 따로 설정되어 있다.		
		방문자가 유치원 관계자의 주차 장소는 통학로와 겹쳐져 있지 않다.		
		유치원 주차장을 사무실에서 감시할 수 있는 시설이 설치되어 있다.		
	계			

2. 실내환경

영역	항목	점검사항	그렇다	아니다
(1) 교실	⊙교실 공간	교실은 1층에 배치되어 있다.		
		교실 내에 세면대가 설치되어 있어 수시로 사용할 수 있다.		
		적정온도의 온수가 나오고 있다.		
		교실에 환기를 위한 시설(기계 환기설비)이 있다.		
		교실에 환기를 위한 창문의 크기가 적정하다.		
		난방은 복사 난방을 하고 있다.		
		실내온도는 18도 이상 28도 이하를 유지하고 있다.		
		실내 조명시설이 잘 갖추어져 있다. 단, 인공조명에 의한 눈부심이 발생되지 않는다.		
		교실은 햇빛이 잘 들어온다. 단, 교실 바깥의 반사물로부터 눈부심이 발생되지 않는다.		

영역	항목	점검사항	그렇다	아니다
(1) 교실	⊙교실 공간	창문 주변에는 딛고 올라설 만한 물건이 비치되어 있지 않다.		
		2층 이상에 위치한 교실 창문에는 추락사고 예방을 위한 보호 안전망을 갖추고 있다.		
		교실은 교사의 시선이 미치지 않는 구석이 없다.		
	계			

영역	항목	점검사항	그렇다	아니다
	⊙비품	날카로운 물건(칼, 송곳, 가위 등)은 잠금장치가 있는 곳에 보관하고 있다.		
		미술도구는 안전성이 검증된 것을 사용하고 있다.		
		모든 카펫이나 커튼은 방염 처리된 것을 사용하고 있다.		
		교구장, 수납장 등에는 아래 부분에 무거운 비품을 보관하고 있다.		
	계			

영역	항목	점검사항	그렇다	아니다
	⊙놀잇감	모든 놀잇감에는 날카로운 부분이나 모서리, 가시, 갈라진 곳, 삼킬 우려가 있는 작은 부속품이 없다.		
		장난감 상자에는 상자 안에 유아가 갇힐 우려가 있는 빗장 등의 잠금장치가 없다.		
		놀잇감은 유아가 꺼내고 수납하기 알맞은 높이에 있으며 크거나 무거운 놀잇감은 교구장 아래에 위치해 있다.		
		놀잇감을 구입할 때 안전성이 검증된 것인지 확인한 후 구입하고 있다.		
	계			

영역	항목	점검사항	그렇다	아니다
	⊙가구	의자와 책상의 높이는 유아의 신체 발달에 맞는 크기이다(의자: 33cm, 책상: 48cm).		
		책상, 정리장 등 가구들은 바닥과 벽에 안전하게 배치되어 있다.		
		가구의 볼트, 너트, 못 등이 튼튼하게 고정되어 있다.		
		책상, 의자 및 교구장 등 모든 가구에는 돌출된 부분이 없고 모서리가 둥글고 표면이 매끄럽게 처리되어 있다.		
	계			

영역	항목	점검사항	그렇다	아니다
(2) 복도 및 문		복도 바닥에서 1.3m 높이까지는 벽체 파손 시에도 위험하지 않은 재료로 되어 있다.		
		복도에 노출되는 벽모서리나 기둥모서리는 코너가드 등을 사용하거나 모따기하여 둥글게 되어 있다.		
		복도에는 충분한 조명 또는 창문이 설치되어 어둡지 않다.		
		교실과 복도 사이에 설치된 문 등 유치원 내 설치되어 있는 문에는 문턱이 없다.		
		교실의 문이 복도 방향으로 열리는 여닫이문인 경우 개방 시 복도 유효폭의 1/2 이상을 넘어서지 않는다.		
		유치원 내 모든 여닫이문 상부에는 문이 자동으로 서서히 닫히게 하는 도어클로저(Door-Closer) 등 안전장치가 설치되어 있다.		
	계			

영역	항목	점검사항	그렇다	아니다
(3) 계단		계단의 단높이는 16cm 이하이며, 단높이가 일정하게 구성되어 있다.		
		계단의 단너비는 26cm 이상이며, 단너비가 일정하게 구성되어 있다.		
		계단의 경사도는 너무 급하지 않고 완만하게 구성되어 있다.		
		계단에는 미끄럼 방지처리가 되어 있으며, 견고하게 부착되어 있다.		
		계단에는 충분한 조명 또는 창문이 설치되어 어둡지 않다.		
		바닥재는 충격을 흡수할 수 있는 재료를 사용하고 있으며, 계단의 끝선을 명확히 구분할 수 있도록 다른 책으로 채색되어 있다.		
	계			

영역	항목	점검사항	그렇다	아니다
(4) 난간		난간 손잡이의 높이(약 80cm 내외)와 직경(지름 3.5cm 내외)은 유아들의 신체 치수에 맞게 설치되어 있다.		
		난간살의 간격은 10cm 이하로 되어 있다.		
	계			

영역	항목	점검사항	그렇다	아니다
(5) 화장실		화장실 바닥표면은 물에 젖어도 미끄러지지 않도록 안전조치가 되어 있다.		
		화장실은 배수가 잘 되는 구조로 되어 있으며 바닥이 항상 건조한 상태로 유지되어 있다.		
		세면대는 유아의 신체에 맞도록 설치되어 있다.		
		유아용 변기를 갖추고 있어 유아가 사용하기에 적절하다.		
		냉 · 온수가 공급되고, 더운물의 온도는 40℃ 이하를 유지할 수 있도록 온도조절장치나 온수밸브잠금장치, 온도계가 비치되어 있다.		
		락스, 세제 및 변기를 청소하는 솔 등은 유아의 손이 닿지 않는 곳에 뚜껑을 잠그어 따로 관리하고 있다.		
		화장실 문에는 잠금 장치가 설치되어 있지 않다.		
	계			

영역	항목	점검사항	그렇다	아니다
(6) 현관		현관 또는 출입구에는 보안을 위한 잠금장치와 인터폰 등이 설치되어 있다.		
		방문한 사람의 신원을 확인 후 유치원에 출입시키고 있다.		
		현관문에는 도어 클로저 등 손끼임 방지장치가 설치되어 있다.		
	계			

3. 실외환경

영역	항목	점검사항	그렇다	아니다
(1) 놀이시설		실외 놀이시설물은 바닥에 안전하게 고정되어 있다.		
		실외 놀이시설물은 안전검사를 필한 제품을 사용하고 있다.		
		놀이시설물은 날카로운 부분, 모서리, 뾰족한 부분이 없다.		
		놀이시설물의 돌출 부분인 볼트와 너트는 위로 튀어나와 있지 않다.		
		고정 시설물들 사이의 간격은 최소 1.5m 이상(미끄럼틀은 전방으로 2m, 측면으로 1m)이다.		
		놀이기구의 높이는 2.5m 이하이다.		
		유아의 몸이 빠지거나 낄 만한 틈이 있는 기구가 없다.		

<table>
<tr><th>영역</th><th>항목</th><th colspan="2">점검사항</th><th>그렇다</th><th>아니다</th></tr>
<tr><td rowspan="13">(1)
놀이시설</td><td rowspan="12"></td><td colspan="2">실외 놀이시설이 옥상에 설치되어 있는 경우에 추락방지를 위한 견고한 안전망이 설치되어 있다.</td><td></td><td></td></tr>
<tr><td colspan="2">교사의 시선이 미치지 못하는 구석진 장소가 없다.</td><td></td><td></td></tr>
<tr><td rowspan="2">목재
구조물</td><td>땅에 세워진 구조물은 부패나 손상이 없다.</td><td></td><td></td></tr>
<tr><td>목재 구조물은 갈라진 틈이 없다.</td><td></td><td></td></tr>
<tr><td rowspan="2">금속
구조물</td><td>강철은 도금이 되어져 있거나 파우더로 입혀져 있다.</td><td></td><td></td></tr>
<tr><td>놀이기구는 철의 녹, 알루미늄의 부식이나 페인트칠의 벗겨짐이 없다.</td><td></td><td></td></tr>
<tr><td rowspan="2">플라스틱
구조물</td><td>부서진 부분이 없다.</td><td></td><td></td></tr>
<tr><td>접하거나 연결된 부분이 안전하게 조여져 있다.</td><td></td><td></td></tr>
<tr><td>사슬(굵은)
밧줄</td><td>줄의 상태는 연결 상태가 튼튼하고 유아가 다칠 우려가 있는 손상된 부분이 없다.</td><td></td><td></td></tr>
<tr><td colspan="2">실외 환경과 놀이시설에 대한 일일 안전점검을 실시하고 기록 · 관리한다.</td><td></td><td></td></tr>
<tr><td colspan="2">놀이 시설물은 정기적으로 정밀 검사를 받고 있다.</td><td></td><td></td></tr>
<tr><td colspan="2"></td><td></td><td></td></tr>
<tr><td>계</td><td colspan="2"></td><td></td><td></td></tr>
</table>

영역	항목	점검사항	그렇다	아니다
(2) 바닥		유아가 추락할 가능성이 있는 놀이시설물 아래와 주변의 공간(안전지대)은 충격을 흡수할 수 있도록 되어 있다(30cm 이상의 모래, 나무껍질, 나뭇조각).		
		유아가 걸려 넘어지거나 부딪칠 수 있는 방해물이 없다.		
		모래에는 못, 나사, 유리조각 같은 이물질이 없다.		
		유실된 모래는 주기적으로 채워 넣어 주고, 청결하게 관리한다.		
		고무 바닥재의 경우 안전검사를 받은 제품("검"자 확인)인지를 확인한다.		
	계			

영역	항목	점검사항	그렇다	아니다
(3) 울타리 · 담		바깥과의 경계를 짓는 담은 유아가 넘지 못하는 구조로 되어 있다.		
	계			

4. 비상대응 및 관리 · 감독

영역	항목	점검사항	그렇다	아니다
(1) 화재예방 및 화재 대피훈련	⊙발화 방지	주방의 가스레인지 등 화기시설이 설치된 주변의 벽과 천장은 불에 타지 않는 재질로 구성되어 있다.		
		가스레인지 중간 밸브와 가스 누설 자동차단장치가 설치되어 있다.		
		건물 내 접근하기 용이한 장소에 누전차단기가 설치되어 있다.		
		히터 등 난방기와 난로 등을 사용 시 화상예방을 위한 안전장치가 되어 있다.		
		사용하지 않는 전기콘센트에는 안전덮개가 설치되어 있다.		
	계			

영역	항목	점검사항	그렇다	아니다
	⊙ 감지 · 경보 및 소화	교실, 복도, 계단 등에는 파손(부서짐, 페인트 도색 등)되지 않은 감지기가 설치되어 있다.		
		감지기가 설치된 경우 수신받은 사람이 항시 상주하는 교무실 등 관리가 용이한 장소에 설치되어 있으며, 사용법을 알고 있다.		
		화재경보벨은 잘 보이는 곳에 설치되어 있으며, 설치 높이는 바닥으로부터 0.8m 이상 1.5m 이하이다.		
		주방의 가스레인지 상부에 자동확산소화기가 설치되어 있다.		
		주방 출입구에는 화재 시 자동으로 작동하여 화재의 확산을 유효하게 방지할 수 있는 방화 설비(방화문 또는 상해위험이 없는 셔터 등)가 설치되어 있다.		
		교실, 복도, 계단 등에는 스프링클러가 설치되어 있다.		
		소화기는 각 층마다 최소한 2개 이상이 설치되어 있으며, 소화기의 게이지는 유효범위 초록색 내에 있다.		
		각 교실에는 교무실, 다른 교실과 상호 연결되는 통신시설(인터폰 등) 또는 방송시설이 설치되어 있다.		
	계			

영역	항목	점검사항	그렇다	아니다
	⊙ 피난 안전성	피난 출구는 매 층마다 2군데 이상 확보되어 있다.		
		화재 등의 비상시 건물 내 어떠한 장소에서도 2방향 피난이 가능하도록 되어 있다.		

	⊙ 피난 안전성	피난출구 등 안전한 장소로 가는 통로와 모든 피난출구 상부에는 피난유도등이나 유도표지가 부착되어 있다.		
		피난 출구로의 방향을 정확히 표시하고 있다.		
		각 교실과 복도에는 화재 시 이용 가능한 모든 대피경로와 가장 짧은 대피경로가 각각 제시되어 있다.		
		비상구, 계단 등 주요한 대피경로 주변에 주방이 설치되어 있지 않다.		
		피난 출구에 설치된 문에는 내부로부터의 신속한 탈출을 방해하는 자물쇠나 잠금장치가 없다.		
		피난통로에는 피난에 방해가 되는 시설물이나 적치물이 없다.		
		옥상이 있는 2층 이상에 설치된 유치원의 경우 옥상으로 안전하게 피난할 수 있는 구조가 확보되어 있다.		
	계			

영역	항목	점검사항	그렇다	아니다
	⊙ 화재 대피 훈련 · 교육	화재대피훈련은 월 1회 이상 실시한다.		
		화재대피훈련 후에는 반드시 대피훈련 일지를 기록하고 결과를 점검한다.		
		대피훈련 계획을 사전에 문서로 작성하여 준비한다.		
	계			

영역	항목	점검사항	그렇다	아니다
(2) 비상 대응계획		응급상황 발생 시 대응체계 및 각자의 역할에 대한 비상대응 계획이 문서로 작성되어 있다.		
		비상연락망이 작성되어 눈에 잘 띄는 곳에 부착되어 있다.		
		응급상황에 대비해 구급상자가 유아의 손이 닿지 않는 곳에 비치되어 있다.		
		유치원 내 응급처치를 할 수 있는 교사가 1명 이상 배치되어 있다.		
		구급약은 수시로 점검하여 보충하고 있다.		
		구급약의 종류, 보관방법 및 보관처, 사용법 및 부작용 등에 대해 서면화되어 있고 교사 누구나 잘 알고 사용할 수 있다.		
	계			

영역	항목	점검사항	그렇다	아니다
(3) 관리 · 감독	⊙ 안전 교육	유아 대상 연간 안전교육 계획이 수립되어 있으며, 이를 실시한다.		
		유치원의 모든 교직원을 대상으로 연간 자체 안전교육 계획이 수립되어 있으며, 이를 실시한다.		
		신규 교직원, 자원봉사자, 임시교사는 안전교육에 대한 오리엔테이션을 받는다.		
		유치원은 부모 대상 연간 안전교육 계획이 수립되어 있으며, 이를 실시한다.		
		부모들에게 안전교육에 대한 정보를 정기적으로 제공한다(가정통신문, 게시판, 부모 강연 등).		
	계			

영역	항목	점검사항	그렇다	아니다
	⊙ 안전 감독	유아와 관련된 모든 장소와 상황에는 교직원이 감독하고 있다.		
		실외놀이터 이용, 현장학습 등 안전사고가 우려되는 활동 시 반드시 교직원이 감독한다.		
		실외놀이터 안전관리 담당 교사가 지정되어 있다.		
	계			

영역	항목	점검사항	그렇다	아니다
	⊙ 안전사고 일지기록	사고에 대비하여 유아에 대한 응급처치 동의서를 받아 비치하고 있다.		
		안전사고 발생 시 사고일지에 기록하고 있다.		
		안전사고 발생 시 일어난 사고에 대해 부모에게 알리고 있다.		
		안전사고 처리절차 및 재발방지대책이 수립되어 있다.		
		사고일지 기록을 분석하여 향후 연도의 안전관리 대책 수립 시 반영한다.		
	계			

표 8-14 어린이집 일일안전점검 체크리스트

구분	점 검 항 목	점검결과 / 월	/ 화	/ 수	/ 목	/ 금	/ 토	조치 사항
실외 환경	· 어린이집 보호벽 및 어린이집 주변의 관리 상태는 양호한가?							
	· 실외놀이 공간 주변의 돌, 유리조각, 요철, 녹이 슨 부분, 벗겨진 페인트, 돌출된 모서리가 방치되어 있지는 않은가?							
	· 확인되지 않는 식물이나 잡초는 모두 제거하였는가?							
	· 놀이터 바닥에 오물, 방치된 물 웅덩이가 없는가?							
실내 환경	· 문과 창문 등의 추락 위험은 없는가?							
	· 바닥에는 다칠 수 있거나 미끄러운 곳이 없는가?							
	· 복도, 계단, 비상계단, 미끄럼대 등에 방치된 물건이 없어 피난계단, 미끄럼대 등을 사용하기에 양호한가?							
	· 모든 보육용품과 비품이 제자리에 있는가?							
	· 보육용품이나 비품 유리창 등에 날카로운 모서리 등이 없는가?							
놀잇감 및 놀이 기구	· 망가져 날카롭고 위험한 것은 없는가?							
	· 유해 색소가 칠해진 놀잇감은 없는가?							
	· 영유아가 삼킬 만한 작은 놀잇감이나 부품은 없는가?							
	· 부품이 빠지거나 작은 볼트 등이 빠진 것은 없는가?							
	· 놀잇감 및 놀이기구의 수납 상태가 양호한가?							
화장실 · 세면대	· 화장실 내 세제나 락스 등 위험한 물건이 영유아들의 손이 닿는 곳에 방치되어 있지 않는가?							
전기 · 화기 · 위험물 ·	· 콘센트는 안전덮개로 보호되어 있는가?							
	· 전선이 늘어져 있지 않는가?							
	· 화기에 의한 안전사고 위험은 없는가?							
	· 위험물에 의한 안전사고 위험은 없는가?							
	· 가스밸브와 가스중간밸브 잠금은 양호한가?							

구분	점검항목	점검결과 / 월	/ 화	/ 수	/ 목	/ 금	/ 토	조치사항
차량 안전	· 차량 내 소화기 · 비상약품 비치 여부 및 비치상태가 양호한가?							
	· 차량 내 안전벨트 등 안정장비의 상태는 양호하며 영유아와 보호자는 차량 내 안전벨트를 착용하는가?							
	· 차량에 영유아를 보호할 수 있는 사람(보육교사 등)이 탑승하는가?							
기타	· 응급전화번호 및 비상연락망 등이 잘 관리되고 있는가?							

7) 안전사고 시 응급처치

응급처치란 사고가 발생하여 다친 사람이 있을 때 의사에게 전문치료를 받기 전에 환자에게 해주는 임시적 처치를 말한다. 유아교육기관에서 안전사고는 없어야 하지만 만약 안전사고가 났을 때는 병원으로 이송하기 전 적절한 응급처치가 필수적이다. 적절한 응급처치는 환자의 고통을 덜어주고, 상처의 회복을 빠르게 하거나 치료를 쉽게 해주기도 한다. 응급처치에서 주의할 점은 다음과 같다.

① 환자를 편안하게 안정시키고, 꽉 끼이는 옷은 풀어 주며 부상이 심한 경우에는 이를 부상자에게 보이거나 알려주지 않도록 한다.

② 부상자의 체온을 유지시키고, 출혈 시에는 즉시 지혈하며 감염이 되지 않도록 이물질의 접촉을 피한다.

③ 의식이 없는 환자, 복부에 심한 상처를 입은 환자, 출혈이 심한 환자에게는 먹을 것이나 마시는 물 등을 주어서는 안 된다.

④ 부상자의 의식과 맥박, 상태를 재차 확인한다. 부상자의 머리 위에서부터 발끝까지 세밀하게 확인하여야 한다.

⑤ 부상자 운반 시에는 손상 부위에 충격이 최대한 적도록 한다.

⑥ 물에 빠진 환자는 물은 토하게 하고 필요하면 인공호흡을 한다.

8) 사고처리

유아교육기관에서 불의의 사고가 발생했을 때는 적절한 응급처치를 하고, 병원으로 이송하는 데 신속하고 합리적인 방법으로 이송할 병원을 결정해야 한다. 병원으로 이송할 때는 부모와 상의하여 치료 가능한 가까운 병원으로 결정하는 것이 좋다. 만일 부모와 상의 없이 일방적으로 병원을 결정하고 치료하게 되면 후에 원망과 분쟁의 소지를 남기게 된다. 환자를 병원으로 이송하고 난 다음에는 학교안전공제회나 상해보험 등에 사고 신고를 하여 치료비에 대한 보험처리 절차를 밟아야 한다. 그 다음은 안전사고 일지를 작성하여, 사고 경위를 구체적으로 기술하는 것과 사고 원인을 분석하고, 향후 보완대책 등을 기록하여 차후 안전관리의 문제점을 개선하는 데 노력해야 한다. 사고처리 과정은 다음과 같다.

그림 8-1 사고 처리과정

9) 안전사고 예방을 위한 원칙

안전관리는 예방이 최선의 방책이다. 예방활동에 시간과 노력을 많이 들이면 들일수록 안전사고를 줄일 수 있고, 소중한 인명과 재산을 지킬 수 있기 때문이다. 안전사고를 예방하는 데 있어서 기본 원칙은 다음과 같다.

① 위험이나 사고의 요소를 빨리 인식한다.
② 가능한 한 위험요소를 빨리 제거한다.
③ 위험요소를 제거할 수 없을 경우는 빨리 피한다.
④ 위험요소를 제거할 때는 새로운 위험요소가 첨가되지 않도록 한다.

참고문헌

고승덕, 김은주(1999). 유아보건관리학. 학문사.

성영혜, 이상희(2007). 유아교육기관 운영관리. 동문사.

이미라 외(1997). 영유아안전관리 및 응급처치. 양서원.

임재택(2000). 유아교육 운영관리. 양서원.

조경자, 이현숙(2004). 유아건강교육. 학지사.

허혜경, 김성희(1997). 유아건강교육의 이론과 실제. 창지사.

Decker, C. A., & Decker, J. R.(1992). *Planning and administerning early childhood program*(5th ed.). N.Y.: MacMillan Publishing Co.

Tizard, J.(1974). Early malnutrition, growth and mental development in man. *Brit. Med. Bull. Vol. 33*, 147–156.

Chapter 9

재정 및 문서관리

재정관리
문서관리

1. 재정관리

1) 재정관리의 개념 및 중요성

유아교육기관을 안정적으로 운영하고 양질의 교육과 보육을 보장하고, 교직원의 사기를 진작시키기 위해서는 지속적인 투자가 이루어져야 한다. 우리나라의 유치원이나 어린이집은 국가나 지방자치단체의 설립으로 운영되기도 하고, 법인이나 개인의 설립에 의해서도 운영된다. 국·공립유치원 또는 어린이집은 공적인 자금이 투입되어 운영되지만 법인과 개인이 설립한 경우는 사적인 투자에 의해서 운영된다. 그러나 유치원은 유아교육법에 의한 학교이고, 어린이집은 영유아보육법에 의한 비영리단체이기 때문에 사적인 투자에 의해 설립된 경우라 해도 영리를 목적으로 운영될 수 없고, 영리를 취해서도 아니되는 것이다. 우리나라의 경우 국·공립 유아교육기관은 영유아를 교육하는 데 투입되는 재원의 대부분을 국가나 지방자치단체에서 부담하지만 사립 유아교육기관은 재원의 대부분을 수요자에게 받는 사용료로 충당된다. 재원의 출처가 어디에 있든 유아교육기관을 운영하는 데 필요한 재원은 한정될 수밖에 없고, 한정된 재원을 가지고 효율적으로 운영해야 한다.

유아교육기관의 재정이라 함은 교육이나 보육을 위해 필요한 재원을 확보하여 관리 운영하는 일련의 활동으로 교육활동에 필요한 경비를 조달하고 그것을 합목적적으로 관리하고 지출하는 경제 행위다. 유아교육기관은 재원을 확보하지 못하면 운영난을 겪을 수밖에 없는데, 사립인 경우는 재원을 사용료에 의존하게 되므로 서비스 공급 대상인 영유아를 충분히 유치하는 일이 재원 확보의 관건이 된다.

유아교육기관의 재정이란 교육과 보육을 위한 것이기 때문에 교수와 학습이라는 교육의 본질적 활용을 지원하기 위한 수단적 성격을 가진다. 그러므로 유아교육기관의 재정의 건전함은 교육의 수단을 이상적으로 이끄는 핵심인 것이다. 국가 또는 사학재단의 재정능력은 유아교육의 질 제고에 결정적이라 할 수 있다. 유아교육기관 재정관리의 핵심 내용은 재원의 확보와 운용이다. 구체적으로는 일정기간을 단위(회계연도)로 하여 교육비의 수입과 지출에 관한 예산을 편성하여 집행하는 과정이라고 할 수 있다.

즉, 예산은 경비조달에 관한 세입과 경비 지출에 관한 세출로 구별되며, 세출예산은 회계 절차에 의해서 집행하고 그 결과를 결산한다.

2) 유아교육기관 재정의 구조

(1) 예산 및 결산

예산이란 유아교육기관이 1회계연도 동안 교육활동 운영 등 기관을 운영해 나가는 데 필요한 활동을 세입 · 세출로 나타낸 체계적 계획표이다. 따라서 예산에는 1회계연도 동안의 유아교육기관 제반 활동 및 이에 따른 재정소요액이 나타나야 하며 예산을 통하여 기관의 전반적 계획을 파악할 수 있어야 한다. 예산과정은 기본적으로 예산안의 편성 · 심의 · 집행 · 결산의 과정을 통하여 이루어진다.

결산이란 매 회계연도가 종료하는 시점을 기준으로 한 회계연도에 있어서 기관의 재정활동 전반에 대한 수입과 지출의 실적을 확정적 계수로 표시하는 행위를 말한다. 결산의 기능은 다음과 같다.

① 예산집행의 타당성 검토

결산은 예산의 이 · 전용, 예비비 지출 사유, 명시이월, 사고이월 등 예산집행에 관련된 제반 결산관련 자료를 검토하여 기관의 예산집행의 타당성, 합리성을 평가하는 기준으로서 기관의 재정운영에 대한 사후적 통제 기능을 담당한다.

② 장래의 재정계획 수립의 합리화 도모

결산심의 결과는 장래의 예산편성 및 심의의 참고자료로 활용하여 미래의 재정계획 수립의 합리화를 도모할 수 있다.

③ 기관의 재정운영의 자율성 유도

기관의 회계제도가 체계화됨으로써 관할청의 관여의 폭이 줄어들고 그만큼 기관의 재정운영의 자율성이 보장된다. 따라서 수요자 위주의 예산편성 및 집행이 가능해지며 이를 올바로 유도하기 위한 통제장치 역할을 한다.

④ 효율적 재원 배분 유도

기관의 재정운영의 결과인 결산을 공개하고 가치 배분의 왜곡현상을 차단하며 효율적 재원 배분이 가능하도록 한다.

(2) 세입 및 세출

1회계연도의 모든 수입을 세입이라 하고, 모든 지출을 세출이라고 한다. 보통 예산이라고 말할 때는 이 세입 · 세출예산을 가리킨다.

표 9–1 유치원 세입 예 · 결산명세서

과목			예(결)산액	전년도 예(결)산액	비교증감	산출기초	비고
관	항	목					
1. 사용료 및 수수료							
	1. 납교금						
		1. 입학금					
		2. 수업료					
		3. 수험료					
		4. 증명료					
		5. 기타 납입금					
2. 전입금							
	1. 법인 부담금						
		1. 건강보험부담금					
		2. 연금부담금					
		3. 재해보상부담금					
		4. 기타 부담금					
3. 원조 보조금							
	1. 국내 보조금						
		1. 재정결함지원금					
		2. 시 · 도 보조금					
		3. 기타 보조금					
	2. 외국 원조금						
		1. 외국기관원조					
		2. 재외재단보조 ⋮					

표 9-2 유치원 세출 예 · 결산명세서

과목			예(결)산액	전년도 예(결)산액	비교증감	산출기초 (단위:원)	비고
관	할	목					
1. 인건비							
	1. 봉급						
		1. 교원봉급					
		2. 사무원봉급					
	2. 정액수당						
		1. 교원수당					
		2. 사무직원수당					
	3. 퇴직금						
		1. 퇴직금					
	4. 부담금						
		1. 건강보험부담금					
		2. 연금부담금					
		3. 재해보상부담금					
	5. 기타 제 수당						
		1. 강사료					
		2. 초과근무수당					
		3. 복리후생비					
		4. 기타 수당					
	6. 임시직급여						
		1. 임시직급여					
		2. 일용잡급					
2. 관리운영비							
	1. 학교운영비						
		1. 공통운영비					
		2. 교수-학습활용비					
		⋮					

표 9-3 어린이집 세입 예 · 결산서

과 목						예산액	전년도 예(결)산액	증감	산출기초
관		항		목					
01	입소자 부담금 수입	11	입소비용 수입	111	보육료 수입				
				112	수익자 부담금				
02	과년도 수입	21	과년도 수입	211	과년도 수입				
03	잡수입	31	잡수입	311	이자 수입				
				312	후원금 수입				
				313	기타 잡수입				
04	보조금 수입	41	경상 보조금 수입	411	인건비 보조금				
				412	보육료 보조금				
				413	기본 보조금				
				414	기타 지원금				
		42	자본 보조금 수입	421	자본 보조금				
05	전입금	51	전입금	511	전입금				
06	이월금	61	이월금	611	전년도 이월금				
				612	이월 사업비				

표 9-4 어린이집 세출 예 · 결산서

<table>
<tr><th colspan="6">과 목</th><th rowspan="2">예산액</th><th rowspan="2">전년도 예(결)산액</th><th rowspan="2">증감</th><th rowspan="2">산출기초</th></tr>
<tr><th colspan="2">관</th><th colspan="2">항</th><th colspan="2">목</th></tr>
<tr><td rowspan="16">100</td><td rowspan="16">시설 운영비</td><td rowspan="6">110</td><td rowspan="6">인건비</td><td>111</td><td>급여</td><td></td><td></td><td></td><td></td></tr>
<tr><td>112</td><td>일용잡급</td><td></td><td></td><td></td><td></td></tr>
<tr><td>113</td><td>제수당</td><td></td><td></td><td></td><td></td></tr>
<tr><td>114</td><td>퇴직금 및 퇴직적립금</td><td></td><td></td><td></td><td></td></tr>
<tr><td>115</td><td>사회보험 부담비용</td><td></td><td></td><td></td><td></td></tr>
<tr><td>116</td><td>기타 후생경비</td><td></td><td></td><td></td><td></td></tr>
<tr><td rowspan="3">120</td><td rowspan="3">업무 추진비</td><td>121</td><td>기관운영비</td><td></td><td></td><td></td><td></td></tr>
<tr><td>122</td><td>직책급</td><td></td><td></td><td></td><td></td></tr>
<tr><td>123</td><td>회의비</td><td></td><td></td><td></td><td></td></tr>
<tr><td rowspan="7">130</td><td rowspan="7">관리 운영비</td><td>131</td><td>여비</td><td></td><td></td><td></td><td></td></tr>
<tr><td>132</td><td>수용비 및 수수료</td><td></td><td></td><td></td><td></td></tr>
<tr><td>133</td><td>공공요금</td><td></td><td></td><td></td><td></td></tr>
<tr><td>134</td><td>제세공과금</td><td></td><td></td><td></td><td></td></tr>
<tr><td>135</td><td>차량비</td><td></td><td></td><td></td><td></td></tr>
<tr><td>136</td><td>연료비</td><td></td><td></td><td></td><td></td></tr>
<tr><td>137</td><td>기타운영비</td><td></td><td></td><td></td><td></td></tr>
<tr><td rowspan="4">200</td><td rowspan="4">사업비</td><td rowspan="4">210</td><td rowspan="4">사업 운영비</td><td>211</td><td>급간식비</td><td></td><td></td><td></td><td></td></tr>
<tr><td>212</td><td>교재교구비</td><td></td><td></td><td></td><td></td></tr>
<tr><td>213</td><td>행사비</td><td></td><td></td><td></td><td></td></tr>
<tr><td>214</td><td>수익자 부담금 지출</td><td></td><td></td><td></td><td></td></tr>
<tr><td rowspan="3">300</td><td rowspan="3">재산 조성비</td><td rowspan="3">310</td><td rowspan="3">시설비</td><td>311</td><td>시설비</td><td></td><td></td><td></td><td></td></tr>
<tr><td>312</td><td>자산취득비</td><td></td><td></td><td></td><td></td></tr>
<tr><td>313</td><td>원장비 유지비</td><td></td><td></td><td></td><td></td></tr>
<tr><td>400</td><td>전출금</td><td>410</td><td>전출금</td><td>411</td><td>법인회계 전출금</td><td></td><td></td><td></td><td></td></tr>
</table>

과 목						예산액	전년도 예(결)산액	증감	산출기초
관		항		목					
500	과년도 지출	510	과년도 지출	511	과년도지출				
600	잡지출	610	잡지출	611	잡지출				
700	예비비	710	예비비	711	예비비				

① 세입

1회계연도의 모든 수입을 세입이라고 한다. 수입은 유치원의 제반 수요를 충당하기 위한 지출의 재원이 될 현금의 수납을 실현시키기 위하여 행하는 일련의 회계처리 절차를 말한다. 이러한 수입행위는 징수행위와 수납행위로 구분된다. 징수행위는 수입의 원인이 되는 대상과 내용에 대한 조사 · 조정을 거쳐 수입금액을 확정하는 징수결정행위와 이를 납부의무자에 대하여 납입의 고지를 하는 일련의 행정절차를 말한다. 수납행위는 납부의무자가 납부하는 납입금을 영수하는 행위를 말한다. 유아교육기관 회계의 세입금은 수입원이나 금융기관 또는 체신관서에 수납을 위탁한 경우에는 해당 금융기관, 체신관서가 수납을 담당한다.

② 세출

1회계연도의 모든 지출을 세출이라고 한다. 넓은 의미의 지출은 예산의 사용 결정에서부터 지출원인행위에 의한 부담 채무를 이행하기 위하여 현금을 지급할 때까지의 일체의 행위를 말하며 좁은 의미의 지출은 지출원인행위에 의하여 부담한 채무를 이행하기 위하여 현금을 지급하는 행위를 말한다. 유아교육관 회계에서 지출원인행위는 유아교육기관의 장이 현금을 지급하는 좁은 의미의 지출행위는 지출원이 담당한다. 세출예산은 세입 범위 내에서 편성한다.

(3) 예산의 집행

예산집행이란 확정된 예산에 의해 회계연도 개시와 더불어 수입을 조달하고 공공경비를 지출하는 재정활동을 의미한다. 이는 수입의 조정, 납입의 통지, 수납, 지출원인행위의 실행, 세출 예산의 이용과 전용, 계약의 체결, 지급 등을 모두 포함하는 것이다.

세입예산은 법령, 조례 및 규칙에 근거하여 정해진 징수방식에 따라 수입 처리하며 예산에 계상된 금액에 제한을 받지 않는다. 그러나 세출예산의 집행에는 예산에 표시된 목적과 금액의 범위 내에서 지출이 이루어지며, 자금의 수급을 고려하여 지출이 이루어져야 한다.

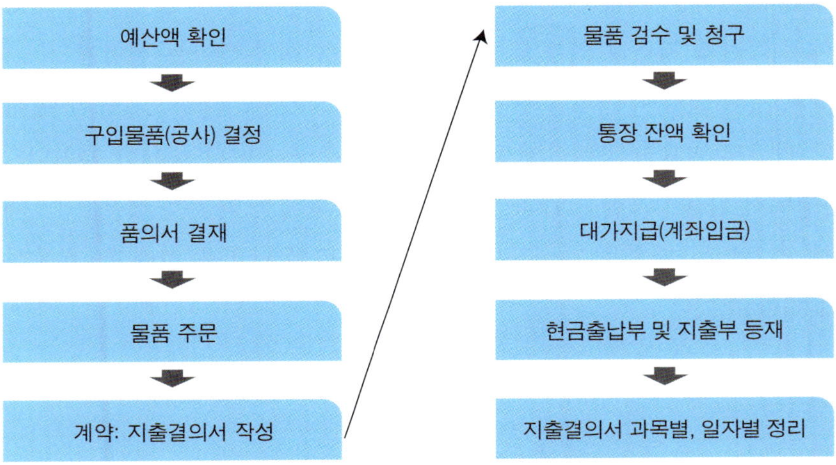

그림 9-1 물품 구입 시 예산집행 처리과정

(4) 추가경정예산

예산 성립 후 생긴 사유로 인하여 필요한 경비의 과부족이 생길 때 본예산에 추가 또는 변경을 가한 예산을 말한다. 추가경정예산은 비목을 신설하거나 기존 비목의 금액을 추가 · 증액하는 경우에 편성하는 추가예산과 기존예산의 범위 내에서 각 비목간의 예산조정 등을 통해 부서 · 과목 상호 간의 예산금액을 변경하는 경정예산으로 나누어지는데 보통의 경우 추가예산의 작성의 필요성과 경정예산 작성의 필요성이 동시에 발생하는 경우가 많아 양자를 합하여 편성하는 것이 대부분이다. 이러한 추가경정예산은 일단 성립되면 본예산에 흡수되어 운용된다.

3) 재정운영의 원칙

(1) 자율성

자율이란 자기 자신의 행위를 지배하는 규범이나 규칙을 스스로 선택하고 결정하여 그것을 실천하는 자유의지라 할 수 있다. 자율성을 부여한다는 것은 자기 결정성과 책임성 하에서 각자가 지니고 있는 역량을 최대로 발휘해야 한다는 신념에 기인한다. 자율성은 교육 주체들의 자율적인 참여를 유도하고 그것을 통해서 교육의 본래 목적을 이루는 데 반드시 필요하기 때문에 교육기관에서 추구해야 할 중요한 가치다.

재정운영에서 자율성이란 기관의 실정에 맞는 교육활동 계획을 세우고 그 계획을 추진하는 데 소요되는 재원을 자율적으로 운영함으로써 낭비를 없애고, 효율성을 극대화시키기 위한 것이다.

(2) 공정성

교육재정에 있어서 공정성이란 합당한 기준에 의한 재정배분에 있어서 차이가 나는 것이 정당하다고 본다. 따라서 유아교육기관의 예산을 배분함에 있어서 교육프로그램의 차이, 개인의 차이를 인정하고 그에 따른 차별화를 인정하는 것을 말한다. 예를 들어, 저소득층 유아에게 급식비를 면제해 준다든지, 특기적성 교육비를 지원해 주는 것은 재정운영의 공평성 측면에서 이루어지는 것이다.

(3) 효율성

효율성이란 경제성, 능률성, 효과성의 개념을 모두 포함하고 있는 것으로써 최소의 투입으로 최대의 산출이라는 경제적 합리주의를 의미한다. 재정의 효율성은 크게 정해진 목표의 산출을 위하여 가능한 한 최소의 노력과 경비를 투입하는 측면과 일정하게 주어진 경비와 노력을 투입하여 가능한 한 최대의 효과를 가져오려는 측면의 두 가지 면에서 고려될 수 있다. 효율성은 유아교육기관의 재정에서 추구해야 할 중요한 가치이지만 교육기관이 가지는 다음과 같은 이유 때문에 효율성을 최대화시키기 어려운 면이 있다.

첫째, 교육에 투입되는 재원은 비교적 명확하나 산출을 무엇으로 나타낼지 모호하기 때문에 다시 말해 돈으로 등가시키기 어렵기 때문에 효율성을 측정하기 어렵다.

둘째, 교육에서는 때때로 평등을 우선하여 달성해야 하기 때문에 효율성이 침해받기 쉽다.

4) 어린이집 재무회계 규칙

(1) 예산운영의 4가지 기본 원칙

첫째, 예산총계주의 원칙: 모든 수입과 지출은 세입과 세출예산에 계상해야 한다. 아무리 작은 금액이라도 수입과 지출이 예상되면 세입예산과 세출예산에 계상해야 한다.

둘째, 세입의 직접 사용금지 원칙: 어린이집에서 발생하는 모든 수입을 세입처리하지 아니하고는 이를 직접 사용하지 못한다. 모든 수입은 통장에 입금한 후 사용할 수 있다.

셋째, 예산의 목적 외 사용금지 원칙: 세출예산은 정한 목적 외에 사용하지 못한다. 지출은 세출항목에 정한 대로만 사용할 수 있다. 예산 초과 집행의 경우나 예산 부족으로 다 집행하지 못해 예산을 조정하고 싶은 경우는 과목전용과정을 통해 예산을 집행한다.

넷째, 회계연도의 원칙: 예산집행과 결산은 1월 1일부터 12월 31일까지 집행결과를 결산하는 것이다. 즉, 어린이집 재무회계 연도 또는 장부의 회계연도는 1월 1일~12월 31일까지이다.

표 9-5 어린이집 재무회계규칙

구 분	예산편성	예산집행	결 산
원 칙	예산총계주의	– 세입의 직접사용 금지 – 예산의 목적 외 사용금지	– 회계년도가 정해짐

구 분	예산편성	예산집행	결 산
관 련 서 류	– 사업계획서 – 세입세출예산서 준예산 – 추가경정예산	– (장부)현금출납부, 총계정원장, 봉급대장, 보육료대장, 비품대장 – 〈증빙서류〉계좌입금증빙서류, 수입 · 지출결의서, 반납결의서, 과목전용조서, 예비비사용조서, 정부보조금 명세서	– 세입세출 · 결산총괄 설명 – 세입 · 세출결산서 – 연도말 잔액증명 – 퇴직적립금 통장사본 & 잔액증명서
과 정	– 예산편성지침 (2개월 전) – 예산안 제출 (개시 10일 전)	– 수입, 지출 사무의 관리책임자 선정 – 수입금의 수납(7일 이내)	– 제출(다음 연도 3월 31일까지)

(2) 어린이집 예산의 절차

어린이집 예산은 매년 대표이사 및 원장이 편성하여 이사회의 심의 의결을 거쳐 확정되며, 확정된 예산에 따라 집행되고 집행이 완료되면 결산사항을 감사받아 이사회에 제출되어 의결을 거치면 예산집행 책임이 해제되고, 당해 예산의 기능이 완결된다. 예산 편성, 심의, 집행, 결산에 이르는 과정을 예산의 절차라고 한다.

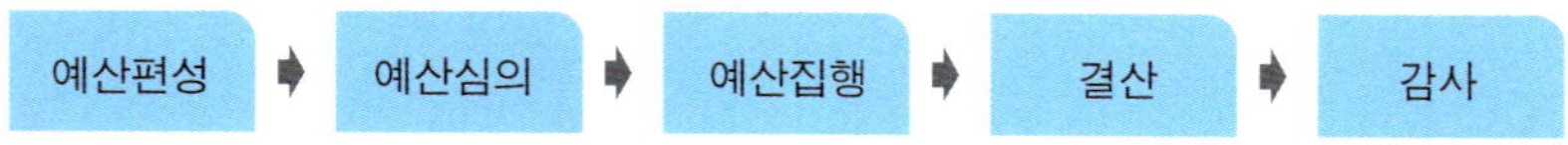

그림 9-2 예산의 절차

(3) 어린이집 예산편성 절차

예산은 매년 대표이사 및 원장이 편성하여 이사회의 의결을 거쳐 확정한다. 예산편성의 절차는 그림 9-3과 같다.

절차 방법	담 당 자	시 기
1단계: 예산편성요령을 보육시설에 통보	구 청 장	회계연도 개시 2월 전
2단계: 당해 연도 예산 편성	보육시설장	회계연도 개시 1월 전
3단계: 보육시설운영위원회 보고 (인건비지원시설 및 40인 이상 모든 시설)	보육시설장	해당 시설만
4단계: 이사회의 예산 의결	사회복지법인	해당 시설만
5단계: 구청장에게 예산안 제출	보육시설장	회계연도 개시 10일 전
6단계: 예산승인(정부지원시설에 한한다) → 정부지원시설이 아닌 경우 예산안 별도 승인 가능	구 청 장	회계연도 개시 전
7단계: 시설장은 세입 · 세출예산개요를 시설의 게시판이나 홈페이지에 20일 이상 공고	보육시설장	확정통보 후

그림 9-3 예산편성 절차

(4) 예산편성 요령

어린이집 예산을 편성할 때 다음과 같은 사항을 지켜야 한다.

① 세입 예산은 자체 수입과 보조금 수입으로 구분하여 편성한다.

② 자체 수입은 보육료, 운영체 부담금, 기타 잡수입 등으로 하고 보조금 수입은 정부 또는 지방자치단체로부터의 보조금으로 한다.

③ 세출 예산은 시설운영, 시설 기능 보강, 전출금, 전년도 지출, 예비비로 구분하고, 세입 범위 내에서 편성한다.

④ 세입 · 세출 예산은 과목별로 구분하여 산출근거를 명확하게 해야 한다.

⑤ 세입 예산은 1,000원 미만은 버리고, 세출 예산은 1,000원 미만은 올린다.

(5) 예산서에 첨부해야 할 서류

예산서를 제출할 때는 예산을 뒷받침할 수 있는 근거를 함께 제출해야 하는데 그 서류는 다음과 같다.

① 사업계획서
② 세입 · 세출명세서
③ 보육교직원 보수일람표
④ 당해예산을 의결한 이사회 회의록 사본(법인의 경우에 한함)

(6) 결산의 절차

한 회계연도에 있어서 기관의 재정활동 전반에 대한 수입과 지출의 실적을 그림 9-4의 절차에 따라 한다.

절차	담당	시기
○ 세입 · 세출 결산보고서 작성	원장	출납완료 시
○ 보육시설운영위원회 보고 (인건비지원시설 및 40인 이상 모든시설)	원장	해당 시설만
○ 이사회의 결산보고서 의결	사회복지법인	결산보고서 작성 시
○ 시 · 군 · 구청장에게 결산보고서 제출	원장	익년도 3.31까지
○ 세입 · 세출 결산개요를 당해시설의 게시판이나 페이지에 20일 이상 공고	원장	결산보고서 제출 후

그림 9-4 결산의 절차

(7) 결산 요령

모든 어린이집은 매 회계연도 말에 결산을 의무적으로 실시해야 한다. 정부에서 보조를 받는 어린이집은 사업을 완료한 때, 폐지의 승인을 얻은 때 또는 회계연도가 종료한 때에는 지체 없이 그 보조사업의 실적보고서와 사업비 정산서를 시장 · 군수 · 구청장에게 제출하여야 한다. 결산의 요령은 다음과 같다.

① 결산은 세입 · 세출을 예산의 과목별로 세분하여 실시한다.
② 결산금액단위는 10원 미만은 절사한다.
③ 산출기초는 구체적으로 상세하게 기재한다.
④ 정부보조금 사용 잔액은 연말 결산 시 반납조치토록 하여야 하며 기타는 익년도에 이월하여 사용한다.
⑤ 결산 보고 시 은행의 잔액증명을 첨부하여야 한다.
⑥ 시설보강사업(신축, 증축, 개축, 개보수) 정산보고서는 건물등기부등본, 건축물관리대장 및 완공건물 사진 등을 첨부하여야 하며, 장비 구입 시는 구입물품 명세서를 첨부하여야 한다.
⑦ 보고서 작성 시 작성자의 직 · 성명을 기재하고, 원장 직인과 실인을 날인하여야 한다.

(8) 어린이집 회계 규칙

① 회계 총칙

어린이집 수입 및 지출 사무의 관리 주체는 원장이 원칙이나 소속직원에게 위임이 가능하다. 수입과 지출의 집행기관은 별도의 수입담당과 지출담당을 두는 것이 원칙이나 어린이집의 경우 회계 규모나 직원 수 등을 고려할 때 원장이 수입과 지출의 현금출납업무를 담당하되 필요할 경우 교사 등에게 회계업무를 겸임하게 할 수 있다. 회계의 방법은 단식부기로 하나 필요할 경우 복식부기도 가능하다.

② 수입

모든 수입금의 수납은 이를 금융기관에 취급시키는 경우를 제외하고는 수입원이 아니면 수납하지 못한다. 수입원이 수납한 수입금은 7일 이내 금융기관에 예입해야 한다. 과년도 수입과 기타 예산외 수입은 모두 현연도 세입에 편입해야 하고, 지출된 세출의 반납금은 각각 지출한 세출의 당해 과목에 예입 가능하다. 과오납된 수입금은 수입한 세입에서 직접 반환한다. 수입금은 대개 보육료 수입, 정부보조금, 기타 예금이자가 있는데, 그 관리요령은 다음과 같다.

- **보육료 수입**: 보육료 수납은 보육료 납입통지서를 발부하여 보호자가 직접 금융기

관에 납입하도록 한다. 어린이집에서 직접 받을 경우 착오로 인해 학부모와 갈등이 생길 가능성이 있다.

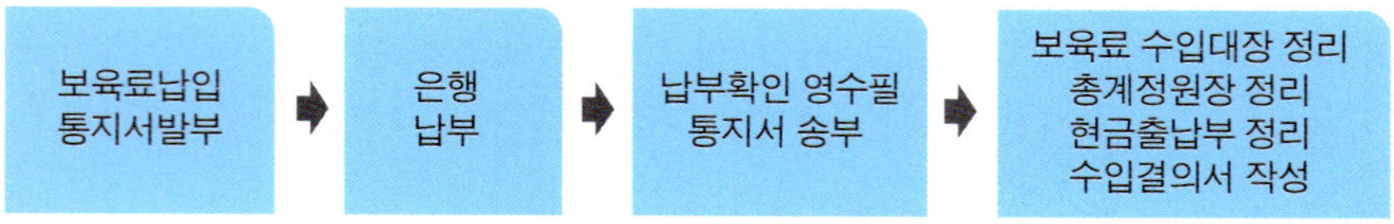

그림 9-5 보육료 수납절차

- **정부보조금**: 각 시 · 군 · 구마다 정부지원 시설, 민간시설에 지원하는 보조금의 내용과 금액이 다르므로, 그에 따라 정해진 기간에 관할 구청에 보조금 교부신청서를 제출한다. 관할 구청에서 온라인 입금한 정부보조금을 확인하여 당일로 수입결의하고 관련 장부에 기록한다.
- **기타 예금이자**: 어린이집 예금구좌에 이자가 발생할 때마다 관련 장부에 정확하게 기재한다.

③ 지출

지출은 지출사무를 관리하는 자(대표이사, 원장) 및 그 위임을 받아 지출명령이 있는 것에 한하여 지출원이 행한다. 지출은 계좌입금, 신용카드 또는 현금영수증을 통하여 행하는 것이 원칙인데, 상용 경비 또는 소액의 경비 지출은 현금으로 가능하며 이를 위해 지출원은 50만원 이하의 현금을 보관할 수 있다. 상용경비 또는 소액의 경비 지출이라도 5만원 이상 지출 시 신용카드를 사용하거나 현금영수증을 발급받아 지출한다. 지출을 할 때는 예산과목의 항목별로 인출하여 항목별 지출내역이 통장에 명시되는 것이 편리하다. 지출금 관리는 다음과 같이 한다.

- **인건비 지출**: 보통 인건비는 매월 25일에 지급하며, 지급일이 공휴일인 경우에는 그 전일에 지급한다. 개인별로 온라인 입금하는 것이 원칙이다. 또한 입금 시 근로소득세, 주민세, 건강보험료, 국민연금 등을 원천징수하고, 공제액을 해당 기관에 납입하여야 한다. 퇴직적립금이 있을 경우에는 별도의 통장에 입금하여 관리한다.
- **물품 구입비용 지출**: 모든 물품 구입은 내부 품의서를 작성한 후 구입하고, 10만

원 이상의 지출은 가급적 세금계산서, 견적서 등을 첨부한다.

- **공공요금 지출**: 공공요금은 청구서에 의하여 지출하고 영수증을 첨부한다.

5) 유치원 재무회계 규칙

(1) 예산편성 기본원칙

① **목적**: 이 기준은 사립학교법 · 사립학교법 시행령 및 사학기관재무 · 회계규칙에 의거 사립유치원의 회계운영에 필요한 제반 사항을 정함을 목적으로 한다.

② 회계운영의 기본 원칙

- 사립유치원의 회계는 건전하게 운영하여야 하며, 국가정책과 사회의 공공기관으로서의 의무와 설립 목적에 위반하여서는 아니된다.
- 유치원의 모든 수입은 세입예산에 편입하여야 한다.
- 유치원 회계에 속하는 수입은 다른 회계에 전출하거나 대여할 수 없고, 세출예산은 이를 목적 외로 사용하지 못한다.
- 예산 확정 후 생긴 사유로 인하여 이미 성립된 예산에 변경을 가할 필요가 있을 때에는 추가경정예산을 편성할 수 있다.

③ 회계운영 일반사항

- **회계연도**: 매년 3월 1일 시작하여 다음해 2월 말일에 종료한다.
- 세입 · 세출에 관한 사무는 3월 20일을 기준으로 폐쇄한다.
- **자금의 관리**: 유치원 회계에서는 차입을 할 수 없다.
- **장부 및 회계관련 서류관리**: 사학기관재무회계규칙 제53조(학교에 비치할 장부와 서류)에 정한 장부를 비치 · 작성하여야 하며, 사학기관재무회계규칙 제53조의 2(증빙서류 및 장부의 보존) 규정에 의거 5년간 회계관계 문서를 보존하여야 한다.

(2) 예산서 · 결산서 작성방법

① 세입예산과 세출예산은 반드시 일치하여야 함

② 예산의 금액단위는 "천원", 결산의 금액단위는 "원"으로 함

③ 세입예산의 1,000원 미만은 "절사", 세출예산의 1,000원 미만은 "절상"

④ 2009학년도 결산 시의 과목은 반드시 2009학년도 예산편성과목으로 결산

⑤ 결산서 작성 시 예금 잔액증명서 첨부

⑥ 결산서의 잔액과 예금 잔액증명서의 잔액은 일치해야 한다. 불일치 시 불부합조서 첨부

⑦ 전 학년도 결산잔액은 반드시 현 학년도 예산 이월금에 정확히 작성

⑧ '현재 학년도 예산서'는 3월 19일까지, '전 학년도 결산서'는 5월 31일까지 제출 '추가경정예산안'은 성립된 날로 15일 이내

(3) 유치원 예산편성 절차

① 법인의 예산은 이사장이 편성하여 매 회계연도 개시 20일 전까지 이사회의 의결을 얻어야 한다(규칙 제16조 제1항).

② 유치원의 예산은 당해 유치원의 예 · 결산 자문위원회의 자문을 거쳐 유치원의 장이 편성하여 매 회계연도 개시 1월 전까지 당해 법인 이사장에게 제출하여야 한다(법 제29조 제4항, 규칙 제16조 제2항).

③ 이사장은 법인과 유치원 예산을 회계연도 개시 20일 전까지 이사회의 의결을 얻어 유치원의 장에게 송부하여야 한다(규칙 제16조 제3항).

④ 예산은 매회계년도 개시 5일 이전에 관할청에 제출한다(령 제14조).

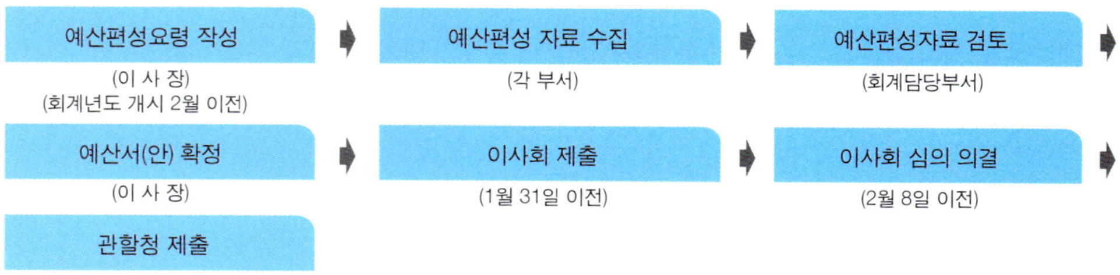

그림 9-6 유치원 예산편성 절차

(4) 예산편성 요령

유치원 예산을 편성할 때는 다음과 같은 사항을 지켜야 한다.

① 예산총계주의 원칙에 따라 수입과 지출은 모두 예산에 편입하여야 한다(규칙 제11조).

② 법인의 이사장은 규칙 제4조에서 규정한 위치에 따라 매 회계연도 개시 2월 이전에 그 법인과 학교의 예산편성요령을 정하여야 한다(규칙 제12조).

(5) 예산서에 첨부할 서류

유치원의 예산에는 예산을 뒷받침할 수 있는 다음의 서류가 첨부되어야 한다.

① 예산총칙 ② 수입 · 지출예산명세서 ③ 전년도 부채명세서 ④ 직원보수일람표
⑤ 과년도미수액조서 ⑥ 이사회회의록 사본 ⑦ 반편성표

(6) 결산의 절차

한 회계연도에 있어서 재정활동 전반에 대한 수입과 지출의 실적을 모두 나타내어 그림 9-7과 같이 나타낸다.

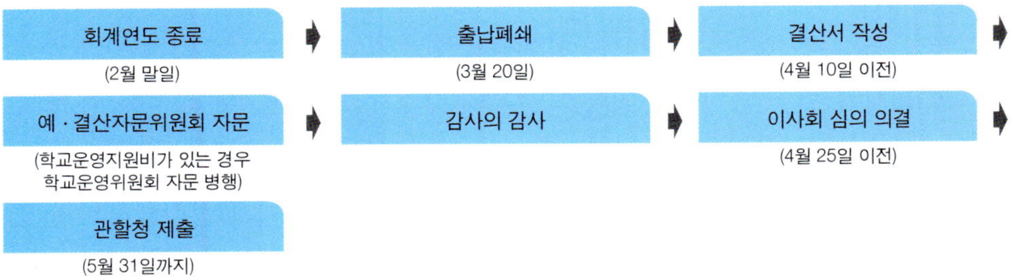

그림 9-7 유치원 결산의 절차

(7) 결산서에 첨부할 서류

결산서를 관할 교육청에 제출할 때는 결산을 뒷받침할 수 있는 근거를 함께 제출한다.

① 결산서 ② 결손처분액 조서 ③ 미수입액 조서 ④ 차입금 명세서 ⑤ 채무확정액

조서 ⑥ 예비비 사용액 조서 ⑦ 감사의 감사보고서 ⑧ 이사회 회의록 사본

2. 문서관리

1) 문서의 개념 및 필요성

문서란 글이나 기호 따위로 일정한 의사나 관념 또는 사상을 나타낸 것을 말하는데, 이는 의사소통을 위해 고안된 정보를 물리적으로 묶어 놓은 것으로 서류(書類) 또는 문건(文件)이라고도 한다. 오늘날에는 종이로 된 것을 주로 문서라고 부르지만, 아주 과거로 거슬러 올라가면 글이나 기호를 돌(비석 또는 암벽), 나무(비석 또는 목간), 풀(죽간, 파피루스), 금속, 베(피륙) 등 여러 곳에 기록하였다. 현대에 이르러서는 글이나 기호를 기록하는 방법이 더욱 다양해지고 있다. 전자매체의 발달로 인해 문자, 소리, 영상을 특정 형식의 디지털 파일로 만들어서 컴퓨터 디스크나 IC칩 형태의 메모리에 저장하기도 한다.

"공문서"라 함은 행정기관 내부 또는 상호 간이나 대외적으로 공무상 작성 또는 시행되는 문서 및 행정기관이 접수한 모든 문서를 말하는데, 여기서 문서에는 도면, 사진, 디스크, 테이프, 필름, 슬라이드, 전자문서 등의 특수매체기록을 포함한다.

사무의 주체가 되는 단체나 기관들은 그들이 주요 업무를 실행함에 있어 업무의 내용을 조직 내부와 업무 대상자에게 고지하거나 사실을 공유할 필요가 있다. 둘 이상의 주체 간에 발생된 의사나 행위의 결과를 보전하고, 사실을 증빙하기 위해서는 서로 인지할 방법으로 기록된 문서가 필요하다. 문서는 단체나 기관, 조직, 개인 등의 활동과 관련된 의사나 관념, 모습을 적당한 매체에 담아 사실을 나타내는 데 필요하다. 문서의 주요 기능은 의사의 보존과 전달이라고 볼 수 있는데, 문서가 필요한 경우는 다음과 같다.

첫째, 내용이 복잡해 구체적으로 절차와 내용을 기록하지 않고는 업무처리가 곤란할 때

둘째, 업무처리의 결과로써 증빙이 필요할 때

셋째, 업무처리의 의사전달이 대화로는 불충분할 때
넷째, 업무처리의 결과를 보존할 필요가 있을 때

2) 문서의 종류

우리나라 공공기관의 문서에 관한 규정은 사무관리규정 제7조(대통령령 제21698호. 국가정보화 기본법 시행령, 일부개정 2009. 08. 21)에 제시되어 있다. 사무관리규정에서 규정한 공문서의 종류는 법규문서, 지시문서, 공고문서, 비치문서, 민원문서, 일반문서로 나뉜다.

3) 문서 작성의 일반 원칙

문서를 작성할 때는 문서를 보는 사람의 편의와 전달의 편의, 사무처리의 능률화를 고려하여 표준화시키는 것이 좋다. 우리나라 공공기관은 표준화된 문서를 위해서 사무관리규정 제10조에 문서작성 일반원칙을 규정해 놓았다. 문서작성요령은 다음과 같다.

① 문서는 「국어기본법」 제11조에 따른 어문규범에 맞게 한글로 작성하되, 쉽고 간명하게 표현하고, 뜻을 정확하게 전달하기 위하여 필요한 경우에는 괄호 안에 한자, 그 밖의 외국어를 넣어 쓸 수 있으며, 특별한 사유가 있는 경우를 제외하고는 가로로 쓴다.

② 문서에 쓰는 숫자는 특별한 사유가 있는 경우를 제외하고는 아라비아 숫자로 한다.

③ 문서에 쓰는 날짜의 표기는 숫자로 하되, 연 · 월 · 일의 글자는 생략하고 그 자리에 온점을 찍어 표시하며, 시 · 분의 표기는 24시각제에 따라 숫자로 하되, 시 · 분의 글자는 생략하고 그 사이에 쌍점을 찍어 구분한다. 다만, 특별한 사유로 인하여 다른 방법으로 표시할 필요가 있는 경우에는 그러하지 아니하다.

④ 문서의 작성에 쓰이는 용지의 크기는 특별한 사유가 있는 경우를 제외하고는 가로 210밀리미터, 세로 297밀리미터로 한다.

4) 기안문서와 시행문서

어떤 조직에서 사안의 처리방안을 작성하여 결재권자에게 의사결정을 요청하기 위해서 작성하는 문서를 기안문서라 한다. 일반적으로 기안문서는 상급자의 지시사항이나 자신의 업무발안 및 각종 법령이나 예규의 변경 등을 위하여 작성된다. 기안문서는 작성한 기관 또는 부서에 정해진 보관연한에 따라 보관된다. 담당자의 기안이 결재권자에게 승인을 받으면 기안내용을 실제로 실행하게 되는데 실행내용을 담아 작성한 문서를 시행문서라 한다. 이 시행문서가 다른 기관이나 부서로 발송되어 문서의 효력이 발생한다.

기안문을 작성할 때는 먼저 그 목적, 기대효과, 결재권자의 의도 및 지시내용을 숙지하고 이에 따른 관계법령 및 참고문헌을 찾는 등으로 정보를 수집한 후 이를 이용하여 기안목적에 맞는 문서를 작성한다. 기안자는 6하원칙에 의하여 정확하게 작성하되, 기안문의 주요 내용을 간결 · 명료하고 이해하기 쉬운 문장으로 작성한 후 누락사항, 오류나 불필요한 부분이 없는지 확인해야 한다.

(1) 기안문서와 시행문서의 구성

① **발신기관:** 먼저 해당 문서를 발신하는 기관의 명칭을 기재하고, 내 · 외부 문서에 상관없이 기안자가 소속된 기관의 명칭, 우편번호와 주소 및 전화번호와 전송번호, 담당자를 기재한다.

② **문서번호:** 문서번호는 통상 기관기호, 분류기호, 붙임표 및 문서등록번호로 구성된다. 문서번호는 문서관리의 전산화와 문서검색을 용이하게 하여 문서의 관리 및 이용을 편리하게 하여 준다. 문서번호에 붙이는 기관기호는 통상 두 글자로 기관명의 약칭을 사용하며, 분류번호는 연도별 일련번호나 연도표시 일련번호 등을 사용하고 있으나 행정기관 등과 같은 곳에서는 문서분류체계에 따라 분류번호를 사용하고 있는 경우도 있다. 또한 문서등록번호는 문서가 작성된 후 등록 · 발송 시 부여하는 것으로 처리부서별로 문서등록대장에 등록된 순서에 따라 연도별 일련번호를 붙인다.

③ **시행일자:** 시행일자란 문서가 효력을 발생하는 날짜를 말하는 것으로 일반 기관

또는 조직 내에서는 최종 결재권자의 결재가 있어야 그 효력이 있으므로 최종 결재일을 기재한다.

④ **보존기간**: 기안문서의 보존기간은 공문서인 경우는 공문서의 분류 및 보존에 관한 규칙에 따라 그 기간을 기재하고, 이에 정해져 있지 않거나 일반적인 문서의 경우 각 자체 규약 등에 의하여 기재하거나 기재하지 않는 경우도 있다. 보존기간은 통상 영구보존과 30년, 20년, 10년, 5년, 3년, 1년 등으로 나누어 그 기간을 규정하고 있다.

⑤ **수신기관**: 수신기관에 앞서 경유할 기관이 있는 경우 경유란에 그 기관명을 기재하고, 수신란에 수신기관명을 기재하되 내부의 기안문일 경우 내부결재라 기재하면 된다. 또한 참조란에는 문서를 직접 접수·처리할 부서의 실무책임자의 직명을 기재하되 문서를 처리할 최하위 보존기간의 주무부서장(과장급)을 기재한다.

⑥ **문서처리인**: 문서처리인에는 취급에 관한 사항(비밀사항 등인 경우 암호나 음어사용과 전신이나 모사전송 등)과 기관장(기관장의 직명과 결재 시 서명과 결재일자), 보존(문서작성기관에서의 보존기간), 보조기관과 기안(기안자의 성명과 서명) 및 협조(기안문의 내용이 다른 기관의 업무와 관련이 있을 경우 그 기관의 협조를 받아야 하므로 협조자의 직위와 서명)로 구성된다.

⑦ **제목**: 기안문의 제목은 전체의 내용을 한눈에 파악할 수 있는 글로 간단·명료하게 기재하되 상대에게 전달하고자 하는 핵심적인 사항을 알 수 있도록 하는데, 1줄을 넘지 않게 하는 것이 좋다.

⑧ **내용**: 내용은 전문과 주문 및 말문으로 구성하여 작성하되 상대에게 전달하고자 하는 내용을 6하원칙에 따라 간단·명료하게 작성하여야 한다.

⑨ **추신과 첨부**: 추신은 통상 본문 중에 내용을 빠뜨리거나 강조하고자 할 때 본문 하단에 본문과 구분하여 기재하고, 첨부는 동 문서와 관련하여 첨부하여야 할 참고서류가 있을 때 하는데, 첨부되는 서류 등의 명칭과 수량(부수)을 기재한다.

⑩ **발신명**: 문서의 발신은 발신기관의 기관장 명의로 발신하나 내부문서인 경우 발신명을 기재하지 아니한다.

⑪ **수신처**: 수신처는 수신기관이 두 곳 이상일 경우 문서의 말미에 수신처란을 만들어 기입하되 발신자 명의란부터 한 줄 아래 기준선부터 표기한다.

(2) 기안문서와 시행문서의 차이점

기안문서는 기관 또는 부서의 업무담당자가 어떤 업무를 실행하기 위해서 업무책임자에게 업무실행에 대한 안을 만들어 결재권자에게 허가를 받아 의사결정을 확정하기 위한 목적으로 사용되는 것이다. 따라서 기안문서는 작성한 기관이나 부서에 보관하게 된다. 그러나 시행문서는 기관 또는 부서가 확정한 의사결정을 실행에 옮기는 목적으로 작성되기 때문에 그 업무의 대상 기관 또는 부서로 발송되어 의도한 업무가 추진되는 것이다.

표 9-6 기안문 예시

"잠깐 개인정보를 보호합시다"

대 한 유 치 원

우 - / ○○시 구 동 번지 / 전화(043) / 전송(043) 담당자 :

문서번호 대한유 81448-3
시행일자 2011. 3 . 4.(3년)
(경 유) 공 개
수신 ○○○○○○○○교육청교육장
참조 관리과장

보존기간	3년	원 장	
공개여부	공개	/	
원 감			
주 임			
교 사			
기안자			협조
심사자		심사일	

제목: 사립유치원 납입금 현황 제출

1. 관리81448-50(2011. 1. 26)호와 관련입니다.
2. 위호에 의거 유치원 납입금 현황을 붙임과 같이 제출합니다.

붙임 : 납입금 현황 1부. 끝.

대 한 유 치 원 장 인

표 9-7 시행문 예시

"잠깐 개인정보를 보호합시다"

대 한 유 치 원

우 – / ○○시 구 동 번지 / 전화(043) / 전송(043) 담당자 :

문서번호 대한유 81448-3
시행일자 2011. 3 . 4.(3년)
(경 유) 공 개
수신 ○○○○○○○○○교육청교육장
참조 관리과장

<table>
<tr><td>선람</td><td></td><td></td><td>지시</td><td colspan="2"></td></tr>
<tr><td rowspan="2">접수</td><td>일자
시간</td><td></td><td rowspan="4">결재
·
공람</td><td></td><td></td></tr>
<tr><td>번호</td><td></td><td></td><td></td></tr>
<tr><td colspan="2">처 리 과</td><td></td><td></td><td></td></tr>
<tr><td colspan="2">담 당 자</td><td></td><td></td><td></td></tr>
<tr><td colspan="2">심 사 자</td><td></td><td colspan="2">심 사 일</td><td></td></tr>
</table>

제목: 사립유치원 납입금 현황 제출

1. 관리81448-50(2011. 1 26)호와 관련입니다.
2. 위호에 의거 유치원 납입금 현황을 붙임과 같이 제출합니다.

붙임 : 납입금 현황 1부. 끝.

대 한 유 치 원 장 인

5) 생활기록부

생활기록부는 유아교육기관에서 유아들이 교육받는 동안 인적사항, 학적사항, 출결사항, 성장과 발달사항을 종합적으로 관리하고 증빙으로써 기록하는 동시에 유아지도를 위한 기초 정보로 활용할 정보가 담겨 있는 문서이다. 생활기록부는 법정장부로서 반드시 작성하고 비치해야 하는 공식문서이다. 그렇기 때문에 기록하도록 되어 있는 항목은 반드시 작성해야 하는 강제성을 띠고 있다. 생활기록부는 유아를 지도하기 위한 기초자료로써 기능을 갖기 때문에 유아의 발달 정도와 교육목표의 성취 정도를 기록해야 한다. 또한 유아의 전반적인 유아교육기관에서의 활동결과를 작성하고 보존함으로써 유아의 학적에 대한 증명으로써의 기능을 가진다.

(1) 생활기록부 작성원칙

생활기록부는 공식적인 문서이고 증빙을 위한 문서이기 때문에 다음과 같은 몇 가지 작성원칙을 지켜야 한다.

① **객관성**: 생활기록부에 기록된 유아의 정보는 장기간에 걸쳐 여러 사람에 의해 누가 기록되고, 여러 사람이 활용한다. 따라서 기록은 객관적 사실에 기초해서 작성되어야 한다.

② **계속성**: 유아의 성장 발달은 계속적이고 점진적인 과정이다. 유아의 성장과 발달을 돕기 위해서는 유아의 점진적인 발달상황이 충실하게 기록되어야 한다.

③ **타당성**: 모든 정보는 유아의 지도에 활용될 수 있도록 적합한 자료가 기록되어야 한다.

④ **신뢰성**: 생활기록부에 기록되는 정보는 믿을 수 있게 정확히 기록해야 한다. 그러기 위해서는 정보 수집 단계에서부터 체계적인 방법으로 해야 한다. 예를 들어 체계적인 질문지, 면담, 관찰도구를 만들어 기초정보를 수집해야 한다.

⑤ **해석 가능성**: 생활기록부는 기록한 다음에 많은 사람들이 여러 가지 목적으로 활용하게 된다. 그렇기 때문에 기록된 정보는 의미가 있고, 누구라도 같은 의미로 해석이 될 수 있도록 기록한다.

⑥ **포괄성**: 생활기록부는 다양한 목적으로 활용되므로 유아의 인적사항을 비롯하여

학적사항, 출결사항, 발달사항 등 모든 정보가 포함되도록 기록해야 한다.

(2) 어린이집 생활기록부 작성

어린이집 생활기록부 작성원칙은 다음과 같다.

표 9-8 어린이집 생활기록부 작성원칙

구분	작성원칙
현황	1. 아동의 이름은 한글로 기재한다. 2. 성별은 남, 여 중 해당되는 곳에 ○표로 표시한다. 3. 생년월일은 주민등록 등본상과 일치한 일자로 기재한다. 4. 주소는 입소 당시의 주소와 변경된 주소를 차례로 기재한다. 5. '보호자' 란에는 부 · 모가 있을 경우 양자 모두 기재한다. 6. '기타'란에는 부 · 모 이외의 가족상황을 기입한다. 7. 보육료 감면혜택이 있을 경우 해당되는 곳에 ○표로 표시한다. (1) 원아의 성명은 호적상의 기록과 일치해야 하며, 생년월일은 주민등록 등본과 일치하여야 한다. (2) 주소란에는 입소 당시의 주소를 연필로 기재하였다가, 졸업 당시의 주소를 흑색으로 기재하도록 한다. (3) 부모 성명은 호적상의 부모 성명을 한글로 기재한다. 입소 전 부모 사망은 성명 란에 '사망'으로 기재하며, 재학 중 부모 사망은 좌상 우하로 적선 삭제한다. (4) 부모의 이름 및 직업, 근무지는 상세히 기재한다.
생활습관 원아의 평상시 생활습관	수면, 배변, 식사, 성격, 기타)을 상세히 기록한다.
전염병 예방접종	1. 전염병 예방접종 시 종류에 따라 회기란에 접종시기를 기록한다. 2. 추가접종 시 종류에 따라 접종시기를 기록한다.
병명기록	1. 병명란에는 병명을 기록한다. 2. 입소 전에 발병하였는지, 입소 후에 발병하였는지를 기록한 후, 질병의 정도를 상세히 기록한다.
성장에 관한 기록	1. 18개월 미만의 아동은 2개월마다 신장과 몸무게를 측정하여 측정시기를 기록한다. 2. 18개월 이상의 아동은 6개월마다 신장과 몸무게를 측정하여 측정시기를 기록한다.

표 9-9 어린이집 생활기록부

생 활 기 록 부

(앞 쪽)

1. 현황

<table>
<tr><td rowspan="4">아동</td><td colspan="2">이 름</td><td></td><td colspan="2">성 별</td><td colspan="3">남 · 여</td><td rowspan="4">사진
(2.5×3㎝)</td></tr>
<tr><td colspan="2">생년월일</td><td></td><td colspan="2">입 · 퇴소
일 자</td><td colspan="3">입소
퇴소</td></tr>
<tr><td colspan="2">주 소</td><td colspan="6"></td></tr>
<tr><td colspan="2">전화번호</td><td></td><td colspan="2">혈액형</td><td colspan="3"></td></tr>
<tr><td rowspan="9">보호자</td><td colspan="2">아동과의
관 계</td><td>부</td><td colspan="3">모</td><td colspan="2">형제(자매)</td><td>기 타</td></tr>
<tr><td colspan="2">이 름</td><td></td><td colspan="3"></td><td colspan="2"></td><td></td></tr>
<tr><td colspan="2">직 업</td><td></td><td colspan="3"></td><td colspan="2"></td><td></td></tr>
<tr><td colspan="2">근 무 지
(전화번호)</td><td></td><td colspan="3"></td><td colspan="2"></td><td></td></tr>
<tr><td rowspan="3">근무
시간</td><td>평 일</td><td></td><td colspan="3"></td><td colspan="2"></td><td></td></tr>
<tr><td>토요일</td><td></td><td colspan="3"></td><td colspan="2"></td><td></td></tr>
<tr><td>일요일</td><td></td><td colspan="3"></td><td colspan="2"></td><td></td></tr>
<tr><td colspan="2">생활정도</td><td colspan="2">상, 중, 하, 영세</td><td colspan="3">보육료 감면여부</td><td colspan="2">면제, 경감, 유료</td></tr>
<tr><td colspan="3">데려오고,
데려가는 사람</td><td colspan="7">(성명 : 관계 :) (성명 : 관계 :)</td></tr>
</table>

※ 비 고: 보호자란 중 부 · 모가 있을 경우 양자 모두 기재

2. 생활습관

수 면	
배 변	
식 사	
성 격	
기 타	

(뒤 쪽)

3. 전염병 예방접종

종 류	1 회	2 회	3 회	추 가	추 가
B. C. G					
D. P. T (디프테리아, 백일해, 파상풍)					
경구용 소아마비					
홍 역					
볼 거 리					
풍 진					
장 티 푸 스					
일 본 뇌 염					
콜 레 라					
수 두					
간 염					

4. 병력기록

병 명	질병발생연월일 및 질병의 정도	
	입 소 전	입 소 후

5. 성장에 관한 기록

측정시기 구분								
신 장(㎝)								
몸 무 게(㎏)								

비 고 : 18월 미만의 아동은 2월마다, 그 이상의 아동은 6월마다 측정 · 기록한다.

기록관리자 ㊞

(3) 유치원 생활기록부 작성

유치원 생활기록부는 교육과학기술부 고시 제18호(2009 . 6. 5. 전문개정) 유치원 생활기록부 관리지침에 따라 별표 서식에 기재하여 컴퓨터 저장매체에 20년간 보관하고, 그 출력물은 유아가 졸업한 이후 3년 동안 보관한다. 유치원장은 유아의 보호자 또는 유아가 입학한 초등학교장이 유아의 생활지도에 필요하여 요청할 경우에는 이를 출력하여 송부하여야 한다. 유치원생활기록부는 한글로 기재하고, 기재란이 부족할 때에는 유치원의 필요에 따라 추가할 수 있다. 생활기록부 작성에 필요한 보조기록부는 각 유치원의 실정에 맞게 작성 · 사용함을 원칙으로 하되, 필요한 경우 시 · 도교육청별로 일정한 서식을 작성 · 사용하게 할 수 있다. 세부 작성원칙은 다음과 같다.

① 인적사항

- 유아의 성명은 한글로 기재한다. 다만 부득이한 경우 해당국 언어로 기재할 수 있다.
- 성별은 해당하는 곳에 남, 여로 기재한다.
- 생년월일은 아라비아 숫자로 기재한다.
- 주소는 입학 당시의 주소와 변경된 주소를 차례로 기재하고, 졸업 당시의 주소를 최종적으로 기재한다.
- 가족상황란에는 부모(보호자)의 성명, 생년월일을 기재한다.
- 특기사항란에는 형제자매, 가족의 구성 형태, 다문화가정 여부 등을 기재한다.

② 학적사항

- 입학 전 경험은 유치원과 어린이집 등의 기관 명칭과 재적기간을 기재한다.
- 입학, 전입, 전출, 퇴학, 졸업의 경우 연월일, 원명, 연령을, 특기사항란에는 특기할 만한 사유를 기재한다(예시: 입학과 졸업의 기록은 만 3세 입학, 만 4세 수료, 만 4세 입학, 만 5세 수료, 만 5세 입학, 만 6세 졸업).
- 졸업 후의 상황란에는 진학한 학교 등 유아의 진로상황을 기재한다.

③ 출결상황

- 출결상황은 각 항목에 따라 아라비아 숫자로 기재한다.
- 교육일수는 유아교육법 시행령 제12조의 규정에 의하여 원장이 정한 총 출석해야 할 일수를 기재한다.
- 출석일수는 출석한 일수를 기재한다.
- 의견란에는 일주일 이상 장기 결석한 경우 사유 등을 간략하게 기재한다.

④ 신체발달 상황

- 검사일자는 아라비아 숫자로 기재한다.
- 특기사항란에는 유아의 신체가 학습활동에 영향을 미치는 특별한 병력이나 전염병 예방접종일을 기재하고, 기타 신체적 특징 사항을 간략하게 기재한다.

⑤ 유아발달 상황

- 유치원 교육과정은 건강, 사회, 표현, 언어 및 탐구생활 등 교육 영역의 발달상황에 대한 관찰결과를 구체적인 문장으로 기술하며, 문장의 끝맺음은 '~함', '~임' 등으로 통일하여 기재한다.
- 기술내용은 유치원 교육과정에 제시된 수준별 내용을 준거로 기재하고, 종합발달상황란에는 유아의 발달상황에 대한 종합적 평가를 간략하게 기재한다.

⑥ 기타 사항

- 졸업대장번호란은 만 5세아가 졸업할 경우에만 아라비아 숫자로 졸업년도 및 졸업대장번호를 기재한다(예시: 2009-369).
- 사진란에는 입학 당시의 상반신 컬러 사진 1매를 붙인다.

표 9-10 유치원 생활기록부

유치원 생활기록부		연령 구분	만 3세	만 4세	만 5세	사진 (3×4)
		반				
졸업대장번호	20 –	담임 성명(인)				

1 인적사항						
성명	(한글)	성별		생년월일		
주소						
가족상황	관계 구분	부	모	특기사항		
	성 명					
	생년월일					

2 학적사항		
입학 전 경험	(년 개월)	특기사항
20 년 월 일 유치원 세 입학		
20 년 월 일 유치원 세 전입(전출)		
20 년 월 일 유치원 세 퇴학		
20 년 월 일 유치원 세 졸업(수료)		
졸업 후의 상황	초등학교 진학, 기타 :	

3. 출결상황	만 3세	만 4세	만 5세
연령 구분	만 3세	만 4세	만 5세
교육일수			
출석일수			
결석일수			
의견			

4. 신체발달상황			
검사일 구분	20 . .	20 . .	20 . .
키	cm	cm	cm
몸무게	kg	kg	kg
시력검사	좌) 우)	좌) 우)	좌) 우)
구강검사	상) 하)	상) 하)	상) 하)
특기사항			

성 명		5. 유 아 발 달 상 황	
연령 영역별	만 3세	만 4세	만 5세
신체운동 · 건강			
의사소통			
사회관계			
예술경험			
자연탐구			
종합발달상황			

6) 문서의 발송 및 접수

작성된 문서가 목적을 이루기 위해서는 다른 기관이나 조직, 담당자에게 전달해야 하는데 이를 발송이라 한다. 반대로 다른 기관이나 조직, 개인으로부터 전달되어 온 문서를 받아서 처리함을 접수라고 한다.

문서를 발송하는 방법은 인편, 우편, 모사전송, 전자우편 등으로 발송하는데 종이로 된 문서인 경우는 복사 후 발송한다. 최근에는 모든 행정기관이 전자문서시스템을 갖추고 있어 동일 기관의 산하에서는 전자문서로 발송한다. 유치원인 경우는 시 · 도교육청이 구축한 전자문서시스템을 이용하여 문서를 작성하고 접수 및 발송한다. 어린이집은 감독기관인 시 · 군 · 구에서 구축한 전자문서시스템을 이용하면 된다.

문서의 발송과 접수는 처리 담당자가 하는데 문서의 관리를 위해서 발송대장과 접수대장에 문서의 제목, 일자, 번호, 첨부물 등을 기입한다.

7) 유아교육기관 문서의 종류

유아교육기관에서 취급하는 문서의 종류는 법규문서, 지시문서, 공고문서, 비치문서, 민원문서, 일반문서가 있다.

(1) 법규문서

법규문서는 유아교육기관 설립과 운영에 관련한 법, 시행령, 시행규칙, 조례, 내부규정집 등이 있다.

표 9-11 유아교육기관 법규문서

기관	관련법규문서
공통	식품위생법 및 동법시행령과 시행규칙, 건축법 및 동법시행령과 시행규칙, 어린이놀이시설 안전관리법, 다중이용시설 등의 실내공기질 관리법, 장애인차별금지법, 주택건설 기준 등에 관한 규정, 장애인 · 노약 · 임산부 등의 편의증진에 관한 법률, 전기사업법, 도시가스사업법, 액화석유가스의 안전관리 및 사업법, 소방법, 환경관리법, 정신보건법, 전염병예방법, 마약류관리에 관한 법률

기관	관련법규문서
유치원	교육법, 유아교육법 및 동법시행령과 시행규칙, 학교보건법, 학교급식법 및 동법시행령과 시행규칙, 고등학교이하각급학교설립운영규정.
어린이집	영유아보육법 및 동법시행령과 동법시행규칙, 사회복지사업법, 보육사업 지침.

(2) 지시문서

지시문서는 상급기관 혹은 감독기관으로부터 구체적인 업무의 추진, 개선, 주의와 같은 지시사항을 담은 문서를 말한다. 예를 들어, 신종플루 유행과 관련하여 등원 시 발열 체크를 시행하라는 감독기관의 지시공문 등을 말한다.

(3) 공고문서

공고문서는 다중에게 기관에서 행하는 업무를 알리는 경우 사용한다. 예를 들어 원아모집을 위해서 홈페이지 게시판에 원아모집 공고를 올린 경우 또는 교직원을 채용하기 위한 모집공고와 같은 것은 공고문서에 해당한다.

(4) 민원문서

유아교육기관의 민원문서는 학부모가 요구하는 각종 증명서, 즉 졸업증명서, 재원증명서, 수업료납입증명서 등이 있고, 교직원이 요구하는 재직증명서, 경력증명서 등이 있다.

(5) 비치문서

비치문서는 유아교육기관을 설립 · 운영하는 데 있어서 필수적으로 갖춰야 할 문서들로써 주로 감독기관의 지도 · 감독을 위한 것과 유아교육기관의 업무의 정확성, 투명성을 확보하기 위한 것이다.

표 9-12 비치문서의 종류

업무영역	비치문서
설립	인가증, 기관의 평면도, 사업자등록증

업무영역	비치문서
회계	예 · 결산서, 현금출납부, 지출결의서, 총계정원장, 현금출납부, 수입결의서, 퇴소자환불대장,
교육과정	연 · 월 · 주간 · 일일 교육(보육)계획안, 지역사회연계활동안
건강안전	소방대피훈련계획서, 사고보고서, 투약의뢰서와 투약확인서, 응급처치동의서, 건강기록부
교재교구비품	교재교구재장, 도서목록대장, 소모품대장
유아관리	수료대장, 졸업대장, 수상대장, 생활기록부, 유아관찰일지, 출석부, 아동이동원부
교직원관리	직원명부, 인사기록카드, 교사연수기록부, 교사연수목록, 보육교직원근로계약서
사무관리	증명서교부대장, 보존문서기록대장, 문서발송 및 접수대장, 어린이집운영위원회운영규정, 학부모공동운영협의록, 교사회의록, 근무상황부, 출장명령부
원칙 및 내규	유치원 원칙, 내부 규정집

(6) 일반문서

일반문서는 상기 문서 외에 기관의 설립과 운영을 위해서 필요한 서류가 이에 해당된다. 유아교육기관을 운영하기 위해서는 감독기관에 제출하는 문서와 유관기관에 협조를 의뢰하기 위한 문서 등이 필요하게 되는데, 이러한 문서는 대부분 규정된 양식이 있거나 기관에서 나름대로 양식을 만들어서 사용하게 된다.

참고문헌

보건복지가족부(2010). 보육사업안내.

Chapter 10

인사관리

1. 인사관리의 개념

한 조직의 목적을 달성하기 위해서는 목적 달성 활동에 영향을 주는 몇 가지 요인이 충족되어야 하고 이들 간에 상호 조화가 이루어져야 한다. 유아교육기관의 목적인 유아들의 전인적 성장을 이루기 위해서는 유아를 가르치고 보살필 교사와 이를 지원할 인력이 있어야 하고, 재정의 확충과 물리적 환경, 시간 등이 필요하다. 이들 요소 중에서 가장 중요하고 변수가 많은 요소는 사람이라고 볼 수 있다.

조직에서 사람을 어떻게 관리하느냐가 조직의 성패를 좌우하는데, 유아교육기관 인적 구성 중에서 교사는 그 역할의 중요함이나 구성원의 대부분이 교사라는 점으로 볼 때, 유아교육기관의 성패를 좌우할 만큼 큰 비중을 차지한다.

인사관리는 조직의 목적을 달성하기 위해서 구성원 한 사람 한 사람이 자기의 위치에서 능력을 최대한 발휘할 수 있도록 하는 모든 활동을 말한다. 그 활동에는 우수한 교사의 선발과 교직원의 업무능력 향상을 위한 기술 습득과 숙련을 지원하는 교육훈련을 포함하여 근무의욕을 고취시킬 수 있는 유인책, 비전 제시, 사기충전 등 정의적 가치부여와 같은 활동이 포함된다. 또한 직무능력에 영향을 줄 수 있는 인간관계, 조직몰입, 윤리강령, 효능감 등을 향상시키거나 확고한 의지를 가질 수 있도록 지원하는 활동과 교직원의 공정한 인사행정을 위한 근무평정, 승진, 급여연금, 재해보상, 복지, 징계, 포상 등과 같은 사무처리 기준을 마련하고 실천하는 일련의 활동이 모두 인사관리 업무에 포함된다.

2. 인사관리의 원리

유아교육기관은 조직의 규모 면에서 작기 때문에 큰 학교의 인사관리체제를 그대로 적용하기는 무리가 있다. 더구나 우리나라 유아교육기관은 국 · 공립유치원을 제외하면 법인이 일부 있고, 대부분 개인이 운영하는 형태이기 때문에 인사관리의 체계성을 갖추지 못한 경우가 많다. 또한 공립유치원의 경우는 초등학교에 병설로 되어 있어 유치원의 독립적인 인사관리가 되지 않고 있다. 이러한 특성으로 인해 유아교육기관은 집단의 응집력이나 동기수준이 낮은 경향이 있다. 이렇게 소규모의 집단에서는 수직적이고 위계적인 관리방식보다는 인간적 만남에 근거한 민주적이며 협동적인 체제와 자율적 통제 하에서 자기 책임의 원칙을 강조하는 방향이 적당하다고 본다.

인사관리의 핵심은 우수한 인재의 채용과 그들이 능력을 지속적으로 발전시킬 수 있도록 동기를 주고, 사기를 진작시키는 기술이라 볼 수 있다. 이렇게 하기 위해서는 기본적인 인사행정의 원리가 필요하다.

첫째, 인사행정은 인간존중 정신에 바탕을 두어야 한다. 인간은 누구나 존재 자체에 존엄성을 가지고 있으며, 개인에 따라서 개성, 능력, 적성 등 개인적인 성향을 가지고 있다. 인사행정은 그들이 지니고 있는 존엄한 가치를 인정하고, 그들이 가지고 있는 가치를 잘 다듬어 개인의 성장을 조장하고 지원함으로써 자아실현을 이룰 수 있도록 해야 한다.

둘째, 인사행정은 참여적 민주주의 원리에 바탕을 두어야 한다. 인사에 관한 권한을 한 사람이 독점하는 것보다는 구성원을 참여시켜 의견을 수렴하고, 협동적 노력으로 의사결정이 이루어져야 한다. 이렇게 되었을 때 구성원 모두의 책임의식 하에 결정에 대한 신뢰와 실천력이 강화될 수 있다.

셋째, 인사행정은 능력을 갖춘 사람에게 평등한 기회를 주어야 한다. 성별, 신분, 재산, 연령 등에 관계없이 자격과 능력을 갖춘 사람에게 승진 및 보직, 업무의 분담에 균등한 기회를 주어야 한다.

넷째, 인사행정은 전문성을 신장해 주어야 한다. 한 사람의 성장에 관여하여 지식을 심어 주고, 삶의 지표를 만들어 가는 데 영향을 주는 교직은 교육에 관한 전문성을 가지고 있어야 한다. 교직에 종사하는 사람은 교육과정을 관리하는 능력과 유아의 발달을 이해하고 적합한 교육활동을 계획할 수 있는 자율성과 높은 책무성을 가지고 있어야 한다.

다섯째, 인사행정은 실적주의와 연공서열주의를 적절히 배합해야 한다. 실적주의는 봉급과 승진에서 실증적 결과를 바탕으로 가시적 성과를 맺은 사람에게 유리하게 적용하는 것이고, 연공서열주의는 근무 연수, 연령, 학력 등을 강조하는 입장이다. 실적주의는 교직원의 능력을 발전시키고, 분발하도록 자극하고, 유능한 인재를 활용할 수 있다는 장점이 있으나 실적 쌓는 데만 급급한 나머지 지나친 경쟁으로 교직원 간 인화에는 해가 될 수 있다. 반대로 연공서열주의는 근무 연수만 차면 승진과 봉급이 상승하기 때문에 노력을 등한시할 우려가 있으나 연장자를 중심으로 위계질서가 확고해 조직의 응집력이 커질 수 있다. 따라서 이 둘을 적절히 배합하면 조직의 활력과 안정을 동시에 추구할 수 있다.

여섯째, 인사행정은 공정성을 가지고 있어야 한다. 교직원의 임용과 승진, 보수, 휴가, 복지, 상벌, 근무평정에 있어서 합리적 규준을 마련하고 규준에 따라 정당하게 운영해야 한다. 유아교육기관에 인사위원회를 두는 것은 인사행정의 공정성을 담보하기 위한 제도이다. 교직원의 인사에 관한 의사결정을 할 때 인사위원회를 구성하여 사안에 대한 심의와 의결을 하도록 하면 인사에 관한 시비를 없앨 수 있다. 예를 들어 새로운 교사를 채용할 때 교직원들이 인사위원회를 구성하여 면접을 보고, 인사위원들의 의견을 수렴하여 최종 합격자를 선정하면 교직원들이 책임감을 가지고 신입 교직원을 지도하고, 적응을 도울 것이다. 또한 기관의 중요 사안을 교직원들이 결정했다는 자부심이 생기고, 주인의식을 가질 수 있어 기관에 애착을 가지고 근무할 것이다.

3. 인사관리 규정

인사관리는 그 원리에 충실하면서도 각 기관이 가지고 있는 고유한 특성에 따라 나름대로 원칙을 세워 인사행정의 준칙을 만들어 놓아야 한다. 인사관리 규정에 포함될 내용은 교직원의 근무관계, 교직원 자신의 교육훈련, 사회관계, 복지관계, 승진 및 봉급 등이다. 이러한 인사 규정은 유아교육기관의 경영 합리화에 상당한 기여를 하게 된다. 합리적으로 만들어진 인사 규정은 다음과 같은 기능을 한다.

첫째, 유아교육기관의 경영방침을 확고하게 하고 경영을 안정시켜 계속성을 확보하는 역할을 한다.

둘째, 유아교육기관 경영에서 반복되는 집행에서 일관성을 가져 논쟁을 없애 인사업무에 능률화를 기한다.

셋째, 새로운 경영자에게 경영활동의 지침이 된다.

넷째, 교직원이 규정 작성에 직접 참여함으로써 주인의식을 갖는다.

다섯째, 인사관리에 있어서 정실 인사와 같은 비민주성, 불합리성을 제거한다.

4. 인사배치

어떤 기관이든 근무하는 부서가 상대적으로 좋은 점이 있는가 하면 나쁜 점이 있을 수 있다. 교직원들은 자신에게 유리한 부서에서 근무하기를 원하는 경향이 있고, 한 자리를 놓고 여러 사람이 경합을 벌여야 하는 경우가 발생한다. 인사관리 규정이 합리적으로 제정되어 있다면 이러한 경우에 갈등 없이 인사 행정을 집행할 수 있을 것이다.

1) 담임 배정

유아교육기관에서 인사배치는 주로 담임에 관한 사항과 기타 업무분장에 관한 사항이 해당된다. 학급의 담임 배정은 지도할 유아의 연령을 몇 세로 하느냐가 문제가 되는데 교사의 역량을 파악하여 가장 잘 지도할 수 있는 연령을 맡도록 해야 할 것이다. 담임 배정방식은 다음과 같다.

첫째, 무작위 선임 담임제: 매 학년 초 학급의 담임을 교체하는 방식으로 특정한 원칙 없이 담임을 배정하는 것이다. 이 방식은 매년 담임이 교체되기 때문에 유아와 학부모, 교사가 불안정한 상태에 놓이게 될 수 있고, 계획적인 지도를 하기 어렵다는 단점이 있다.

둘째, 희망 선임 담임제: 교사들의 의견을 청취한 후 배정하는 방식이다. 그러나 교사의 희망대로 배정되지 않을 경우 불평이 생길 가능성이 있다.

셋째, 일정 연한 고정식 담임제: 한 사람의 담임교사가 동일한 학급을 몇 년간 계속 담임을 하는 것이다. 이 방법은 교사의 전문성이 신장되고 유아에 대해 정확한 파악을 바탕으로 장기적인 계획이 가능하다. 그러나 교사의 열의가 감소할 우려와 부진한 영역에 대한 결손이 생길 수 있다.

넷째, 연령 고정식 담임제: 교사별 담당 연령을 미리 고정해 놓고, 그 교사는 매년 동일한 연령을 담당하는 것이다. 이 방식의 장점은 유아의 발달과정을 잘 알 수 있고, 전문성을 심화시킬 수 있으며, 학습 자료를 매년 누적하여 사용함으로써 효과적인 지도가 가능하다.

다섯째, 계속적 담임제: 한 번 담당한 학급을 유아들이 초등학교에 입학하기 전까지 계속 담임을 맡는 것이다. 이 방식의 장점은 같은 유아를 장기간에 걸쳐 지도함으로써 한 유아의 성장 발달과 심리적 특성, 개별적 요구를 잘 알아 유아 개개인에게 알맞은 지도를 계획할 수 있다. 그러나 교사가 열의가 부족하거나 불공평한 대인관계를 갖는다면 장점이 단점으로 변할 수 있다.

2) 보직임용

교직원의 구성원이 비교적 많은 경우 경영자와 일반 교직원 중간에서 조정과 소통을 담당하고, 경영자를 보좌하는 역할을 하고, 일반 교직원을 지도 조언하는 역할을 하는 보직자가 필요하다. 유아교육기관의 보직은 주로 부장교사 혹은 주임교사가 있으며, 운전기사가 많을 경우 차량운행을 총괄하는 운행주임을 둘 수 있고, 주방의 종사원이 많다면 급식을 총괄하는 주임을 둘 수 있다.

보직임용을 할 경우는 권한과 책임의 한계를 명확하게 규정해야 한다. 자칫하면 권한의 남용으로 인한 교직원 간 갈등의 원인을 만들며, 맡은 역할을 수행하지 못할 경우는 조직의 비효율을 초래할 수도 있다.

3) 교과 전담교사

요즘은 유아교육기관에서도 업무의 효율화와 전문화를 위해 담임을 맡지 않고 특정 교과 혹은 역할을 전담하는 교사를 두는 경우가 많다. 예를 들어 유아들의 조형활동, 음악활동, 체육활동, 외국어 교육을 전담하거나, 종일반, 야간보육과 같은 근무시간을 전담하여 지도하는 형태가 있다. 교과 전담교사가 있을 경우는 담임교사의 수업부담을 경감시켜 줄 수 있고, 지도 분야의 전문성을 확보할 수 있어 질 높은 교육서비스를 제공할 수 있다. 그러나 교과 전담교사와 담임교사와의 교육계획에 대한 협의가 잘 이루어지지 않을 때는 통합교육에 방해가 되며, 오히려 효율성을 떨어뜨리는 결과를 가져올 수 있다. 교과 전담교사를 둘 때는 교육계획과 유아의 평가에 있어서 담임교사와 유기적인 협력체제가 마련되어야 한다.

4) 업무분장

유아교육기관을 운영하기 위해서는 다양한 업무가 필요하다. 이를 효과적이고, 확실한 책임하에 집행하기 위해서는 업무를 분담하여 전문적으로 처리할 필요가 있다. 업무분장은 다음과 같은 원칙하에 이루어져야 한다(윤정일, 2002).

첫째, 적재적소주의 원칙: 가능한 한 교직원의 개성, 적성, 희망을 고려한다.

둘째, 변화성의 원칙: 교직원의 미래 발전을 위해서 다양한 부서의 경험을 얻도록 한다.

셋째, 공정성의 원칙: 사무의 공평한 분담을 고려해야 한다.

사무의 분장이 효과를 거두기 위해서는 구성원 모두가 해당 분야에 전문성을 키워야 하며, 교직원 간 협력적 태도가 필수적이다.

5. 교직원의 자격과 배치 기준

1) 유치원

유치원의 교직원에는 교원으로 원장, 원감, 교사를 둘 수 있으며, 교원 외에 촉탁의사, 영양사, 간호사 또는 간호조무사, 행정직, 기능직 등을 둘 수 있다.

유치원 교원의 자격검정은 무시험을 원칙으로 하며, 자격기준은 「유아교육법」 제22조 1항의 [별표 1]과 2항의 [별표 2]의 규정을 따른다. 유치원 교원의 종별 및 자격 기준은 표 10-1과 같다.

표 10-1 유치원 교원의 종별과 자격 기준

종 별	자격 기준
원장	1. 유치원의 원감자격증을 가지고 3년 이상의 교육경력과 소정의 재교육을 받은 자 2. 학식 · 덕망이 높은 자로서 대통령령이 정하는 기준에 해당한다고 교육과학기술부 장관의 인정을 받은 자
원감	1. 유치원 정교사(1급) 자격증을 가지고 3년 이상의 교육경력과 소정의 재교육을 받은 자 2. 유치원 정교사(2급) 자격증을 가지고 6년 이상의 교육경력과 소정의 재교육을 받은 자
정교사(1급)	1. 유치원 정교사(2급) 자격증을 가진 자로서 3년 이상의 교육경력을 가지고 소정의 재교육을 받은 자 2. 유치원 정교사(2급) 자격증을 가지고 교육대학원 또는 교육과학기술부 장관이 지정하는 대학원의 교육과에서 유치원 교육과정을 전공하여 석사학위를 받은 자로서 1년 이상의 교육경력이 있는 자
정교사(2급)	1. 대학에 설치된 유아교육과 졸업자 2. 대학(전문대학 및 이와 동등 이상의 각종 학교를 포함한다) 졸업자로서 재학 중 소정의 보육과 교직학점을 취득한 자 3. 교육대학원 또는 교육과학기술부 장관이 지정하는 대학원의 교육과에서 유치원 교육과정을 전공하고 석사학위를 받은 자 4. 유치원 준교사 자격증 소지자로서 2년 이상의 교육 경력을 가지고 소정의 재교육을 받은 자

유치원 원장의 자격 기준 중 2항에 해당하는 학식 · 덕망이 높은 자로서 대통령령이 정하는 기준은 교원자격검정령(2008. 6. 5 개정) 제23조 제1항 별표에 규정을 말하며, 이 령에 의한 유치원장 자격인정 기준은 표 10-2와 같다.

표 10-2 교원자격검정령의 유치원장 자격인정 기준

구 분	자격인정 기준
유치원장	1. 전문대학 졸업자 또는 이와 동등 이상의 학력이 있는 자로서 다음 각호의 1에 해당하는 자 가. 5급 이상의 국가공무원이나 지방공무원 나. 장학관이나 교육연구관 다. 3년 이상의 교육경력 또는 교육행정경력이 있는 자 2. 7년 이상의 교육경력 또는 교육행정경력이 있는 자

유치원 교원의 배치는 기관 규모와 특성에 따라 다르며, 교원의 배치에 관한 규정은 「유아교육법」 제20조 제1항의 규정에 의하면 "유치원에는 교원으로 원장, 원감 및 교사를 두되, 대통령령이 정하는 일정 규모 이하의 유치원에는 원감을 두지 아니할 수 있다"고 명시되어 있다. 유치원에는 원감을 둘 수 있으나 2학급 이하 규모의 유치원에

는 원감을 두지 않을 수도 있으므로, 유아교육기관의 특성이나 규모에 따라 원감을 배치하거나 배치하지 않을 수 있다.

교원의 배치 기준은 유아교육법 시행령 제23조에 의하여 ① 유치원에는 원장 · 원감 외에 학급마다 교사 1인 이상을 배치하여 학급을 담당하게 한다. 다만, 2학급 이하인 유치원의 경우에는 원장 및 원감이 학급을 담당할 수 있다. ② 종일제를 운영하는 유치원에는 각 학급 담당교사 외에 종일제 운영을 담당할 교사를 1인 이상 둘 수 있으며, 유치원별 종일제 운영 담당교사의 배치 기준은 관할청이 정한다. ③ 유치원에는 교사 중에서 다음 각호의 구분에 따른 수의 보직교사를 둘 수 있다. 다만, 11학급 이하의 유치원으로서 교육과학기술부 장관이 지정하는 연구학교에는 다음 각호의 구분에 따른 수보다 보직교사 1인을 더 둘 수 있다〈개정 2008. 2. 29〉. ④ 제4항의 규정에 의한 보직교사의 명칭은 관할청이, 유치원별 보직교사의 종류 및 그 업무분장은 원장이 이를 정한다.

표 10-3 유치원 보직교사 배치 기준

구 분	보직 교사 수
3~5학급	1인
6~11학급	2인
12학급 이상	3인

유치원에 따라서는 각 학급에 1인 이상의 교원을 배치하는 규정에 의하여 학급의 규모에 따라 1인의 담임교사를 배치하기도 하고 1인의 담임 외에 1인의 부담임 또는 보조교사를 더 배치하기도 한다.

유치원의 원활한 교육활동을 위해서는 원장, 원감, 학급별 담임교사와 부담임교사 등의 교원과 함께 행정직원, 기능직원 등이 있어야 한다. 뿐만 아니라 1회 급식 인원이 100인 이상인 유치원에는 자격증을 소지한 영양사 1인을 두어야 한다. 이때 인접한 유치원 5개 이내에서 공동으로 임용할 수 있다. 1회 급식인원이 50인 이상 100인 미만일 경우는 조리사 1인을 둔다. 또한 유치원에는 교육과정 운영상 필요한 경우에 교원 외에 강사, 기간제 교사 또는 명예교사 등을 두어 유아교육을 담당 또는 보조하게 할 수 있다.

2) 어린이집

어린이집 교직원은 어린이집의 관리 · 운영을 담당하는 원장, 영유아의 보호 및 교육을 담당하는 보육교사, 특수교사나 치료사와 같은 보육교직원과 그 외 간호사, 영양사, 취사부, 관리인, 사무원 및 운전기사 등이 포함된다. 보육교직원의 자격 검정은 무시험을 원칙으로 하며, 자격 기준은 「영유아보육법」 제21조 및 「영유아보육법 시행령」 제21조의 [별표 1]에 명시되어 있다. 이 중 어린이집별 원장의 자격 기준은 표 10-4, 표 10-5, 표 10-6, 표 10-7 및 표 10-8과 같다.

표 10-4 어린이집 원장의 일반 자격 기준

자격기준
1. 보육교사 1급 자격을 취득한 후 2년 이상의 보육 등 아동복지업무 경력이 있는 자 2. 「유아교육법」에 의한 유치원 정교사 2급 자격을 취득한 후 5년 이상의 보육 등 아동복지업무 경력이 있는 자 3. 유치원 원장의 자격을 가진 자 4. 「초 · 중등교육법」에 의한 초등학교 정교사 자격을 취득한 후 5년 이상의 보육 등 아동복지업무 경력이 있는 자 5. 「사회복지사업법」에 의한 사회복지사 1급 자격을 취득한 후 5년 이상의 보육 등 아동복지업무 경력이 있는 자 6. 「의료법」에 의한 간호사 자격을 취득한 후 7년 이상의 보육 등 아동복지업무 경력이 있는 자 7. 국가 또는 지방자치단체에서 7급 이상의 공무원으로 보육 등 아동복지업무에 5년 이상 근무한 경력이 있는 자
보육 등 아동복지업무 경력 가. 「영유아보육법」에 의한 어린이집 또는 보육정보센터에서 근무한 경력 나. 「유아보육법」에 의한 유치원에서 근무한 경력 다. 「아동복지법」에 의한 아동복지시설에서 근무한 경력 라. 「장애복지사업법」에 의한 사회복지사 1급 자격을 취득한 후 5년 이상의 보육 등 아동복지업무 경력이 있는 자 마. 「유아보육법」 및 「초 · 중등교육법」에 의한 특수학교(유치원 및 초등학교 과정)에서 특수학교 교원으로 근무한 경력 바. 「유아교육진흥법」에 의한 새마을유아원에 근무한 경력 사. 가~바의 아동복지업무를 수행하는 시설 등에서 간호사로 근무한 경력 아. 국가 또는 지방자치단체에서 7급 이상의 공무원으로 보육 등 아동복지에 관한 행정업무에 근무한 경력
*가정어린이집원장, 영아전담어린이집원장 자격이 인정됨

표 10-5 가정어린이집 · 원장의 자격 기준

자격 기준
1. 일반 기준에서 정한 자격을 갖춘 자 2. 보육교사 2급 이상 자격을 취득한 후 2년 이상의 보육업무경력이 있는 자
보육업무 경력 가. 「영유아보육법」에 의한 어린이집 및 보육정보센터에서 근무한 경력 나. 「유아교육법」에 의한 종일제 유치원에서 원장, 원감, 교사로 근무한 경력 *개인이 가정이나 그에 준하는 곳에 설치 · 운영하는 시설로 상시 5인 이상 20인 이하를 보육하는 시설

표 10-6 영아전담어린이집 · 원장의 자격 기준

자격 기준
1. 일반 기준에서 정한 자격을 갖춘 자 2. 간호사 자격증을 취득한 후 5년 이상의 아동간호업무 경력이 있는 자
아동간호업무 경력 가. 병원 소아과나 신생아실, 보건소 모자보건센터, 초등학교 보건실 등에서 근무한 경력 *만 3세 미만의 영아만 20인 이상 보육하는 시설

표 10-7 장애아전담어린이집원장의 자격 기준

자격 기준
1. 일반 기준에서 정한 자격을 갖춘 자로서 아래의 3가지 사항 중 하나에 해당하는 자 1) 대학(전문대학 포함)에서 장애인복지 및 재활관련학과를 전공한 자 2) 장애아 어린이집에서 2년 이상의 보육업무경력이 있는 자 3) 보건복지가족부령이 정하는 장애아보육에 관한 직무교육을 받은 자 *「장애인복지법」에 의해 장애인으로 등록된 영유아만 20인 이상 보육하는 시설

보육교사의 등급은 3등급으로 구분되어 발급된다. 각 등급의 발급 기준은 표 10-8과 같다.

표 10-8 보육교사의 등급 및 자격 기준

	자격 기준
보육교사 (1급)	1. 보육교사 2급 자격을 취득한 이후 3년 이상의 보육업무경력과 승급교육을 받은 자 2. 보육교사 2급 자격과 보육관련 대학원에서 석사학위를 취득한 자로서 1년 이상 보육업무 경력과 승급교육을 받은 자

자격 기준	
보육교사 (2급)	1. 전문대학 또는 이와 동등 이상의 학교에서 보육관련 교과목 및 학점을 이수하고 졸업한 자 2. 보육교사 3급 자격을 취득한 이후 1년 이상의 보육업무 경력과 승급교육을 받은 자
보육교사 (3급)	1. 고등학교 또는 이와 동등 이상의 학교를 졸업한 자로서 교육훈련시설에서 소정의 교육 과정을 수료한 자

보육교직원의 유형 및 수는 시설의 필요, 지역적 상황 및 시설의 규모에 따라 약간씩 차이가 있으며, 보육교직원의 배치 기준은 「영유아보육법 시행규칙」 제10조 [별표 2]에 제시되어 있다. 보육교사 대 영유아의 비율과 보육교직원 배치 기준은 표 10-9와 같다.

표 10-9 어린이집 보육교직원의 배치 기준

구 분	배치 기준
원장	· 전 어린이집별 1인 단, 영유아 20인 이하를 보육하는 시설은 어린이집의 원장이 보육교사를 겸임할 수 있음. · 만 1세 미만 ⇒ 영아 3인당 1인 · 만 1세 이상 2세 미만 ⇒ 영아 5인당 1인 · 만 2세 이상 3세 미만 ⇒ 영아 7인당 1인 · 만 3세 이상 4세 미만 ⇒ 유아 15인당 1인
보육교사	· 만 4세 이상 미취학유아 ⇒ 유아 20인당 1인 이 경우 유아 40인당 1인은 보육교사 1급 자격자여야 함. · 취학 아동 ⇒ 20인당 1인 · 장애아 3인당 1인 장애아 9인당 보육교사 1인은 특수교사 자격소지자 배치
간호사	· 영유아 100인 이상을 보육하는 시설의 경우 간호사 1인을 두어야 함 (간호조무사 포함, 원장이 겸직 가능)
영양사	· 영유아 100인 이상을 보육하는 시설의 경우 영양사 1인을 두어야 함(어린이집 단독으로 영양사를 두는 것이 곤란한 때에는 동일 시 · 군 · 구의 5개 이내 어린이집이 공동으로 영양사를 둘 수 있음. 원장이 겸직 가능)
취사부	· 영유아 40인 이상을 보육하는 시설의 경우 취사부 1인을 두어야 함. · 영유아 40인 이상 80인 이하를 보육하는 시설의 경우 취사부 1인을 두며, 영유아 매 80인을 초과할 때마다 1인씩 증원한다.
그 밖의 보육교직원	· 시설의 규모와 특성에 따라 의사(또는 촉탁의사), 사회복지사, 사무원, 관리인, 위생원, 운전기사, 치료사 등의 보육교직원을 둘 수 있음.

어린이집의 원장은 보육교사를 겸임할 수 없는 것이 원칙이나, 보육정원 20인 이하 시설의 원장은 보육교사를 겸임할 수 있다. 「영유아보육법 시행규칙」 제23조 [별표 8]에 어린이집에서는 가능한 한 만 2세 미만 영아반, 만 2세 영아반과 만 3세 이상의 유아반을 동시에 운영하여야 한다고 명시하고 있으며 반편성 기준은 표 10-10과 같이 제시하고 있다. 연령별 반편성 기준일은 3월 1일을 기준으로 하며 1, 2월생의 경우 보호자의 신청에 의해 동년도 출생아반에 편성 가능하다. 혼합반 운영 시, 교사 대 아동 비율은 낮은 연령의 교사 대 아동 비율을 준수하여야 한다.

표 10-10 어린이집 반편성 기준

기본형	반편성				
	만 0세	만 1세	만 2세	만 3세	만 4세 이상
50인	1	1	1	1	1
77인	1	1	2	1	2
97인	1	2	2	2	2
124인	1	2	3	2	3
142인	2	2	3	3	3

6. 인사관리 업무

유아교육기관 교원의 인사관리는 기관의 발전과 개인의 발전을 동시에 충족할 수 있어야 한다. 유아교육의 질을 높이기 위한 인사관리는 교원양성에서부터 임용, 연수에 이르기까지 포괄적으로 이루어져야 한다.

1) 교원양성

(1) 유치원교사

유치원교사는 교육과학기술부의 교원양성정책에 따라 각급 대학에 설치된 유아교육과에서 양성하며, 일부 아동복지과나 보육과 등 유사 교과목을 이수하는 학과에서도 정원에 일정하게 할당된 비율만큼 유치원교사자격증을 교부할 수 있다. 유치원교사 양성은 교육부의 교사양성정책에 따라 엄격하게 관리되고 국가 전체의 정원과 지역별 정원이 통제되고 있다.

현재 유치원교사 양성체제는 4년제 대학과 2, 3년제 대학으로 다원화되어 있다. 유치원교사자격증은 수학 연한에 관계없이 유치원교사 2급이 주어지며, 다만 교사로 임용될 때 교육년한에 따라 호봉에 차등을 둔다. 2002년도 이전에는 2년제와 4년제로 이원화되어 있었으나 전문대학 수학 연한이 2년 또는 3년으로 할 수 있게 됨으로써 2년제 유아교육과가 개설된 여러 전문대학들이 3년제로 전환하게 되었다. 최근들어 유아교육이 공교육체제로 포함되는 추세에 발맞추어 유치원교육의 질을 높이는 방안으로 유치원교원의 양성체제를 수학 연한 4년으로 통일하는 방안이 거론되었으며, 마침내 2010년 1월 정부에서는 유치원교원 양성체제를 초 · 중등교사와 같이 4년으로 한다는 정책을 발표하기에 이르렀다.

유치원교사의 양성체제를 4년으로 한다는 것은 교사의 질을 높이고, 정부가 유치원교사의 인건비를 보조할 의지를 가지고 있음을 엿볼 수 있다.

(2) 보육교사

보육교사의 양성은 영유아보육법의 규정에 따라 이루어진다. 보육교사는 「고등교육법」 제2조에 따른 학교에서 보건복지부령으로 정하는 보육 관련 교과목과 학점을 이수하고 전문학사학위 이상을 취득한 사람과 고등학교 또는 이와 같은 수준 이상의 학교를 졸업한 자로서 보건복지부령으로 정하는 교육훈련시설에서 소정의 교육과정을 이수한 사람이다. 보육교사의 등급은 1 · 2 · 3급이 있는데, 1년 과정 보육교사양성기관을 졸업하면 3급을 받고, 전문대학 이상의 학교를 졸업하면 보육교사 2급을 받는다.

보육교사는 유치원교사와는 달리 양성체제가 다양하여 각급 대학의 유아교육과, 아동복지과, 아동학과, 보육과 등 다양한 관련 전공학과에서 양성된다.

2) 임용과 해임

교육의 질을 높이기 위해서는 교원의 질을 높이는 일이 중요하다. 교사의 질을 높이기 위해서는 교사의 양성과 임용체제를 발달시켜야 한다. 임용이란 개인에게 특정한 직위를 임명하는 것으로서 신규채용, 승진, 승급, 전직, 전보, 겸임, 휴직, 복직, 강임, 직위해제, 면직 및 파면 등을 포함한다. 해임은 맡은 직위에서 그만두게 하는 것을 말한다. 임용과 해임을 합쳐서 임면이라고 한다.

현행 제도상에서 교원의 임용은 자격 임용주의, 성적주의 및 전형주의 원칙을 따르며, 교원으로서의 자격을 갖추고 임용을 원하는 모든 자에 대하여 능력에 따라 균등한 임용 기회가 보장되어야 한다. 임용에서 중요한 것은 선발과 임명이며, 선발이란 자격을 갖춘 후보자들 중에서 최적임자를 선정하는 것을 말하며, 임명이란 후보자에게 직위를 보하는 것을 말한다(임재택, 1999).

(1) 유치원

교직원의 임용은 현행 제도상에서 자격 임용주의, 성적주의 및 전형주의 원칙을 따르며, 이는 자격, 재교육 성적, 근무 성적, 기타 능력 등에 근거하여 이루어진다.

유치원의 경우, 공립유치원 교사의 선발은 교육공무원법에 근거하여 공개 전형방법에 의한다. 따라서 공립유치원의 교사가 되기 위해서는 유치원교사 임용 후보자 선정 경쟁시험(임용고사)을 치러야 한다. 공립유치원 교사 임용 후보자 경쟁시험은 매년 10~11월경 실시되며 임용고사에 합격하면 성적순으로 유치원교사가 필요한 곳에 배치된다.

사립유치원의 경우에는 사학의 자율성을 보장하는 측면에서 교원 임용의 권한이 교육기관의 경영자에게 위임되어 있으므로 각 기관에서 나름대로의 선발 기준을 가지고 선발하고 있다. 공립유치원의 임용권자는 교육청장이며 법인이나 개인이 설립한 사립유치원은 원장의 제청으로 이사회의 의결이나 설립자의 의결을 거쳐 구비서류를 당해 교육청장에게 제출하여 최종적으로 임용이 결정된다. 교원으로 임용되기 위해서는 자격을 갖추고, 소정의 선발시험에 합격하고, 신원조회와 건강상 이상이 없어야 한다.

표 10-11 유치원 교원 임면 시 구비서류

절차	구비서류
신원조사 시	1. 신원진술서 2부 2. 기본증명서 1부
임용 보고 시	1. 인사기록카드 1부 2. 최종학력증명서 1부 3. 채용신체검사서 1부 4. 신원조사회보서 1부(경찰서에서 교육청으로 송부) 5. 교원자격증 사본 1부 6. 경력증명서 1부 7. 성범죄경력조회서 1부(임면권자가 관할 경찰서에 요청)
해임 시	1. 자필 사직서 1부

공립유치원 교원의 임면은 교육공무원법의 적용을 받으며 사립유치원 교원은 사립학교법의 적용을 받으므로 학교 법인 또는 사립학교 설립자에 의해 임면된다. 따라서 법인이 설립한 사립유치원은 원장의 제청으로 이사회 의결을 거쳐 결정되며, 개인이 설립한 사립유치원은 원장의 제청에 의하여 설립자 의결을 거쳐 임면된다. 이때, 교원의 임면권자는 교원을 임면한 날부터 7일 이내에 관할청에 보고하여야 한다.

(2) 어린이집

어린이집 보육교직원의 임면에서, 국 · 공립어린이집의 원장은 시설 · 군수 또는 구청장이 임면하되, 법인 · 단체 또는 개인에게 위탁 운영하는 경우로써 보육교직원 임면권을 수탁자에게 위임한 경우에는 수탁자가 임면한다. 법인 · 직장 · 가정 · 민간 어린이집의 경우, 시설 설치자가 임면한다. 보육교사의 임면은 원장의 제청으로 법인 · 단체의 대표자 또는 시설 설치자가 임면한다.

신규채용은 공개경쟁을 원칙으로 하며 자격을 갖춘 자를 채용하여야 한다. 어린이집의 장은 전임하여야 하므로 상근이 어려운 경우 채용 대상에서 제외하여야 한다. 보육교사는 국 · 공립 어린이집의 경우 유치원처럼 전국적으로 임용시험을 실시하는 것이 아니라, 필요한 경우에 따라 국가 또는 지방자치단체의 장이나 각 기관별로 공개모집을 한다. 사립 어린이집은 원장의 결정에 따라 채용방법이 결정되며, 특수교사, 치료사, 간호사, 영양사는 자격을 갖춘 자를 채용하여야 한다.

최종적인 임면권자는 법인이나 단체의 대표자 또는 시설 설치자이며, 다만 국 · 공립 어린이집을 위탁 운영하는 경우에는 국 · 공립 어린이집을 위탁 운영하는 자에게 위임할 수 있다. 어린이집 임면권자가 보육교직원을 채용할 경우에는 반드시 구비서류를 제출받아 자격의 적격 여부를 판단하고, 관련 서류를 비치하고 기록 · 관리 · 보관하여야 한다. 임면권자는 보육교직원 채용, 휴직, 출산휴가, 육아휴직, 1개월 이상의 장기병가, 퇴직 등의 임면사항을 14일 이내에 관할 시 · 군 · 구청장에게 필요한 서류를 갖춰 보고하여야 한다.

어린이집 보육교직원 신규채용 시, 임면보고 시 구비서류 및 어린이집에 비치 · 관리하여야 할 서류는 표 10-12와 같다. 보육교직원 임면보고를 받은 시장 · 군수 · 구청장은 어린이집에 채용된 자가 결격사유에 해당하는지 여부를 신원조회를 통하여 확인한다.

표 10-12 어린이집 교원 임면 시 구비서류

구 분	구비서류
임용 보고 시	1. 인사기록카드 1부 2. 자격증 사본 1부 3. 주민등록등본 1부 4. 채용신체검사서 1부 ※ 채용기간이 1개월 미만인 대체교사(임용교사)는 보건소의 전염성 질환 (간염, 결핵, 티푸스, 성병 등)에 대한 채용신체검사서로 갈음할 수 있음. 5. 자격증사본 1부 6. 성범죄경력조회서 1부(임면권자가 관할 경찰서에 요청)
해임 시	1. 자필 사직서 1부

3) 보수체계

보수는 개인의 정신적 · 육체적 노력에 대한 보상으로 주어지는 것으로, 그 직종에 종사하는 사람들의 직무만족과 밀접한 관계가 있으며 봉급과 기타 각종 수당을 합산한 금액을 의미한다. 봉급은 직무의 곤란성 및 책임 정도, 재직기간 등에 따라 직종별, 호봉별로 지급되는 급여이며 수당은 직무여건 및 생활여건 등에 따라 지급되는 부가 급여를 의미한다(임재택, 2001).

호봉은 보수를 받을 때에 기준이 되는 금액을 의미하며 근무경력의 기간에 따라 1년을 단위로 인건비 책정을 달리하는 기준을 말한다. 호봉이 올라가는 것, 즉 일정한 재직기간의 경과에 의하여 현재의 호봉보다 높은 호봉을 부여하는 것을 승급이라 하며, 승급은 근무한 개월 수가 12개월이 넘어섰을 경우, 자격이 변하였을 경우, 새로운 경력을 근무경력에 포함시켰을 경우에 올라간다. 유아교사의 보수는 유치원과 어린이집이 보수체계의 기준, 보수를 산출하는 방식, 경력 인정범위 등에 있어서 차이가 있다.

(1) 유치원

유치원교사의 봉급은 매년 유 · 초 · 중등 교원 봉급 기준에 따라 지급된다. 유 · 초 · 중등 교원의 초임 호봉산정은 다음과 같은 공식에 의하여 산정된다.

초임 호봉 = (학령 − 16) + 가산연수 + 자격별 기산 호봉

유치원교사로 처음 임용된 후 적용받는 호봉은 2년제를 졸업하면 6호봉, 3년제는 7호봉, 4년제는 8호봉이 적용되나 사범대학의 유아교육과를 졸업하면 이보다 1등급 높은 9호봉이 적용된다. 이는 학력을 경력으로 인정해 주고 사범계 출신에 대한 1호봉의 우대가 주어지기 때문이다.

호봉은 매년 1등급씩 올라가며 호봉을 기준으로 봉급액이 적용되고, 봉급액을 기준으로 담임수당, 교직수당과 같은 수당이 지급된다. 각종 수당은 공립유치원 교원인 경우는 교육공무원 규정에 의해 지급되나 사립유치원의 경우 각 유치원의 실정에 따라 다르다. 그러나 사립유치원도 유치원평가가 이루어지고, 교사처우개선에 대한 정부의 의지가 커짐에 따라 사립유치원 교사의 담임수당과 처우개선 지원이 국가와 지방자치단체의 예산으로 이루어지고 있다. 앞으로 정부로부터 사립유치원 교원의 인건비 지원이 점차 증가될 것으로 기대된다.

2018년도 호봉별 봉급액은 표 10-13과 같다.

표 10-13 2018년도 유치원 교원의 봉급체계

(월지급액, 단위: 원)

호봉	봉급	호봉	봉급
1	1,573,100	21	2,998,100
2	1,620,700	22	3,108,800
3	1,669,100	23	3,218,600
4	1,717,200	24	3,328,500
5	1,765,800	25	3,438,500
6	1,814,300	26	3,548,800
7	1,862,100	27	3,663,900
8	1,909,900	28	3,778,700
9	1,958,400	29	3,898,800
10	2,011,500	30	4,019,300
11	2,063,300	31	4,139,400
12	2,116,400	32	4,259,300
13	2,212,800	33	4,381,100
14	2,309,600	34	4,502,600
15	2,406,200	35	4,624,300
16	2,503,100	36	4,745,400
17	2,598,900	37	4,850,900
18	2,699,100	38	4,956,500
19	2,798,900	39	5,062,300
20	2,898,500	40	5,167,400

(2) 어린이집

어린이집 보육교직원의 보수 기준은 보육교사 등의 호봉, 근무성적과 시설의 운영 여건 및 당해 연도 「어린이집 보육교직원 인건비 지급 기준」을 참고하여 지급하되, 지방자치단체의 장 또는 어린이집을 설치 · 운영하는 자는 재정형편에 따라 이 기준을 초과하여 보수를 보조 또는 지급할 수 있다. 정부인건비 지원시설이나 직장어린이집과 같은 국고보조시설이 아닌 민간 어린이집의 경우에는 시설의 재정 형편에 따라 원장과 보육교직원이 협의하여 보수 기준을 달리 정할 수 있다. 다만, 보육교직원의 보수를 심히 불리하게 책정해서는 안 된다.

어린이집 보육교직원의 신규채용 시 초임 호봉은 1호봉으로 하되 근무경력 1년을 1

호봉씩으로 하여 초임 호봉을 확정한다. 초임 호봉의 확정에 반영되지 아니한 1년 미만의 잔여기간이 있는 때에는 그 기간을 다음 호봉승급 기간에 삽입하여 호봉을 산정한다. 2018년도 정부지원어린이집 보육교직원 인건비 지급 기준은 표 10-14와 같다.

표 10-14 2018년도 정부지원 어린이집 인건비 지급 기준

호봉	원장		보육교사		조리원	
	보수총액	월지급액	보수총액	월지급액	보수총액	월지급액
1	24,013,200	2,001,100	20,433,600	1,702,800	18,985,200	1,582,100
2	24,652,800	2,054,400	20,826,000	1,735,500	19,195,200	1,599,600
3	25,447,200	2,120,600	21,262,800	1,771,900	19,406,400	1,617,200
4	26,198,400	2,183,200	21,716,400	1,809,700	19,620,000	1,635,000
5	26,956,800	2,246,400	22,383,600	1,865,300	19,836,000	1,653,000
6	28,636,800	2,386,400	23,922,000	1,993,500	20,054,400	1,671,200
7	29,637,600	2,469,800	24,924,000	2,077,000	20,275,200	1,689,600
8	30,288,000	2,524,000	25,372,800	2,114,400	20,492,400	1,707,700
9	31,150,800	2,595,900	26,054,400	2,171,200	21,105,600	1,758,800
10	32,019,600	2,668,300	26,794,800	2,232,900	21,631,200	1,802,600
11	33,111,600	2,759,300	27,758,400	2,313,200	22,460,400	1,871,700
12	34,064,400	2,838,700	28,581,600	2,381,800	23,222,400	1,935,200
13	34,783,200	2,898,600	29,301,600	2,441,800	23,781,600	1,981,800
14	35,551,200	2,962,600	29,942,400	2,495,200	24,315,600	2,026,300
15	36,320,400	3,026,700	30,583,200	2,548,600	24,843,600	2,070,300
16	37,304,400	3,108,700	31,491,600	2,624,300	25,656,000	2,138,000
17	38,046,000	3,170,500	32,156,400	2,679,700	26,277,600	2,189,800
18	38,863,200	3,238,600	32,821,200	2,735,100	26,925,600	2,243,800
19	39,655,200	3,304,600	33,484,800	2,790,400	27,548,400	2,295,700
20	40,342,800	3,361,900	34,148,400	2,845,700	28,195,200	2,349,600
21	41,514,000	3,459,500	35,244,000	2,937,000	29,222,400	2,435,200
22	42,278,400	3,523,200	35,906,400	2,992,200	29,818,800	2,484,900
23	42,963,600	3,580,300	36,490,800	3,040,900	30,414,000	2,534,500
24	43,647,600	3,637,300	37,152,000	3,096,000	30,984,000	2,582,000
25	44,410,800	3,700,900	37,760,400	3,146,700	31,605,600	2,633,800

26	45,118,800	3,759,900	38,368,800	3,197,400	32,176,800	2,681,400
27	45,776,400	3,814,700	38,898,000	3,241,500	32,604,000	2,717,000
28	46,459,200	3,871,600	39,480,000	3,290,000	33,174,000	2,764,500
29	47,089,200	3,924,100	40,112,400	3,342,700	33,717,600	2,809,800
30	47,778,000	3,981,500	40,666,800	3,388,900	34,285,200	2,857,100

어린이집에 근무하다가 유치원으로 옮긴 경우에는 어린이집에 근무했던 경력을 100% 인정하여 호봉 산정에 반영한다. 유치원에서 어린이집으로 옮긴 경우는 인정하지 않는다. 그러나 유아교육법 제2조 제6호의 규정에 의한 종일제 수업과정을 운영하고 있는 유치원에 근무하는 자 중 영유아교육법에 의한 보육교사의 자격을 가진 자에 대하여는 유치원에서 근무한 경력을 10할 인정한다. 교원 이외의 임시강사, 직원 등으로 근무한 경력은 5할 인정한다.

4) 복 무

(1) 근무조건

유치원교사와 어린이집 교사의 근로시간은 노동관련 법령에 의하며 1주간의 근로시간은 휴게시간을 제외하고 40시간을 초과할 수 없으며, 1일의 근로시간은 휴게시간을 제외하고 8시간이 원칙이다. 그러나 각 기관의 사정에 따라 연장근무할 수 있고, 그에 따른 연장근무수당을 지급받는다.

어린이집의 보육교직원은 근무시간 동안 상시 해당 직무에 종사하여야 하는 전임이어야 하므로 다른 업무를 겸임할 수 없다. 다만, 어린이집 원장이 간호사 또는 영양사 자격이 있는 때에는 간호사 또는 영양사를 겸임할 수 있다. 따라서 어린이집 원장 및 보육교사는 휴일, 휴가 등으로 근무를 하지 않는 날을 제외하고는 근무시간 동안 어린이집에 상주하며 상시 해당 직무에 종사하여야 한다. 어린이집 원장은 근무시간 중에 대가를 받고 3개월 이상 월평균 4회 또는 월평균 8시간을 초과하는 세미나, 공청회, 토론회, 발표회, 심포지엄, 교육과정에 참석하여 강의 · 강연 · 발표 · 토론하는 행위를 할 수 없으며, 근무시간에 대가(월 50만원 초과)를 받고 외부강의 등을 할 수 없다(보건복지가족부, 2010).

유치원 교원의 경우 공립유치원인 경우는 공무원 복무규정에 따르며, 사립유치원의 경우는 각 유치원의 내규에 따라 정한다.

(2) 휴가

어린이집 보육교직원들의 휴가는 보육 공백을 최소화할 수 있도록 순번제로 실시하고, 보수교육, 출산휴가 등으로 공백이 생기는 경우에는 대체교사를 배치하여야 한다. 보육교직원의 휴가 등에 관하여서는 근로기준법 등 노동관련 법령에 의하여 고용, 산전 · 후 휴가, 육아휴직 등과 관련이 있는 사항에 대하여서는 남녀고용평등법의 규정을 준용한다(보건복지가족부, 2010).

유치원 교원의 휴가는 각급학교와 마찬가지로 각종 휴가(출산휴가, 연가)를 받을 수 있다. 그러나 휴가는 학사일정 등을 고려하여 교육공무원법 제2조 제1항에 따라 교육과학기술부 장관이 따로 정할 수 있다. 사립유치원의 경우 각 유치원의 사정에 따라 정하여지는데, 최근에는 교육청에서 사립유치원의 교사 휴가로 인한 공백을 최소화하기 위해 대체교사를 파견하는 제도를 시행하고 있다.

(3) 징계

유아교육기관의 교직원이 근무 규정을 위반한 때에는 징계를 받을 수 있다. 징계의 종류는 파면, 해임, 정직, 감봉, 견책이 있다. 파면, 해임, 정직은 중징계에 해당하고 감봉, 견책은 경징계에 해당한다. 파면은 현직에서 배제되는 것이며, 3년간 다시 임용될 수 없을 뿐만 아니라 퇴직 급여액의 1/2만 지급받게 된다. 해임은 종사자가 맡고 있는 직을 면하게 되며, 3년간 다시 임용될 수 없고 퇴직급여액은 전액 지급받는다. 정직은 종사자가 신분은 보유하나 일정한 기간 동안 직무에 종사하지 못하게 하는 것이다. 감봉은 일정기간 동안 봉급을 감해서 지급받게 된다. 견책은 종사자의 잘못에 대하여 훈계하는 것으로 일정 기간 동안 승진 및 승급에 제한을 받는다.

5) 교육훈련

교원의 직무능력을 향상시키기 위해서는 새로운 지식과 기술을 익혀야 한다. 유치원은 재직 중에 받는 교육을 연수라 칭하고, 어린이집의 경우는 보수교육이라 칭한다.

(1) 교육훈련의 목적

교원의 교육훈련 목적은 교직을 능률적이고 효과적으로 수행하기 위하여 필요한 지식과 기술을 습득케 하여 교원의 자질 향상과 교직의 전문성을 신장시키는 데 있다. 교육훈련의 종류에 따라 상급자격 취득, 일반교양 함양, 인격도야 등 구체적인 목적이 있다.

(2) 교육훈련의 필요성

유아교사는 전문직으로서 유아들의 성장을 돕고, 지식을 전수하는 역할을 한다. 사회의 변화에 따라 새로운 지식이 생겨나고, 가르치기 위한 새로운 접근방법들이 개발되어 유아교육이 발전하게 된다. 현직에 종사하는 교사들은 새로운 접근방법 등을 익혀 유아들의 교육에 접목해야 하며, 계속해서 효율적인 교육을 위해서 연구해야 한다.

첫째, 새롭게 생기는 지식 습득: 지식정보화 사회는 지식이 가히 폭발적으로 증가한다. 새롭게 생겨나는 지식을 알지 못하고는 가르치는 일을 원활하게 수행할 수 없게 된다.

둘째, 교사로서 교양을 넓히고, 인격도야: 하나의 인격체를 가르치고 인격의 형성에 참여하는 교사는 폭넓은 교양과 고도의 도덕성을 갖추고 있어야 한다.

셋째, 효율적인 교육을 위한 접근방법을 개발: 교사는 끊임없이 자기의 업무능력을 향상시키기 위해서 노력하며, 다른 교사의 장점을 수용하여 자기화시켜야 한다.

넷째, 새로운 업무에 대한 준비: 교원은 직위에 따라 담당하는 업무에 차별이 있을 수 있다. 주임, 원감, 원장의 직위에 따라 특별한 직무능력이 요구되고 고유한 역할이 주어진다.

(3) 유치원 교원의 연수

유치원 교원의 교육훈련을 연수라 칭하는데 연수는 여러 가지로 분류된다.

교원 등의 연수에 관한 규정(대통령령 제20942호)에 따르면 연수는 직무연수와 자격연수로 분류된다.

① 직무연수

직무연수는 교육의 이론 · 방법 및 직무수행에 필요한 능력배양을 위한 연수를 말한다. 직무연수의 기간은 당해 연수원장이 필요에 따라 정한다. 직무연수의 연수대상자는 관할교육감 또는 국립의 학교장이 지명하되, 교육감은 연수과정별로 필요하다고 인정하는 경우에는 교육장 또는 공립 · 사립학교의 장으로 하여금 연수대상자를 지명하게 할 수 있다.

② 자격연수

유치원교사의 자격연수는 교원의 상위 자격을 취득하기 위한 연수를 말하는데, 자격연수의 종류는 2급 정교사과정 · 1급 정교사과정 · 원감과정 · 원장과정으로 분류된다. 연수 교육과정은 교육과학기술부령으로 정한다.

표 10-15 자격연수 기간

구분	연수일	연수시간
2급 정교사 1급 정교사, 원감	30일 이상	180시간 이상
원장	50일 이상	360시간 이상

2급 정교사 과정 · 1급 정교사 과정 및 원감과정의 연수대상자는 그 연수과정에 해당하는 교원자격에 관한 교육경력이 있는 자 중에서 관할교육장 또는 학교의 장의 추천을 받아 관할교육감이 지명한다. 다만, 국립학교 등에 근무하는 자에 대하여는 그 소속기관의 장이 지명하되, 원감과정의 연수대상자를 지명하는 때에는 교육과학기술부 장관이 정하는 기준 및 인원수의 범위 안에서 지명한다.

원장과정의 연수대상자는 원장자격에 관한 교육경력이 있는 자와 「교원자격검정령」

제23조의 규정에 의하여 원장의 자격인정을 받은 자 중에서 교육과학기술부 장관이 정하는 기준에 따라 관할교육감이 지명한다.

(4) 보육교사의 보수교육

보수교육이란 보육교직원의 자질 향상을 위해 실시하는 교육으로서 보육에 필요한 지식과 능력을 유지 · 개발하기 위하여 어린이집 보육교직원이 정기적으로 받는 직무교육과 보육교사가 상위 등급의 자격을 취득하기 위해 받아야 하는 승급교육을 말한다.

보수교육의 종류는 직무교육과 승급교육으로 구분된다.

표 10-16 보수교육의 구분

<table>
<tr><th>구 분</th><th colspan="2">내 용</th><th>대상자</th></tr>
<tr><td rowspan="5">직무교육</td><td rowspan="2">일반
직무교육</td><td>보육교사
직무교육</td><td rowspan="2">· 보육업무경력 2년 경과
· 직무교육을 받은 해부터 2년 경과
· 어린이집 원장 업무 개시 첫해
· 어린이집 원장 직무교육을 받은 해부터 2년 경과
· 특별직무연수를 받은 경우는 일반직무교육을 받은 것으로 인정</td></tr>
<tr><td>어린이집
원장 직무교육</td></tr>
<tr><td rowspan="3">특별
직무교육</td><td>영아보육
직무교육</td><td rowspan="3">영아, 장애아, 방과후 담당 보육교사로 근무하고자 하는 자는 사전에 특별직무교육을 받아야 하는 것이 원칙이나 불가피하게 받지 못한 경우는 채용 후 6개월 이내에 받아야 함</td></tr>
<tr><td>장애아보육
직무교육</td></tr>
<tr><td>방과후교육
직무교육</td></tr>
<tr><td rowspan="2">승급
교육</td><td colspan="2" rowspan="2">2급 보육교사 승급교육
1급 보육교사 승급교육</td><td>보육교사 3급의 자격을 취득한 후 보육경력이 만 6개월이 경과한 자</td></tr>
<tr><td>보육교사 2급의 자격을 취득한 후 보육경력이 만 2년이 경과한 자 및 석사학위 소지자로서 보육교사 2급의 자격을 취득한 경우 보육경력이 만 6개월이 경과한 자</td></tr>
</table>

6) 연금 및 보험

우리나라는 1988년부터 국민연금제도를 도입해 왔으며 경제활동 계층을 대상으로 한 사회보험의 중추적 제도라고 할 수 있다. 가입자가 노령, 장애, 사망 등의 사회적 위험에 처해 소득이 감소하거나 상실되는 경우 본인이나 유족에게 안정적인 생활을 보장하기 위하여 연금 형태의 급여를 제공하는 소득보장제도이다. 국민연금은 모든 사업장의 교직원이 가입 대상이므로 모든 어린이집과 유치원의 교사도 가입 대상이 된다. 연금과 함께 건강보험, 고용보험, 산재보험에도 가입해야 하는데 이들 보험은 근로자의 복지 후생의 차원에서 이루어지는 것이다. 유아교육기관의 교원이 가입해야 하는 보험의 종류는 다음과 같다.

표 10-17 유아교육기관에서 가입하는 사회보험

구분		가입 보험
유치원교사	공립	공무원연금, 건강보험
	사립	사립학교교직원연금, 건강보험
어린이집 교사		국민연금, 건강보험, 고용보험, 산재보험

7) 근무성적 평정

근무평정은 교원의 근무능률 향상을 위한 인사관리의 수단으로서 교원이 근무하고 있는 조직에서의 적응력 또는 근무 성적을 체계적이고 정기적으로 일정한 기준에 의하여 평가하는 제도이다.

(1) 근무평정의 목적 및 기능

교원의 근무성적 평정은 두 가지 목적이 있다. 하나는 인사행정과정에서 교원의 배치, 전환, 감원, 승진 등의 순위를 결정하는 데 기초자료로 사용하는 목적과 다른 하나는 개인의 능력 발전, 동기유발, 직무수행 능률을 향상시키는 목적이 있다. 이러한 목적에 따라서 수행된 근무평정은 세 가지 측면에서 기능을 한다(한국교육개발원, 2004).

첫째, 교원인사 처리의 기준을 제시해 준다. 승진이나 감원 시 객관적인 기준이 되며, 인사행정의 공정성을 확보하는 수단이 된다.

둘째, 조직구성원의 능력 발전을 돕고 교원들의 직무수행을 잘하게 함으로써 교육의 질을 높이는 데 기여한다.

셋째, 근무성적 평정의 결과는 조직구성원의 연수, 자기계발의 필요성을 파악하는 데 도움을 준다.

(2) 근무성적평정 요소

근무성적을 평정하는 데 어떤 것으로 할 것인가는 교직이라는 직무가 무엇이며 어떤 일들이 포함되는가 그리고 직무를 수행하는 데 필요한 개인적인 특성과 능력은 무엇인가를 따져서 그에 합당한 요인을 추출하여 평정하면 된다.

표 10-18 교사의 근무평정 요소 및 내용

평정사항	자질 및 태도		근무실적 및 근무수행 능력		
평정 요소	교육자로서의 품성	공직자로서의 자세	학습지도	생활지도	교육연구 및 담당업무
평정 내용	사명과 직무에 대한 책임과 긍지를 가지고 있는가?	교육에 대한 올바른 신념을 가지고 있는가?	수업연구 및 준비에 최선을 다하는가?	유아의 인성교육 및 진로지도에 열의가 있는가?	전문성 신장을 위한 연구에 적극적인가?
	교원으로서 청렴한 생활태도와 예의를 갖추는가?	근면하고 직무에 충실하며 솔선수범하는가?	수업방법의 개선 노력과 학습지도에 열의가 있는가?	원내 행사 및 유아생활지도에 최선을 다하는가?	담당업무를 정확하고 합리적으로 처리하는가?
	유아에 대한 이해와 사랑을 바탕으로 교육에 헌신하는가?	교직원 간에 협조적이며 유아에 대해 포용력이 있는가?	교육과정을 창의적으로 구성하며 교재를 효율적으로 활용하는가?	유아의 심리를 이해하기 위하여 노력하고 적절히 지도하는가?	조직의 목표달성을 위해 적극적인가?
	학부모와 유아들로부터 신뢰와 존경을 받는가?	자발적이고 적극적으로 직무를 수행하는가?	평가계획이 적절하고 평가의 결과를 효율적으로 활용하는가?	유아의 건강안전지도에 최선을 다하는가?	담당업무를 창의적으로 개선하고 조정하는가?
점수	10	10	40	20	20
계	20		80		
총점	100				

출처: 한국교원총연합회(2007).

최근에는 교원근무성적 평가를 공정하고 합리적으로 하기 위해 상급자에 의한 일방적인 평가보다는 동료에 의한 평가가 포함되는 다면평가로 하려는 추세에 있다. 다면평가의 특징은 첫째, 피평가자에게 가치 있는 피드백을 제공하여 발전을 꾀할 수 있다. 둘째, 익명성이 보장되어 평가자가 편안함을 느끼고, 소신껏 정확히 평가할 수 있다. 셋째, 평가준거가 개인적인 인상이나 특성에 의한 것이 아니라 명확한 평가준거를 가진다.

7. 교직원의 직무에 영향을 주는 요인

1) 교사 효능감

우리는 어떤 일을 임하게 될 때 잘할 수 있다고 자신감을 갖는 경우도 있고 때로는 어렵게 느껴질 때도 있다. 자신이 잘할 수 있는 능력을 가지고 있다고 굳게 믿고 시작하는 일과 어렵다고 불안해하면서 시작하는 일과는 실제 수행에 있어서 엄청난 차이가 날 것이다. 교사 효능감이란 교사가 학생의 수행에 영향을 미칠 수 있는 능력을 갖고 있다고 믿는 정도를 말한다(Ashton, 1985). 효능감이 높은 교사는 학습자의 학습에 긍정적인 영향을 줄 수 있는 다양한 특성을 가지고 있기 때문에 학습자의 성취도에 일관성 있고 지속적으로 영향을 준다(조형숙, 1998).

효능감이 높은 교사는 학습자와 함께 생활하는 것을 의미 있고 중요한 일이라고 인식하고 자신이 학생의 학습에 영향력을 미칠 수 있다고 생각하며, 학습자의 성취와 행동에 대해 긍정적인 기대감을 갖는다. 또한 학습자에 대한 책임감을 가지고 있어서, 교사 자신의 교수행위에 대한 반성적인 사고의 기회를 가지며, 학습자의 학습을 효율적으로 도와주려는 목표를 세우고 이를 위하여 필요한 기술과 지식을 이해하고 습득하기 위해 노력한다. 효능감이 높은 교사는 자신이나 학습자에 대해 긍정적인 인식을 갖고 있으며, 학습자와 함께 목표를 설정하고, 의사결정이 필요한 경우 학생들과 적극적으로 협력하게 된다(Ashton, 1985). 더구나 효능감이 높은 유아교사는 유아의 자아효능감에도 긍정적인 영향을 미치는 것으로 나타났다(전인옥, 1996).

이처럼 교사의 효능감이 유아교육 현장에서 교육의 질을 결정하는 중요한 요인임을 알 수 있다. 유아교사의 효능감을 높여 주어야 함은 이론의 여지가 없겠으나 이 효능감에 영향을 주는 관련 요인이 무엇인지는 알고 그 변인들을 통제하는 일이 중요하다. 교사 효능감에 영향을 주는 요인들은 많은 연구를 통해서 밝혀지고 있는데 요약하면 표 10-19와 같다.

표 10-19 교사 효능감에 영향을 주는 요인

구분	요인
개인적 요인	경력, 연령, 학력, 연수 횟수, 직무만족도, 교사의 다중지능, 교사 신념
사회환경적 요인	동료교사나 선배교사의 지원, 관리자의 지원, 자료의 지원, 부모의 지원, 의사결정, 직위, 조직풍토
학문적 요인	교과목에 대한 지식 · 흥미 · 태도, 대학에서의 과목 이수 여부

2) 직무만족

유아교사는 유아교육기관의 목적을 달성하기 위해서 직무를 수행하는데, 직무에서 만족을 느낄 때 자신이 하는 일에 보람을 갖고, 조직에 공헌하게 된다. 교사의 직무만족은 교육의 질을 제고하는 직접적인 요인이며, 개인의 자아실현을 위해서도 중요한 요인이다.

교사의 직무만족이란 교사가 직무에 대한 관심, 열의, 호의 등과 같은 감성적 반응 및 정서 상태로서 교사로서 역할을 수행하는 과정에서 자신의 개인적 · 전문적 욕구를 만족시키는 정도이다(Gorton, 1976).

교원의 역량을 최고로 높이는 노력은 인사관리에서 꼭 필요한 일이다. 원장은 교사들이 자신의 직무에 대하여 높은 만족을 느끼는 데 어떤 요인이 작용하는지 알고 그 요인들을 어떻게 통제할 것인지 답을 가지고 있어야 한다. Porter와 Steers(1979)는 조직구성원들이 자기가 맡은 직무에 대하여 만족하는 요인을 크게 4가지로 설명하고 있다.

표 10-20 직무만족 요인

<table>
<tr><th colspan="2">요인</th><th>직무만족</th></tr>
<tr><td rowspan="4">조직적 요인</td><td>급여</td><td>급여가 교사의 기대를 충족시키고, 다른 사람이나 자신의 노력에 비해 공정하다고 느낄 때 직무만족은 높아진다.</td></tr>
<tr><td>승진 기회</td><td>공정한 승진 기회가 부여될 때 직무만족은 높아진다.</td></tr>
<tr><td>기관의 정책</td><td>기관의 정책에 대해 교직원들의 감정이 긍정적일 때 직무만족이 높아진다.</td></tr>
<tr><td>조직구조</td><td>지위가 높을수록 근무만족이 높아진다.</td></tr>
<tr><td rowspan="4">조직환경 요인</td><td>리더십</td><td>부하에 대한 배려가 큰 리더십이 직무만족을 높인다.</td></tr>
<tr><td>참여적 의사결정</td><td>교직원이 직무와 관련된 의사결정에 참여할 때 직무만족은 높아진다.</td></tr>
<tr><td>조직의 규모</td><td>업무 조직의 규모가 클수록 직무만족은 낮아지는 경향이 있다.</td></tr>
<tr><td>업무조건</td><td>깨끗하고 안정된 작업조건이나 동료와의 인간관계가 원만할수록 직무만족은 높아진다.</td></tr>
<tr><td>직무내용 요인</td><td></td><td>직무의 범위가 클수록 직무만족이 높다.</td></tr>
<tr><td rowspan="2">개인적 특성</td><td>연령</td><td>나이가 들고 연봉이 늘어날수록 직무만족은 높아진다.</td></tr>
<tr><td>성격</td><td>성취욕구가 큰 사람이 직무만족이 높고, 자율성에 대한 욕구가 적은 사람이 직무만족은 낮다.</td></tr>
</table>

3) 조직몰입

유아교육기관을 경영하는 원장은 구성원의 직무의 능력이나 태도 못지않게 구성원이 조직에 대하여 가지는 태도에 대하여 관심을 갖는다. 그 이유는 구성원이 조직인 유치원이나 어린이집에 대하여 얼마나 애착을 가지고 헌신하는가가 이직이나 결근 등을 결정하는 변수로써 큰 의미를 갖기 때문이다.

조직몰입이란 수단적 가치와는 상관없이 조직의 목표와 가치, 이와 관련한 자기의 역할, 그리고 조직 그 자체만을 위하여 가지는 정서적 애착심이다(Buchanan, 1974). 개인이 조직에 대하여 강하게 몰입한다는 것은 조직의 목표를 달성하기 위하여 고도의 노력을 제공하고자 하는 의사표명의 정도, 조직의 평가 및 목표에 대하여 적극적으로 찬성하고 있는 정도를 의미한다. 구성원이 조직에 몰입하기 위해서는 ① 조직에 대한 구성원의 충성심, ② 조직의 목표달성을 위한 노력의 자발성, ③ 조직의 가치 수용 및 이에 대한 강한 신념 등이 필요하다(Porter & Stone, 1975).

유아교육기관에 종사하는 교직원들이 조직에 강하게 몰입한다면 이직으로 인한 프로그램 연속성의 단절 같은 폐단을 없앨 수 있고, 한 교사가 한 아이에게 적어도 3년 정도의 기간을 담임하여 안정적으로 돌보고 가르칠 수 있다. 그뿐만 아니라 교직원들은 각 유아교육기관이 가지고 있는 운영철학과 방침을 수용하고 목표달성을 위해 헌신하게 될 것이다.

교직원들이 조직에 몰입하기 위해서는 경영자의 리더십이 중요하며, 민주적 기관운영과 교직원들로 하여금 근로의 긍지와 보람을 가질 수 있도록 뚜렷한 기관의 비전을 제시하고, 열심히 일한 결과에 대한 적절한 보상이 필요하다. 뿐만 아니라 다른 구성원에 비하여 소외감을 느끼지 않도록 신분과 성과에 대한 보상에 있어서 차별을 주지 않아야 한다.

4) 직무스트레스

유아교육기관의 교사는 유아를 가르치고, 돌보는 역할은 물론, 부모와의 원만한 관계, 동료교사와 원장과의 관계까지 고려하는 부담을 가지게 되어 교사직을 수행하는 과정에서 많은 스트레스를 받을 수 있다.

교사의 직무스트레스란 교직의 특성에서 초래되는 긴장, 좌절, 불안, 분노, 우울과 같은 불쾌한 정서를 경험하는 것이다(Kyriacou & Sutcliffe, 1978). 이러한 스트레스는 환경에 대해 작용하는 부정적인 평가로 인한 생리적인 반응이며, 직무요구를 충족시키려고 하는 개인의 시도가 좌절될 것에 대한 염려라고도 할 수 있다(Leach, 1984). 교사의 직무스트레스는 개인의 특성과 조직의 특성 간의 상호작용에 의해서 발생한다.

유아교사의 직무스트레스는 교육에 있어서 부작용을 초래하게 되며, 교사의 직무태도에도 부정적인 영향을 미친다. 김영선(1999)의 연구에 의하면 유아교사의 직무스트레스는 교수-학습활동의 효과와 능률을 저하시키고, 교사의 자질 향상과 교직의 전문성 신장을 방해하며, 교사의 사기를 저하시키는 것으로 나타났다. 또한 직무스트레스가 클수록 조직 몰입도 적고, 이직 성향도 높다(이경자, 2002). 유아교육기관의 운영이 잘 되기 위해서는 무엇보다도 교사의 직무능력을 높일 수 있는 방안이 무엇인지 연구해야 한다. 교사의 직무스트레스를 줄이는 것은 직무능력을 향상시킬 수 있는 하나의 방안이 되며, 유아교사의 직무스트레스를 유발시키는 변인이 무엇인지 알고, 이 변인들을 통제할 방안을 모색하는 것이 유아교육기관 운영에서 중요한 과제이다.

표 10-21 교사의 직무스트레스 요인

요 인	원 인
행정적 지지	원장의 행정적인 지원 부족, 통찰력의 부족, 의사소통 문제, 원장의 인식 부족
동료교사와의 관계	동료와의 상호작용 및 인간관계의 부적합
유아들과의 활동	유아지도와 교수에 관한 부담
재정적인 안정	불충분한 보수
업무과부하	과중한 업무

5) 유아교육기관 조직풍토

(1) 조직풍토의 개념

유아교육기관은 비교적 조직이 작다는 것이 특징이다. 기관의 특성을 결정짓는 요소는 구성원의 수뿐만 아니라 기관의 설립배경과 구성원의 채용방식, 관리자의 선임방식 등이 있다. 유아교육기관의 조직풍토는 기간의 특성들로 인해 만들어진다고 할 수 있다.

조직풍토란 학교가 처해 있는 역사적 배경, 특수한 교육목적, 내용 및 활동, 학교의 물리적 환경, 구성원의 상호작용 등에 의해 형성되는 하나의 분위기다(Owens, 1987). 이러한 조직풍토는 조직을 기술하는 일련의 특성으로서 다른 조직과 구별을 해주고, 장기간 지속적이며, 조직 성원의 행동에 영향을 미친다(Forehand & Gilmer, 1964). 또한 조직풍토는 조직구성원 특히 최고 관리자의 행동이나 정책의 결과이며, 조직구성원들에 의해 지각되며, 상황 설명의 근거로서 생각되어지고, 행동 지시의 압력원으로 작용하고, 다른 조직과 구별되게 해 주는 조직 내부 환경의 비교적 영속적인 특징이다(Pritchard & Karasick, 1973).

긍정적인 조직풍토에서는 교사 간에 응집력이 높으며, 전문성 증진을 장려해 주고,

원장이 교사를 지지해 준다. 또한 기관의 정책, 직원의 책임, 업무 절차 등이 명확하게 규정되고 보수, 승진 등이 공정하며, 의사결정 과정에서 교사들의 참여와 자율성이 부여되고, 교사들은 조직의 목적에 동의한다. 뿐만 아니라 직원의 업무 수행은 효율적이며 창의적이고, 물리적 환경이 풍부하다(Jorde-Bloom, 1988).

(2) 조직풍토를 구성하는 요인

유아교육기관에서 긍정적인 조직풍토를 조성하기 위해서는 조직풍토를 구성하는 요인들은 잘 파악하여 이들 요인 하나하나를 최적 상태로 유지하는 것이 필요하다. 조직풍토를 구성하는 요인은 다음과 같다.

① 동료관계

동료 간에 강한 결속력을 갖고 있는 유아교육기관은 단합된 팀워크와 상호작용이 원활하고, 개인은 각자의 생각을 개방적으로 자유롭게 표현한다. 동료관계를 바람직하게 하기 위해서는 원장의 역할이 크다고 하겠다. 원장과 직원과의 관계에서 어느 한쪽에 치우치지 않으며, 경력이 많은 교사에게 신임교사를 지도할 수 있는 기회를 주고, 비공식적인 의사소통체계를 사용하지 않고 공식적인 통로를 통해서 지시와 보고를 받는다.

② 전문성 증진

교사들에게 전문성 발달은 교육의 질을 향상시킬 수 있는 능력을 갖는 것이며, 직무만족을 주는 중요한 요인이다. 전문성을 가진 교사들이 있는 기관은 자신의 업무에 대하여 책임의식이 강하며, 다른 사람의 의견이나 조언을 수용하고, 동료에 대하여 공정한 평가를 근거로 동료에게 진정한 도움을 줄 수 있다.

③ 원장의 리더십

원장의 리더십은 교직원들의 직무만족과 근로의욕, 전문성 신장 등 많은 부분에 영향을 미친다. 원장이 교직원들을 지지해 주며, 조직의 비전을 제시하면 교직원들은 이직을 고려하지 않고 조직의 목표를 향하여 열심히 일하게 된다. 이처럼 원장의 리더십은 조직풍토를 만드는 데 결정적인 역할을 한다.

④ 조직 기능의 명확성

조직 기능의 명확성은 조직이 기능하는 데 필요한 규칙들이 명료하게 정의됨을 말한다. 명확하지 않은 정책과 과정은 구성원들 간의 직무범위, 책임소재 등이 명확하지 않아 갈등과 문제를 만들고, 직무스트레스의 원인이 된다.

⑤ 보상체계

보상체계는 보수와 승진 기회에 대한 분배 원칙이다. 공정하고 공평한 보상체계는 긍정적인 조직풍토를 만든다. 모든 보수는 공식적인 절차와 규정에 의해서 지급되어야 하고, 승진 기회는 누구에게나 개방되어 있어야 하며, 공정한 평가에 의해 이루어져야 한다.

⑥ 의사결정 구조

의사결정이란 하나의 목적을 달성하기 위해 두 개의 택일적 수단을 선택하는 논리적 과정이다. 유아교육기관 운영에서 의사결정은 교육상황에서 발생하는 문제해결을 위한 과정이며, 기관운영의 효율성을 좌우하는 중요한 요소다. 기관의 중요 정책의 결정에서 교사들이 참여하게 된다든지, 민주적인 절차에 의하여 의사가 결정된다면 긍정적 조직풍토가 이루어진다.

⑦ 목표 일치도

목표 일치도는 유아교육기관의 목표와 교직원의 목표가 일치되는 정도를 말한다. 조직의 목표와 구성원의 목표가 일치한다면 조직으로서는 효과적으로 목표를 성취할 수 있고, 개인의 입장에서도 신명나게 직무를 수행할 수 있어 긍정적인 조직풍토가 조성된다.

⑧ 물리적 환경

물리적 환경은 교직원이 근무하는 물리적 조건인 온도, 조도, 채광, 소음, 환기, 공간, 동선 등을 말하는데, 잘 설계된 업무공간은 직무의 효율화를 주고, 교직원의 건강과 밝은 기분을 유지하는 데 커다란 도움이 되어 긍정적인 조직풍토 조성에 도움이 된다.

⑨ 혁신성

혁신은 조직의 발전에 방해가 되는 해묵은 풍속, 관습, 조직, 방법 따위를 완전히 바꾸어서 새롭게 함을 말하는데, 유아교육기관의 최고 경영자의 리더십 스타일에 따라서 혁신의 정도가 좌우된다. 혁신적 리더십을 가진 원장은 기관운영의 효율화와 합리화를 위하여 새로운 제도와 정책을 도입하고, 변화를 모색하게 된다. 교사들도 혁신적 리더십을 가진 원장의 지도를 받는다면 새로움을 모색하려는 태도가 형성되고, 이러한 조직 분위기는 긍정적인 조직풍토를 만들 수 있다.

8. 유아교육의 교직 전문성

유아교육의 교직 전문성을 규정하기 위해서는 사회적인 공기로서 유치원과 어린이집의 목적이 무엇인지에 대한 물음에서 찾아볼 수 있다. 유치원 교육의 목적은 유아교육과정에 잘 나타나 있다. 유치원 교육과정(교육인적자원부, 2007)의 성격을 명시한 것에 보면 '유아의 전인적인 성장 발달과 행복을 추구하기 위한 교육과정'이라고 함으로써 유치원 교원의 전문성은 유아의 전인발달을 돕고 유아의 행복한 삶을 위해 노력하는 역할이라 할 수 있다. 한편 어린이집 운영의 근거법인 영유아보육법 제1조의 내용은 "이 법은 영유아를 심신의 보호와 건전한 교육을 통하여 건강한 사회 성원으로 육성함과 아울러 보호자의 경제적 · 사회적 활동을 원활하게 함으로써 가정복지 증진에 기여함을 목적으로 한다"라고 명시되어 있어 어린이집 보육교직원의 전문성은 영유아의 건전한 발달과 가정의 복지증진을 위해 노력하는 역할이라 할 수 있다.

역할이란 사회구성원으로부터 공통적으로 기대되는 행동 유형이다. 적어도 우리 사회에서 유아교육기관의 최고 경영자에게 기대하는 행동 유형은 사회적으로 합의되어 명시된 유치원과 어린이집의 목적 달성에 필요한 행동들, 즉 영유아의 건전한 성장과 행복한 삶을 위한 노력과 나아가서 영유아의 가족복지 증진에 대한 노력까지라고 볼 수 있다.

이렇게 사회구성원이 요구하는 기대를 역할기대라 하며, 역할행동자가 역할기대를 어떻게 생각하는가 하는 인식의 정도를 역할지각이라 한다. 역할기대를 어떻게 받아들이는가의 차이에 따라 역할수행에 영향을 미치게 되는데, 만약 교원이 역할기대와 역할지각이 일치되는 최적의 균형점에서 역할을 수행한다면 유능한 교원으로 인정될 것이다.

교원의 교직전문성은 외부로부터 주어진 사명에 의해 갖추어 진다기보다 교사 스스로 교원으로서의 역할이 무엇인지 충분히 인식하는 것으로부터 갖추어질 수 있다.

1) 원장의 역할

유아교육기관의 장은 기관운영을 총괄하는 사람이다. 「유아교육법」 제21조에 '원장은 원무를 통할하고 소속 교직원을 지도 · 감독하며 원아를 교육한다'고 유치원 원장의 임무를 명시하고 있으며, 유아교육사전(1996)에는 '원장은 유치원의 경영 및 관리의 최고 책임자로서 유치원을 대표하여 교육목표와 경영방침을 결정하는 권한을 가진다'고 되어 있다. 「영유아교육법」 제18조에 '어린이집의 장은 어린이집을 통할하고 보육교직원을 지도 · 감독하며 영유아를 보육한다'라고 명시되어 있다.

이와 같은 역할의 정의를 토대로 유아교육기관의 장의 역할은 구체적으로 열거하면 소속 교원에 대한 지도 역할, 관리 역할, 평가 역할 등이 있다.

① 지도 역할

원장의 지도 역할에는 교직원의 직무 지도 및 조언, 전문성 신장을 위한 지도, 유아 지도 역할이 있다. 원장은 교직원의 직무를 지도 및 조언하기 위해서는 유아교육기관의 직무를 완전히 이해하고 있어야 하며, 직무의 종류에 따라 어떤 업무 표준이 있는지, 직무분석을 통하여 각각의 업무 매뉴얼을 만들어 놓아야 한다. 또한 교직원의 전문성을 신장하기 위해서는 직무와 관련한 지식과 기능을 습득할 수 있는 연수와 창의적인 직무 개발을 위해 교직원의 연구활동을 지지하는 경영 마인드가 필요하다.

유아를 지도하기 위해서는 유아의 발달 이해와 교육과정에 대한 이해 그리고 교육과정을 계획하고, 실행하는 노하우를 가지고 있어야 한다.

② 관리 역할

원장의 관리 역할은 기관을 운영하는 모든 영역이 해당되는데, 인사관리를 비롯하여 사무관리, 재정관리, 학부모 및 지역사회 관리, 안전관리, 건강 및 영양관리, 시설설비 및 교구 · 교재관리, 원아관리 등이 있다.

③ 평가 역할

유아교육기관의 규모와 특성에 따라 요구되는 원장의 역할 및 임무는 어느 정도 차이가 있을 수 있으나, 원장은 유아교육기관의 운영, 교직원관리 및 원아관리의 모든 영역에 대한 지식을 습득하고 있어야 하며 직접적으로 이러한 업무를 수행하지는 않지만, 총괄할 수 있어야 한다. 원장은 기관의 경영자이면서 교육행정가, 재원확보자, 대외홍보자, 운영계획자, 유아교육자일 뿐만 아니라 나아가 교사, 학부모의 상담자 역할까지도 담당해야 한다.

따라서 유아교육기관의 원장은 유아교육기관의 프로그램을 계획 · 관리하며, 인간과의 관계에서 지도성을 발휘해야 하고, 기관의 운영자로서 관리 및 경영을 잘 해야 한다는 점에서는 차이가 없다. 즉, 유아교육기관의 원장으로서 역할 및 임무를 잘 한다는 것은 훌륭한 지도성을 발휘하며, 주어진 자원을 최대한 활용하여 효율적인 운영을 하고, 모든 사람들의 본보기가 될 수 있으며, 유아교육 전문가로서 전문적인 도움을 줄 수 있고, 주변 사람들을 정신적으로 지원해 줄 수 있어야 함을 의미한다.

유아교육기관의 업무와 관련하여 원장이 실질적으로 담당해야 할 임무를 구체적으로 정리하면 다음과 같다(Thomson, 1989).

- 유아교육기관의 전반적인 운영계획과 이를 위한 규칙 및 방침 수립
- 교육목표의 설정 및 교육과정의 계획과 평가
- 교직원 인사관리 및 재교육
- 유아교육기관의 홍보 및 원아모집과 관리
- 시설 · 설비관리 및 비품과 교재 · 교구의 구입과 관리
- 재정관리
- 행정적 업무처리 및 기록의 보관 유지
- 부모교육 및 부모와의 관계 유지
- 지역사회 및 행정당국과의 관계 유지

유치원의 경우에는 원감의 직책이 있으며, 「유아교육법」 제21조에 "원감은 원장을

보좌하여 원무를 관리하고 원아를 교육하며, 원장이 부득이한 사유로 직무를 수행할 수 없을 때에는 그 직무를 대행한다. 다만, 원감을 두지 아니하는 유치원의 경우에는 원장에 미리 지명한 교사가 그 직무를 대행한다"고 명시되어 있다. 유아교육기관에서 원감은 중간 관리자로서 원장과 교사 및 직원 간의 중재자 역할을 하는 경우가 많다.

2) 교사의 역할

유아교사에 대한 역할기대에 근거하여 보육교사의 역할을 업무의 특성별로 나누어 보면 영유아를 위한 역할과 가정(부모)을 위한 역할이 있고, 영유아의 건전한 성장을 위한 역할은 다시 업무 특성별로 세분할 수 있다. 어린 영유아의 건전한 성장을 위해서는 우선 부모와 같은 애정과 사랑으로 감싸는 돌봄이 있어야 하고, 영유아가 심신의 어려움을 겪는다면 이를 적절한 방법으로 치유해 주는 상담(치료)이 있어야 한다. 영유아가 사회의 일원으로서 역할을 할 수 있는 사람으로 성장하기 위해서는 사회에서 필요로 하는 지식 및 기술, 태도를 갖추어야 하므로 교육이 있어야 한다. 교육을 담당하는 교사는 교육과정 설계, 교육과정 실행, 평가, 환경 구성 등 여러 가지 세부적인 업무가 있다.

(1) 돌보는 자로서의 역할

돌보는 자로서의 역할은 영유아가 안심하고 편안하게 유아교육기관에서 생활할 수 있게 하는 것이다. 영유아는 기본적인 욕구를 충족시켜 줄 때 편안하며, 교사와 안정적인 사회적 관계를 맺을 때 세계를 신뢰할 수 있어 안심하고 자기 활동에 전념할 수 있다.

① 양육 역할

양육자로서 교사는 영유아들의 기본적인 욕구를 충족시켜 주어야 한다. 기본적 욕구에는 먹는 것, 입는 것, 쉬는(수면) 것, 사랑해 주는 것이 있다. 영유아들은 무엇보다도 잘 먹어야 생존과 성장이 가능하며, 먹는 문제는 그냥 배를 채우는 것이 아니라 건강을 유지할 수 있는 먹거리를 준비해 주는 것이다. 요즘 세상은 음식이 모자라서 걱

정하는 시대는 아니다. 어떤 음식이 해가 없고, 품위 있는 음식인지 생각하는 일이 필요하다. 영유아의 독특한 체질에 따라 음식을 준비할 필요가 있고, 바람직한 식습관을 위한 배려가 필요하다. 유아의 건강을 좌우하는 가장 중요한 요인이 먹거리라는 것을 알아야 한다.

동물과 사람의 차이 중 하나가 사람은 옷을 입는다는 사실이다. 사람의 피부는 외부의 거친 환경에 민감하며, 연약하기 때문에 적절한 보호가 필요하고, 기후에 따라 적합한 소재의 옷이 필요하다. 뿐만 아니라 그냥 피부를 감싸는 것이 아니라 인간으로서 품위를 지킬 수 있는 옷이어야 하고 활동에 편안함을 주는 옷이어야 한다. 교사는 아이들이 항상 쾌적한 상태를 유지해 주어야 하고, 바람직한 입는 습관을 길러 주어야 한다.

영유아들은 단위 시간당 활동량이 매우 많다. 하루 일과를 모두 활동적인 것으로만 짜준다면 아이들은 지치고 탈진할 것이다. 활동이 있으면 쉬는 시간이 반드시 필요하다. 아이들은 쉬는 시간에 성장하고, 신체의 기능이 한 단계 향상될 준비를 하는 것이다. 수면은 가장 좋은 휴식이고, 에너지를 충전하는 시간이다. 활동과 휴식을 적절히 안배하여 아이들이 리듬 있는 생활을 할 수 있도록 해야 한다.

아이들은 물리적인 욕구만 충족시켜 준다고 성장하는 것이 아니다. 동식물이라면 충분한 영양을 공급하고 온도와 습도 같은 물리적인 조건만 맞추어 준다면 잘 성장하겠지만 아이들은 그렇지 않다. 누군가 다른 사람과 사회적인 관계를 맺어야 하고, 누군가로부터 사랑을 받아야 심리적 안정을 찾으며, 정서적 욕구를 충족시킬 수 있다. 아이들이 심리적 압박과 정서적으로 불안을 느낀다면 자기 성장 욕구를 잃게 되며, 세계를 탐색하는 자기 활동을 멈추게 될 것이다. 그 결과는 퇴행과 여러 가지 병리적 현상으로 나타나게 된다.

교사는 부모를 대신하여 아이들과 안정적 애착을 형성해야 하고, 변함없는 애정으로 아이들과 신뢰관계를 만들어야 한다.

② 상담(치료) 역할

아이들이 어떤 이유로 마음의 상처를 받을 경우 아이들의 성장은 왜곡되고, 아이들의 행동은 정상 궤도를 이탈하게 된다. 교사는 아이들이 정상적인 행동을 하는지, 성장의 진로가 왜곡되지 않는지 진단할 수 있는 안목을 가져야 한다. 그러기 위해서는 인간 발달에 대한 지식이 있어야 하고, 평상시 아이들을 세심히 관찰하는 자세가 필요하다. 이상 징후가 발견될 때에는 정확한 원인 진단을 하고, 치료적 조치를 취하여야 한다. 아이들의 정서적 문제를 치료하는 방법은 놀이치료 요법이 사용된다. 세부적인 방법에는 모래놀이치료, 미술치료, 음악치료 등이 사용된다.

심리치료는 교사가 전문적인 능력을 가졌다면 진단과 치료가 가능하지만 신체적인 문제는 이상 징후를 발견하고 의사에게 진찰을 의뢰하는 일이 중요하다. 조기에 문제를 발견할 수 있는 기회를 잃지 않아야 한다.

(2) 교육자로서의 역할

영유아들이 건전한 사회구성원으로 성장하기 위해서는 전인적 인간으로 성장하도록 해야 한다. 아이들이 지(智), 덕(德), 체(體)를 겸비한 사람으로 성장한다면 민주시민으로서 역할을 다하는 사람이 될 것이다.

아이들을 전인으로 성장시키기 위해서 교사의 역할은 절대적이다. 교육의 목표 설정과 아이들이 경험하게 될 내용 선정과 조직, 그리고 가르치는 방법에 대한 계획과 실행, 평가에 이르기까지 모두 교사가 전문적인 지식을 가지고 수행해야 한다.

① 프로그램 설계자

유아교사는 영유아들이 경험하는 모든 교육프로그램을 계획하고 구체적인 교육내용을 조직해야 한다. 프로그램 설계는 교육과정 설계라고도 볼 수 있는데, 프로그램을 설계하기 위해서는 프로그램의 가장 기초가 되는 철학적 배경과 이념을 확인하는 것이 선행되어야 한다. 철학이 없이는 프로그램을 일관되게 설계할 수 없으며, 프로그램 실행과 평가에 있어서 혼란을 가져올 수 있다. 프로그램의 근본 철학이 확인된 다음에는 프로그램의 목적을 설정해야 한다. 목적은 수요자의 요구분석과 이론적 배경을 기초로 설정된다. 목적을 달성하기 위해서 어떤 내용이 구성되어야 하는지 구체적으로 고려해야 한다. 내용 구성이 완료되면 어떤 방법으로 그 내용을 아이들에게 교육시킬 것인지 교수전략 내지는 교수방법들을 고안하고, 가용자원들을 확인하고, 관련된 인사들을 참여시킬 방법을 결정해야 한다. 그 다음은 프로그램이 종료되었을 때 혹은 프로그램 실행 중에 프로그램의 효과를 어떻게 확인할 것인지 영유아들의 평가방안에 대하여 확정한다. 프로그램이 효과를 가져오기 위해서는 설계 단계에서 합리적이고, 실행 가능하도록 해야 한다.

② 프로그램 실천자

확정된 프로그램은 교사에 의해서 빛을 보는 것이다. 아무리 좋은 프로그램이라 하더라도 교사가 실천하지 못한다면 유명무실하다. 교사는 프로그램에 대하여 잘 이해하고 있어야 하고, 실행하는 절차와 방법에 대하여 깊은 숙련도를 가지고 있어야 한다. 교사는 아이들의 현재 상태를 파악하여 프로그램의 난이도와 수준을 결정할 수 있어야 하고, 아이들이 함양해야 할 교육내용을 가장 잘 학습할 수 있는 방법과 교재와 교구들을 개발 또는 선택, 활용하는 능력을 가지고 있어야 한다. 구체적으로 설명하면 아이들이 어떤 방식으로 학습하는 것을 즐기고, 효율적으로 학습하는지 이해하고 있어야 하고, 효율적 학습을 위해서 다양한 활동 유형들은 적용시킴으로써 학습의 내면화와 전이를 도와야 한다. 교사가 제공하는 교재 · 교구는 다양하고, 풍부해야 하며, 아이들의 학습과정에 따라 초기에는 아이들이 오감각을 활용하는 감각적 자극을 주는 것부터 시작해서 점차 영상적 경험, 마지막에는 추상적인 상징적 경험을 할 수 있도록 제공되어야 한다.

아이들은 하루에 대한 생활이 즐겁고, 새로운 내용을 탐색하고, 알고 있는 지식을 여러 상황에 적용해 보는 경험이 풍부하도록 하루의 일과가 계획되어져야 하고, 일주일, 한 달의 계획 또한 아이들의 진보 속도와 발달 정도에 부합되도록 계획되어져야 한다. 아이들이 생활하는 공간은 지금 아이들이 관심을 가지고 탐구하는 주제에 대하여 보다 풍부한 경험을 가질 수 있고, 탐구심을 자극하기 알맞은 환경으로 구성되어야 한다. 아이들이 경험하는 영역은 지식의 영역 또는 삶의 영역이 하나도 빠짐없이 구성되도록 변화와 반복을 통해서 균형이 유지되어야 한다.

③ 평가자

평가는 어떤 일에 대하여 성과를 알아보고, 그 가치를 인정하는 것이다. 우리가 한 서비스가 잘 되었는지 애초에 기대했던 목표가 어느 정도 달성되었는지 판단해 보는 일은 우리 자신의 일에 대하여 반성해 보고 앞으로 나아갈 방향과 정도를 가늠할 수 있게 해준다. 우리의 노력이 무엇으로 나타나는가에 대한 질문에서 유아교사라면 쉽게 대답할 수 있다. 그것은 시설의 건물 크기도 아니고, 불어나는 적금 통장의 금액도 아니다. 그것은 바로 유아교육기관이 근본적으로 가지고 있는 목표인 유아의 건전한 성장과 행복, 가정의 복지 증진이다. 그렇다면 우리의 노력이 잘 되었는지 평가해 보기 위해서는 유아의 발달 평가와 부모의 만족도 평가로 할 수 있을 것이다. 이 평가는 평가 대상을 상 · 중 · 하 따위로 분류하거나 아이들을 똑똑한 아이 · 둔치 아이로 명명하기 위한 처분적 성격도 아니다. 우리는 아이들이 가지고 있는 고유한 개성을 인정하고 자신의 발달과정에 얼마나 충실한지, 보편적 발달에 비하여 어느 위치에 있는지 판단하여 아이들이 정상적인 발달을 하도록 돕기 위한 정보를 수집해야 한다. 평가는 이러한 의미에서 이루어져야 한다.

평가하는 방법은 여러 가지가 있지만 자기 표현이 미숙한 어린아이들에게는 관찰을 통한 방법이 객관적 자료를 수집할 수 있어 좋다고 할 수 있다. 유아교사는 관찰하는 방법에 무엇이 있고, 각각 방법들이 어떤 특성을 가지고 있는지 이해하여, 자신의 교실에서 평가목적에 따라 어떤 관찰 방법을 사용해야 할지 잘 알아야 한다. 또한 관찰한 결과를 어떻게 기록해야 하는지, 기록방법은 어떤 것이 있는지 알고 관찰목적에 부합하는 기록방법을 선택해야 한다. 관찰과 기록에서 가장 중요한 것은 있는 사실을 그대로 받아들이고, 받아들인 그대로 기록해야 한다. 평가는 객관적 관찰과 기록을 토대로 관찰 상황을 고려하여 가치중립적인 입장에서 서술해야 한다.

(3) 부모교육자로서의 역할

영유아들을 교육하는 일은 유아교사 한 사람의 노력으로 끝날 수 있는 것이 아니다. 부모들의 협조와 기관에서의 교육내용이 가정에서도 지속될 때 교육효과가 극대화된다. 부모들이 기관의 교육목적과 교육내용을 이해하고 협조할 방안들에 대하여 아는 것이 교육의 연속성을 보장하는 것이며, 부모 나름대로 교육에 대한 아이디어를 창안할 수 있다. 교사는 부모들이 자녀교육과 관련한 모든 정보를 부모들에게 알려주어야 하며, 잘못 인식된 유아교육에 대한 생각을 바로 잡아 줄 책무가 있다. 부모들은 기관의 교육방침에 대하여 궁금해 하고, 기관에서 진행하는 교육활동에 담겨진 의미와 가치들을 알고 싶어 한다. 교사는 부모교육에 임하면서 부모를 피교육생으로 인식하는 것보다는 협력자로서 인식하고, 협력을 이끌어 내기 위한 교사의 방침을 공유하기 위해 부모교육을 실시한다고 생각하는 것이 부모교육에 대한 부담을 줄이고, 실질적인 부모교육을 진행할 수 있다.

참고문헌

김영선(1999). 어린이집 교사의 직무스트레스와 대처방법. 숙명여자대학교 교육대학원 석사학위논문.

보건복지가족부(2010). **보육사업안내**.

윤정일외(2002). **교육행정학원론**. 학지사.

이경자(2002). 유치원교사의 직무스트레스와 대처방법이 직무 태도에 미치는 영향. 대구가톨릭대학교 교육대학원 석사학위논문.

조형숙(1998). 유아교사의 과학교수에 대한 자기효능감. **유아교육연구**, 18(2), 283-301.

한국교원총연합회(2007). **학교행정 실무백과**. 한국교육신문사.

한공우(2000). **교육행정 및 교육경영**. 동문사.

Ashton, P. T.(1985). Motivation and teacher's sense of efficacy. In C. Ames, & R. Ames(Eds.), *Research on motivation in education. Vol. 2, The classroom milieu*(pp. 141-171). Orlando, FL: Academic Press.

Buchanan, B. H.(1974). Building Organizational Commitment : The socialization of manager in work organizations. *Administrative Science Quarterly, Vol. 19*.

Forehand, G. A., & Gilmer, B. V. H.(1964). Environmental variation in studies of organizational behavior. *Psychological Bulletin, 61*, 361-382.

Gorton, R. A.(1976). *Administrator-staff relation school administration*. Wnc Bronw Co. Publisher.

Jorde-Bloom, P.(1988). Teacher need TLC too. *Young Children, 43*(6), 4-8.

Kyriacus, C., & Sutcliff, J.(1978). Teacher Stress; Prevalence, source and symptoms. *British Journal of Educational Psychology, 48*, 67-80.

Leach, D. J.(1984). A Model of teacher stress and its implications for managements. *The Journal of Educational Administration, 22*, 43–58.

Owens, R. G.(1987). *Organizational behavior in education*. Englewood Cliffs, N.J.: Prentice–Hall Inc.

Porter, L. W., & Stone, E. F.(1975). Job characteristics and Job Attitudes. *Journal of Applied Psychology, Vol. 60*.

Porter, L. W., & Steers, R. M.(1973). Organizational work and personal factors in employee turnover and ablsenteeism. *Psychological Bulletin, 80*, 151–176.

Pritchard, R. D., & Karasik, B W.(1973). The effects of organizational climate on managerial job performance and job satisfaction. *Organizational Behavior and Human Performance, 9*, 126–146.

Chapter 11

행사관리 및 지역사회 연계

행사관리

지역사회 연계

1. 행사관리

1) 행사의 개념과 의미

사람들은 사회를 이루고 살아가는 동안 의미 있는 활동에 참가하여 집단의 공유된 가치를 나누고, 뜻이 통하는 사람들이 함께하는 의식을 거행함으로써 새로운 삶의 의미를 만들어 간다. 이와 같이 사람들 간의 의미를 만들고 가치를 공유하기 위하여 일정한 계획에 의하여 의식이나 일을 진행함을 행사라 한다. 유아교육기관에서는 유아들과 학부모, 교직원, 지역사회민들이 함께 유아들에게 교육적 영향을 주거나, 교육활동의 일환으로 다양한 행사를 갖는다. 이러한 행사는 유아들이 직접적이고 구체적 경험을 함으로써 생활에 필요한 개념들을 형성하고, 유아의 학습을 효과적으로 도울 수 있다.

유아들이 세계에 대한 개념을 형성하기 위해서는 유아가 오감각을 사용할 수 있는 경험을 많이 갖게 해야 한다. 지역사회는 유아교육기관의 생생한 실험의 장이 되고, 유아교육기관은 지역사회의 건설적 활동에 적극적으로 참여하여 공존할 수 있어야 하며, 지역사회의 생활 영역과 문제는 유아교육기관의 교육과정의 기초가 되어야 한다. 그렇기 때문에 유아교육기관은 지역사회와 함께 어우러지는 행사에 참여해야 한다. 행사는 유아들에게 다음과 같은 의미를 갖는다.

- 유아들이 평상시 생활에서 경험하지 못하는 것을 경험할 수 있다.
- 행사도 교육활동의 하나다.
- 유아들의 생활에 활력을 주고 흥미를 유발할 수 있다.
- 구체적 경험을 통하여 유아들의 학습을 돕는다.
- 유아교육기관과 지역사회가 협력할 수 있다.

2) 행사계획의 원리

유아교육기관의 행사는 기관의 운영철학에 부합하도록 계획되어야 하며, 유아들의 발달 특성을 고려해야 한다. 행사의 유형을 선택하는 것에서부터 행사를 실행하는 절차에 이르기까지 기관이 신봉하는 철학과 신념에 따라 이루어져야 한다. 아무리 행사가 중요하다 해도 유아의 현재 발달상황에 어울리지 않는다면 유아들에게는 아무런 의미가 없으며 교육적 가치도 없다. 유아교육기관의 행사는 유아에게 유익해야 한다. 홍성임(1994)의 연구에 의하면 유아들은 스스로 보고 듣고, 관찰하고, 즐기는 행사에 더 많은 관심을 보이며, 반대로 학부모에게 보이기 위한 행사에는 낮은 관심을 보인다. 또한 어승희(2002)의 연구에 의하면 학부모들이 가장 교육적이라고 생각하는 행사는 예절교육이며, 가장 교육적이지 않다고 생각하는 행사는 재롱잔치라고 생각하는 것으로 나타났다.

유아교육기관에서 계획하는 행사는 계절, 교육과정 운영, 의미 있는 날 등에 기초한다. 계절의 특성을 이용하여 유아들이 다양한 개념을 획득하거나, 즐거운 경험을 할 수 있는 행사가 계획되어야 한다. 많은 행사들이 교육과정과 무관하게 이루어진다면 행사는 교육과정 운영에 방해가 될 우려가 있고, 행사의 의미도 퇴색되며, 유아들에게 효과적인 학습이 될 수 없을 것이다. 의미 있는 날은 집단의 역사와 전통이 배어 있기도 하고, 집단과 개인에게 기념이 되어 자신의 정체성을 확인하는 기회가 된다.

행사는 정규 교육과정의 일환으로 실시되어야지 지나치게 너무 많은 행사는 오히려 교육과정을 방해한다.

3) 행사의 절차

행사는 그 특성상 매우 조직적이고 체계적이어야 한다. 격식이 없는 행사는 행사라고 할 수 없으며, 참여한 사람들에게 의미를 줄 수 없고, 동참할 동기를 떨어뜨린다. 유아교육기관에서 행사는 그림 11-1과 같이 계획, 준비, 실행, 평가라는 과정을 통해서 체계적으로 이루어진다.

계 획	명칭, 이유, 날짜, 장소, 참여인사, 경비산출, 물품목록, 식순, 역할 분담
준 비	필요한 물품 구입, 제작, 설치, 안내장 제작 발송
실 행	계획대로 진행 관리, 돌발상황 대비, 공급물품 적시 제공
평 가	잘된 점, 미흡한 점 반성

그림 11-1 행사의 과정

행사를 실행하는 단계에서는 반드시 순서를 가지고 있어야 한다. 행사의 순서는 행사의 성격과 종류에 따라 다르게 정하지만 대체적인 순서를 정하는 원리는 먼저 개회를 선포하는데, 행사의 규모가 작을 때는 사회자가 하는 편이 좋고, 행사의 규모가 클 때는 기관의 대표가 하는 것이 좋다. 두 번째는 행사를 주체하는 기관의 대표나 당사자가 인사말 또는 환영사를 한다. 세 번째는 행사의 격에 따라 격려사나 축사를 하는데, 격려사를 할 경우는 행사 주체자보다 지위가 높은 사람이 참석하여 하고, 축사는 지역사회의 관계자가 한다. 그 다음 네 번째는 프로그램에 따라 본 행사를 진행한다. 다섯 번째는 본 행사를 마치고 식사 또는 다과를 나누는 시간을 가져 참석자들 간에 친교활동 또는 행사에서 있었던 의미를 공유하면서 행사를 마친다. 행사에 따라서 시상식을 하거나 폐회를 선언하는 경우도 있다.

4) 행사의 종류

유아교육기관의 행사 종류는 매우 다양하다. 행사의 성격에 따라 분류하여 살펴보면 다음과 같다.

- **입학 및 졸업 관련 행사:** 입학 관련 행사는 유아들이 입학을 위한 절차의 하나로 이루어지는 행사들이다. 입학설명회, 신입원아 및 학부모 오리엔테이션, 입학식, 졸업식 등이 있다.
- **기념일 관련 행사:** 기념일은 개인적인 것에서부터 기관 차원, 지역사회 차원, 국

가 차원의 것들이 있다. 생일잔치, 어버이날 행사, 어린이날 행사, 산타 행사, 명절이나 절기 행사 등이 있다.

- **지역사회 관련 행사:** 지역사회에서 행해지는 행사에 유아들이 참여하는 것으로 지역축제, 대회 등이 있다.
- **견학 관련 행사:** 견학 관련 행사로는 소풍, 각종 현장체험활동, 캠프, 졸업여행, 관람, 기관방문 등이 있다.
- **교육과정 관련 행사:** 교육과정과 연계하여 실시하는 행사는 시장놀이, 병원놀이, 예절교육, 김장하기, 성교육, 송편 빚기 등이 있다. 주제활동과 관련된 견학 등이 있다.
- **학부모 관련 행사** : 학부모를 대상으로 하거나, 참여하는 행사는 부모교육, 학부모참여수업, 가족등반대회, 운동회, 부모면담 등이 있다.
- **검사 관련 행사** : 유아의 건강과 발달을 점검하는 행사로는 종합건강검진, 신체검사, IQ검사, 학습준비도 검사, 성취도 검사, 창의성 검사 등이 있다.

(1) 오리엔테이션

오리엔테이션은 유아와 그 부모들이 유아교육기관을 이용하는 데 불편함을 없애고, 유아교육기관의 생활에 적응을 도우며, 유치원의 교육방침을 알리고, 학부모가 협조할 사항에 대하여 설명하는 것을 목적으로 이루어지는 행사다. 유아와 학부모는 유아교육기관이 낯설기 때문에 친근함과 익숙함을 줄 수 있어야 한다. 오리엔테이션은 한 번에 모든 것을 다 하기에는 벅차기 때문에 1차, 2차로 나누어 1차에는 유아들의 발달정보를 수집하는 목적으로 하고, 2차에는 유아들이 기관의 시설 이용과 생활의 편의를 주기 위하여, 학부모들에게 기관의 교육철학과 교육과정, 학부모가 협조할 사항 등에 관한 안내를 하는 것이 좋다.

(2) 입학식

입학식은 유아가 유아교육기관에서 생활하게 됨을 공표하는 의미를 가지며, 기관으로서는 유아를 받아들이고, 기관의 교육방침에 따라 성실히 교육할 것을 약속하는 의식이다. 유아는 입학식을 함으로써 공식적인 원생의 지위를 가지며, 기관의 규칙에 따라 생활하며, 교사의 지도를 받을 준비를 한다.

입학식은 의식으로서의 기능이 있기 때문에 경건하게 진행되는 특징이 있다. 이러한 특징 때문에 유아들에게 흥미를 끌지 못하는 단점을 가지고 있기도 한데, 요즘은 입학식에 특별한 이벤트를 벌여 유아에게 의미 있고, 기억에 남는 입학식을 만들기도 한다. 일반적으로 입학식의 순서는 개식사 → 국민의례 → 입학허가 선언 → 유치원 연혁 소개 → 입학축하 행사 → 폐식사의 순으로 진행된다.

입학식을 위한 준비물은 입학식 초대장 발송, 식순표, 현수막, 원아와 학부모가 앉을 의자, 실내화, 이름표, 유치원 소개 영상물, 단상, 다과, 입학축하 선물, 화분, 마이크 등이 있다. 입학식 날은 원아를 맞이하는 특별한 날이므로 유아교육기관의 현관과 교실을 풍선과 같은 장식으로 축제분위기를 연출하는 것이 좋다.

입학식

(3) 생일잔치

유아들의 생일잔치는 매우 중요한 행사이다. 생일을 맞은 유아는 특별한 차림으로 주인공임을 나타내고, 다른 유아들은 생일을 맞은 친구에게 작은 선물이나 생일카드를 만들어 전달한다. 주인공은 선생님과 주변의 친구에게 축하를 받고, 최고의 관심을 받는다. 주인공이 되는 경험은 자신이 귀중함을 느끼게 하여 자아존중감을 가질 수 있다.

생일잔치는 반별로 할 수도 있고, 유치원 전체 원아가 모여서 할 수도 있다. 또한 원아의 생일 당일 할 수도 있지만 원아가 많을 경우는 매달 날을 정하여 그 달에 생일 맞은 유아들이 합동으로 하는 것이 좋다. 생일잔치에서 준비할 것은 유아들 각자가 생일

맞은 친구에게 줄 카드를 만들고, 교사가 유아에게 줄 편지, 선물, 왕관, 생일상 차림 등을 준비한다.

생일잔치

생일잔치의 순서는 생일축하 노래를 불러주는 친구들 사이로 주인공 등장 → 케이크 절단 → 주인공 장기자랑 → 축하 카드 및 선물 증정 → 다과회 순으로 이루어진다.

(4) 소풍

소풍은 유아교육기관 일상에서 벗어나 자연 속에서 하루를 즐겁게 보냄으로써 일상의 피로와 긴장을 완화시켜 주고, 자연의 아름다움을 몸으로 느끼며, 동식물을 관찰하고, 새로운 도식을 만들어 갈 수 있다.

소풍 장소는 그리 멀지 않은 곳이 좋으며, 유아들이 놀기에 안전하고, 자연을 느끼고 탐색할 수 있는 곳이 적당하다. 가장 좋은 곳을 정하기 위해서는 사전에 답사를 가서 최적의 조건이 되는지, 주의할 것과 식사, 화장실, 휴식할 곳을 알아보고, 교통편, 소요시간 등을 꼼꼼히 확인해야 한다. 특히 처음 가는 곳은 지형지물의 특이점을 반드시 확인하여 안전에 만전을 기해야 한다. 사전 답사를 소홀히 할 경우 예상치 못한 안전사고를 당하는 경우가 발생한다.

호기심이 많은 유아들은 소풍에서 흥분되어 있기 때문에 안전사고에 각별히 주의해야 한다. 교사는 사전에 인솔 계획을 철저히 세워야 하는데, 차량 탑승, 도보 이동, 점심식사, 레크리에이션, 관람 등을 철저히 계획하고 이동시마다 인원 파악을 철저히 한다. 가끔 교사들은 소풍이 교사가 즐기는 시간으로 오해하는 경우가 있어 유아의 인솔에 허점을 보여 사고를 유발하는 경우가 있다. 교사가 준비할 물품으로는 음료수, 비상약품, 연락처가 적힌 이름표, 예비 옷, 호루라기, 필기도구, 유아 명단, 학부모 연락처, 돗자리, 각종 인솔 도구, 지도 등이 있다.

소풍

소풍 사전활동과 사후활동을 하여 소풍의 가치를 더욱 높여 주는 것이 필요하다. 사전활동으로는 소풍가는 장소에 대한 정보, 주의사항, 특히 관심을 가져야 할 사항 등에 대하여 이야기하고, 사후활동으로는 소풍에서 느낀 점, 재미있었던 점, 표현해 보는 활동이 있어야 경험의 의미가 더해지고, 소풍의 교육적 가치를 극대화시킬 수 있다.

(5) 운동회

운동회는 유아와 그 가족, 지역사회민이 함께 참여하여 신체적 움직임을 통하여 즐거움을 만끽할 수 있는 행사다. 참여자들은 여러 가지 게임을 통하여 사회적 관계를 맺고, 격려하고, 목표를 향해 혼신을 다해서 달리고, 뛰고, 밀고, 당기는 활동을 통해 억압되었던 감정도 육체적 힘의 발산과 함께 터져나올 수 있다. 구경하는 사람은 뛰는 사람의 최선을 다하는 모습에 갈채를 보내고, 그 갈채 소리를 듣고 뛰는 사람은 더욱 힘을 내고, 신명의 경지에 오르게 된다. 그러는 사이 참여자들은 동질성을 느끼고, 우리라는 감정을 가지며, 결속의 끈을 더욱 단단하게 할 수 있다.

운동회를 계획할 때는 참여자의 범위를 정하고, 운동회 슬로건을 만들어 운동회의 목적과 가치를 더욱 명확히 하는 것이 필요하다. 예를 들어, ‘가족사랑, 이웃사랑 가을

운동회'라든지, '더 멀리, 더 높이, 더 빨리 가을 운동회' 등으로 할 수 있다.

운동회의 프로그램 구성은 참여자들이 누구인가가 중요하다. 참여자들이 고루 게임에 등장하도록 해야 한다. 예를 들어, 유아들이 단체로 참여하는 게임, 유아와 그 가족이 한 팀을 이루어 참가하는 게임, 아빠들의 달리기, 엄마와 함께 공굴리기, 선생님과 유아가 한 팀으로 하는 게임 등이 있다. 진행자는 각 게임에서 필요한 물품 목록을 만들어 준비하고, 게임 진행방법에 대해 완전하게 숙지하고 있어야 한다. 그리고 게임이 끝난 다음 참여자들에게 줄 상의 종류와 상품의 목록을 만들어 준비한다. 그 외 응원에 필요한 도구, 진행상 필요한 도구, 비상약품, 의료진, 진행 도우미 등이 필요하다.

교사는 운동회의 대략적인 계획이 서면 학부모, 지역사회에 알릴 안내장을 만들어야 하는데, 안내장에 포함될 내용은 운동회 제목, 초대의 글, 일자, 장소, 참가자, 준비물 등이다. 초대의 글에는 운동회를 개최하는 의미와 목적, 기대효과 등을 기술하여 안내장을 받는 사람으로 하여금 꼭 참가하겠다는 동기를 주고, 참가 의의를 확실히 가질 수 있게 해야 한다.

운동회

(6) 견학 및 체험학습

견학은 유아교육기관에서 꼭 있어야 하는 교육활동이다. 유아들은 직접경험을 통하여 삶에 필요한 개념을 획득할 수 있다. 상징적 경험이나 추상적인 경험으로는 개념을 획득하기 어렵기 때문이다. 교육은 개념 획득이 일차적 목표인데 처음에는 구체적 경험으로 하고 점차 상징적 경험으로 옮아가야 하는 것이다. 구체적 경험과 상징적 경험이 조화롭게 이루어질 때 유아들은 세상에 적응하는 데 필요한 자신의 인지구조를 변경하고, 세밀화 · 복잡화할 수 있다.

견학의 계획은 교육과정과 연계하여 세워야 한다. 견학을 계획할 때는 사전활동과 사후활동까지 포함시켜 견학의 효과를 극대화하는 것이 좋다. 견학 계획에서 할 일은 목표 설정, 장소 섭외하기, 일시 확정, 준비물, 교통편, 주의점, 경비 산출, 우천 시 대체활동, 참가인원 등이다. 계획이 완료되면 견학할 기관에 FAX 또는 이메일로 공문을 보내든지 전화로 견학계획을 통보한다.

견학 및 체험학습

(7) 부모교육 또는 부모참여, 지역사회 인사 참여 활동

유아교육기관은 학부모와 지역사회 인사들과 협력적 관계를 맺어야 한다. 학부모와 지역사회 인사는 유아교육기관의 교육지원 자원이며, 서비스 제공의 대상이기도 하다. 이들과 유기적인 관계를 유지하는 것은 교육기관으로서 역할을 잘 할 수 있는 기반을 튼튼히 하는 것이다.

학부와 지역사회 인사들이 유아교육기관에 방문하여 참석하는 경우 기관에 대한 이미지를 형성하기 때문에 기관의 환경 정비와 교직원의 태도는 매우 중요하다. 이 행사의 계획은 운동회의 계획과 같은 방법으로 하면 되는데, 참여자들이 행사에서 역할을 명확하게 정해 주고, 그 역할을 어떻게 하는지를 명료하게 설명해 주어야 한다. 이러한 행사는 다양한 것들이 있을 수 있다.

부모참여

예를 들어 강연회, 설명회, 워크숍, 세미나, 토론회, 일일교사 등이 있다. 행사의 유형에 따라 프로그램은 약간 달라질 수 있지만 참여자를 맞이하고, 안내하고, 대접하는 것은 같다. 이들이 유아교육기관에 방문했을 때 어색함을 빨리 없애 주어야 하며, 환영받는다는 느낌을 받을 수 있도록 해주고, 자신이 이 행사에서 꼭 필요한 사람이라는 인식을 가질 수 있도록 해야 한다.

(8) 가족 등반대회

가족 등반대회는 부모참여수업과 같은 것이지만 장소가 유아교육기관이 아니고, 야외라는 특성이 더 있는 것이다. 이러한 행사는 프로그램을 어떻게 짜는가가 매우 중요하다. 행사의 목표를 설정하고, 이런 목표가 달성될 수 있도록 프로그램을 계획하면 되는데 아름다운 자연에서 이루어지는 활동인 만큼 자연을 감상하고, 자연의 장점을 활용한 계획이 있으면 좋다. 유아와 그 가족이 함께 즐거운 시간을 갖고 사랑을 줄 수 있는 시간이 되도록 하면 된다. 예를 들면, 자연물로 꾸미기, 나무공작 만들기, 삼행시 짓기, 멋진 사진 찍기, 가족 협동화 그리기, 그리고 간단 게임 등이 있다.

가족 등반

(9) 졸업식(진급식)

졸업식은 유아교육기관의 교육과정을 마치고 초등학교에 가는 유아들이 그간의 유아교육을 총 결산하는 행사다. 물론 졸업식은 하나의 과정이 끝나는 의미만 있는 것이 아니라 새로운 시작을 할 때가 되었음을 의미한다. 졸업식 행사의 구성은 유아들이 그동안 유아교육과정을 잘 이수했다는 점을 축하받는 기회와 유아교육기관을 떠나며 동생들에게 남기고 싶은 말을 하는 기회, 교육과정 이수에서 잘한 점에 대한 격려와 칭찬을 받는 기회, 공동체의 일원으로서 동고동락한 추억을 되새기고, 영원히 기억하는 의식들로 이루어져야 한다. 예를 들면, 동생들의 송사, 졸업생 답사, 교사의 편지, 다 함께 원가 부르기, 장한 어머니 시상, 공로패 수여 등이다.

졸업식

(10) 전시회

유아들이 그동안 활동한 결과를 모아서 한 곳에 전시하는 것은 유아들의 발전하는 과정을 한눈에 볼 수 있는 기회가 된다. 전시회에 출품하는 작품은 일시적으로 만든 것만 보여주는 것보다는 일정한 기간 동안의 결과물을 시간의 경과에 따라 특징을 알 수 있도록 하는 것이 바람직하다. 관람하는 사람들이 작품을 이해할 수 있도록 작품에 대한 설명을 붙이는 것이 좋다. 유아들의 작품 전시는 누가 누구보다 잘했는가를 비교하는 자리가 아니라 누가 어떤 특성으로 세상을 이해하며, 이해의 진전이 어떻게 전개되는가를 감상하는 자리가 되어야 한다. 자칫 부모들이 자기 아이와 다른 아이와의 상대적 우열을 비교하는 편견에 빠지지 않도록 전시회의 목적과 취지, 의미, 가치 등을 부모들에게 주지해 주어야 한다.

교사는 부모들에게 자기 학급 유아들의 작품에 대하여 상세히 설명할 준비를 해야 하며, 우열을 설명하기보다는 작품의 의도와 숨은 의미를 설명해 주어야 한다. 작품전시회를 열기 위해서는 오랜 기간 동안 작품을 수집해야 하며, 작품에 대한 설명과 보관을 체계적으로 해야 한다. 작품전시회 계획에서 해야 할 일은 전시회 일시 정하기, 장소 정하기, 초대장 만들기, 작품 전시방법 정하기, 작품 액자 또는 전시대 만들기 등이다. 전시회가 시작되는 날은 opening 의식을 하는데, 이 의식의 내용은 원장의 환영사, 유아들의 초대사, 테이프 절단, 관람, 다과회 등으로 하면 된다.

전시회

(11) 재롱잔치(발표회)

재롱잔치는 일반적으로 1년의 교육과정을 마무리하는 의미로 개최한다. 유아들은 그동안 성장한 것을 부모들 앞에서 보여주는 시간이 되는 것이고, 기관의 입장에서는 1년 동안 가르친 성과를 부모들에게 보여주는 것이다. 부모들은 참석하여 유아들의 재롱은 감상하고, 더 성장한 모습을 확인하며, 행복한 시간을 갖는다.

재롱잔치를 준비하는 교사는 유아들에게 무리한 발표가 되지 않도록 유아들의 수준에 맞는 활동을 조직해 주어야 한다. 자칫 의욕이 앞서다 보면 무리하게 연습하는 과정에서 유아들은 힘들어하고, 어려운 과제에 실패하여 좌절하는 경우가 있다. 재롱잔치의 프로그램은 주로 유아들이 발표하는데, 교사나 학부모의 출연도 가능하다. 유아들의 발표는 단체 출연과 개인 출연이 고루 있어야 하고, 활동 유형도 극, 노래, 춤, 동시낭송, 악기연주 등 다양한 표현활동이 되도록 한다.

재롱잔치

5) 연간 행사

유아교육기관의 연간 행사는 교육과정의 진행과 기관의 행정, 지역사회의 일정, 계절 등에 따라 정해진다. 연간 행사는 기관의 1년 계획을 짜는 것이다. 그렇기 때문에 하나라도 빠뜨리거나 실패하면 기관의 기능을 마비시키는 것이 되기 때문에 사전에 철저히 계획을 세워야 한다. 유아교육기관에 따라 행사의 종류가 다를 수 있지만 일반적인 연간행사는 표 11-1과 같다.

표 11-1 유아교육기관 연간 행사

월	행 사 명
3	입학식/부모교육/생일잔치/신체검사/교사연수/놀이안전교육
4	학부모개별상담/꽃씨심기/봄나물 캐기/인형극관람/소방안전교육/생일잔치
5	어린이날행사/스승의날 행사/어버이날행사/전기안전교육/봄소풍/생일잔치

월	행 사 명
6	동물원견학/환경안전교육/현충원 견학/성교육/건강검진/시장놀이/생일잔치
7	병원놀이/다문화체험놀이/교통안전교육/자율장학시범수업/부모참여수업/생일잔치
8	하계교사연수/수영장체험/물놀이안전교육/여름방학식
9	농장체험/야외사생대회/낙엽 줍기/가족등반대회/가스안전교육/생일잔치
10	가을운동회/추석맞이 송편 빚기/고구마 캐기/학부모집단면담/생일잔치/소방훈련
11	학부모참여수업/영어마을/소방서견학/신체검사/김장 담기/지진대피훈련/생일잔치
12	입학설명회/졸업사진촬영/뮤지컬공연관람/산타행사/생일잔치/겨울방학식/예절교육
1	동계교사연수/작품전시회/겨울철 안전교육/생일잔치/신입생 1차 O.T
2	재롱잔치/신입생 2차 O.T 및 학부모 O.T/졸업식(진급식)

2. 지역사회 연계

1) 학부모 협력

(1) 학부모 협력의 개념 및 중요성

협력이란 동등한 지위와 권력을 가진 둘 이상의 주체 간에 공동의 목표와 흥미를 추구하기 위하여 지식과 기술을 나누고, 제반 문제를 해결하는 과정이다. Heflinger와 Bickman(1996)은 아동 교육이라는 공동의 목표를 위하여 부모와 교사가 긴밀하게 연합하고, 권리와 책임을 나눌 것을 강조하였다. 이러한 협력은 기술들의 결합을 통해 혼자서는 효과적으로 이룰 수 없는 것도 가능하게 한다는 장점을 가지고 있다.

협력이 이루어지려면 지식과 기술에 대한 상호 존중, 정직, 명확한 소통, 감정이입과 이해, 합의된 목표, 의사결정권의 공유, 비난의 삼가, 책무성 등이 있어야 가능하다(Vosler-Hunter, 1989).

학부모는 유아교육기관의 교육과정 운영상 반드시 필요한 협력 파트너이다. 부모와의 협력은 정보, 기술의 교환을 장려한다는 점에서 가정과 학교를 연결하는 기초가 된다(Bronfenbrenner, 1979). 교사는 교육과정의 내용에 따라 가정과 연계시킬 수 있는 아이디어를 모으고, 가정의 고유한 문화와 현실 생활의 특징을 잘 파악하여 부모의 협력을 이끌어내야 한다. 부모의 특기나 취미, 직업과 관련된 기술은 교사 혼자서 해결할 수 없는 문제를 해결할 수 있는 단서가 되고, 학습의 심도를 깊게 할 수 있는 힘이 될 수 있다. 부모는 가정에서 유아에 대한 정보를 장기간 수집해 왔고, 가장 친근하고, 유아의 정서를 이해할 수 있으며, 일상적인 지식과 가끔 전문적인 지식을 줄 수 있다. 유아들의 교육과정 운영과 관련한 의사결정은 유아를 가장 잘 아는 부모의 참여가 필수적이다. 학부모와 협력을 잘하는 교사는 다음과 같은 특성을 갖는다.

첫째, 학부모와 합의된 역할을 공유하고, 상호 기여를 유도한다. 교사는 유아를 지도하는 사람으로 자신의 역할을 명료하게 학부모에게 알리고, 학부모에게 어떤 역할을 해주어야 하는지를 명확하게 알려준다. 그러고 나서 그 역할을 충실히 할 수 있도록 서로에게 도움을 준다.

둘째, 유아의 성장을 위하여 학부모와 교사가 합의된 목표를 설정하고, 그 목표를 추구하고자 함께 일하자는 동기를 가진다.

셋째, 교사는 목표를 성취하기 위해 노력하는 행동에 대해 학부모와 책임을 공유한다. 잘되면 내 탓, 못되면 네 탓이 아니라 합의해 준 각자의 역할에 대해서는 완전한 신뢰를 보내고, 그에 대한 결과도 신뢰의 결과로 받아들여 공동의 책임과 성과로 인식해야 한다.

넷째, 교사는 학부모와 신뢰관계를 구축하고, 모든 일의 과정에 대하여 정직하고, 완전한 정보를 공개해야 한다. 숨기는 것은 또 다른 거짓말을 낳게 하고, 진실은 반드시 밝혀지게 마련이다. 완전 공개만이 문제를 가장 현명하게 풀어가는 방법이다.

다섯째, 교사는 유아의 지도에 관한 결정에서 교사의 교육방침을 설명하고, 부모의 의사결정권을 보장해 주어야 한다.

(2) 학부모 협력의 이점

교사와 학부모의 협력은 아동에게 최상의 이익이 돌아가는 것이다. 학부모와 협력이 잘 이루어지면 다음과 같은 이점이 있다.

첫째, 협력을 통해 서로에게 개방적이고, 정직한 의사소통, 지식과 기술의 연합으로 최상의 교육활동 산출, 의사결정의 공유로 불필요한 마찰을 줄이고, 교육서비스의 질을 높이는 긍정적인 관계를 형성한다.

둘째, 학부모와 교사의 협력을 통하여 서로 역할에 대하여 책임감을 갖고 잘 수행한다.

셋째, 교사와 학부모의 협력으로 보다 높은 지식이 창출되어 최상의 교육프로그램을 유아에게 제공할 수 있다.

넷째, 협력을 통하여 기관 운영상 발생하는 문제를 효과적으로 해결할 수 있다.

다섯째, 학부모로 하여금 교육의 협력적 팀의 구성원이 되도록 하여 소속감을 높여준다.

여섯째, 부모들이 교사와 협력하는 동안 자녀 교육에 대한 신념이 형성되어 가정에서 교육적 기능을 활성화시킬 수 있다.

(3) 학부모 협력의 유형

유아교육기관에서 학부모와 협력할 수 있는 활동으로는 학부모가 유아교육기관에 정보와 노력을 제공하는 형태와 유아교육기관이 학부모에게 정보와 노력을 제공하는 형태, 양자가 상호 공동으로 논의하는 형태가 있다. 대표적인 학부모 협력 활동으로는 학부모 오리엔테이션, 학부모면담, 부모교육, 부모참여, 부모 간 교류 지원, 유아교육기관운영위원회 등이다.

부모 협력

2) 지역사회 연계

(1) 지역사회 연계의 개념 및 중요성

유아들은 유아교육기관의 교육프로그램 외에 가정과 지역사회의 문화적 환경에 영향을 받으며 성장한다. 유아교육기관이 지역사회와 연계한다는 것은 유아교육기관의 교육프로그램을 지역사회의 자원과 능력을 수용하고 이들과 협력하여 유아들에게 통합적인 삶의 지식을 제공하기 위함이다.

유아교육기관도 지역사회의 하나의 구성원이며, 지역사회의 정책과 문화에 영향을 받으며 기능을 수행해 나간다. 지역사회에는 다양한 기관 또는 단체들이 서로 영향을 주고받으며, 하나의 유기체처럼 변화하고 진화해 나간다. 지역사회에는 많은 교육적 자원이 존재한다. 지역사회의 생활 영역과 문제는 유아교육기관의 교육과정을 이루는 기초가 되고, 지역사회의 생활 현장은 유아들의 생생한 배움의 장이 된다. 지역사회는 고유한 지리적 특성과 문화적 환경, 역사, 특산물, 경제구조 등을 가지고 있다. 유아들은 이러한 환경에 둘러싸여 성장하고, 장차 이러한 환경에 적응하고 지역사회의 일원으로서 역할을 하며 살아가게 될 것이다.

지역사회와 연계를 활성화하기 위해서는 지역에 어떤 기관이 있으며, 유적지, 박물관, 미술관, 전시관, 문화센터 등에 대한 정보를 가지고 있어야 한다. 이들 기관 또는 단체에서 어떤 프로그램을 가지고 있는지 알고, 유아교육기관의 교육과정과 연결할 아이디어를 형성해야 한다. 또한 전문가들이 활동하는 정보를 얻기 위해서 지역의 전문가 네트워크에 연결하든지 인터넷 사이트를 충분히 활용할 수 있는 소양을 갖추어야 한다. 지역사회 전문가들의 지식과 기술은 교사의 교육활동 수준을 한 차원 높여주는 역할을 할 수 있다.

(2) 지역사회 연계의 이점

유아교육기관이 지역사회와 연계하여 얻는 이점은 유아들에게 수준 높은 교육서비스를 제공하고, 유아가 성장하여 사회에 적응할 수 있는 터전을 마련한다. 구체적인 이점을 살펴보면 다음과 같다.

첫째, 지역사회의 풍부한 자원을 교육활동의 자원으로 활용하여 생생한 살아 있는 교육을 실천할 수 있다.

둘째, 유아교육기관도 지역사회의 일원으로서 지역사회에 봉사할 수 있다.

셋째, 다양한 전문가들의 지식을 유아들의 학습활동에 활용하여 수준 높은 교육활동을 만들어 갈 수 있다.

넷째, 유아들이 지역사회에 적응하는 데 도움이 된다.

다섯째, 유아교육기관의 교육활동을 지역사회에 널리 알리는 기회가 된다.

(3) 지역사회 연계의 유형

유아교육기관이 지역사회의 기관, 단체, 전문가들과 연계하는 유형은 기관을 방문하여 견학하는 형태, 기관의 프로그램에 참여하는 형태, 전문가들을 교육활동에 참여시켜 일일교사로 활용하는 형태로 나누어 볼 수 있다.

견학은 그 기관이 하는 역할, 기관의 시설, 자원을 활용함으로써 유아들에게 구체적인 경험을 줄 수 있다. 프로그램에 참여하는 것은 기관 또는 단체들이 시행하는 교육 프로그램의 수혜자로 유아들이 참여하는 것이다. 예를 들어, 박물관에서 시행하는 프로젝트인 〈박물관으로 떠나는 시간여행〉에 참여하여 고대인들의 생활상을 알 수 있는 모형 유적을 발굴하는 활동을 할 수 있다. 유아들은 박물관에서 만들어 놓은 모형 유적지에서 흙을 걷어 내면 각종 고대 생활 도구들인 토기라든지 칼 등을 발굴 조사하는 활동을 할 수 있다. 전문가들과 연계는 유아교육기관으로 전문가를 초청하여 교육활동에서 궁금한 전문적인 지식을 물어 보고, 문제해결의 과정에서 전문가의 전문적 도움을 받을 수 있다.

지역사회 교육프로그램

참고문헌

Bronfenbrenner, U.(1979). *The ecology of human developments by nature and fuman design.* Cambridge, MA : Harvard University Press.

Heflinger, C. A., & Bickman, L.(1996). Family empowerment: A conceptual model for promoting parent–professional partnership. In C. A. Heflinger, C. T. Nixon(Eds.), *Families and the mental health system for children and adolescents: Policy, services, and research.* Thousand Oaks, CA: Sage Publication Inc.

Vosler–Hunter, R. W. (1989). *Changing roles, changing relationship: Parent-professional collaboration on behalf of children with emotional disabilities.* Portland, OR : Portland State University, Research and Training Center on Family Support and Children's Mental Health.

Chapter 12

교육평가 관리

교육평가의 목적
교육평가의 방법
교육평가의 내용

1. 교육평가의 목적

교육은 가르치려고 하는 요목을 가지고 교육 주체들 간의 상호작용 결과로 이루어지는 특성을 가지고 있다. 학습자에게 효과적인 배움을 주기 위해서는 적절한 교수자의 교수방법과 교수내용의 조직 그리고 교육환경의 구성이 중요한 문제가 된다. 또한 학습자에게 교육적 투입과정에서 여러 가지 학습자에 대한 이해와 성취 정도를 확인하는 절차를 통하여 보다 더 효율적인 교육적 투입 방향을 찾아내는 노력이 필요하다. 이렇게 교육의 수행과 관련된 요소들을 일목요연하게 체계화시킨 것을 교육프로그램이라 할 수 있는데, 교육프로그램의 요소들 하나하나에 대하여 어떤 조건을 부여하느냐는 교육성과에 매우 큰 영향을 준다.

교육평가란 교육프로그램에 관한 의사결정을 내리기 위해 정보를 수집하고 사용하는 과정을 말한다. 평가라는 의미는 평가 대상에 대하여 가치를 판단하고 평정하는 가치지향적 행위라고 볼 수 있다.

2007년 개정 유치원 교육과정(교육인적자원부, 2007)에서 규정한 교육평가는 교육과정 목표와 내용을 준거로 유아의 특성과 변화 정도를 평가하는데 유아의 지식, 기능, 태도 등이 유치원 일과 속에서 생활과 교육활동 전반에 걸쳐서 관찰, 활동결과물 분석, 면담 등 다양한 방법을 사용하고, 평가의 결과는 유아 지원을 위한 의사결정, 교수-학습 방법 개선, 교육과정의 편성과 운영, 부모 면담, 생활기록부 작성 등을 위한 기초 자료로 활용한다고 밝혀두고 있다. 결국 유아교육기관에서 교육평가의 목적은 교육과정의 계획에 따른 의사결정에 필요한 정보를 얻기 위함이다. 구체적인 목적을 살펴보면 다음과 같다.

첫째, 유아의 현재 발달적 수준을 판단하기 위함이다. 유아가 현재 무엇을 알고 있는지, 무엇을 할 수 있는지, 어떤 흥미, 태도, 성향을 가지고 있는지를 파악하여 교육내용과 수준을 결정하는 데 기초정보를 제공하는 것이다.

둘째, 교육활동의 결과 유아들이 교육목표를 얼마나 성취하였는지를 확인하는 데 있다. 교육활동은 설정된 교육목표를 성취하기 위해서 행해지는 것인 만큼 사후 확인하는 과정은 반드시 필요하다. 목표가 제대로 성취되지 않았다면 교육활동을 재조직할 필요가 있는 것이다.

셋째, 학급의 역동을 파악하기 위하여 평가를 실시한다. 유아들은 집단 내에서 사회적 위치 및 인기도, 또래들과 상호작용에 따라 학습과 발달에 영향을 받는다. 교사는 집단의 역동적 관계에 따라 적절한 교수법의 적용을 고려해야 한다(교육부, 1995).

넷째, 도움이 필요한 유아를 선별해 내기 위해 평가를 실시한다. 발달적으로 결함을 조기에 발견하여 도움을 주는 것은 높은 교육적 효과를 얻을 수 있다(이정환, 박은혜, 1996).

다섯째, 학부모에게 교육성과를 보고하거나 상담자료로 활용하기 위해 평가를 실시한다. 학부모들은 교육서비스의 수요자로서 마땅히 그 결과를 알 권리가 있다.

여섯째, 유아교육과 관련한 정책을 결정하기 위한 자료로 활용하기 위해 평가를 실시한다. 중요한 정책을 결정하기 위해서는 논리적으로 타당한 근거가 있어야 한다. 평가결과는 논리성을 뒷받침하는 자료로 사용될 수 있다.

평가는 여러 가지 목적으로 사용되지만 이 모든 것은 어떻게 하면 교육을 잘 할 수 있을까? 또는 질적인 개선을 유도하는 문제를 해결하기 위해서 존재하는 것이라고 볼 수 있다.

2. 교육평가의 방법

교육평가를 하는 데는 유아와 세계를 보는 관점에 따라 접근방법이 달라질 수 있다.

첫째, 평가를 위한 접근은 논리실증주의적이고 경험주의적 패러다임에 따라 수리적 방법을 이용하는 양적인 접근과 현상학적이고 해석학적 패러다임에 따라 평가 주체들 간의 주관적 이해에 근거하여 교육의 과정 또는 결과에서 나타나는 현상을 있는 그대로 기술하고 해석하는 질적인 접근이 있다.

둘째, 교육의 과정 어느 시점에서 평가하느냐에 따라서 진단평가, 형성평가, 총괄평가로 대별할 수 있다. 프로그램이나 단위 수업이 진행되기 전에 하는 진단평가는 유아들의 학습준비도와 곤란도 등을 판단하여 효율적인 교수-학습방안을 마련하기 위함이고, 프로그램이나 단위 수업이 진행되는 과정에서 하는 형성평가는 프로그램이나 단위 수업에서 설정한 목표를 향해 계획대로 진행되고 있는지 판단하여 개선방안을 마련하기 위함이고, 프로그램이나 단위 수업이 종료되고 나서 하는 총괄평가는 학습 효과를 판단하여 성과를 알아보기 위함이다.

셋째, 유아의 학습 성취도를 유아가 속한 집단의 성취도와 비교하여 상대적으로 나타내는 상대평가인 규준지향적 평가(norm-referenced evaluation)와 유아의 학습 성취도를 집단의 성취도와 관계없이 절대적으로 나타내는 절대평가인 준거지향적 평가(criterion-referenced evaluation)의 유형이 있다(최기영 외, 2008).

유아교육에서 평가는 타급 학교에서 이루어지는 평가와는 다른 특성을 가지고 있다. 그것은 유아의 발달 상태를 고려하기 때문이다. 우리나라 유치원 교육과정(교육부고시, 2007)에서 제안하는 평가의 방법은 다음과 같다.

- 교육과정 목표와 내용을 준거로 유아의 특성과 변화 정도를 평가한다.
- 유아의 태도, 지식, 기능 등이 종합적으로 포함되도록 평가한다.
- 유치원 일과 속에서 생활과 교육활동 전반에 걸쳐 포괄적으로 평가가 이루어지도록 한다.
- 관찰, 활동결과물 분석, 면담 등 다양한 방법을 사용하여 종합적으로 평가하고, 그 결과를 기록한다.
- 평가결과는 유아에 대한 이해와 유아 지원을 위한 의사결정, 교수-학습방법 개선, 교육과정의 편성과 운영, 부모 면담, 생활기록부 작성 등을 위한 기초자료로 활용한다.

1) 관찰

관찰은 알고자 하는 대상에 집중하여 인간의 오감각을 통하여 얻은 정보를 객관적으로 처리하여 그 본연의 모습이나 성질, 현상을 파악하고, 기술하는 것이라고 할 수 있다. 유아들은 평가에 사용할 자료를 산출하고 보고할 능력이 부족하고, 언어발달이 미숙하여 자신들의 감정이나 생각을 언어적으로 표현하기 어려울 뿐만 아니라 지필검사를 사용하기 어렵기 때문에 유아 평가에 있어서 관찰법은 특히 중요한 수단으로 사용된다. 또한 유아들은 관찰자가 자신들을 관찰하는 것에 불안을 느끼거나 위협을 느끼는 정도가 낮아서 행동의 변화나 위장이 적기 때문에 실제적인 행동의 관찰이 가능하다. 이러한 이유로 유아평가 또는 유아교육 연구에서는 자연관찰법이 가장 적절한 방법으로 인식되고 있다.

관찰법은 관찰하는 상황을 통제하느냐 그렇지 않는가에 따라 비통제적 관찰(자연관찰)과 통제적 관찰(체계적 관찰)로 나누고, 관찰자가 관찰 상황에 개입하느냐 하지 않느냐에 따라 참여관찰과 비참여관찰로 나눈다. 또한 시간을 기준으로 표집하는 시간표집법과 사건을 기준으로 표집하는 사건표집법이 있다. 관찰의 결과를 기록하는 방법에 따라서 일화기록법, 표본기록법, 체크리스트법, 평정척도법 등 여러 가지로 분류된다.

(1) 일화기록법

일화기록법(anecdotal record)은 유아들의 활동 상황에서 발생하는 사건, 행동에 대하여 언어적으로 묘사하여 기록하는 것이다. 기록은 관찰되어지는 사건이나 행동 모두가 아니라 한 가지 사건이나 행동에 초점을 두고 사실적으로 기술한다. 일화기록은 시간이나 형식에 구속받지 않고 관찰된 것 중 기록할 만한 가치가 있는 것에 대하여 언제든지 기록하면 되기 때문에 별도의 사전 준비를 하지 않아도 되고, 기록하는 데도 시간이 많이 걸리지 않는다. 그러나 간편하고 쉽게 할 수 있는 만큼 관찰자의 기억에만 의존하는 경우 사실 그대로를 기록하지 못할 수도 있고, 관찰자의 주관적인 해석이나 추론이 관찰 사실 기술에 들어갈 수 있다(최기영 외, 2008). 그러므로 일화기록을 할 때는 다음과 같은 점을 유의해서 기록하는 것이 좋다(황정규, 1997). 첫째, 사건이나 행동이 언제 어떤 상황에서 발생했는지 사실적으로 기술한다. 둘째, 객관적 사실과 이에 관한 관찰자의 해석이나 처리방안을 명백히 구분하여 기록한다. 셋째, 구체적이고 특수한 사건을 기록하고 일반적이거나 평가적인 서술은 피하는 것이 좋다. 넷째, 서로 다른 시기에 일어난 일화들은 총괄적으로 기록하지 말고 각각의 일화를 독립적으로 기록하도록 한다. 일화기록의 일반적 형식의 예는 표 12-1과 같다.

표 12-1 일화기록의 예시

<table>
<tr><td colspan="2">일 화 기 록</td></tr>
<tr><td>관찰대상 : 이진혁, 감나빈</td><td>관찰일시 : 2009. 12. 20 오전 8시40분</td></tr>
<tr><td>관찰장소 : 교실</td><td>관찰자 : 김 교사</td></tr>
<tr><td colspan="2">역할놀이 영역에서 진혁이와 나빈이가 놀고 있다.
나빈 : (청진기를 귀에 꽂고) 진혁아 이리와 봐 내가 진찰해 줄게.
진혁 : 응 그래.
나빈 : (청진기를 진혁이 가슴에 대며) 너 혹시 감기 걸린 것 아니니?
진혁 : 응. 나 어제 약 먹었어.
나빈 : 감기약 좀 먹어야 하겠어(종이에 '감기약'이라고 적는다). 자, 이거 가져가서 약국에서 약 타.
진혁 : 응 알았어. 근데 병원비는 얼마야?
나빈 : 오늘은 3000원이야.
진혁 : 자 여기(손을 내밀어 돈을 건네는 시늉을 한다).</td></tr>
<tr><td colspan="2">해석 : 나빈이는 의사라는 직업에 대해 이해하고 있고, 한글을 쓸 수 있다.</td></tr>
</table>

(2) 표본기록법

학급에서 유아의 행동을 정확히 이해하기 위해서는 상황적 맥락을 포함하여 말과 행동을 생생하게 묘사할 필요가 있다. 표본기록법(specimen record)은 학급에서 일어나는 상황을 모두 빠짐없이 이야기를 하듯 행동이 진행되는 순서대로 6하 원칙(언제, 어디서, 누가, 어떻게, 왜, 무엇)에 따라 관찰자의 추론이나 해석, 평가 없이 상세하게 기록하는 것이다. 표본기록법을 적용한 관찰기록지를 독자가 읽으면 상황이 머릿속에 그려질 수 있게 하는 것이 좋은 기록이라고 할 수 있다. 관찰의 시간이 길고 많은 상황을 기록하는 데는 제약이 따르기 때문에 관찰하고자 하는 대상이나 행동을 미리 정하거나, 비디오 녹화 또는 녹음을 병행하는 것이 좋다.

표본기록법은 행동뿐만 아니라 그 행동이 일어난 상황까지도 파악할 수 있고, 한 번 기록한 자료는 오래 보관하며 다양한 시점에서 같은 유형의 행동관찰 결과들을 비교 분석할 수 있게 한다(김아영, 2000). 그러나 이 방법은 많은 노력과 시간이 필요하고 대표성 있는 행동 표본을 얻는 데는 비효율적일 수 있다.

(3) 행동목록법(체크리스트)

교사는 유아들의 기본생활습관이나 도덕성 및 사회성이 어느 정도 발달하였는지 평가하기 위해서 행동의 목록을 만들어 주기적으로 체크할 수 있다. 유아평가에서 행동목록법(checklist)은 유아의 지식, 기술, 태도의 형성 여부를 알아보고자 할 때 평소에 담임교사로서 유아를 관찰한 것을 근거로 '예', '아니오' 식으로 표 12-2와 같이 체크리스트 양식에 체크하여 사용한다. 행동목록법에서 행동목록인 관찰항목은 관찰이 가능한 행동들로 제시되어야 하며, 각 문항들은 중복되지 않는 서로 배타적이야 하고, 평가하려는 행동을 모두 포함되도록 포괄적이어야 한다.

표 12-2 유아 사회적 관계 체크리스트 예시

유 아 명	(남 · 여)	생년월일	년 월 일
관 찰 일 자	년 월 일		
평 가 목 적			
※ 관찰한 장면에 V표 해 주세요			

관 찰 일	/일	/일	/일
사회적 관계에 관한 문항	1회	2회	3회
1. 성인과 관계 맺기			
(1) 아직은 교사와 상호작용하지 않는다.			
(2) 친숙한 성인이 상호작용을 주도할 때 반응한다.			
(3) 친숙한 성인과의 상호작용을 주도한다.			
(4) 친숙한 성인과의 상호작용을 지속한다.			
(5) 친숙한 성인과 복잡한 활동(규칙 준수, 협동 등)			
2. 다른 유아와 관계 맺기			
(1) 아직은 다른 유아들과 함께 놀지 않는다.			
(2) 다른 유아가 상호작용을 주도할 때는 반응한다.			
〈중략〉			

출처: 한국어린이육영회(1997). 교사를 위한 유아 관찰 지침서. 서울: 한국어린이육영회. p. 27.

(4) 평정척도법

교사들은 특정한 교수법이나 사회교육 프로그램에 대한 효과를 알아보고자 할 때 유아의 발달에 대한 정보를 수량화 또는 점수화하여 행동의 존재 여부뿐만 아니라 그 정도나 질까지도 설명할 필요가 있다. 평정척도법은 평가하려는 행동을 일정기간 관찰한 후 관찰에서 얻은 행동에 대한 정도와 질을 평정하여 수량화된 점수를 부여하는 방법이다(황해익, 2002). 평정척도법이 행동목록법과 다른 것은 행동목록법은 행동의 존재 여부만을 평가하지만 평정척도법은 행동의 존재 여부뿐만 아니라 정도나 질까지도 평가하게 된다(최연철, 강병재, 2005). 평정척도를 만들 때는 평정하려는 대상 행동의 특성을 관찰 가능한 언어로 기술해야 하며, 척도의 단위는 대개 3점, 4점, 5점, 7점으로 하나 평정의 조건에 따라서 결정한다. 이 방법은 평가결과를 기호나 숫자로 쉽게 부호화할 수 있어 질적인 유아의 행동을 양적인 자료로 환산하여 분석하기 쉽다. 그러나 행동이 발생한 이유나 상황에 대해서는 알 수 없고, 관찰하는 사람의 주관이 개입될 수 있다. 평정척도법의 일반적 형식은 표 12-3과 같다.

표 12-3 유아 기본생활습관 평정척도 예시

기본생활습관 평가서

반 유아명 : ○잘함 △보통 ×잘 못함

덕목	지도요소	잘 했어요									참고사항
		3월	4월	5월	6월	7월	9월	10월	11월	12월	
예절	1. 인사를 바르게 하기 2. 바른말, 고운말 쓰기 3. 바른 자세로 음식 먹기 4. 친구들과 사이좋게 지내기 5. 웃어른께 물건 바르게 드리기 6. 남의 말 잘 들어주기										
절제	1. 물건 소중히 다루고 아껴 쓰기 2. 군것질하지 않고 저축하기 3. 전기, 수돗물 아껴 쓰기 4. 휴지 아껴 쓰고 안 버리기 5. 재활용품 분리하기										

질 서	1. 차례 지키기 2. 교통신호등 지키기 3. 실내에서 조용히 걷기 4. 사용한 물건 제자리에 놓기 5. 규칙 잘 지키기 6. TV 바르게 시청하기										
청 결	1. 급식, 간식 후 이를 잘 닦기 2. 쓰레기 함부로 버리지 않기 3. 화장실 사용 후 손을 잘 씻기 4. 외투 바르게 정리하기 5. 문 바르게 열고 닫기										

2) 면접법

면접법(interview method)은 유아와 대면해서 유아의 언어적, 비언어적 반응을 통하여 자료를 수집하는 방법이다. 이 방법은 유아가 어느 정도 의사소통이 가능한 만 3세 이상이면 가능하기 때문에 유아교육에서 널리 사용되는 평가방법이다. 면접법은 직접 대상자와 대면해서 상호작용을 통해서 이루어지기 때문에 반응의 진위 여부를 확인할 수 있고, 미심쩍거나 더 구체적으로 알아볼 필요가 있을 때는 추가질문이 가능하다. 따라서 평가 대상자의 내면에 있는 심층적인 부분까지도 알아낼 수 있다. 유아를 대상으로 면접을 할 때는 무엇보다도 면접자와 유아 간에 친밀한 관계(rapport)가 형성되지 않으면 충분한 응답을 기대하기 어렵고, 사실과 왜곡된 정보를 수집할 수도 있다(최기영 외, 2008).

특히 문해능력이 부족한 유아를 면접할 때는 의사전달에 제약이 있기 때문에 올바른 정보를 얻기가 어려우므로 다음과 같은 점에 주의를 해야 한다(이영석, 권태도, 최민수, 1989). 첫째, 질문을 말로만 하지 않고 그림과 함께 제시하고 응답도 제시한 그림을 보고 선택하도록 한다. 둘째, 유아들은 주의집중할 수 있는 시간이 짧기 때문에 면접시간을 짧게 한다. 셋째, 유아들은 질문에 대한 요지를 이해하는 능력이 부족하기 때문에 충분한 설명을 해 주어야 한다. 넷째, 유아의 상상과 실제 사고를 잘 구분해야 한다. 다섯째, 수줍음을 많이 타는 유아, 산만한 유아의 경우에는 면접 실시 이전에 집중할 수 있는 간단한 게임이나 놀이를 하는 것이 좋다. 여섯째, 면접자의 성역할에 주의해야 한다.

3) 검사법

(1) 질문지법

질문지법은 문장으로 제시된 체계적인 문항을 통하여 정보를 수집하는 방법이다. 문해능력이 없는 유아에게는 직접 질문지법으로 유아를 평가하는 것은 불가능하지만 평가를 위해서는 유아뿐만 아니라 유아와 긴밀한 관계를 맺고 있는 부모나 교사를 대상으로 자료를 수집할 필요가 있는데 이때 질문지법이 유용하게 사용될 수 있다.

질문지법은 조사 대상자의 사회적인 위치나 관계인 연령, 학력, 경험, 가족사항 등과 같은 개인적인 사실과 어떤 사안에 대한 의견이나 태도, 인식을 알기 위하여 실시된다.

질문지는 알고자 하는 문제가 무엇이냐에 따라 구조적인 질문지와 비구조적인 질문지를 만들 수 있다. 구조적 질문지(structured questionnaire)는 평가자가 평가하려고 하는 항목을 미리 정해두고 문항을 구체적으로 제시하여 응답이 나올 만한 여러 개의 선택지 중 하나 또는 그 이상을 선택하게 하는 것이고, 비구조적 질문지(unstructured questionnaire)는 조사 대상자가 가지고 있는 의견을 모두 수집하기 위하여 응답자가 자유롭게 반응할 수 있도록 개방적인 형식으로 제시하는 것이다(황해익, 2002).

(2) 표준화검사법

유아의 현재 개념이나 지식을 평가하기 위해서는 적당한 도구가 필요하다. 이러한 도구는 필요에 따라 교사가 제작할 수도 있으나 임의로 만든 도구로는 누가 사용하느냐와 언제 사용하느냐에 따라 일정한 결과를 기대하기 어렵다. 그러나 표준화된 도구는 검사항목이나 실시와 채점하는 방법이 일정하게 명시되어 있어 누가 언제 사용하더라도 결과에 영향을 주지 않도록 되어 있다(최기영 외, 2008). 즉, 표준화검사(standardized test)란 누가 사용하더라도 검사의 실시와 채점, 그리고 결과의 해석이 동일하므로 모든 절차와 방법을 일정하게 만들어 놓은 검사를 말한다(황해익, 2002).

표준화검사는 전문가에 의하여 복잡한 절차를 거쳐 제작되어지기 때문에 검사 가능한 대상의 범위가 넓고, 검사결과의 신뢰성과 타당성, 객관성이 높다. 표준화검사는 검사마다 고유한 규준(norm)을 가지고 있어 규준지향적 검사(norm-referenced test)이며, 실시방법과 해석에 있어서도 일정하게 규정되어 있기 때문에 검사도구를 사용하는 사람은 검사에서 요구하는 소양을 갖추거나 명시된 검사의 절차를 준수해야 한다. 측정결과는 유아의 행동 및 발달 특성에 따라 분류하거나, 진단하는 일, 장래 유아의 행동과 발달을 예측하는 일에 활용될 수 있다. 또한 표준화검사는 유아의 개인차나 집단 간 차이, 개인 내 차이, 그리고 유아교육프로그램의 효과를 판단하는 수단으로도 사용될 수 있다. 그러나 표준화검사는 유아에게 정확도와 타당도가 낮으며, 유아를 전인적으로 이해하기보다는 부분적으로 평가하는 경향이 있어 사용에 대한 우려의 목소리도 있다.

유아의 각 발달 영역의 발달 정도를 측정하기 위하여 개발된 표준화검사도구로 인지적 영역의 평가를 위해서는 지능검사, 학업성취도검사, 창의성검사, 적성검사 등이 있고, 정의적 영역의 평가를 위해서는 인성검사, 사회성숙도검사, 자아개념검사, 태도검사 등이 있다.

(3) 교사제작검사법

평가의 목적과 영역에 따라 교사가 직접 도구를 제작하여 검사하는 방법으로 교사가 의도하는 목표에 대한 정확한 측정이 가능하다. 평가 영역이 무엇이냐에 따라 검사문항을 선정해야 하는데 교사의 능력에 의해 문항의 난이도와 평가하려는 것을 충분히 반영하는가의 문제가 결정된다. 이 방법은 표준화된 규준이 없어서 다른 집단과의 비교가 불가능한 단점이 있다.

(4) 사회성 측정법

유아교사가 학급을 효과적으로 운영하려면 구성원 간에 조화로운 인간관계가 형성되고 각 유아는 사회활동의 공동 참여자로서 다른 사람을 자발적으로 받아들여야 한다. 이를 위해 교사는 학급에서 유아의 사회적 위치 또는 구성원의 역학관계나 집단

내 소집단의 형성을 알아볼 필요가 있다(최기영 외, 2008). 이때 교사는 사회성 측정법(sociometry)을 이용할 수 있다. 사회성 측정법은 집단구성원 간의 상호 수락 또는 매력과 반발의 형태를 분석하고, 그 강도나 빈도를 측정함으로써 집단에 대한 개인의 관계나 위치, 그리고 집단의 사회적 구조 및 발전의 상태를 발견하고 평가하는 방법이다(Moreno, 1953). 이 방법을 창안한 Moreno는 집단 내에서 다른 유아들로부터 선택받는 정도에 따라 '인기형', '배척형', '고립형'의 유아로 구분하여 그들의 인간관계를 고찰하였다.

사회성 측정법은 또래지명법과 또래평정법이 주로 사용되는데, 또래지명법은 주어진 조건에서 각 유아가 몇 명의 유아를 선택하게 하는 방법이고, 또래평정법은 각 유아에게 학급 구성원 전체 이름이 적혀 있는 명단을 나누어 준 후 한 사람도 빠뜨리지 않고 모두 평정하게 하는 것이다.

사회성 측정법이 적용될 수 있는 경우로 이은혜(1985)는 다음과 같이 제안하였다. 첫째, 새로운 집단을 조직하거나 기존의 집단구조를 재구성하고자 할 때 필요한 정보를 얻을 수 있다. 둘째, 각 유아가 집단의 구성원으로부터 수용되는가 거부되는가의 정보를 통해 도움을 필요로 하는 유아를 찾아내고 그 원인을 진단하는 데 이용될 수 있다. 셋째, 한 집단의 응집력과 집단 내 개인들 간의 수평적, 수직적 인간관계를 분석하고자 할 때 이용된다. 넷째, 개인의 사회적 태도나 소수집단에 대한 편견을 발견하는 데 도움이 된다.

4) 포트폴리오법

유아교육의 평가는 유아의 문해능력과 자기 표현 발달 특성상 결과 중심의 양적인 형식적 평가보다 과정 중심의 질적인 비형식적 평가에 의한 판단이 의미가 있다고 할 수 있다. 유아교육 분야의 평가 추세의 변화에 따라 양적인 평가, 결과위주의 평가, 표준화검사의 문제점을 보완하고 폭넓은 평가를 위해 포트폴리오 평가가 도입되었다(최기영 외, 2008). 포트폴리오 평가는 단편적이거나 일회적으로 평가하지 않고 유아 개개인의 변화와 발달과정을 종합적으로 평가하기 위해 유아의 학습과정을 전체적이면서도 지속적으로 평가하는 방법(황해익, 2002)으로서 유아교육 현장에서 널리 이용된다.

포트폴리오 평가방법은 교사와 학습자가 평가활동과 발달에 함께 참여할 수 있다는 점과 학습의 과정과 결과 모두를 중시한다(Valencia, 1990). 따라서 포트폴리오는 가르치고 배우는 과정에서 발생하는 자연스런 결과물이다. 포트폴리오 평가는 유아가 하고 있는 활동을 관찰하고, 기록하고, 진술하는 과정이 포함되며 이것으로부터 교육적 결정을 내리기 위한 기초를 형성한다(NAEYC & NAECS/SDE, 1991).

포트폴리오 평가는 표준화검사의 형식적 평가와 결과중심 평가의 단점을 보완해 줄 수 있다는 의미에서 학자에 따라서는 참평가(authentic assessment), 대안평가(alternative assessment), 수행평가(performance assessment) 등으로도 명명한다.

포트폴리오 평가의 특징이 획일화된 평가를 지양하고 다양하고 융통성 있는 자료들로부터 평가를 구성한다는 데 있듯이 포트폴리오 평가의 절차는 정형화된 절차가 있는 것은 아니다. 그러나 평가의 타당성과 신뢰성을 높이기 위해서는 평가방법을 체계화하여 객관적으로 평가를 수행해 나갈 필요가 있다. 일반적으로 수행되는 포트폴리오 평가의 절차는 계획–수집–조직과 관리–해석 및 활용(김석우 외, 2000; 이정환, 박은혜, 1996; 황해익, 2002)의 순서로 진행된다.

(1) 실행계획

포트폴리오를 계획할 때 중요하게 고려해야 할 점이 학습자의 참여이다. 학습자는 포트폴리오 구성에서 중심적 역할을 해야 하며, 학습자들이 반성적 자기평가(self-reflection)를 할 수 있도록 해야 한다. 계획 단계에서 교사는 유아 사회생활 영역의 포트폴리오 평가를 실시하기 위한 규정을 설정하고 참여자들에게 포트폴리오 평가에 대해 이해를 시킨다(황해익, 2002). 규정 설정은 포트폴리오 평가의 목적, 수집대상물, 채점준거, 실시방법, 결과의 활용 등을 결정해 놓는 것이다. 포트폴리오 평가 참여자에 대한 연수 및 안내에서는 유아, 교사, 부모와 가족들에게 포트폴리오의 개념과 목적, 수행에서 만나게 되는 일들을 소개하고 수행하는 요령, 포트폴리오 수행에 대한 자세 등을 이해시키고 안내하는 것이다. 특히 교사는 포트폴리오 평가에 대한 지식, 자료의 수집방법, 매체 사용방법, 기록화 방법, 포트폴리오 평가의 조직방법, 해석 및 활용방법 등을 상세하게 알아야 한다.

(2) 자료 수집

포트폴리오 평가는 다면적 평가를 지향하기 때문에 다양한 자료들이 수집된다. 수집할 자료들은 교사의 관찰을 바탕으로 기록한 일화기록, 평정척도에 의한 평정기록, 관찰일지, 활동일지, 교사의 저널, 유아의 긁적거리기와 쓰기, 작업 결과물, 편지, 대화 기록, 활동사진, 녹음테이프, 비디오 자료, 입체결과물 사진, 독서 목록, 반성적 자기평가지, 부모의 관찰기록, 질문지응답 등 교수–학습활동에서 발생하는 모든 유 · 무형 자료들이다.

자료 수집 시에 유의해야 할 내용으로는 목록표를 미리 작성하여 자료가 첨가될 때마다 수집한 날짜와 자료 형태를 기록하고, 시간의 흐름에 따른 변화를 알 수 있도록 새로운 활동의 각 시점에서 기준 작품을 수집하고, 모든 수집 자료에는 날짜와 교사의 견해 등을 첨부해야 한다. 그 외 포트폴리오 자료 수집 시의 지침은 다양한 측정도구를 사용할 것, 자료는 정기적으로 수집할 것, 날짜와 맥락을 적어 놓을 것, 유아와의 토론을 거칠 것, 다양한 범위의 표본들이 포함될 수 있도록 할 것, 장기간에 걸쳐 수집할 것, 교육과정 목표를 반영할 것, 실패보다 성공에 초점을 맞출 것, 유아, 학부모와의 상호 의견을 교환할 것 등이 있다(황해익, 2002).

(3) 자료의 조직

수집된 자료는 논리적인 해석을 위하여 체계적으로 정리해야 한다. 체계적인 정리를 위하여 자료의 분류를 위한 기준이 있어야 하는데, 유아교육과정의 생활 영역이 분류기준이 될 수 있다. 포트폴리오 평가는 장기간에 걸쳐 진행되므로 수집된 자료에 유아의 자기평가, 교사, 부모의 논평을 기록하여 장기간 보관해야 한다.

자료의 보관은 자료를 체계적으로 정리할 도구, 즉 바인더, 파일, 봉투, 상자, 컴퓨터, 디스크, 비디오테이프, 앨범 등이 필요하고 이들을 일정한 곳에 안정적으로 보관할 장소가 필요하다. 보관 장소는 유아들이 쉽게 접근할 수 있어 새로운 자료를 첨가할 수 있고, 유아 스스로 관리하고 자기 소유라는 자부심을 가지게 하는 것이 좋다.

(4) 해석

포트폴리오를 해석하기 위해서는 수집해서 조직하고 관리해 온 많은 자료들을 한 데 모아서 필요 없는 것을 제거하여 편집하고, 여기에 발달적 경향을 기입한 요약서를 준비한다. 예를 들면 '수민이는 3월에는 수세기에서 열까지 세는 데 어려움이 있었으나, 7월에는 하나부터 열까지 틀리지 않고 셀 수 있었다' 등이다. 교사가 요약서를 만들기 위해서는 유아교육과정의 내용을 잘 알고 있어야 하며, 유아의 발달과 관련한 용어들을 모두 알고 있어야 한다. 해석의 객관성을 위해서 교사-유아-부모협의회를 개최하고, 유아의 발달상황에 대한 정보를 공유하기 위해서 전시회를 열 수 있다(황해익, 2002). 교사는 포트폴리오의 해석결과를 바탕으로 다음 교수활동을 계획하고 수정하는 데 활용하거나 다음 연도의 담임에게 제공하여 유아들의 발달 상태를 파악하는 데 도움을 줄 수 있다.

3. 교육평가의 내용

1) 유아평가

유아평가는 유아 개개인의 능력 및 발달 특성의 개인 차이와 개인 내 차이를 평가하고 그 결과를 교육계획에 반영함으로써 유아 개개인의 발달을 최대한 도울 수 있다. 유아의 발달상황을 평가할 때는 유아와 다른 유아를 상대적으로 비교 평가하여 서열화하거나, 점수화해서는 안 된다. 또 암기된 지식 정도를 파악하는 방향으로 평가를 해서도 안 된다. 평가는 유아들이 더 많은 지식, 기술, 태도를 습득해 낼 수 있도록 그 배움의 가능성을 넓혀 주는 의미에서의 평가이어야 한다(교육부, 1998). 유아평가는 프로그램을 시행하기 전에 하는 진단평가로 학습준비도검사를 할 수 있고, 교육과정의 각 영역에서 유아의 성취도를 평가하거나, 각 발달 영역에서 발달 정도를 평가할 수 있다.

표 12-4 학습준비도 평가 예시

이름:		남, 여	나이(5세용)	(개월)	검사일:

영 역	내 용		활 동	측 정	비고
신체운동 · 건강	이동 · 비이동 운동하기		동작 그림을 보고 따라 하기	0 1 2	
사회관계	다른 사람과의 관계 알기		그림을 보고 상황에 맞는 인사말 하기	0 1 2	
예술경험	만들기와 꾸미기		선 따라 그려 보고 오리기	0 1 2	
의사소통	글자에 관심 가지기		나의 이름, 우리 유치원, 우리 반 읽고 쓰기	0 1 2	
자연탐구	수의 기초개념 이해하기		숫자만큼 블록 옮기기	0 1 2	
교사 종합 의견	자세				
	주의집중				
	자신감				

표 12-5 교육과정 영역별 성취도평가 3세 예시(신체운동 · 건강)

영 역		번호	문 항	3 2 1	3 2 1
신체인식 하기	감각능력을 기르고 활용하기	1	감각적 차이를 경험한다.	— — —	— — —
		2	감각기관을 인식하고 활용해 본다.	— — —	— — —
	신체를 인식하고 움직이기	1	신체 각 부분의 명칭을 알고, 움직임에 관심을 갖는다.	— — —	— — —
		2	자신의 신체를 긍정적으로 인식하고 움직인다.	— — —	— — —

2) 교육과정 평가

유아교육프로그램이 유아의 현재 발달 상태를 고려하고 있는지 앞으로 발달의 변화 양상에 긍정적 영향을 줄 수 있는지, 유아의 요구와 흥미에는 적합한지, 교육내용이나 방법이 사회문화와 시대적으로 타당하며 적합한지에 대하여 유아교육자라면 당연히 궁금해하고 반드시 확인해야 한다. 즉, 교육과정 평가는 유아에게 제공될 교육프로그램이나 교육활동의 효과성, 적절성, 타당성 등을 밝히는 것이다.

프로그램 및 교육활동 평가는 수업이 본래 의도한 목적과 유아들이 달성한 학습결과와의 차이를 비교하는 목표평가가 있고, 목표달성을 위한 투입변인으로서 수업을 이끄는 데 필요한 자원인 교육내용 평가가 있으며, 투입자원을 프로그램에서 어떻게 활용하는가 하는 방법으로서 교사의 수업방식과 교사와 유아의 상호작용을 평가하는 교수-학습과정 평가가 있다. 그 외에 투입변인으로서 시설, 예산, 교사, 유아, 행정가, 가정, 사회의 요구 등 유아교육과 관련한 제반 환경의 평가도 고려되어야 한다(최기영 외, 2008).

(1) 교육목표 평가

교육평가에서 교육목표의 달성도는 주요한 평가준거로 간주되어 왔다. 어떤 교육프로그램이나 교육활동도 그것이 의도하는 교육목표를 설정하게 되는데 이러한 목표가 현재의 유아에게 적합한지와 프로그램이 종료되고 난 후 얼마나 성취되었는지를 판단해야 한다.

또한 프로그램이나 교육활동에서 유아에게 적합한 목표가 설정되었다면 프로그램이나 교육활동이 종료되고 나서 그 목표가 얼마나 성취되었는가 확인하여 성과를 판단하게 된다. 만약 목표의 성취도가 기대하는 수준에 못 미친다면 그 원인이 무엇인지 규명하여 개선점을 찾아야 한다.

(2) 교육내용 평가

유아교육프로그램이나 교육활동에서 설정한 교육목표를 달성하기 위해서는 유아들에게 제공될 교육내용이 선정되어야 하고 합리적인 방법으로 조직되어야 한다. 교육내용이 잘 선정되었는지 판단하는 기준은 목표를 성취하는 데 꼭 필요한 것이어야 하며, 유아에게 적합한 것이어야 한다. 이는 교육내용의 타당성과 적합성을 판단하는 일이 된다. 유아에게 타당한 교육내용인가는 목표를 성취하기 위해 제공되는 내용이 정말로 그 목표를 성취하는 데 필요한 것인가의 문제다.

(3) 교수-학습과정 평가

유아교육의 목표를 달성하기 위해서는 정선된 교육내용을 유아들이 가장 적합한 방법으로 학습할 수 있도록 제공되어야 한다. 교사와 유아들 간의 상호작용을 비롯하여 유아와 교구와의 상호작용, 유아와 유아와의 상호작용이 어떠하냐에 따라 교육내용의 전달이나 경험이 다를 수 있다. 다시 말하면 유아들이 교육내용을 적합하게 경험하기 위해서는 교사의 교수전략과 교수매체가 적절해야 한다. 교수전략과 교수매체는 교사의 교수신념이나 문화적 배경에 따라 다양하게 전개되기도 하지만 프로그램에서 어떤 교수전략과 교수매체를 사용할 것인지를 설정해 놓는다. 이러한 계획이 적절하게 이루어졌는지 그리고 적절하게 수행되는지를 판단하여 교육의 효율성을 높여야 한다(최기영 외, 2008).

3) 교육환경 평가

유아들의 성장은 유아들을 둘러싸고 있는 환경에 영향을 받는다. 특히 가정, 유치원, 지역사회는 유아의 성장에 있어서 매우 중요한 요인이 된다. 이들 요인들은 유아교육을 위한 투입변인으로서 교수-학습과정에 영향을 주는 자원이기도 하다. 이들 자원들이 우수하다면 교육목표를 달성하는 데 그만큼 수월하게 될 것이다.

교육환경 평가로는 가정환경 평가, 유아교육기관 환경 평가, 지역사회 환경 평가 등이 있다.

가정환경을 평가할 수 있는 도구는 Syracuse 대학의 Caldwell과 Bradley(1979)에 의해 개발된 HOME(The Home Observation for Measurement of the Environment)가 있다. 이 도구는 이은혜와 장영애(1982)가 우리나라 실정에 맞게 수정하여 타당화하였다.

유아교육기관 환경 평가는 어린이집 평가인증제 및 유치원 평가에 포함되어 있다. 유아교육기관에 대한 인적 · 물리적 환경의 중요성이 유아교육에 반영되고 있으며, 유아교육의 질 제고를 위하여 유아교육기관 평가를 적극적으로 활용하고 있다.

지역사회 환경 평가를 위한 도구는 아직 개발되지 않고 있다. 그러나 지역사회는 유아들이 자신과 사회의 관계성을 알아가고 관련을 맺으면서 성장하는 공간이므로 유아교육에서는 무엇보다도 지역사회의 환경이 중요하게 인식되어야 한다. 지역사회의 여러 기관과 인적 자원은 유아사회교육을 위하여 적극적으로 활용되어야 하고 이들과 상호 협력적인 관계를 유지하는 것이 중요하다.

표 12-6 간편식 교실환경 평가 예시

구분	점검할 내용	확인 (○, ×)	비고
설비	표면이 부드러운가?		
	날카로운 모서리는 없는가?		
	못이나 부품 등이 빠져 나오지는 않았는가?		
	흔들거리지 않는가?		
교구	망가져 위험한 것은 없는가?		
	날카로운 모서리는 없는가?		
	부품이 빠진 것은 없는가?		
건 물	방바닥에 돌출된 부분은 없는가?		
	바닥이 미끄럽지 않은가?		
	벽이 안전한가?		
	기타 위험물은 없는가?		
	천장에 낙하할 수 있는 물건이 매달려 있지 않은가?		
창	깨진 창은 없는가?		
	창문 부근에 디딤대가 놓여져 있는가?		
전 기	손상된 전선은 없는가?		
	콘센트의 안전뚜껑이 덮여 있는가?		
약 품	성냥, 화학약품, 세제 등 위험물은 유아의 손이 닿지 않는 곳에 보관되어 있는가?		
기 타	쓰레기통은 깨끗한가?		
	소화기는 제자리에 있는가?		
	단추, 동전, 바둑알, 노끈, 가는 실, 비닐봉지 등은 떨어져 있지 않는가?		

4) 학부모 만족도 평가

유아교육이 잘 실천되고 있는지는 수요자들의 만족도가 중요하다. 만족이란 기대했던 것이 충족되어 마음이 흡족함이다. 이러한 만족은 일정한 목표나 욕구 달성에 대한 주관적인 감정의 상태인데, 개인이 가지는 기대와 그 사람이 실제 받는 보상 사이의 일치 정도로 만족도를 나타낸다. 유아교육에서 부모의 만족도란 자녀를 유아교육기관에 보내면서 자녀가 이루는 발달적 성취, 교사에게서 받는 인정, 보상 등을 얻을 수 있을 것이라는 기대에 대한 부모들의 주관적인 감정이라 할 수 있다. 이는 개인의 주관적인 가치체계에 따라 다르게 나타날 것이다.

유아교육은 교육기관 및 교직원 등의 교육공급자가 유아와 학부모 등의 교육수요자를 만족시키기 위하여 그들에게 제공하는 모든 서비스 활동이라고 한다면 이에 대한 유아와 학부모의 만족도를 측정하는 것은 가능한 일이다.

유아교육활동이 수혜자의 부담으로 이루어지는 만큼 학부모의 만족도는 ① 교육활동이 투입과 산출의 과정에서 낭비 없이 이루어지는가, ② 교육활동이 수혜자의 요구에 얼마나 반응하면서 이루어지는가, ③ 교육목적은 얼마나 성취하였는가, ④ 교육프로그램의 질, ⑤ 교육시설 이용의 편리함, ⑥ 교직원의 친절 등을 통해서 측정할 수 있다.

유아교육기관에 대한 학부모들의 만족도는 향후 기관을 선택하는 데 중요한 준거로 활용하며, 기관을 평가하는 요소 중 하나이다. 따라서 어린이집 평가인증제나 유치원 평가에서 학부모 만족도가 평가의 요소로 포함되어 있다.

표 12-7 학부모 만족도 평가도구 예시

영 역	항 목	①	②	③	④	⑤
물리적 환경	유치원의 주변 환경과 시설 · 설비에 대해 어느 정도 만족하십니까?					
	실내 · 외 공간의 면적 및 구조에 대해 어느 정도 만족하십니까?					
	실내환경 및 비품 · 교재 · 교구에 대해 어느 정도 만족하십니까?					
	실외환경 및 놀이시설에 대해 어느 정도 만족하십니까?					
운영 관리	원아모집 및 입학자 결정 방법에 대해 어느 정도 만족하십니까?					
	등 · 하원 방법에 대해 어느 정도 만족하십니까?					
	하루 운영시간에 대해 어느 정도 만족하십니까?					
	급식비에 대해 어느 정도 만족하십니까?					
	운영관리자(원장 및 원감)의 운영관리 방침에 대해 어느 정도 만족하십니까?					
원아 교육	교육내용 혹은 교육프로그램에 대해 어느 정도 만족하십니까?					
	교사 대 아동의 비율에 대해 어느 정도 만족하십니까?					
	교사의 자질 및 역할에 대해 어느 정도 만족하십니까?					

영 역	항 목	①	②	③	④	⑤
원아 교육	자녀에 대한 유치원과 부모 사이의 자녀의 생활 및 발달 상태에 대한 정보교환에 대해 어느 정도 만족하십니까?					
	자녀들이 유치원에 오는 것을 즐거워함에 대해 어느 정도 만족하십니까?					
	자녀에 대한 교육적 효과에 대해 어느 정도 만족하십니까?					
	자녀를 유치원에 보낸 후 자녀의 생활태도의 변화에 대해 어느 정도 만족하십니까?					
	교사와 부모와의 상호작용에 대해 어느 정도 만족하십니까?					
가정과의 관계	부모참여(청소, 자원봉사 등)에 대해 어느 정도 만족하십니까?					
	자녀를 유치원에 보낸 후 부모의 직장생활에 어느 정도 만족하십니까? (해당자만)					
	가정통신문으로 보내 드리는 교육정보에 대해 어느 정도 만족하십니까?					
영양 건강 안전 관리	원아의 영양관리에 대해 어느 정도 만족하십니까? (급식)					
	원아의 위생관리에 대해 어느 정도 만족하십니까?					
	원아의 안전관리에 대해 어느 정도 만족하십니까?					
	실내 · 외 시설 및 안전 관리 상태에 대해 어느 정도 만족하십니까?					
기 타	현장학습의 횟수에 대해 어느 정도 만족하십니까?					
	현장학습의 장소에 대해 어느 정도 만족하십니까?					
	현장학습 시 도시락과 간식 준비 방법에 대해 어느 정도 만족하십니까?					

5) 교사평가

유아교육기관의 교사는 교직자로서 긍지와 윤리의식을 가지고, 전문적인 지식을 갖춰 유아교사의 역할을 효율적으로 수행할 수 있는 능력이 있어야 한다. 교육의 질은 교사의 질을 능가할 수 없기 때문에 교사의 질을 높이는 문제는 곧 교육의 질을 높이는 것이다.

교사의 업무수행 능력을 높이기 위해서는 교사의 현재 직무수행 능력을 정확히 알아야 하며, 미래의 발전 잠재능력을 판정하는 절차가 필요하다. 교사평가란 교사의 지식, 기술, 태도, 성격, 적성 등을 판단하며, 직무수행상의 업적이나 성과들을 측정하며, 교사의 현재 능력과 잠재능력을 계발하는 것이다(전제상, 2000). 교사평가의 주요 목적은 교사의 전문성 계발을 통하여 유아의 교육적 혜택을 강화하여, 유아교육기관과 교사 개인의 성장을 도모하는 데 있다.

표 12-8 교사 자기평가서 예시

교사 자기평가서

교 사(　　　　) 인

교사로서의 사명의식		평가			
		우수	상	중	하
1	출퇴근시간과 업무의욕(정위치 근무, 계획추진)				
2	교사로서의 책임감(유아관리, 유아교육, 계획추진)				
3	근무사항(근무의 성실성, 시간엄수)				
4	성실과 친절성(유아, 교직원, 학부모)				
5	발전적 수용성(교육정보 수집 신속, 단점 개선, 발전 가능성)				
6	교육협의 사항 추진(직장에서의 공동 운명체, 장점 수용)				
7	교육에 대한 협조성				
8	근검절약(유치원 공공물 애용, 물자절약, 물자관리)				
9	유아지도의 성실성(계획, 시행과정, 결과, 평가)				
10	유치원, 학급에 대한 현황 파악(정확성, 창의성, 논리성)				
11	근무하는 직장 애호정신(당직근무, 기밀엄수)				
12	유치원 중점업무 추진(신념, 사명감, 성과)				
학습지도 시의 관점					
13	유아 지도 시의 목표(수업방향 인식, 타당도)				
14	자료준비의 열성(교사, 유아준비도, 자료의 질, 활용도)				
15	지도의 전문성(연구 정도, 수준과 능력에 맞게)				
16	지도시간의 준수(적절한 시간 이용, 준수 사항)				
17	수업지도의 기술(교사의 지도방법, 효율성)				
18	수업지도시의 연구성(교사의 지식, 지혜, 정보화)				
19	유치원 교육계획 기록 상태(경영록, 각종 장부 기록)				
20	유치원 교육에 대한 봉사(자율직업수행, 사명의식)				

21	유아지도 후의 결과 처리					
22	교사의 유아교육 이해력(개방성, 사랑과 꿈 키우기)					
23	교사의 학습지도 후의 반성(지도방법 지도, 연수)					
24	유아 생활지도의 예방, 지도기술(생활지도 사전교육, 상담기술)					
25	유아 생활지도 시의 교사의 모범, 열성(언행보다 감동, 감화)					
26	생활지도 시의 유아의 반응효과(반응 정도, 행동수정, 방법의 효율)					
27	생활지도 시의 창의성(생활지도시의 참신한 아이디어 적용)					
28	생활지도 시의 교육의 전이성(건전한 생활교육 파급, 홍보)					
29	유아지도의 친절과 상담 활동(래포 형성, 상담자의 친절, 사랑)					
30	생활지도 시나 결과 시 기초생활습관형성 정도(행동, 반응, 개선)					
31	생활지도 시의 교사의 이해 정도, 지식수준(지식, 교양 정도, 교육 파급 정도)					
32	안전지도와 건전놀이 보급(교육과정과 관련지도, 놀이 홍보)					

학급경영, 교육연구, 담당업무

33	학급경영	교실환경의 참신한 정도(교육 정도 이용, 참신한 아이디어)					
34		교실, 특별실 환경 정리(교육 수준 고려, 청소 및 관리 상태)					
35		교육지도에 나타난 교육 실적물(질, 계속성, 심화 정도)					
36		유아지도에 따른 누가 처리물(교육 성적물, 예능 교육물)					
37		유아의 교실에 대한 애착심(공공물 애용, 물품 아끼기, 재배)					
38		교실 꾸미기에 대한 유아의 참여 정도와 수준(자율성, 창의성)					
39		자료의 보관, 이용, 정리(자료 확보, 정리)					
40		책걸상 사용, 벽면, 바닥 수리 및 청결 정도(오염, 낙서, 정리)					
41		복도, 신발장 사용, 사물함 정리, 청결(정리 활용 정도)					
42		교사의 학급 경영의 성실성(질, 계속성, 누가 처리)					
43		교사의 유치원 내외 정리정돈에 대한 관심					
44		유아들의 정리정돈 습관에 대한 이해력과 습관 형성					
45		유아의 학습활동 참여 정도, 관심					
46		유아의 기본생활습관 지도					
47	교육연구	교육연구의 집단에서의 기여도(유치원 교육, 영향력)					
48		교육연구 시의 개인 전문성					
49		개인 연구 실적(등급결과에 따른 실적)					
50		업무의 기획성(타당성, 공문처리의 적정성)					
51		업무의 연구성(교육 법규 이행 정도, 교사 독서 연수의 다양화)					

52	담당업무	업무 추진력(교사의 능력 향상, 업무의 적정화, 능률화)				
53		업무 추진 실적				
54		업무의 정확성(통계처리 정확, 실천 시의 공정, 결과, 분석)				
55		업무의 기여도(타 직원의 귀감, 공직사항)				
56		업무 추진의 신속성				
57		업무 추진의 효율성(행동반경 축소, 시간 절약, 간소화)				
58		업무 추진 시의 근검절약 정신(물자절약, 근면성)				
59		업무추진 시의 결과 처리(정확한 보고, 정리, 반성)				
평 가						

참고문헌

교육부(1995). 유아관찰척도.

교육부(1998). 유치원 교육과정 해설.

교육인적자원부(2007). 유치원 교육과정. 교육인적자원부고시 제2007-153호.

김석우, 김명선, 강태용, 정혜영(2000). 포트폴리오 평가의 이론과 실제: 유아교육기관 초등학교 교사를 위한 지침서. 학지사.

김아영(2000). 관찰연구법. 교육과학사.

이영석, 권태도, 최민수(1989). 유아교육학개론. 양서원.

이은혜, 장영애(1982). 가정환경자극검사(HOME)의 타당화연구. 교육학연구, 20(1), 49-63.

이정환, 박은혜(1996). (교사들을 위한) 유아관찰 워크북2. 한국어린이육영회.

전제상(2000). 교사평가의 준거에 관한 연구. 홍익대학교 박사학위논문.

최기영 외(2008). 유아사회교육. 교문사.

최연철, 강병재(2005). 유아교육현장에서 관찰법을 활용한 평가 및 연구. 서현사.

한국어린이육영회(1997). 교사를 위한 유아 관찰 지침서. 한국어린이육영회.

황정규(1995). 학교학습과 교육평가. 교육과학사.

황해익(2002). 유아교육평가. 양서원.

Caldwell, B. M., & Bradley, R. H.(1979). *Home observation for measurement of environment*. University of Arkansas.

Chapter 13

교육책무성과 유아교육기관 평가

교육책무성

유아교육기관 평가

1. 교육책무성

1) 교육책무성의 개념

책무성이란 어느 주체로부터 과업이 주어질 때 과업을 부여한 자로부터 권한을 부여받은 과업 이행 주체가 과업 이행 정도에 대하여 과업 부여자에게 보고 · 설명 · 알림으로써 과업을 충실히 이행하는 책임을 지려는 의지라고 할 수 있다. 이 책무성이 성립되려면 책임과 권한 부여가 선행되어야 한다. 다시 말하면 과업 이행자에게 과업 이행 결과에 대하여 보고 · 설명 · 해명을 요구하려면 반드시 과업 이행자에게 책임 및 권한을 부여한 상태에 있어야 한다.

교육책무성은 교육 당사자의 관계에서 성립하는데, 유아교육의 당사자는 유아와 그 학부모, 교사, 유아교육기관, 유아교육 지원기관 등이다. 누가 누구에게 책무가 있는가는 누가 유아의 성장에 책임을 져야 하는 이행 당사자인가라는 물음에서 책무성이 있는 당사자를 알 수 있다. 학습자인 유아는 교수자인 교사에 대하여 인격존중, 전인발달 실현을 위한 교육환경 조성, 발달단계에 맞는 학습 제공 등에 대하여 책무를 물을 수 있고, 지원기관에게는 교육공급자의 책무 이행에 대한 관리와 감독, 교육여건 조성, 교육재원 확보 등에 대한 책무를 물을 수 있다. 유아교육기관 입장에서 교육책무성 관계를 나타내면 그림 13-1과 같다.

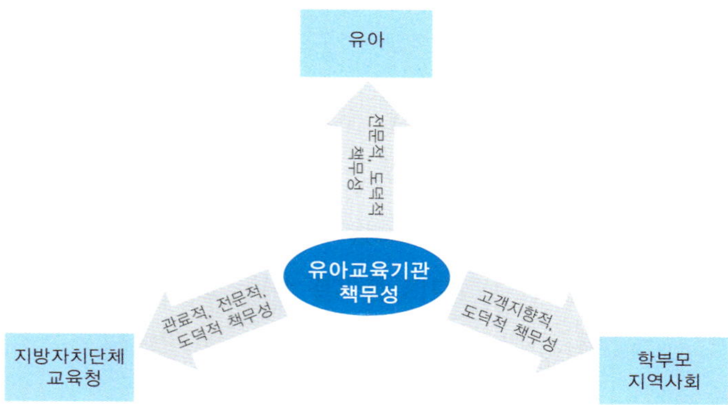

그림 13-1 교육책무성 관계

유아교육기관은 학습자인 유아에 대하여 전문적, 도덕적 책무성을 가지고 있고, 학부모와 지역사회에 대하여 고객지향적, 도덕적 책무성을 가지고 있으며, 지방자치단체와 교육청에 대하여는 관료적, 전문적, 도덕적 책무성을 가지는 것이다. 유아교육기관의 평가는 이러한 교육적 책무성을 실천하는 차원에서 이루어지는 것이라 볼 수 있다.

2) 교육책무성의 유형

유아교육기관의 교육책무성의 유형은 관료적 책무성, 전문적 책무성, 도덕적 책무성, 고객지향적 책무성으로 나누어 볼 수 있다.

(1) 관료적 책무성

관료적 책무성은 공식조직에서 성립하는 책무성이다. 공식조직은 규칙과 규정을 통한 표준화 절차 등을 특징으로 한다. 유아교육기관에서 관료적 책무성이란 위임기관이 법령으로 규정된 행정권한과 그 사무를 수임기관에 위임하고 수임기관의 법적 의무 이행에 대하여 관리 · 감독하는 행위라고 볼 수 있다. 교사의 관료적 책무성의 내용은 교육과정에 의거하여 교수-학습을 전개하고 교육관련 법규를 준수하며, 출석부, 생활기록부, 관찰기록부 등을 작성 · 관리하고 유아교육기관 내에서 분장된 업무를 성실히 수행해야 하는 것이다.

(2) 전문적 책무성

전문적 책무성은 전문직으로서 교사 집단의 특성을 전제로 성립된 것이다. 전문직의 특성은 첫째 사회에서 필수적인 기능을 수행하고, 둘째 장기간의 훈련을 요하는 전문화된 지식과 기능을 요하고, 셋째 직업과 직업집단에 대한 강한 소속감을 갖고, 넷째 직무수행상의 권위와 자율이 있고, 다섯째 공적 봉사를 한다(Murray, 1992). 이렇게 볼 때 교사는 다음과 같은 전문적 책무성이 있다.

① 교육훈련을 통한 교사의 전문적 지식체계인 교수실천에 대한 지식, 교과내용 지식, 교육과정에 정통해야 한다.

② 교사는 자신의 지식과 기술에 따라 스스로 교수를 결정할 수 있는 능력을 가지고

있어야 한다.

③ 전문가 집단의 동료들에 의해 업무수행을 평가받고, 전문가들의 통제를 통해 책무를 이행한다.

④ 스스로 정한 규범에 의해 책무를 이행한다.

(3) 도덕적 책무성

교사의 도덕적 책무성은 교육실천 과정에서 교육당사자들이 외부의 압력, 법규 및 규칙 등의 강제적 의무에 의해 자신의 책무를 이행하기보다는 자신의 양심, 신념과 동기에 의해 자신의 책무를 이행하는 것이다.

(4) 고객지향적 책무성

고객지향적 책무성은 서비스의 공급자들이 효용 있고 질 좋은 서비스를 소비자에게 제공할 것이라는 기대에서 비롯된다. 유아교육기관과 교사는 유아에게 사랑을 주고, 유아 중심 교수를 하며, 학부모에게 학급의 교육활동을 소개하고, 참여 기회를 주며, 유아의 학습결과를 학부모와 공유하여 가정과 긴밀한 연계를 하여 가르치는 것을 말한다.

2. 유아교육기관 평가

1) 유아교육기관 평가의 개념

일반적으로 평가의 개념은 어떤 대상에 대하여 본연의 모습을 있는 그대로 나타내어 가치화시키는 일이라고 볼 수 있다. Tyler(1950)는 평가를 교육목표가 어느 정도 달성되었는가를 판단하는 과정으로 보았고, Stufflebeam(1969)은 평가를 의사결정자를 위한 정보를 제공하는 것으로 보았으며, Eisner(1979)는 평가란 가치 또는 성과의 측정이라고 정의하였다.

유아교육기관은 수요자들에게 교육서비스를 제공하는 기관으로서 그 본질적 기능을 가지고 있다. 유아교육기관은 수요자의 기대에 부응할 수 있는 여러 가지 인간 성장에 관한 서비스와 가정의 복지 증진을 위한 서비스를 개발하고, 수요자의 요구에 따라 제공할 수 있어야 한다. 이러한 서비스는 교육적 가치를 창출하는 일에서부터 목표의 성취를 위한 노력 등 모든 기능이 원활하게 돌아갈 때 최상으로 제공되는 것이다. 유아교육기관이 수요자에게 최상의 서비스를 제공하는 것은 교육책무성의 측면에서 볼 때 당연한 것이며, 기관 자신의 존재가치를 드러내는 것이다.

유아교육의 최종 책임자인 정부 입장에서 교육인적자원부(2007)가 정의한 유치원 평가는 유치원의 책무성과 질적 수준을 제고하여 유아교육의 공교육화를 조기에 정착시키며, 효과적인 유아교육진흥정책 개발 및 체계적인 정보제공을 통한 학부모의 기관 선택 기준을 제시하는 유치원 운영의 종합적인 점검과 모니터링을 말한다. 이렇게 정부가 가지고 있는 유치원 평가에 대한 관점은 감독자의 입장에서 정의하고 있음을 알 수 있다.

영유아들에게 행복하게 살 권리를 보장하고, 부모의 경제적 경제활동 및 사회 참여를 지원하며, 영유아의 건전한 발달의 중요성 등을 이유로 국가의 재정투자의 필요성이 증가한다. 세계의 많은 국가들이 재정투자의 합당한 근거로 어린이집의 질을 측정하여 그 결과가 일정 수준에 이르면 국가가 인정해 주는 방법을 채택한다(육아정책개발센터, 2009).

한편 한국보육진흥원 평가인증사무국에서 주관하는 어린이집 평가인증은 영유아에게 전문적인 보호와 수준 높은 보육서비스를 제공하기 위하여 평가인증지표를 기준으로 어린이집이 현재 수준을 점검하고 개선한 후 국가가 평가하여 인증을 부여하는 제도라고 정의된다. 이와 같은 정의는 평가인증을 감독의 수단으로 보기보다는 어린이집 스스로 질적인 개선노력을 유도하기 위한 것으로 볼 수 있다.

어린이집 평가인증과 유치원 평가에 대한 정의에서 보듯이 유아교육기관 평가에 대한 개념은 유아교육기관의 본연의 기능을 근거로 정의할 수 있다. 유아교육기관 평가란 기관의 목적과 가치를 실현하는 데 필요한 제반 요소들을 어느 정도 갖추고 있는지 판단하며, 장점과 단점을 발견하여 서비스의 질을 개선하는 데 필요한 정보를 확보하여 의사결정에 필요한 자료를 제공하고, 유아교육기관의 책무성을 증진하기 위한 일련의 과정이라고 볼 수 있다.

2) 유아교육기관 평가의 의의

유아교육기관은 평가를 통하여 기관 자신의 존재가치를 확실히 정립할 수 있으며, 수요자에게 제공하는 서비스의 질에 대한 확신과 기관의 합목적성을 확인할 수 있다. 유아교육기관 평가의 의의를 구체적으로 살펴보면 다음과 같다.

첫째, 유아교육기관이 스스로 질 제고를 위한 노력과 외부 검토를 통하여 기관의 발전을 꾀할 수 있다.

둘째, 일방적인 감독보다는 자율적 점검을 통하여 교육프로그램의 개발과 운영의 자율성을 보장해 줄 수 있다.

셋째, 유아교육기관의 사회적 책무성을 증진시킬 수 있다.

넷째, 수요자가 유아교육을 신뢰하고, 정책 입안과 결정자들에게 유아교육에 대한 국가적 투자의 정당한 근거를 제공한다.

다섯째, 유아교육 정책에 대한 일반 국민들의 인식을 높이고, 합의를 이끌어 낼 수 있다.

여섯째, 유아교육의 공교육화를 정당화하는 데 일조한다.

일곱째, 수요자에게 개별 유아교육기관의 교육역량에 대한 정보를 제공할 수 있다.

3) 유아교육기관 평가 실제

(1) 유치원 평가

유치원 평가의 근거는 유아교육법 제19조에 명시되어 있다. 유치원이 학교로서 질 높은 교육을 제공하고 국가의 유아교육 진흥정책에 부응하기 위해서는 국가수준의 유치원 평가가 요구된다. 교육과학기술부는 유치원 평가는 유치원 운영 전반에 관한 체계적 진단과 처방을 통해 유치원 운영개선을 지원하고, 유치원별 우수사례를 적극 발굴하여 유치원 간 상호 공유함으로써 전체 유치원의 경쟁력을 제고하는 것을 목적으로 설정하였다. 2007년 교육과학기술부에서는 전국의 100개 유치원을 대상으로 시범 평가를 실시하여 평가체계를 확립하였다.

제1주기 평가는 2008~2010년까지 실시되었고, 2011~2013년에는 제2주기 평가, 2014~2016년에는 제3주기, 2017~2019년에는 제4주기 평가가 시행되고 있다.

유보통합의 추진으로 유치원과 어린이집 통합평가 운영의 필요성이 제기됨에 따라 유치원과 어린이집의 평가체계를 연계 · 통합하고자 통합지표를 개발하였다. 통합평가의 실행은 유치원과 어린이집의 현재 평가체계 안에서 그 특성을 살려 추진하기로 하였다.

① 평가 영역 및 내용

통합평가 초안을 적용하는 시범사업 이후 각 평가지표와 항목수가 많다는 의견이 있어 6개 영역 27개 지표 134개 항목이 있었으나, 시범사업 이후 4개 영역, 20개 지표, 77개 항목으로 축소하였다. 제3주기 유치원 평가는 정성평가였으나 제4주기 유치원 평가는 정량평가로 충족(Y)/미충족(N)의 정량화된 항목으로 제시하였다. 제4주기 유치원 평가지표는 교육과정, 교육환경 및 운영관리, 건강 · 안전, 교직원의 4영역으로 되었다. 평가지표와 항목은 표 13-4와 같다.

② 평가절차

유치원 평가방법은 서면평가와 현장방문평가를 병행하여 시행하는데, 서류에 의한 확인 평가를 지양하여 피평가자로 하여금 평가부담을 덜어주고, 유치원 교육의 전반적인 현재 운영 상태를 총체적으로 평가한다. 학부모를 대상으로 유치원 운영에 대한 유아교육만족도 조사를 병행하고, 평가팀별로 절대평가를 원칙으로 한다. 유치원 평가의 절차는 그림 13-2와 같다.

자체평가	⇨	현장평가	⇨	종합평가	⇨	평가결과서 송부 / 심의		결과 공시
유치원		평가위원회		평가위원회		교육청 / 심의위원회		유치원
• 유치원 전체 실시(매년 ~ 9월초까지)		• 관찰 · 면담 등으로 실제 유치원의 운영 실태 평가		• 평가보고서, 기타사항 등을 종합하여 평가		• 유치원 평가결과서 송부 • 이의제기 등 검토		• 유치원알리미에 공시 조치

※ 원칙은 3단계 평가 절차이나, '현장 · 종합평가'를 통합하여 추진 가능

그림 13-2 유치원 평가 절차

③ 자체평가 보고서 작성

평가를 받는 유치원에서는 평가지표에 따라 자체적으로 점검하여 4개 지표별로 자체평가 보고서를 작성한다. 보고서 작성은 지표에 대하여 실제 자신의 유치원에서 실천한 사항을 빠짐없이 기술한다. 자체평가 보고서 작성 예시는 표 13-1과 같다.

표 13-1 자체평가 보고서 예시

영역	평가지표	평가항목	충족/미충족	지표 등급	지표 관련 메모 (※ 필요시 참고자료로 기술)
Ⅰ. 교육과정	1-1. 교육계획 수립 및 실행	1. 국가 수준의 교육과정에 제시된 목표 및 내용을 반영한다.	☑ Y ☐ N	☑ 우수 ☐ 적합 ☐ 개선필요	• 일일교육계획안은 경력에 따라 차별화하여 기술하고 있음 • 누리과정이 반영된 교육계획 수립
		2. 유아의 발달 수준 및 학급 특성을 고려하여 연간, 월간, 주간, 일일계획안을 작성한다.	☑ Y ☐ N		
		3. 연간, 월간, 주간, 일일계획안의 목표 및 내용이 적절하며, 연계성이 있다.	☑ Y ☐ N		
		4. 누리과정의 영역을 반영하여 교육활동을 실시한다.	☑ Y ☐ N		
	1-2. 일과 운영	1. 계획에 따라 유아의 연령에 적합한 놀이, 활동, 일상생활 경험을 균형 있게 통합적으로 운영한다.	☑ Y ☐ N	☑ 우수 ☐ 적합 ☐ 개선필요	• 일일교육계획안에 화장실 가기에 대한 시간이 없음 • 활동에 대한 유아의 흥미와 참여도가 극대화되고 호기심이 지속되는 상황에서 교사가 활동을 종료함. 유아의 요구와 학습효과를 고려하여 운영상의 융통성 부여가 요구됨
		2. 자유선택활동 시간을 매일 충분히 배정하여 운영한다.	☑ Y ☐ N		
		3. 바깥놀이 시간을 매일 충분히 배정하여 운영한다.	☑ Y ☐ N		
		4. 놀이나 활동을 융통성 있게 운영한다.	☐ Y ☑ N		
		5. (특) 특수교육대상 유아를 위한 관련 서비스(치료지원 포함)를 일과 중에 통합적으로 제공한다.	☑ Y ☐ N ☐ 해당없음		

영역	평가 지표	평가항목	충족/미충족	지표 등급	지표 관련 메모 (※ 필요시 참고자료로 기술)
	1-3. 교수-학습 방법	1. 주제에 적합한 활동계획을 수립하고 그에 적절한 교수-학습방법과 자료를 활용한다.	☑ Y ☐ N	☑ 우수 ☐ 적합 ☐ 개선필요	• 주제 및 유아 발달에 적합한 교수·학습 자료가 지원되고 있음 • 놀이에 참여하지 않고 방관하는 유아에게 관심을 가지고 지원하고 있음
		2. 교사는 유아가 활동에 대한 흥미나 호기심을 갖도록 한다.	☑ Y ☐ N		
		3. 교사는 다양한 놀이와 활동이 유아의 자발적 선택에 의해 주도적으로 이루어지도록 격려한다.	☑ Y ☐ N		
		4. 교사는 유아의 놀이상황을 관찰하면서 놀이를 지원한다.	☑ Y ☐ N		
		5. 교사는 유아가 다양하게 생각하여 대답할 수 있도록 발문한다.	☑ Y ☐ N		
		6. 교사의 태도가 안정되고 자신감이 있다.	☑ Y ☐ N		
	1-4. 교사-유아 상호작용	1. 교사는 신체적 특성, 가족 및 민족 배경 등으로 인한 편견 없이 모든 유아를 존중한다.	☑ Y ☐ N	우수 ☐ 적합 ☐ 개선필요	• 이야기 나누기 시간에 한 유아가 교사에게 계속 질문을 하고 있으나 교사의 반응은 없음
		2. 교사는 유아의 기질, 정서적 상태, 놀이 선호 등을 파악하여 적절히 반응한다.	☑ Y ☐ N		
		3. 교사는 유아의 개별적 요구나 질문을 주의 깊게 듣고, 적절하게 반응한다.	☐ Y ☑ N		
		4. 교사는 유아가 이해할 수 있는 내용으로 눈을 마주치며 이야기한다.	☑ Y ☐ N		
		5. 교사는 위협, 비난, 조롱 등 부정적 언어를 사용하지 않는다.	☑ Y ☐ N		
		6. 교사는 칭찬과 격려를 통해 유아에게 자신감을 준다.	☑ Y ☐ N		

영역	평가지표	평가항목	충족/미충족	지표등급	지표 관련 메모 (※ 필요시 참고자료로 기술)
	1-5. 유아 간 상호작용 시 교사 역할	1. 교사는 유아가 일상에서 또래와 긍정적 상호작용을 하도록 격려한다.	☑ Y ☐ N	☑ 우수 ☐ 적합 ☐ 개선필요	• 교실 내외에서의 규칙을 지킬 수 있도록 약속판이 있으나 너무 많이 게시되어 있음
		2. 교사는 유아가 자신의 의견이나 생각을 또래에게 말로 표현하도록 격려한다.	☑ Y ☐ N		
		3. 교사는 유아가 적절한 약속과 규칙을 알고 지킬 수 있도록 격려한다.	☑ Y ☐ N		
		4. 교사는 유아간 다툼이나 문제가 발생하지 않도록 환경을 마련하고, 발생 시 적절히 개입한다.	☑ Y ☐ N		
	1-6 평가	1. 유아의 행동을 객관적으로 관찰 · 기록 한다.	☑ Y ☐ N	☑ 우수 ☐ 적합 ☐ 개선필요	• 유아 관찰 기록을 정기적으로 하고 있으며 학부모와의 면담 자료로 활용하고 있음
		2. 교육과정 목표와 내용을 준거로 유아의 발달특성과 변화를 평가한다.	☑ Y ☐ N		
		3. 유아 평가결과를 교육과정 편성 및 운영에 반영하고, 부모 면담의 자료로 활용한다.	☑ Y ☐ N		
		4. 교육과정 운영에 대한 평가를 실시하고, 그 결과를 다음 계획안에 반영한다.	☑ Y ☐ N		

④ 현장평가

현장평가는 평가위원이 직접 해당 유치원을 방문하여 서면평가를 바탕으로 주어진 시간 내에 필요한 정보와 자료를 정확하게 확인하는 절차로서 유치원 평가에 있어서 가장 핵심적이고, 중요한 과정이다. 현장평가의 절차는 그림 13-3과 같다.

그림 13-3 현장평가 절차

현장평가의 일정은 유치원 교육활동 전부를 확인하기 때문에 유치원의 일과가 끝날 때까지 이루어진다. 현장평가의 일정 예시는 표 13-2와 같다.

표 13-2 현장평가 일정표 예시

시간	평가단 활동	비고
10:00 –	유치원 도착	
10:00 –10:20	인사 및 평가 준비	
10:20 –11:30	학급 수업 및 자유선택활동 관찰	– 평가 대상 학급 선정과 시간 배당은 유치원과 협의하여 평가팀이 결정함.
11:30 –12:00	기록 및 정리	
12:00 –13:00	점심식사 및 급식장면 관찰	
13:00 –15:00	영역별 평가 및 환경 관찰	– 원장 면담 – 교직원 면담
15:00 –15:30	방과후 과정 운영 평가	– 방과후 과정 교사 면담
15:30 –16:00	평가팀 자체 협의 및 평가 총평	
16:00 –	평가 종료 및 유치원 출발	

표 13-3 현장평가 보고서 작성 예시

○ 평가위원별로 각각 현장평가보고서를 작성하고, 필요한 경우 팀 내 위원 간 의견을 조율함

영역	평가 지표	평가항목	충족/미충족	지표 등급	지표 관련 메모 (※ 필요시 참고자료로 기술)
Ⅳ. 교직원	4-4. 교직원의 전문성 제고	1. 신규 교직원에게 업무 관련 오리엔테이션을 실시하고 있다.	□ Y □ N	▫ 우수 ▫ 적합 ▫ 개선필요	
		2. 교원의 전문성 제고를 위한 다양한 연수기회를 부여하고 있다.	□ Y □ N		
		3. 교사의 교수-학습방법에 대한 장학을 실시하고 있다.	□ Y □ N		
영역별 소견					
영역별 등급					
□ 우수		□ 적합		□ 개선필요	

⑤ 평가결과 보고서 작성

현장평가가 끝나고 나면 평가위원별로 결과보고서를 작성한다. 각 평가위원들은 현장평가에 대한 의견을 기술하고, 영역별 최종 점수를 평정하여 기입한다. 평가결과의 전체적인 내용을 감안하여 해당 유치원의 우수사례를 선정하고 양식에 기술한다.

평가팀장은 평가위원이 담당한 영역별로 전체 평가소견을 수합하여 종합 정리하고, 유치원에 송부할 「유치원평가 결과 통보서」를 작성한다.

(2) 어린이집 평가인증제

양적으로 팽창된 어린이집의 질적 수준의 향상과 어린이집의 책무성에 대한 인식이 높아짐에 따라 평가의 필요성이 강조되었다. 정부는 2002년 어린이집 활성화 방안을 발표함에 따라 어린이집 평가인증제도 도입을 위한 기본 계획을 마련하였다. 학계에서는 2004년에 어린이집 평가인증제도 실시를 위한 모형 개발 연구를 시작하고, 정부는 2004년 1월에 영유아보육법 제30조(평가인증)를 개정하여 평가인증제도 도입을 위한 근거를 마련하였다. 정부는 2004년 여성가족부 산하 어린이집 평가인증사무국 관리를 한국여성개발원에 위탁하고, 2005년에 어린이집 평가인증 시범운영을 실시하였다. 시범평가에 참여한 어린이집은 1,089개소(전체어린이집 28,040개소 중 3.9%)가 참여하였으며, 최종심의 대상 시설은 671개소였고, 이 중 627개소가 인증을 통과했다. 여성가족부는 2006년에 어린이집평가인증사무국을 한국보육진흥원으로 이관하고, 어린이집 평가인증 사업을 확대 실시하였다(어린이집평가인증사무국, 2009).

한국보육진흥원 평가인증국(2018)에서는 평가인증제도를 실시하는 목적을 다음과 같이 제시하고 있다.

첫째, 보육서비스의 질적 수준을 향상시켜 영유아가 안전한 보육환경에서 건강하게 양육될 권리를 보장할 수 있도록 한다.

둘째, 어린이집이 보육서비스의 질적 수준을 높이고자 준비하고 노력하는 과정을 통해 원장과 보육교직원의 전문성이 증진되도록 한다.

셋째, 보육서비스의 질적 수준에 대한 정보를 제공하여 부모들이 합리적으로 어린이집을 선택할 수 있도록 한다.

넷째, 보육정책 수립의 주체인 정부가 보육현장을 효율적으로 지원하고 관리하는 체계를 확립한다.

제1차 평가인증은 2005년부터 2009년까지 시행되었으며, 1차 평가인증에 참여한 어린이집은 29,986개소(89.5%)에 이른다. 제1차 평가인증이 끝나고 제2차 평가인증인 2010년부터 다시 이루어졌다. 제2차 평가인증은 시대와 상황에 맞추어 평가지표를 다시 개발하여 보다 수준을 높이는 방향으로 운영되었는데, 어린이집의 자율적인 질관리 체계의 정착과 인증어린이집에 대한 상시적인 질관리 체계 강화에 중점을 두었다. 또한 지표 개정을 통해 법적 사항 준수, 건강 및 안전 기준강화, 수요자 중심 평가요소 도입 등을 지향하였다. 2010년부터 시작된 2차 평가인증은 신규인증 과정과 인증 유효기간 만료가 도래하는 어린이집이 인증을 유지하기 위해 신청하는 재인증 과정으로 나누어 진행되어, 2011년부터 매년 10,000개소 이상의 어린이집이 인증에 참여하였다.

1 · 2차 시행을 거치면서 평가인증제도가 보육서비스의 질적수준 향상과 보육교직원의 전문성 향상에 기여하였다. 2016년말 기준 80%가 인증을 유지하고 있고 1차 평가에서 평균 87점대에서 2차 평가에서는 평균 93점대로 나타나 어린이집의 보육서비스 수준이 향상되었음을 알 수 있다.

2005년 어린이집 평가인증제도 도입 이후 어린이집 보육서비스 질 제고에 기여하였으나, 자율신청방식의 인증참여로 인한 평가사각지대 발생, 현장의 평가부담 등으로 평가인증 운영체계와 지표 개선의 필요성이 제기되었다. 또한 국무조정실 유보통합추진단에서 관계부처 합동 「유치원 · 어린이집 평가체계 통합방안」이 추진됨에 따라 어린이집 평가인증에 통합지표와 운영체계를 적용할 필요성이 대두되었다. 통합지표 및 운영체계 개선 시행을 위해 보육단체별, 학계 전문가, 공무원, 학부모, 보육교사 등이 참여한 협의체를 통해 다양한 의견을 수렴하였고, 현장 시범적용을 통해 통합지표의 현장적용의 적절성을 검토하였다. 중앙보육정책위원회 심의를 거쳐 최종 확정된 통합지표와 운영체계를 적용하여 제3차 어린이집 평가인증을 시행하게 되었다.

① 평가내용

제3차 어린이집 평가인증 통합지표는 종전의 1 · 2차 평가인증지표가 시설 규모 및 유형에 따라 평가영역과 항목이 차등 적용되었던 것을 국무조정실 유보통합추진단의 「유치원 · 어린이집 평가체계 통합방안」을 기초로 어린이집 특성화지표를 반영하여 4영역 21개 지표 79개 평가항목으로 구성하고, 영아 및 소규모 어린이집 등 어린이집 특성에 맞게 세부 평정기준을 조정하였다. 통합지표는 보육과정 및 상호작용, 보육환경 및 운영관리, 건강 · 안전, 교직원의 4영역으로 구성되었다. 통합지표의 특징은 보육의 질적 향상과 연관이 높은 보육과정 및 상호작용, 교직원 영역 항목의 비중을 높이고, 아동학대 예방 등을 강화하였다. 또한 관찰과 면담의 평가방법 비중을 확대하고 보육일지 평가기간 단축 등 문서 확인 비중을 축소하였다. 통합지표의 구성은 표 13-4와 같다.

표 13-4 통합지표 세부 평가항목

평가영역	평가지표	평가항목
1. 보육과정 및 상호작용 (31)	1-1. 보육계획 수립 및 실행 (4)	1. 국가 수준의 보육과정에 제시된 목표 및 내용을 반영한다.
		2. 영유아의 발달 수준 및 반 특성을 고려하여 연간, 월간, 주간, 일일 계획안을 작성한다.
		3. 연간, 월간, 주간, 일일 계획안의 목표 및 내용이 적절하며, 연계성이 있다.
		4. 표준보육과정(누리과정 포함)의 영역을 반영하여 보육활동을 실시한다.
	지표등급	**우수 : 'Y'가 3개 이상, 적합 : 'Y'가 2개, 개선필요 : 'Y'가 1개 이하**
	1-2. 일과운영 (5)	1. 계획에 따라 영유아의 연령에 적합한 놀이, 활동, 일상생활 경험을 균형 있게 통합적으로 운영한다.
		2. 자유선택활동 시간을 매일 충분히 배정하여 운영한다.
		3. 바깥놀이 시간을 매일 충분히 배정하여 운영한다.
		4. 놀이나 활동을 융통성 있게 운영한다.
		5. (장애영유아) 장애영유아를 위한 관련 서비스(치료지원 포함)를 일과 중에 통합적으로 제공한다.
	지표등급	**(일반)우수 : 'Y'가 3개 이상, 적합 : 'Y'가 2개, 개선필요 : 'Y'가 1개 이하**
		(장애)우수 : 'Y'가 4개 이상, 적합 : 'Y'가 3개, 개선필요 : 'Y'가 2개 이하

<table>
<tr><th>평가 영역</th><th>평가 지표</th><th>평가항목</th></tr>
<tr><td rowspan="24">1. 보육 과정 및 상호 작용 (31)</td><td rowspan="6">1–3. 교수–학습 방법 및 놀이 지원 (6)</td><td>1. 주제에 적합한 활동계획을 수립하고 그에 적절한 교수–학습방법과 자료를 활용한다.</td></tr>
<tr><td>2. 교사는 영유아가 활동에 대한 흥미나 호기심을 갖도록 한다.</td></tr>
<tr><td>3. 교사는 다양한 놀이와 활동이 영유아의 자발적 선택에 의해 주도적으로 이루어지도록 격려한다.</td></tr>
<tr><td>4. 교사는 영유아의 놀이상황을 관찰하면서 놀이를 지원한다.</td></tr>
<tr><td>5. 교사는 영유아가 다양하게 생각하여 대답할 수 있도록 발문한다.</td></tr>
<tr><td>6. 교사의 태도가 안정되고 자신감이 있다.</td></tr>
<tr><td>지표 등급</td><td>우수 : ‘Y’가 5개 이상, 적합 : ‘Y’가 3~4개, 개선필요 : ‘Y’가 2개 이하</td></tr>
<tr><td rowspan="6">1–4. 교사–영유아 상호작용 (6)</td><td>1. 교사는 신체적 특성, 가족 및 민족 배경 등으로 인한 편견 없이 모든 영유아를 존중한다.</td></tr>
<tr><td>2. 교사는 영유아의 기질, 정서적 상태, 놀이 선호 등을 파악하여 적절히 반응한다.</td></tr>
<tr><td>3. 교사는 영유아의 개별적 요구나 질문을 주의 깊게 듣고, 적절하게 반응한다.</td></tr>
<tr><td>4. 교사는 영유아가 이해할 수 있는 내용으로 눈을 마주치며 이야기한다.</td></tr>
<tr><td>5. 교사는 위협, 비난, 조롱 등 부정적 언어를 사용하지 않는다.</td></tr>
<tr><td>6. 교사는 칭찬과 격려를 통해 영유아에게 자신감을 준다.</td></tr>
<tr><td>지표 등급</td><td>우수 : ‘Y’가 5개 이상, 적합 : ‘Y’가 3~4개, 개선필요 : ‘Y’가 2개 이하</td></tr>
<tr><td rowspan="4">1–5. 영유아 간 상호 작용 시 교사역할 (4)</td><td>1. 교사는 영유아가 일상에서 또래와 긍정적 상호작용을 하도록 격려한다.</td></tr>
<tr><td>2. 교사는 영유아가 자신의 의견이나 생각을 또래에게 말로 표현하도록 격려한다.</td></tr>
<tr><td>3. 교사는 영유아가 적절한 약속과 규칙을 알고 지킬 수 있도록 격려한다.</td></tr>
<tr><td>4. 교사는 영유아 간 다툼이나 문제가 발생하지 않도록 환경을 마련하고, 발생 시 적절히 개입한다.</td></tr>
<tr><td>지표 등급</td><td>우수 : ‘Y’가 3개 이상, 적합 : ‘Y’가 2개, 개선필요 : ‘Y’가 1개 이하</td></tr>
<tr><td rowspan="4">1–6. 평가 (4)</td><td>1. 영유아의 행동을 객관적으로 관찰 · 기록한다.</td></tr>
<tr><td>2. 보육과정 목표와 내용을 준거로 영유아의 발달특성과 변화를 평가한다.</td></tr>
<tr><td>3. 영유아 평가결과를 보육과정 편성 및 운영에 반영하고, 부모면담의 자료로 활용한다.</td></tr>
<tr><td>4. 보육과정 운영에 대한 평가를 실시하고, 그 결과를 다음 계획안에 반영한다.</td></tr>
</table>

평가영역	평가지표	평가항목
1. 보육과정 및 상호작용 (31)	지표등급	**우수 : 'Y'가 3개 이상, 적합 : 'Y'가 2개, 개선필요 : 'Y'가 1개 이하**
	1–7. 일상생활 (2)	1. 특별활동을 운영지침에 따라 실시한다.
		2. 영유아의 일상 경험이 편안한 분위기에서 생활화되도록 격려한다.
	지표등급	**우수 : 'Y'가 2개, 적합 : 'Y'가 1개, 개선필요 : 'Y'가 0개**
1영역 등급		**(우수) '우수' 등급 지표가 5개 이상 (적합) '우수' 등급 지표가 4개 이하 (개선필요) '개선필요' 등급 지표가 1개 이상**

평가영역	평가지표	평가항목
2. 보육환경 및 운영관리 (19)	2–1. 실내공간구성 (5)	1. 보육실 내 흥미영역은 영유아의 연령 및 발달 특성을 고려하여 충분한 공간에 구성한다.
		2. 영유아의 요구를 충족하는 다양한 공간을 마련하고 있다.
		3. 실내 시설 및 설비가 영유아의 발달 수준에 적합하다.
		4. 계획안의 주제와 관련된 활동자료들을 영유아의 연령 수준에 맞게 영역별로 다양하게 구비하고 있다.
		5. 비품과 활동자료를 보관하는 별도의 공간이 있고, 연령별, 주제별 또는 영역별로 정리되어 있다.
	지표등급	**우수 : 'Y'가 4개 이상, 적합 : 'Y'가 3개, 개선필요 : 'Y'가 2개 이하**
	2–2. 실외공간구성 (3)	1. 옥외놀이터 등을 구비하고 있다.
		2. 영유아 발달에 적합하고 다양한 놀이기구를 구비하고 있다.
		3. 실외 공간에 다양한 활동 영역을 제공하고 있다.
	지표등급	**우수 : 'Y'가 3개, 적합 : 'Y'가 2개, 개선필요 : 'Y'가 1개 이하**
	2–3. 기관운영 (4)	1. 모든 반을 편성 규정에 맞게 운영하고 있다.
		2. 개별 영유아의 생활기록부를 작성 · 관리하고 있다.
		3. 신입 영유아 적응을 위한 지원을 하고 있다.
		4. 예 · 결산서를 대내외적으로 공개한다.
	지표등급	**우수 : 'Y'가 3개 이상, 적합 : 'Y'가 2개, 개선필요 : 'Y'가 1개 이하**

평가 영역	평가 지표	평가항목
2. 보육 환경 및 운영 관리 (19)	2-4. 가정 및 지역 사회와의 연계 (5)	1. 부모와 상호 협의 하에 어린이집을 개방한다.
		2. 부모교육을 다양하게 실시하고 있다.
		3. 부모와 개별면담을 하고 가정과의 소통을 다양한 방법으로 실시하고 있다.
		4. 영유아와 가족의 문제를 파악하고 지원한다.
		5. 지역사회와 연계한 다양한 활동을 실시하고 있다.
	지표 등급	우수 : 'Y'가 4개 이상, 적합 : 'Y'가 3개, 개선필요 : 'Y'가 2개 이하
	2-5. 어린이집 이용 보장 (2)	1. 어린이집 운영계획을 수립하여 부모에게 안내하고 있다.
		2. 종일반 및 맞춤반을 지침에 따라 운영하고 있다.
	지표 등급	우수 : 'Y'가 2개, 적합 : 'Y'가 1개, 개선필요 : 'Y'가 0개
2영역 등급		(우수) '우수' 등급 지표가 4개 이상 (적합) '우수' 등급 지표가 3개 이하 (개선필요) '개선필요' 등급 지표가 1개 이상

평가 영역	평가 지표	평가항목
3. 건강 · 안전 (15)	3-1. 실내외 공간의 청결 및 안전 (4)	1. 실내외 공간을 청결하고 쾌적하게 관리하고 있다.
		① 실내외 공간을 청결하게 유지한다.
		② 실내외 놀잇감을 청결하게 유지한다.
		③ 개별 침구를 청결하게 유지한다.
		④ 환기를 자주하여 실내 공기를 쾌적하게 유지한다.
		⑤ 실내 공간의 온도, 습도, 채광, 조명을 적정하게 유지한다.
		(평가항목 Y충족 기준) 5개 중 4개 이상
		2. 실내외 공간을 영유아의 안전을 위해 위험요인 없이 관리하고 있다.
		① 출입문, 창문, 천장, 바닥, 벽면 등이 안전하여 위험요인이 없다.
		② 전기설비 및 전선줄 등이 안전하여 위험요인이 없다.
		③ 고정식 및 이동식 시설 · 설비가 안전하여 위험요인이 없다.
		④ 세면대, 정수기 등에 온수 조절 장치가 적절하여 위험요인이 없다.
		⑤ 성인이 주로 사용하는 실내외 공간에 영유아가 출입하지 않는다.
		(평가항목 Y충족 기준) 5개 중 4개 이상
		3. 실내외 놀잇감이 안전하고, 위험한 물건을 안전하게 보관 · 관리하고 있다.
		① 보육실 내 놀잇감에 파손된 부분이 없다.
		② 실내외 공간에 비치된 놀잇감에 파손된 부분이 없다.
		③ 보육실 내의 위험한 물건을 안전하게 보관 · 관리한다.

평가 영역	평가 지표	평가항목
3. 건강 · 안전 (15)		④ 실내외 공간의 위험한 물건을 안전하게 보관 · 관리한다.
		(평가항목 Y충족 기준) 4개 중 3개 이상
		4. 안전시설 및 설비를 비상시 효율적으로 사용할 수 있도록 관리하고 있다.
		(요소 없음)
	지표 등급	우수 : 'Y'가 3개 이상, 적합 : 'Y'가 2개, 개선필요 : 'Y'가 1개 이하
	3-2. 급 · 간식 (3)	1. 영양의 균형을 고려한 급 · 간식을 제공하고 있다.
		① 영유아의 연령 및 영양 균형을 맞춘 식단이 수립되어 있고, 식단에 따른 급 · 간식을 제공한다.
		② 인스턴트 식품보다 자연식품 위주로 급 · 간식을 제공한다.
		③ 영유아의 연령 특성을 고려한 급 · 간식(크기, 맛, 조리형태 등)을 제공한다.
		④ 충분한 양의 급 · 간식을 제공한다.
		⑤ 식품 알레르기 질환에 대한 지침을 마련하여 실행한다.
		(평가항목 Y충족 기준) 5개 중 4개 이상
		2. 식자재의 구입 · 보관 및 조리공간을 위생적으로 관리하고 있다.
		① 신선한 식자재를 구입하여 사용한다.
		② 유통기한 경과 식품(식자재 등)이 없다.(필수)
		③ 식자재를 위생적으로 보관한다.(필수)
		④ 조리실 공간(바닥, 벽, 천장 등)을 청결하게 유지한다.
		⑤ 조리실 내 시설 · 설비(개수대, 조리대, 식기수납장, 가스레인지, 후드, 환풍기, 주방가전 등)를 청결하게 유지한다.
		(평가항목 Y충족 기준) 5개 중 4개 이상(요소 2, 3 포함)
		3. 조리 및 배식과정을 청결하고 위생적으로 관리하고 있다.
		① 조리 시 앞치마, 머릿수건, 조리실 전용 신발이나 위생화를 착용한다.
		② 조리가 위생적으로 이루어진다.
		③ 식기류(컵 등)와 조리실 비품(조리도구, 행주 등)을 위생적으로 관리한다.
		④ 1회 조리된 음식은 당일 소모하고 재배식하지 않는다.(필수)
		⑤ 배식과정이 위생적으로 이루어진다.
		⑥ 마실 물, 우유 등을 위생적으로 관리한다.(필수)
		(평가항목 Y충족 기준) 6개 중 5개 이상(요소 4, 6 포함)
	지표 등급	우수 : 'Y'가 3개, 적합 : 'Y'가 2개, 개선필요 : 'Y'가 1개 이하

<table>
<tr><th>평가 영역</th><th>평가 지표</th><th>평가항목</th></tr>
<tr><td rowspan="26">3. 건강 · 안전 (15)</td><td rowspan="16">3-3. 건강 증진을 위한 교육 및 관리 (3)</td><td>1. 손 씻기, 양치질 등 청결한 위생습관을 실천한다.</td></tr>
<tr><td>(요소 없음)</td></tr>
<tr><td>2. 교사는 영유아의 건강상태를 살펴보고 적절하게 지원한다.</td></tr>
<tr><td>① 아프거나 다친 영유아에 대한 지침을 마련하고 있다.</td></tr>
<tr><td>② 교사는 일과 중 영유아의 건강상태를 주의 깊게 살펴보고, 적절히 조치한다.</td></tr>
<tr><td>③ 투약의뢰서를 관리하고, 부모에게 투약보고를 한다.</td></tr>
<tr><td>④ 비상약품이 용도별로 구비되어 있고, 비상약품을 유효기간 내로 관리하고 있다.</td></tr>
<tr><td>(평가항목 Y충족 기준) 4개 중 3개 이상</td></tr>
<tr><td>3. 영유아와 교직원의 건강 증진을 위한 예방관리와 교육을 실시한다.</td></tr>
<tr><td>① 개별 영유아의 건강검진 서류, 응급처치동의서를 작성 · 관리하고 있다.</td></tr>
<tr><td>② 영유아 및 교직원을 대상으로 다양한 건강 및 영양교육을 실시한다.</td></tr>
<tr><td>③ 교직원의 건강검진이 정기적으로 이루어진다.</td></tr>
<tr><td>④ 영유아 및 교직원에 대한 감염병 관리수칙을 수립하여 실천한다.</td></tr>
<tr><td>⑤ 교직원의 직무스트레스(정신건강)를 예방하고 관리할 수 있는 서비스를 안내하거나 제공한다.</td></tr>
<tr><td>(평가항목 Y충족 기준) 5개 중 4개 이상</td></tr>
<tr><td>지표 등급</td><td>우수 : 'Y'가 3개, 적합 : 'Y'가 2개, 개선필요 : 'Y'가 1개 이하</td></tr>
<tr><td rowspan="12">3-4. 등 · 하원의 안전 (2)</td><td>1. 영유아는 등원부터 하원까지 성인의 보호 하에 있다.</td></tr>
<tr><td>① 영유아의 인계과정에 대한 규정이 있고, 규정에 따라 안전하게 이루어진다.</td></tr>
<tr><td>② 영유아의 보호자에게 받은 귀가동의서를 구비하고 있다.</td></tr>
<tr><td>③ 교직원은 영유아의 안전을 위해 항상 전체 상황을 주시한다.</td></tr>
<tr><td>④ 영유아를 두고 자리를 비울 때에는 책임 있는 성인에게 인계한다.</td></tr>
<tr><td>(평가항목 Y충족 기준) 4개 중 3개 이상</td></tr>
<tr><td>2. 등 · 하원 차량을 운행할 경우 안전요건을 갖추어 관리한다.</td></tr>
<tr><td>① 차량 내부에 안전수칙을 게시하고, 영아용 보호장구, 차량용 소화기, 비상약품을 구비하고 있다.</td></tr>
<tr><td>② 매일 차량 안전점검을 실시한다.</td></tr>
<tr><td>③ 차량 운행 시 성인이 동승한다.</td></tr>
<tr><td>④ 차량기사와 차량에 동승한 성인은 영유아를 안전하게 보호한다.</td></tr>
<tr><td>(평가항목 Y충족 기준) 4개 중 4개, 차량운행 하지 않는 경우</td></tr>
<tr><td>지표 등급</td><td>우수 : 'Y'가 2개, 적합 : 'Y'가 1개, 개선필요 : 'Y'가 0개</td></tr>
</table>

평가 영역	평가 지표	평가항목
3. 건강·안전 (15)	3-5. 안전교육 및 사고대책 (3)	1. 영유아를 대상으로 안전교육을 지속적으로 실시하고 있다.
		① 영유아를 대상으로 발달에 적합한 안전교육을 정기적으로 실시한다.
		② 영유아가 정기 소방대피훈련에 참여한다.
		③ 영유아가 놀이기구와 놀잇감을 안전하게 사용하도록 지도한다.
		④ 계절 및 날씨 관련 놀이 안전수칙을 준수한다.
		(평가항목 Y충족 기준) 4개 중 3개 이상
		2. 교직원은 안전교육을 받고 영유아 학대 예방 지침을 준수한다.
		① 교직원을 대상으로 기본적인 안전교육을 정기적으로 실시한다(영유아 학대 예방 교육 포함).
		② 교직원은 안전관리 시설 및 설비(소화기 등)의 사용법을 숙지하고 있다.
		③ 비상시 교직원의 대처방안과 업무분장이 체계적으로 수립되어 있고, 교직원은 자신의 역할을 숙지하고 있다.
		④ 교직원 중에 응급처치(심폐소생술) 관련 교육에 참여한 직원이 있다.
		⑤ 영유아 학대 예방 지침(체벌 금지 포함)을 준수한다.(필수)
		(평가항목 Y충족 기준) 5개 중 4개 이상 (요소 5 포함)
		3. 영유아, 교직원 및 시설 보험에 모두 적합하게 가입하고 있다.
		(요소 없음)
	지표 등급	우수 : 'Y'가 3개, 적합 : 'Y'가 2개, 개선필요 : 'Y'가 1개 이하
3영역 등급		(우수) '우수' 등급 지표가 4개 이상 (적합) '우수' 등급 지표가 3개 이하 (개선필요) '개선필요' 등급 지표가 1개 이상

평가 영역	평가 지표	평가항목
4. 교직원 (14)	4-1. 원장의 리더십 (4)	1. 원장은 자신의 전문성 향상을 위해 노력하고 있다.
		2. 원장은 교직원을 존중하고, 교직원의 발전을 위해 지원하며, 면담을 실시한다.
		3. 원장은 정기적인 교사회의 등을 통해 교직원의 의견을 민주적으로 수렴한다.
		4. 2년 이상 근속한 교사가 전체 교사의 50% 이상이다.
	지표 등급	**우수 : 'Y'가 3개 이상, 적합 : 'Y'가 2개, 개선필요 : 'Y'가 1개 이하**
	4-2. 교직원의 근무환경 (3)	1. 교사실과 개인사물함을 별도로 마련하고 있다.
		2. 교사의 업무지원을 위한 자료 및 설비를 충분히 구비하고 있다.
		3. 성인용 화장실을 영유아용과 별도로 설치하고 있다.
	지표 등급	**우수 : 'Y'가 3개, 적합 : 'Y'가 2개, 개선필요 : 'Y'가 1개 이하**

4. 교직원 (14)	4-3. 교직원의 처우와 복지 (3)	1. 교직원 인사와 관련하여 공정한 규정이 있으며, 이를 준수하고 있다.
		2. 교직원의 보수와 관련한 규정이 있으며, 이를 준수하고 있다.
		3. 교직원의 복지를 위해 노력하고 있다.
	지표 등급	우수 : 'Y'가 3개, 적합 : 'Y'가 2개, 개선필요 : 'Y'가 1개 이하
	4-4. 교직원의 전문성 제고 (4)	1. 신규 교직원에게 업무 관련 오리엔테이션을 실시하고 있다.
		2. 교사의 전문성 제고를 위한 다양한 연수 기회를 부여하고 있다.
		3. 교사의 교수-학습방법에 대한 관찰과 지도를 실시하고 있다.
		4. 교사에 대한 근무평가를 실시하고 있다.
	지표 등급	우수 : 'Y'가 3개 이상, 적합 : 'Y'가 2개, 개선필요 : 'Y'가 1개 이하
4영역 등급		(우수) '우수' 등급 지표가 3개 이상 (적합) '우수' 등급 지표가 2개 이하 (개선필요) '개선필요' 등급 지표가 1개 이상

② 평가인증 절차

제3차 어린이집 평가인증은 현장평가를 100% 반영하여 결과를 산출하고 종합평가위원회에서 최종등급을 결정하게 된다. 2차 시행에서의 기본사항 확인 필수항목은 3차에서도 유지하되, 참여 이전 1년 이내 중대한 사안에 대해 행정처분을 받은 경우는 종합평가위원회에서 차하위 등급으로 조정하도록 하였다. 평가받은 모든 어린이집에 대하여 평가 영역별 및 기관 등급, 인증여부, 평가결과서 등을 포함한 평가결과를 공개한다. 현재 불인증된 신규참여 어린이집만 실시하고 있는 재참여를 재인증 참여 어린이집까지 확대하고, B, C 등급 어린이집은 1년 이내 재평가 기회를 부여하여 자체 품질 향상의 기회를 부여하였다.

어린이집은 평가인증지표를 중심으로 상시 자체점검을 실시한 후 평가인증에 참여 신청한다. 평가인증 과정은 상시 신청 이후 참여확정, 현장평가, 종합평가 3단계를 거쳐 인증결과 공표까지 진행된다. 평가인증 과정은 그림 13-4와 같다.

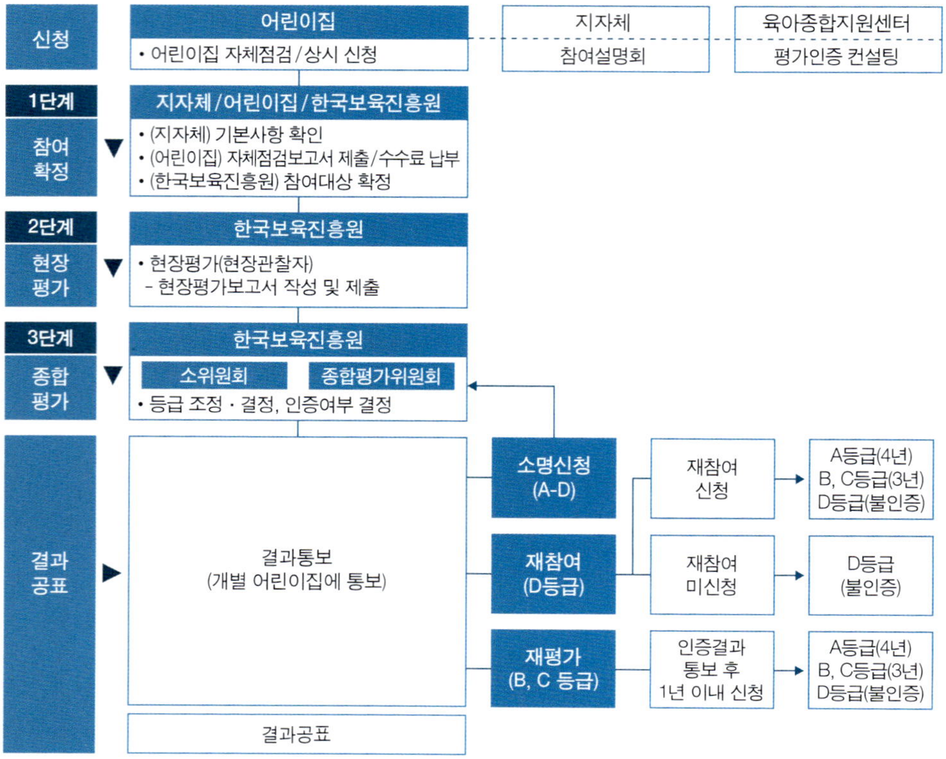

그림 13-4 어린이집 평가인증 절차

참고문헌

교육과학기술부(2007). 2007년도 유치원평가 매뉴얼.

윤정혜(2009). 웹기반 유치원 자체평가 조력시스템 개발 연구. 부산대학교 박사학위논문.

한국보육진흥원 평가인증국(2010). https://www.kcac21.or.kr/. 2010. 4. 3.

어린이집평가인증사무국(2009). 제2차 어린이집 평가인증 추진방안 공청화 자료집.

Eisner, E. W.(1979). *The educational imagination*. New York: Macmillan.

Murry, Christine E.(1992). Teaching as a profession: The Rochester case in historical perspective. *Harvard Educational Review, Vol. 62,* No. 4.

Stufflebeam, D. L.(1969). Evaluation as enlightenment for decision making. In W. H. Betty(Ed.), *Improving educational accreditation and an inventory for measures of effective behavior*. Washington, D.C.: National Education Association.

Tyler, R. W.(1950). *Basic principles of curriculum and instruction*. Chicago: Univ. of Chicago Press.

찾/아/보/기

ㅈ

저자소개

이인원

한국교원대학교 대학원 석사과정 유아교육전공, 교육학석사
한국교원대학교 대학원 박사과정 유아교육전공, 교육학박사
전, 미래유치원 원장
　한국교원대학교 겸임교수
현재, 계명문화대학교 유아교육과 교수
저서: 유아사회교육(공저)
　　교육방법 및 교육공학(공저)

김호년

독일 아이히슈태트 대학교 유아교육학학사, 석사
뮌헨 아카데미 Montessori 유아교육학석사
뮌헨대학교(LMU) 유아교육학 박사수료
전, 계명문화대학교 유아특수보육과 교수
현재, 김호년유아교육연구소 소장
저서: 아동권리와 복지(공저)
역서: 신생아의 생후 365

전정희

계명대학교 교육대학원 졸업, 교육학석사
경남대학교 대학원 박사과정 졸업, 교육학박사
전, 계명문화대학교 유아교육과 교수
현재, 예일유치원장
저서: 과학적 탐구활동의 실제
　　가슴에 담고 싶은 글

김의석

계명대학교 교육대학원 교육학석사
대구가톨릭대학교 대학원 졸업, 교육학박사
현재, 수성대학교 유아교육과 명예교수
저서: 최신교육학개론(공저), 실기교육방법론(공저), 부모교육론(공저)

김영애

이화여자대학교 사범대학 유아교육학과(문학사)
이화여자대학교 대학원 유아교육학과(문학석사)
전남대학교 대학원 교육학과(교육학 박사)
현재, 서영대학교 유아교육과 교수
　　서영대학교 부설유치원장
저서: 유아를 위한 교과교육학(공저), 유아문학교육의 이론과 실제
　　교재교구 중심의 창의적 교수매체(공저)

(제4판)

유아교육기관 운영관리

3판 1쇄 발행 — 2016년 2월 15일
4판 1쇄 발행 — 2019년 1월 31일

저　　자 - 이인원 · 김호년 · 전정희 · 김의석 · 김영애
발 행 인 - 강철원
발 행 처 - 양성원
주　　소 - 경기도 파주시 검산로 173번길 29-20
전　　화 - 031-946-3861(代)
팩　　스 - 031-946-3864
이 메 일 - tnwpub@naver.com
홈페이지 - tnwpub.co.kr
출판등록 - 2015년 8월 31일 제 2015-000211 호

ISBN 979-11-6126-159-1

정가 20,000원